高职高专旅游与酒店管理专业规划教材

旅游市场营销实务

吕汝健　刘俊丽　主　编

徐爱华　陈友军　洪佩平　副主编

清华大学出版社

北　京

内 容 简 介

　　本书是"中央财政重点支持建设专业"的课程建设成果,由国家骨干高职院校浙江旅游职业学院与旅游企业合作开发完成。按照"原理先行、实务跟进、案例同步、实训到位"的结构形式,本书力争将市场营销的专业知识、职业认知与职业岗位标准和职业能力有机结合起来,在系统讲述旅游营销管理理论的同时,重点训练学生的营销技能和营销管理能力。

　　按照系统提升、能力递进、工学交替的原理,本书将内容分为市场营销原理与方法、专业旅游市场营销策划两大模块,共 14 个项目。每个项目均包括学习目标、学习任务、储备知识、原理及方法、案例和项目实训等。

　　本书可作为高职院校旅游管理类专业学生的教材或旅游企业营销人员的培训用书,也可供旅游业相关从业人员参考、使用。

　　本书配有课件,下载地址:http://www.tupwk.com.cn/downpage。

图书在版编目(CIP)数据

旅游市场营销实务 / 吕汝健,刘俊丽 主编. —北京:清华大学出版社,2014(2022.1重印)

(高职高专旅游与酒店管理专业规划教材)

ISBN 978-7-302-36554-9

Ⅰ. ①旅… Ⅱ. ①吕… ②刘… Ⅲ. ①旅游市场—市场营销学—高等职业教育—教材

Ⅳ. ①F590.8

中国版本图书馆 CIP 数据核字(2014)第 112384 号

责任编辑:施 猛　马遥遥
封面设计:周晓苏
版式设计:方加青
责任校对:邱晓玉
责任印制:曹婉颖

出版发行:清华大学出版社
　　　　网　　　址:http://www.tup.com.cn,http://www.wqbook.com
　　　　地　　　址:北京清华大学学研大厦 A 座　　　邮　　编:100084
　　　　社 总 机:010-62770175　　　　　　　　　　邮　　购:010-62786544
　　　　投稿与读者服务:010-62776969,c-service@tup.tsinghua.edu.cn
　　　　质 量 反 馈:010-62772015,zhiliang@tup.tsinghua.edu.cn
　　　　课 件 下 载:http://www.tup.com.cn,010-62794504
印 装 者:北京国马印刷厂
经　　销:全国新华书店
开　　本:185mm×260mm　　　印　张:23.5　　　字　数:528 千字
版　　次:2014 年 7 月第 1 版　　　印　次:2022 年 1 月第 9 次印刷
定　　价:66.00 元

产品编号:049158-03

前　言

我国旅游产业在经历了过去多年的快速发展后，目前，正由量的扩张向质的提升方向发展。《中华人民共和国旅游法》的实施，标志着中国旅游业进入了全面依法兴旅、依法治旅的新阶段，旅游市场必将逐渐得到规范和日趋成熟，旅游企业也面临着经营模式转型和结构优化的问题。在游客消费日益理性和需求呈多元化、个性化不断发展的今天，旅游企业面临的市场营销环境更加复杂，市场竞争将日趋激烈，同时，许多新型旅游业态的不断成长对旅游营销管理人才的能力结构也提出了新的要求。相应旅游高等职业教育的人才培养目标也必须从培养"应用型人才"向培养"创新型人才"转型，旅游市场营销课程设计也应从专注于旅游企业营销岗位对接的专业能力培养向着眼于旅游企业科学发展，兼顾职业知识、职业能力和职业道德，突出"解决问题"和"革新创新"能力的方向调整。

浙江旅游职业学院是国家旅游局与浙江省人民政府共建的旅游高职院校，于2013年通过了"国家示范性高等职业院校建设计划"骨干高职院校建设的验收。本教材由清华大学出版社组织与协调，由浙江旅游职业学院教师和旅游行业营销专家共同开发，是浙江旅游职业学院"中央财政重点支持建设专业"的课程建设成果之一。参与编写的人员，一部分为在校长期从事旅游市场营销教学与研究的专业教师，有在旅游行业或旅游企业长期任职的经历，另一部分则为浙江旅游发达地区出色的旅游营销管理干部和著名旅游企业的营销管理精英。教材本着"原理先行、实务跟进、案例同步、实训到位"的原则，吸收了当代最新的旅游市场理念和营销成功经验，对传统的"学科导向课程"和完全的"工作过程导向课程"加以扬弃，其教学内容体现了市场营销的专业知识、职业认知与职业岗位标准、职业能力的有机结合。

全书分为旅游市场营销原理与方法和专业旅游市场营销策划两个部分，共14个项目。由吕汝健(浙江旅游职业学院)、刘俊丽(山东旅游职业学院)担任主编，由徐爱华(浙江舟山市旅游委员会)、陈友军(浙江旅游职业学院)、洪佩平(浙江宁波象山影视城)担任副主编。

在编写过程中，我们参考了国内外旅游市场营销教学方面的诸多新成果，特别是与旅游企业共同调研，使我们完成了对现代旅游营销基本原理体系和岗位工作任务的梳理，由此筛选出的内容，其结构实用合理，操作功能特色明显，更加突出了营销的针对性和能用性。同时运用了现代信息技术创新教材的表现形式，更加方便了师生的教、学、做。书中案例除部分改编自近年来与旅游相关的教材、论著与网络文献外，很大一部分由校企合作、工学结合的旅游机构、旅游企事业单位提供，在此，向这些学者、专家和合作单位表示深深的谢意。

为方便教学，本书配有如下教学资源：学生练习手册，包含测试题库、课业范例和参考答案与提示；PPT电子教学课件和学生考核手册。登录清华大学出版社网站，即可下载这些资源。

本书可作为高职高专院校旅游管理类专业及相关专业通用教材，也可供企业在职人员培训使用。

由于作者对"旅游市场营销"课程的教学、营销实践与教材建设的理解还有待深入，加之编写周期短，集体协作过程中容易有疏漏，教材中难免存在不足之处，敬请使用者谅解。我们真诚地希望使用本教材的师生及朋友能提出宝贵意见。反馈邮箱：wkservice@vip.163.com，cnlrjus@gmail.com；QQ：769419810。

编者

2014年4月

目　录

模块一　市场营销原理与方法

学习项目一　认识旅游市场营销及营销
　　　　　　管理 ··············· 2

任务一　认识旅游市场营销 ··············· 4
　一、市场和旅游市场 ··············· 5
　二、旅游市场的四大构成要素 ··············· 6
　三、市场营销和旅游市场营销 ··············· 8

任务二　认识市场营销观念与营销
　　　　　管理 ··············· 10
　一、旅游市场营销观念及其发展 ········ 12
　二、旅游市场营销管理 ··············· 17

学习项目二　调研企业旅游市场 ··········· 22

任务一　认识旅游市场调研 ··············· 24
　一、旅游市场营销调研的概念 ········· 25
　二、旅游市场调研的分类 ··············· 26
　三、旅游市场营销调研的程序和方法 ··· 27

任务二　掌握旅游市场调研的技术与
　　　　　方法 ··············· 29
　一、市场调研技术 ··············· 29
　二、问卷设计方法 ··············· 33
　三、实地调研的技术与方法 ··········· 37
　四、网络调研的技术与方法 ··········· 40

学习项目三　分析旅游消费者的购买行为 ··· 51

任务一　识别旅游消费者需求的发展
　　　　　趋势 ··············· 52

　一、基本概念 ··············· 53
　二、需要的特点 ··············· 54
　三、马斯洛的需要层次理论 ··········· 54
　四、旅游需要和旅游需求 ··········· 56

任务二　分析旅游消费的动机和行为 ··· 56
　一、旅游动机 ··············· 57
　二、旅游者的购买行为 ··············· 59
　三、旅游者购买决策过程分析 ········· 67

学习项目四　细分市场与选择目标市场 ··· 72

任务一　细分旅游市场 ··············· 75
　一、旅游市场细分的概念 ··············· 76
　二、市场细分的客观基础 ··············· 76
　三、市场细分的重要性 ··············· 77
　四、旅游市场细分的方法 ··············· 79
　五、旅游市场细分的原则 ··············· 83

任务二　旅游目标市场的选择 ··········· 84
　一、目标市场策略 ··············· 84
　二、影响目标市场策略选择的因素 ······ 86
　三、旅游企业选择目标市场的一般
　　　过程 ··············· 86

任务三　市场定位 ··············· 89
　一、旅游市场定位的定义 ··············· 90
　二、旅游企业市场定位的作用 ········· 90
　三、市场定位的方法 ··············· 91
　四、旅游市场定位的过程 ··············· 92
　五、CIS定位在旅游企业市场营销中的
　　　应用 ··············· 93

学习项目五　制定营销战略与营销组合
策略··················102

任务一　制定旅游市场营销战略·········105
一、旅游市场营销战略的概念·········106
二、旅游市场营销战略的特点·········106
三、旅游市场营销战略的意义·········108
四、旅游市场营销战略的制定与控制
过程·······················108
五、制定企业旅游产品—市场战略·····115

任务二　营销组合战略················116
一、旅游市场营销组合概念·········118
二、旅游市场营销组合方式·········120

学习项目六　制定旅游产品策略·········128

任务一　认识旅游产品················130
一、旅游产品······················131
二、旅游产品的特性·················133
三、旅游产品的层次·················134
四、旅游产品经济生命周期及其营销
策略·······················135
五、旅游产品经济生命周期的非典型
形式·······················138

任务二　把握旅游产品的形态与构成···139
一、旅游产品的形态·················139
二、旅游产品的构成要素···········141

任务三　开发旅游新产品与品牌打造···143
一、旅游新产品的含义···············144
二、开发旅游新产品的必要性·········144
三、开发旅游新产品的一般程序·······145
四、旅游产品的开发趋势···········148

学习项目七　制定价格策略············153

任务一　认识旅游产品价格及其影响
因素······················156
一、旅游价格的构成·················158
二、旅游价格的分类·················159

三、旅游价格的特点·················162
四、影响旅游产品定价的因素·········163

任务二　掌握旅游产品的定价方法·····166
一、旅游价格的制定·················167
二、旅游产品定价的方法···········168

任务三　制定旅游产品定价策略·······171
一、心理定价策略···················172
二、折扣定价策略···················173
三、招徕定价策略···················174
四、新产品定价策略·················175

学习项目八　旅游营销渠道建设·········180

任务一　认识旅游营销渠道············182
一、旅游市场营销渠道的概念·········183
二、旅游销售渠道的功能···········184
三、旅游营销渠道对营销计划的影响···184
四、旅游营销渠道的特征···········185
五、旅游市场营销渠道的类型·········186

任务二　准确选择旅游中间商··········189
一、旅游中间商的概念···············189
二、旅游中间商的类型···············189
三、选择旅游中间商的原则·········191

任务三　制定旅游产品营销渠道策略···192
一、影响旅游营销渠道决策的主要
因素·······················192
二、旅游市场营销渠道方案的设计·····194
三、渠道选择方案的评估···········195
四、旅游市场营销渠道管理·········196
五、旅游市场营销渠道的发展趋势·····200

学习项目九　实施旅游促销组合策略···204

任务一　实施人员推销和广告营销·····205
一、旅游促销······················206
二、人员推销······················207
三、旅游广告······················211

任务二　建立公共关系和实施营业
推广······················217

一、建立并完善公共关系 ……… 219
二、营业推广 ……………………… 222
任务三 优化促销组合 ……………… 226
一、旅游促销组合概述 …………… 228
二、影响促销组合的因素 ………… 229
三、促销预算 ……………………… 230
四、促销组合的基本策略 ………… 231

模块二 专业旅游市场营销策划

学习项目十 旅游景区营销策划 ……236
任务一 认识景区营销策划 ………… 238
一、旅游景区营销策划的概念 …… 240
二、景区营销策划的目的 ………… 240
三、景区营销策划的原则 ………… 241
四、景区营销策划的特点 ………… 242
五、景区营销策划的构成要素 …… 243
任务二 实施旅游景区营销策划 …… 244
一、景区营销策划的程序 ………… 246
二、景区营销策划的方法 ………… 247
三、旅游景区营销策划书的体例 … 248
任务三 景区营销组合策划 ………… 250
一、产品开发策略 ………………… 250
二、门票价格策略 ………………… 251
三、销售渠道策略 ………………… 252
四、促销策略 ……………………… 253
任务四 策划与组织旅游景区节事
活动 ……………………… 255
一、景区节事活动的含义及作用 … 255
二、景区节事活动策划 …………… 256
三、景区节事活动组织 …………… 257

学习项目十一 旅行社营销策划 ……261
任务一 认识旅行社营销 …………… 263
一、旅行社营销的概念 …………… 264

二、旅行社产品设计 ……………… 266
任务二 制定旅行社产品的价格 …… 269
一、旅行社产品的价格构成 ……… 270
二、影响旅行社产品定价的因素 … 270
三、旅行社产品的定价策略 ……… 271
四、旅行社产品的定价方法 ……… 274
任务三 制定旅行社销售渠道策略 … 277
一、认识旅行社销售渠道 ………… 277
二、旅行社营销中间商的选择 …… 277
三、旅行社销售渠道策略 ………… 279
四、旅游网络营销策略 …………… 279
任务四 旅行社的促销策划 ………… 281
一、认识旅行社促销 ……………… 282
二、旅行社促销的基本类型 ……… 283
三、旅游促销组合策略 …………… 286

学习项目十二 旅游饭店营销策划 ……292
任务一 认识旅游饭店营销 ………… 293
一、旅游饭店及其营销 …………… 294
二、饭店产品的营销特征 ………… 295
三、饭店营销部职责与营销人员任务… 296
四、饭店营销观念的创新 ………… 297
任务二 实施饭店全员营销 ………… 298
一、全员营销 ……………………… 300
二、内部营销 ……………………… 301
任务三 理顺顾客关系 ……………… 305
一、客户关系管理的含义 ………… 306
二、客户关系管理的重要性 ……… 306
三、饭店客户关系管理的具体实施
步骤 ……………………… 307
四、处理客户投诉的技巧 ………… 308
任务四 实施饭店营销策略 ………… 309
一、饭店体验营销策略 …………… 310
二、饭店关系营销策略 …………… 312
三、绿色营销策略 ………………… 314

学习项目十三　旅游交通营销策划……322

任务一　认识旅游交通市场营销……323
　　一、旅游交通概述 ……………… 324
　　二、旅游交通市场营销 ………… 326
任务二　制定旅游交通营销的战略和
　　　　　策略 ……………………… 329
　　一、旅游交通营销战略 ………… 330
　　二、旅游交通营销策略 ………… 333

学习项目十四　旅游商品开发与营销
　　　　　　　　策划 ………………343

任务一　认识旅游商品营销……345

　　一、旅游商品的概念 …………… 346
　　二、旅游商品营销 ……………… 348
任务二　旅游商品开发设计……353
　　一、旅游商品的开发原则 ……… 354
　　二、旅游商品开发的模式 ……… 355
　　三、旅游商品开发的创新途径 … 356
任务三　旅游商品的营销策略……357
　　一、旅游商品的产品组合策略 … 358
　　二、旅游商品的价格策略 ……… 359
　　三、旅游商品营销的渠道策略 … 360
　　四、旅游商品营销的创新途径 … 360

参考文献 ……………………………366

模块一

市场营销原理与方法

认识旅游市场营销及营销管理

知识目标

1. 掌握市场及旅游市场的含义。
2. 认识市场营销观念的演变。
3. 理解旅游市场营销的作用和意义。
4. 了解旅游市场营销管理的基本内容。

技能目标

1. 能运用市场营销观念对旅游企业的营销理念进行研判。
2. 能总结不同旅游企业市场营销的特点。
3. 能对指定企业的旅游市场(规模、容量、客源)进行调研分析。
4. 能分析某旅游企业营销的基本内容。

案例成果展示丨青岛奥帆中心以景区为核心的营销策略 ⊙

一、问题的背景

"青岛奥林匹克帆船中心"景区坐落于青岛市东部新区浮山湾畔,毗邻五四广场和东海路,内有著名景点"燕岛秋潮",整个景区依山面海、风景优美。景区占地面积约45公顷,水域面积30公顷,总投资约100亿元人民币,是2008年第29届北京奥运会和13届残奥会帆船比赛场地。根据规划,奥运比赛的各种设施均可以实现"比赛功能"和"旅游功能"的快速、双向切换,赛时满足帆船比赛场馆各种需要,赛后为开放式休闲旅游度假区。景区不仅可以利用 "世界一流,亚洲第一"帆船运动设施举办大型国际赛事,还能够依托海洋经典主题,构建特色旅游产品,将休闲度假与游艇、邮轮、会展、大型海上实景演艺、海上旅游、大型会议、婚庆等有机结合,将自身打造成以"中国崛起""东方文化和神韵"为底蕴的东方休闲旅游基地。

奥帆中心作为一个奥运帆船的比赛场地,根据青岛市政府要求,赛后将被作为青岛的旅游景区进行开发利用。开发建设过程中,将运动员中心、奥运村、媒体中心等7个单体建筑改建成了酒店、餐饮、娱乐、游艇俱乐部等设施,并新建设了中国奥帆博物馆、海上演艺剧场等设施，最终将其建设成了一个典型的综合性旅游景区。

为实现公益性景区免费对市民开放，奥帆中心取消了旅游景区大门票，"蓝色畅想"海景演出为景区内唯一的以收取门票为主的商业化经营项目。在现在的旅游市场中，景区没有门票就意味着"以旅行社为核心的销售渠道"将无法从门票收入中分到利益。因此，除了自助游客外，很少有旅游团队进入园区进行参观、游览，就更谈不上游客的其他二次消费，也由此带来了大型海景演出等这些收费项目的市场推广困难等问题。

二、问题的突破

1. 原有旅游供应链模式的弊端

旅游供应链是旅游供应商提供旅游产品和服务，并直接交付或经由旅行社、旅游代理商间接交付给旅游者的链条，其中旅游供应商涵盖景区、住宿业、餐饮业、交通业、购物业、娱乐业等与旅游相关的行业。在传统模式下，旅行社在旅游业内各企业之间担负着组织协调的工作，起到了联系各组成部分的纽带作用。目前，我国旅游业的运作属于以旅行社为核心、各相关景区和旅游相关企业为节点而联结成的服务于游客的旅游供应链模式。

奥帆中心景区的演出项目并非旅游者必须消费项目，同时演出项目的品牌和艺术水准都需要相当长的培养期。因此，演出项目启动后客源明显不足。经过分析认为，此结果的出现，正是该项目在供应链中过分依赖旅行社所导致的，因为以旅行社为核心的旅游供应链模式意味着旅游景区营销工作大都围绕旅行社展开，导致渠道单一、利益相关者利益冲突等一系列问题的产生，在新景区的旅游产品不具备强大吸引力的情况下，旅行社和导游人员很难说服端的游客消费该项目。也就是说以旅行社为核心的营销手段很难发挥作用。并且，在如此复杂的信息传递和旧有供应链模式下，一旦旅行社遇到问题，就会导致项目营销的根本性失败。

2. 青岛奥帆中心旅游营销新模式的构建

为解决原有旅游产品供应链模式带来的问题，青岛奥帆中心景区决定率先尝试建立以景区为核心的旅游供应链模式，由景区在旅游供应链中发挥主导作用。在这种思路下，原来由旅行社完成的"线路设计"工作改成由景区自己完成。2010年8月份，为做好青岛奥帆中心旅游项目"蓝色畅想大型海景秀"的营销工作，经广泛调研以及与其他景区反复商谈，在青岛市旅游局的大力支持下，由青岛奥帆中心牵头，推出了"青岛旅游一票通"系列旅游产品。

此举既可以迎合旅行社"卖线不卖点"的经营方式，又可以使景区直接面对游客、其他景区、旅游饭店、旅游交通等各利益相关者。在此基础上，青岛奥帆中心景区精心设计了"青岛旅游一票通""您不能错过的6个最美青岛"等旅游产品。产品一经上市，就受到旅行社、导游人员、游客、电子商务平台以及政府部门的一致好评和广泛欢迎，市场效果和社会影响都大大超出了预期。

三、新模式的意义

青岛奥帆中心的旅游供应链新模式对于其自身的可持续发展意义重大。以青岛奥帆中心为核心进行了与协作景区、酒店、游客、政府部门，以及其他资源的协调。在协调过程中，各利益相关者的密切协作产生了强烈的持续性效果，如表1-1所示。

表1-1　青岛奥帆中心与利益相关人的合作概况

利益相关人	协作条件	受益情况	反馈意见
协作景区	按照原批发价提供产品	带来客源，树立形象，淡季效果明显	积极参与，门票收入增长
酒店住宿	按照团队价格提供房间	入住率提高，淡季效果明显	积极参与
其他资源	提供代金券等优惠	客源增加	积极参与
政府	提供政策支持，冠名	政府更有作为	支持，并因此授予奥帆服务业突出贡献单位。
奥帆中心	提供让利，承担营销整合和宣传、销售工作	客源大幅度上升	拟推出系列产品
游客		低价游览更多景区，享受了整合产品的便捷	省钱、有文化味
旅行社	将一票通纳入行程单，并向组团地推介	省了自己整合的过程。可一次性向客人推介更多景区景点和消费项目	将更加积极推介

根据测算，奥帆中心年接待海内外游客量在1100万人次以上，年旅游总收入可以达到25亿元人民币。

(资料来源：根据以景区为核心的旅游供应链构建及旅游景区营销策略研究改编)

思考：

1. 为什么旅游企业的营销都是以旅行社为核心进行的？

2. 青岛奥帆中心创建的由景区在旅游供应链中发挥主导作用的旅游供应链新模式能否加以全面推广？

任务一　认识旅游市场营销

任务提出及实施

1. 掌握市场的基本概念和旅游市场的构成要素。

2. 了解营销和旅游市场营销的含义。

3. 分析市场营销在旅游企业经营中的作用。

请同学们在教师的讲解和引导下，学习本任务中的应用知识储备下的内容，查阅相关资料，通过市场调研与共同讨论等方式完成上述学习任务。

案例引入

千岛湖水下古城探秘

　　在风景如画的浙江淳安县千岛湖下，沉睡着两座千年古城：贺城和狮城。从2001年开始千岛湖先后6次与央视等权威机构合作开展古城探秘活动，逐步揭开在湖底沉睡五十年的古城的神秘面纱，吸引了众多媒体的跟踪报道，产生了可观的放大效应。2011年2月，《中国国家地理》杂志刊发了一组水下古城的精美照片，再度引爆了各界人士对水底千年古城的关注热情。

　　2012年4月27日至5月1日，由央视与浙江卫视联合打造的千岛湖水下古城探秘直播，在全国观众的一片惊叹声中，将两座千年古城的神秘面纱慢慢揭开。此次水下探秘设备采用目前国内最先进的水下机器人和水下摄像机，并以水下记者现场报道的形式，让观众以近乎身临其境的方式探访水下古城，用无人直升机在空中航拍，湖上大型卫星转播车直播，形成水下、水面、空中立体直播的布局，引起热烈的社会反响。

　　千岛湖水下古城探秘活动的开展，让沉睡湖底五十多年的狮城穿过"时间隧道"，完整地"浮出"了水面，呈现在世人面前。千岛湖水下探秘，对于广大游客来说，意味着考古新发现、旅游风向标。

（资料来源：淳安日报、千岛湖风景旅游管理局宣传资料）

思考：
1. 千岛湖为什么要公开进行系列性水下古城探秘活动？
2. 试分析观看并有意愿参与千岛湖水下古城探秘游的人群(体)组成。

应用知识储备

一、市场和旅游市场

1. 市场

　　简单地说，市场就是一种商品或服务的现实需求和潜在需求者的总和。美国市场营销协会(American Marketing Association，AMA)对市场的定义："市场是指一种货物或服务的潜在购买者的集合需求。"美国著名市场营销学家菲利普·科特勒指出："市场是指某种货物或服务的所有现实购买者和潜在购买者。"由此看来，商品或服务的供应方即卖方构成行业；需求方即买力，则构成市场。

2. 旅游市场

　　从旅游企业经营者的角度而言，旅游市场是指一定时期内某一地区存在的对其旅游产品具有支付能力的现实的和潜在的购买者。

所谓现实的购买者，是指既有支付能力又有购买兴趣的人，潜在的购买者，是指可能具有支付能力和购买兴趣的人。由此可知，旅游市场是指旅游需求市场或客源市场，由购买者即买方组成，它可以是旅游者本人，也可以是旅游者所委托的购买者或购买组织，即旅游中间商。

一个旅游市场规模的大小，首先取决于市场的"有闲"人口数量。"有闲"人口越多，旅游市场的潜力就越大；其次取决于人们的支付能力，即"有钱"的程度，旅游产品的交换是以货币作为支付手段的，没有足够的支付能力，旅游行为便无法实现；第三，取决于人们的购买欲望，即"有意"；最后，取决于旅游购买行为的决策者，即"有权"。作为个人，他虽具有支付能力，但如果缺乏旅游的内在动机，仍然成不了现实的购买者。因此，某一客源市场规模的大小，同时取决于该市场的人口数量、人们的支付能力和人们对旅游产品的购买欲望的函数，可用公式表示为

旅游市场=f(有闲人口数量，旅游购买能力，旅游购买欲望，旅游购买权力)

■ 二、旅游市场的四大构成要素

(一) 旅游者

旅游者就是旅游市场上的主体。没有旅游者，旅游市场就失去了存在的基础。旅游者包括个体旅游者和团体旅游者两类。个体旅游者是指旅游者个人、小组成员和家庭成员，团体旅游者是指各类社会组织，如工商企业、政府机构、群众团体等。从旅游市场营销的角度出发，对旅游者的分析要侧重两个方面。

1. 旅游者数量

旅游者数量决定了旅游市场的规模和潜力，它是由客源地人口的绝对数和社会经济的发达程度所决定的。非洲的国家和北美的国家，我国的沿海开放地区和西部地区，无论是人口数量还是旅游市场规模差距都很大。旅游企业应该瞄准和开发具有一定规模和潜力的旅游市场。

2. 旅游者质量

旅游者的质量决定了旅游市场的购买力、消费水平和需求特征。旅游者的年龄、性别、家庭结构、职业、受教育水平、经济收入、地理分布、民族与宗教信仰的差异都会影响旅游者的质量。旅游企业应该瞄准和开发高质量的旅游市场。

(二) 旅游购买力

购买力是指消费者支付货币商品和劳务的能力。购买力的高低通常是由消费者的收入

水平决定的。旅游是兼具文化性、享受性的高消费产品，只有当消费者及其家庭解决了温饱问题，家庭收入达到一定水平后，才有可能进行旅游消费。决定旅游购买力高低的主要因素主要有如下两个。

1. 个人可自由支配的收入

个人可自由支配收入是一个人的总收入扣除了基本生活支出、社会消费支出、个人所得税之后的余额。一个国家和地区的经济越发达，人们的可自由支配的收入越多，反之亦然。

2. 闲暇时间

人们购买普通的物质产品通常只需要金钱，但购买旅游产品，不但需要金钱，还需要时间。与可自由支配收入一样，闲暇时间的多少也是一个国家和地区发达程度的标志和象征。一个国家或地区的社会经济越发达，人们所拥有的闲暇时间越多；社会经济越落后，人们的工作时间、生理时间和家务劳动时间越长，闲暇时间越少。

(三) 旅游购买愿望

旅游者是由各种因素驱动而产生对旅游产品的购买动机和购买愿望的。旅游购买动机和购买愿望是由旅游者的某种需求而引发的。当人们有某种旅游需求时，才会产生旅游动机和旅游欲望，而后才会产生旅游购买行为。旅游者对旅游产品的购买欲望一般来自于以下5个动机。

(1) 生理动机。需要到自然风光美丽、气候宜人的地方度假、休息、放松、疗养、充电，追求高质量生活享受等。

(2) 社交动机。离开自己的常居地，外出探亲访友，进行人际交流，了解异国异地的民俗风情，改变原有的人际环境等。

(3) 商务动机。由于经商、贸易、谈判、会议、公务出差等原因所产生的外出旅游要求。

(4) 文化动机。希望外出修学培训，参观名胜古迹、增长见识、陶冶情操、进行文化交流，实现个人夙愿，满足个人兴趣爱好等。

(5) 爱顾动机。旅游者具体要到哪个国家和地区旅游，选择哪家饭店和航空公司，希望到哪个景点景区观光，最终是由"爱顾动机"所决定的。爱顾动机是在旅游者所具有的购买经历和消费理性的基础上形成的。例如，优质的旅游产品和令人满意的服务，合理的价格，良好声誉和形象，优越的地理位置和方便的交通等，这些因素都会使旅游者在第一次出游之后形成某种特定的购买动机，即爱顾动机。

一个人在金钱和闲暇时间两个客观条件具备的情况下，还必须具有外出旅游的主观愿望，否则旅游行为是无法形成的。

(四) 旅游购买权利

旅游购买权利指旅游者在购买旅游产品时不受某种法律、制度、政治等因素的限制。如果受到这些因素的限制，旅游者对旅游产品就不具备购买权利。例如，西方某些国家对18岁以下的青少年从法律上限制其不准喝烈性酒，与此同时，饭店、餐厅、旅游购物商场也不准对他们出售烈性酒，也就是说，这些青少年不具备购买烈性酒的权利。另外，旅游目的地和客源产生地之间政治和外交关系不和谐，在国际旅游中所必需的护照、签证、语言、货币兑换等出现问题，以及某些国家和地区的出入境需要特别许可证等，都会剥夺旅游者对某种旅游产品的购买权利，形成旅游的障碍。还有一点值得注意，如果某些旅游市场非常好，但市场上的旅游者不具备购买权利，即使去开发也是毫无意义的。

以上4个要素是旅游市场构成的必备条件，它们像汽车上的四个轮子一样，缺一不可。

三、市场营销和旅游市场营销

(一) 市场营销

市场营销的定义较多。菲利浦·科特勒认为："市场营销是个人和团体通过创造以及与别人交换产品和价值来满足其需要和欲望的一种社会过程。"美国市场营销协会(AMA)2007年定义："市场营销是在创造、沟通、传播和交换产品中，为顾客、客户、合作伙伴以及整个社会带来价值的一系列活动、过程和体系。"目前，这两种定义获得较多的专业认同。

(二) 旅游市场营销

1. 旅游市场营销的概念

旅游市场营销是市场营销原理在旅游产业中的具体应用。旅游市场营销是指旅游企业以旅游消费者需求为出发点，有计划地组织各项经营活动，为旅游消费者提供满意的旅游产品而实现旅游企业目标的过程。

旅游市场营销的活动不仅仅是流通环节的经营活动，还包括旅游产品进入旅游市场前的活动，如市场调研、市场机会分析、市场细分、目标市场选择、产品定位等一系列活动，也包括预提产品退出流通市场后的许多营销活动，如产品使用状况追踪、售后服务、信息反馈等一系列活动。

旅游市场营销可以从以下4个方面来理解。

(1) 以旅游消费者的需求为导向，协调各种旅游经济活动，力求通过提供有形产品和无形劳务的途径提高游客的满意度，从而实现旅游企业的经济和社会目标。

(2) 旅游市场营销是一种动态管理过程，包括分析、计划、执行、反馈和控制。企业或组织需通过营销调研、营销计划、营销策略执行和控制等一系列营销管理活动来完成经营目标。在营销计划中，营销者必须进行目标市场定位。在营销策略决策中，企业或组织也必须进行市场开发、产品设计、价格制定、分销渠道的选择、信息沟通和销售促进等各项决策。

(3) 旅游市场营销的主体包括所有旅游组织(含政府、非营利性组织和旅游企业)，客体包括对旅游市场中有形事物的营销和对无形劳务的营销。

(4) 旅游市场营销意味着交换，就旅游经营者而言就是用旅游产品交换金钱。但并非所有的旅游产品都是用于利益交换的，如有些旅游景点不收门票免费供游客参观，但是只要这些游客选择在此景区观光，交换就依然有效。

2. 旅游市场营销的特点

随着社会财富的增长和居民闲暇时间的增多，如今，包括中国在内的世界各地的服务业都在迅速增长。旅游业是服务行业的一个组成部分，因此，旅游市场营销的实质是市场营销在旅游服务业营销中的具体实践应用。

由于旅游服务产品的一般性差异和旅游业务经营的特有性差异的长期存在，旅游产品的营销与实物产品的营销不能以完全相同的方式进行，旅游业需要有自己与众不同的营销方式。其中涉及5个方面。

(1) 所使用的手段不只是产品、价格、渠道与促销(即4P)(具体见本书项目五 任务二)组合，还包括人员、产品打包、活动编排和结伴合作(People，Packing，Programme，Partnership，即新4P)。

首先，旅游业是一项人的产业，是一种由人(员工或东道)向人(游客或消费者)提供服务的产业，而且作为后者的人会与其他的人(其他顾客或公众)分享这些服务，员工与顾客都是旅游产品的一个组成部分，所以旅游经营者必须要精心挑选和聘用自己的员工，并且要精心挑选自己的目标顾客。

其次，产品打包与活动编排都是极具顾客导向的，它们能用以满足多种顾客的不同需要，同时，它们非常有助于旅游企业去应对供需匹配的问题，即减少人员、设施与设备闲置的问题。

最后，不同的旅游组织和旅游企业在满足顾客需要方面都存在相互依赖性，因此，互补性旅游企业和组织间必须开展联合营销。

(2) 更要注重口碑传播。在旅游业中，消费者在购买产品之前很少能有机会先行试用，人们只有购买之后并在实际使用这些服务产品之时，才能发现其是否真正符合自己的需要，因此，顾客在选择购买旅游新产品前不得不主要依靠他人的建议或意见，这就决定了口碑营销传播的重要性。

在获得正面的口碑传播方面，一个旅游组织或企业所提供的旅游产品、相关设施和设备，特别是旅游服务活动能够做到始终如一，保障游客经验线索的连贯，即顾客得到的消费前的信息与实际体验到的情况的一致连贯，是其能够实现成功经营的一项关键因素。

(3) 运用情感手段吸引顾客。由于服务产品的无形性,消费者在购买时会主要依赖情感。这意味着在促销活动中强调情感方面的吸引力往往会更有效。通常地,营销者对一个旅游企业、一个旅游目的地或者一项旅游产品必须赋予其某个与众不同的个性,增添一定的色彩,才能使旅游消费者与之产生情感响应与共鸣,产生购买欲望。

(4) 产品与服务创新愈显突出。由于旅游者的日益成熟、消费多样与旅游产品更易被模仿,使得旅游企业必须随时注意对产品或顾客服务的创新,缩短产品开发与营销周期。

(5) 更加注重与其他社会组织或公众的关系。在旅业业中,旅游组织或企业之间有着三组特有的关系,对旅游服务营销工作有着重要影响。一是旅游供应商、交通承运商、旅游中间商以及旅游目的地营销组织之间呈现出的群体关系,它们所提供的服务往往通过各种不同类型的包价旅游产品组合在一起,以增大对旅游消费者的吸引力;二是旅游目的地要素,即旅游景区(点)与节事活动、接待设施、基础设施、交通客运以及接待资源之间的组合关系;三是外来游客与当地居民的关系。

任务二　认识市场营销观念与营销管理

任务提出及实施

1. 理解市场营销管理的含义。
2. 调查并判断当地旅游企业在营销理念中存在的主要问题。
3. 调研当地旅游中具有代表性的旅游企业的市场状况。
4. 调查并分析当地景区营销管理中存在的主要问题及改进方向。

请同学们在教师的讲解和引导下学习本任务中的应用知识储备下的内容,查阅相关资料,通过市场调研与共同讨论等方式完成上述学习任务。

案例引入

天台山"将私奔进行到底"

2011年微博上大量转发国内某创投基金合伙人在微博上发表的私奔微博:"各位亲友,各位同事,我放弃一切,和××私奔了。叩请宽恕!某某鞠躬。"这样一个事件,也变为了营销界的营销高手们的营销源头。浙江天台山的私奔造句活动就借此进行了一次成功的微博营销,借此打响了中国旅游日的金名片,把重走霞客路、听阮籍入仙故事、和合二仙得道、活佛济公济世救人等历史典故,国清寺、石梁飞瀑、琼台仙谷、桃源春晓、驰骋霞蔚、铜壶滴漏、华顶杜鹃等独特美景,以及云雾茶、技工酥饼等当地特色深深印在了网友心中。

1. 抢时机营销

"私奔"事件发生时，适逢5月19日中国旅游日和"520"天台山旅游日，作为中国旅游日发源地的天台山双节同庆，私奔营销的策划公司DM借机推出私奔胜地"私奔天台山宣言"，同时突出天台山秀美的风光和深厚的文化底蕴。

"@520私奔"通过新浪微博发布了所有跟王××私奔相关的消息，同时推出"#私奔天台山宣言#"征文活动。"@520私奔"提出：王××和××私奔了，奥特曼和PP猪私奔了，中国旅游日源自天台山，天台山5月19日到21日3天免费迎客，一起组团私奔到天台吧！

2. 建"博"楼营销

天台山私奔造句活动简单的参与机制获得网友的快速的转播点评。推出"私奔天台山宣言"活动，让网友结合私奔的热点尽情发挥。

活动宣称："佛国仙山，私奔好去处，转发本微博+#私奔天台山宣言#+发表私奔宣言，逢含516、519、520的楼层(如1516，1519等)，即送PP猪漫画一套，just奔it!"

最后活动截止时盖到5300楼，远远超出预先计划。从网友的热情中可以看出，网友积极参与@520私奔盖楼活动不仅仅是想获得PP猪漫画，而是被全民参与的热情刺激了。两天后，受到#私奔天台山宣言#的启发，新浪微博以"万水千山总是情，跟我私奔行不行？"为主题推出七字心声微博私奔活动，让营销事件再次发酵。

3. 持续性营销

在博主和博客互动、博主即时互动配合的同时，博主持续多渠道微博曝光名人私奔的内容。知名动漫红星PP猪漫画配合话题创作了"漫画版中国十大私奔胜地"，可爱的形象，美丽的风景，深受网友喜爱，获得腾讯博客以及动漫频道的首页推荐，同时在PP猪漫画的百万博客和名人微博中主办方与网友互动，获得了腾讯动漫微博大力推荐和网友热评，也由此激发了驴友们丰富的想象力，更吸引无数网友为天台山的美景和深厚人文竞折腰。知名团购网站可购可乐推出"中国第一私奔团"，团购帅哥靓女一起游天台。

4. 撬力参与营销

本次活动的策划公司DM互动将天台山中国旅游日活动推向高潮，很多网友纷纷加入天台山私奔群询问入团、组团方式，增强了天台山旅游的口碑传播。

同时，天台县宣传部作为官方微博也积极参与互动，传播天台美景和中国旅游日源自天台山的理念。而这些微博甚至吸引了中共浙江省委组织部部长××、浙江工商大学党委书记××、中共天台县委书记××、中共天台县长×××等人的转载和热烈互动。

浙江天台强大的组织协调能力和高瞻远瞩的营销意识，再加上天台山本身深厚的历史文化积淀、独特的风景魅力，使天台山在中国旅游日期间迎来了游客高峰。

(资料来源：根据全球旅游营销九大经典案例 案例一：天台山"将私奔进行到底"中国电子商务协会，全球品牌网，http://www.globrand.com/2011/520411.shtml改编)

思考：

1. 网络营销体现什么营销理念？

2. 分析天台县利用微博营销成功的原因。

应用知识储备

一、旅游市场营销观念及其发展

市场营销观念是旅游企业决策者在谋划和组织企业的整体实践活动时所依据的指导思想、思维方式，也是一种关于组织整体企业活动的管理哲学。

市场营销观念是社会经济发展的产物，与企业经营活动所处的内外部环境有关，是企业决策者在企业内外部环境的动态影响下，为追求企业的生存与发展，在持续的经营活动中逐渐形成的。市场营销观念形成后，将对企业的经营管理工作产生强大的能动作用。当观念适应特定经济环境时，必将对企业的实践产生正确的指导和推动作用；若观念不适应企业所处的经济环境，则决策者的经营方式和指导思想必将滞后于时代，企业的经营目标也就无法实现，更有甚者，会把整个企业引向衰败。

旅游业有其自身的特点，虽然旅游营销的观念比制造业和实物营销落后10～20年，但旅游市场的营销观念依然经历了传统、现代和创新三大发展阶段。

(一) 传统观念阶段

旅游市场营销的传统观念主要分为以下三个时期。

1. 生产观念时期

生产观念是指导企业经营活动的最古老的观念之一，产生背景与条件为短缺经济、市场需求旺盛、卖方市场供应能力不足。核心思想是生产中心论，即重视产量与生产效率。典型口号是：企业生产什么就卖什么。古代的旅店、客栈、驿站等就是这种生产观念的反映，它们都提供简单的食宿服务。

现代仍然有一些旅游企业持有这种生产观念。这些企业认为只要能降低旅游产品的生产成本，就能利用价格优势和其他企业进行竞争，把顾客拉到自己的身边。

我国旅游业改革开放伊始，海外旅游者蜂拥而至，交通、食宿一时供不应求。这样的市场状况使我国旅游业经营者很自然地以生产观念作为经营导向。同时，政府也千方百计地扩大接待规模，尽力接待好已有的旅游者，至于对市场需求的变化和发展趋势则很少去研究。

2. 产品观念时期

产品观念是与生产观念相类似的经营思想。产品观念认为，顾客喜欢高质量、多功能和有特色的旅游产品，只要产品好就会游客盈门。在产品导向型的旅游企业中，营销管理者过多地将注意力集中在企业现有的产品上，而将市场需求置于一边。

产品观念的症结在于过分地夸大了产品的作用，忽视了对市场需求的研究和与其他营销策略的配合。旅游业的优质服务得到了旅游者的肯定。但是，当经营者们津津乐道产品质量的同时，往往忽视了市场的需求及其变化。

3. 推销观念时期

推销观念认为，企业除了提供质量好的产品和服务外，还应组织人员主动出去推销，尤其是在科技发达和社会劳动生产率大大提高的今天，同类产品和服务的选择余地很多，替代性很强，因此更需要积极推销。

推销观念认为消费者不会因自身的需求与愿望来主动地购买商品，而必须在强烈的销售刺激的引导下才会采取购买行为。在推销观念的指导下，企业认为主要的任务是扩大销售，通过各种推销手段促使消费者购买产品与服务。因此，处于推销观念时期的企业注重运用推销术、广告术等手段来刺激消费者。在当代市场经济环境中，针对推销已有了专门的经验总结和技巧指导，形成了一套完整的应用理论体系。

推销观念虽然反映了企业在市场中的积极进取的精神，但出发点依旧是企业和产品，仍然属于传统营销观念阶段。

对于不能满足旅游者需求的旅游产品，纵有天大的本事，也难以推销出去。目前，我国许多地方纯观光型的旅游产品在国际旅游市场上的推销效果不甚理想，虽与我国旅游目的地的推销意识和技巧的欠缺有关，但从根本上说，其原因在于旅游产品的老化与过时。

(二) 现代营销理念阶段

第二次世界大战后，产品供过于求的矛盾更加突出，传统经营观念的弊端越来越明显。人们开始对旧有的一些经营观念予以反省，促使了现代营销观念的加速形成。现代营销观念形成于20世纪50年代中期，可将其分为以下4个时期。

1. 市场营销观念时期

市场营销观念认为，企业经营管理的关键是正确确定目标市场，了解并满足这一客源市场的需求和欲望，并且比竞争对手更有效地提供客源市场所期望满足的服务。市场营销观念的形成是以卖方市场转为买方市场为背景的，在当今国际和国内旅游业竞争日趋激烈的大环境下，以顾客为中心的市场营销观念冲击着现代旅游业的经营者们。例如，"客人就是上帝""宾客至上"和"您就是这里的主人"等营销思想，屡见于旅游业的宣传口号之中。总之，市场营销观念要求企业"提供你能够售出去的产品"，而不是"出售你能够提供的产品"。

2. 社会营销观念时期

所谓社会营销观念，是指企业在营销活动过程中必须承担起社会责任。企业通过营销活动，充分有效地利用人力资源、自然资源，在满足消费者的需求、取得合理利润的同时，应保护环境，减少公害，维持一个健康、和谐的社会环境以不断提高人类的生活质量。社会营销观念要求企业的营销活动的目的不仅是追求利润最大化，而且要使企业担负起社会责任，即企业的营销活动要追求良好的社会效益。

社会营销观念是20世纪70年代后基于现代环境、能源、人口等世界性问题日益严重的形势而提出来的。该观念认为，旅游业的经济效益必须与全社会、全人类的利益紧密联系在一起。由旅游开发和发展所引起的资源破坏和环境污染不能等闲视之，旅游景区因人满为患而产生的垃圾污染、空气污染、社会环境污染等综合性的污染必须引起高度重视并加强整治。旅游饭店也是如此，例如，过去一直用普通的塑料洗衣袋，方便、成本低，用过即扔，对酒店有利，但对社会不利。因此，发达国家已采用棉麻材料的洗衣袋，可重复循环使用，其出发点是基于对社会公益的考虑。

3. 大市场营销观念

大市场营销观念是20世纪80年代以来市场营销观念的新发展。它是指导企业在封闭市场中开展市场营销的一种新的营销战略思想，其核心内容是强调企业的市场营销既要有效地适应外部环境，又要能够在某些方面发挥主观能动作用，使外部环境朝着有利于企业的方向发展。

大市场营销观念与一般营销观念相比，具有以下两个特点：第一，大市场营销观念打破了"可控制要素(4Ps)"和"非可控制要素(6Ps)"(具体见本书项目五 任务二、旅游市场营销组合方式)之间的分界线，强调企业营销活动可以对环境产生重要的影响，使环境朝着有利于实现企业目标的方向发展；第二，大市场营销观念强调必须处理好多方面的关系，才能成功地开展常规的市场营销，从而扩大企业市场营销的范围。

4. 关系营销观念

关系营销(Relationship Marketing)是从"大市场营销"的概念衍生、发展而来的。它是指在营销过程中，企业还要与消费者、竞争者、分销商、供应商、政府机构和公众等发生交互作用的营销过程，它的结构包括外部消费者市场、内在市场、竞争者市场、分销商市场等，核心是和自己有直接或间接营销关系的个人或集体保持良好的关系。该理论于1985年由巴巴拉·本德·杰克逊提出，这一理论的提出，使人们对市场营销理论的研究又迈上了一个新的台阶。

关系营销理论一经提出，迅速风靡全球，杰克逊也因此成了美国营销界备受瞩目的人物。

关系营销以4C(消费者、成本、便利和沟通)理论为基础，以维护企业大关系为导向，关注提高顾客忠诚度，注重长期利益，通过互动式沟通，实现双方合作共赢。

(三) 旅游市场营销理念的创新

1. 生态营销

第二次世界大战后，市场营销观念在资本主义国家的许多企业得到广泛应用，但是在实践中，有的企业片面强调满足市场需求，而忽视了企业本身的生产能力，结果往往生产出并不是自己所擅长的产品，从而导致社会资源不能达到有效配置。在此情况下，人们提出了企业必须以生态营销观念作为其指导思想。

生态营销观是指任何一个旅游企业要与生物有机体一样，生产经营活动要同其生存环境相适应、相协调，既能满足旅游市场需求，又与自己的生产能力相适应。随着企业内外环境的变化，企业优势和市场需求也在不断变化，企业决策者必须在这两个变量中，不断判断、识别和确定自己的经营目标和所生产的产品。

2. 绿色营销

20世纪90年代，联合国环境与发展会议通过了全球《21世纪议程》，要求各国根据本国的情况，制订各自的可持续发展战略、计划和对策，一些国家纷纷推出以环保为主题的"绿色计划"，积极树立绿色营销观念。

绿色营销是指旅游企业以环境保护观念作为其经营思想，以绿色文化作为其价值观念，以消费者的绿色消费为中心和出发点，力求满足消费者的绿色消费需求。通过绿色营销活动，协调企业利益与保护环境之间的关系，使得发展既能满足当代人的需求，又不至于对后代的生存和发展构成威胁和危害，即实现社会经济的可持续发展。

3. 低碳营销

随着全球气候变暖，人们越来越关注碳排放量对环境造成的影响。2009年12月的哥本哈根气候大会更是把这种关注推向了高潮，促进了低碳消费和低碳经济的兴起，低碳营销正是在环境形势日益严峻和低碳经济逐渐形成的驱动下产生的。在"低碳经济"取代"高碳经济"的大背景下，从"高碳营销"转换到"低碳营销"是21世纪企业适应低碳经济时代的必然选择。

低碳营销是指旅游企业根据消费者的"低碳消费"需求，运用新能源、新材料和新技术生产"低碳产品"，并且以"低碳"的方式和手段去营销推广这些产品。

4. 网络营销

20世纪90年代中期，随着数字技术的迅速普及，市场营销进入了一个新的时期。互联网的普及使旅游企业营销的理念与方式发生了根本性的变革，电子交易和网络营销思想深深植入企业营销管理层的意识中。现在，旅游企业纷纷建立自己的网站进行产品推介，运用电子商务平台实行网上预订、交易、结算等。

在线营销实现了企业与游客全天候、无空间障碍的实时互动营销，效率更高，双方成本更低，同时，由于顾客营销参与度高，推进了旅游产品的有效营销。

综上所述，传统的社会营销观念，强调了企业利益的最大化；而现代营销观念强调了消费者利益、企业利益与社会利益这二者的有机结合；而生态、绿色、低碳、网络的营销观念则是在此基础上，进一步强调生态环境利益，将保证生态环境利益看作前四者利益持久地得以保证的关键所在。四种新的营销观念关系密切，前者为后者的基础，后者为前者的改进和升华。

知识链接

市场营销(者)道德规范及价值观

1. 道德规范

(1) 拒绝伤害。这是指在我们作出决定时，通过遵循高道德标准和所有可适用的法律法规，有意识地避免有害的行为或疏忽。

(2) 在市场营销体系中培养信任。这是指争取诚信和公平交易，从而促进交换过程的效率，并避免产品设计、定价、配送交付中的欺诈行为。

(3) 遵循道德价值观。这是指通过维护诚实、负责、公平、尊重、透明和公民责任这些核心理念，在市场诚信中建立起长期稳定的联系并提高消费者信心。

2. 价值观

(1) 诚实。在与客户和利益相关者打交道时要坦诚。为此，我们将努力在任何情况下、任何时候都做到诚实；言行一致，提供有价值的产品；当我们的产品没能实现其预期效果时，要对客户的期望值予以理解；尊重我们言明和未言明的承诺与保证。

(2) 负责。接受我们的营销决策和战略带来的后果。为此，我们将努力服务于客户的需求；不对利益相关者施加压力；认识到由经济及营销的发展所带来的对利益相关者负有的社会责任；意识到我们对易受伤害的细分市场人群负有特殊义务，如儿童、老年人、贫困人群、低学历者以及其他弱势群体；在做决定的时候，考虑到自身所处的商业环境。

(3) 公平。正确衡量买卖双方的利益与需求。为此，我们将在销售、广告及其他宣传形式中以清晰易懂的方式代理产品，这包括避免错误、误导和欺诈促销；拒绝会伤害客户信任的销售策略，拒绝参与协定物价、掠夺性定价、哄抬物价或诱购调包等；避免故意参与到利益冲突中，争取保护客户、雇员和合作伙伴的私密信息或商业机密。

(4) 尊重。保护所有利益相关者的人格尊严。为此，我们将尊重个体差异，避免以成见对待客户，或用消极、不人道的方式定义人群(如性别、种族、性取向)；倾听客户需求，并通过一切合理的努力来持续观测和提升其满意度；尽一切努力理解并尊重来自不同文化的买方、供应商、中间人和经销商；感谢他人为营销活动作出的贡献，如顾问、雇员和合作伙伴；己所不欲，勿施于人，尊重自身，也尊重我们的竞争对手。

(5) 透明。在营销运作中注入一股开放的精神。为此，我们将努力与社会各方清楚无误地沟通；接受来自客户和其他利益相关者的建设性批评；对于可能影响客户及其购买决策的重要产品或服务风险，组件替换或其他可预见的意外事故，应当作出解释并采取适当的行动；公开定价及财务条款，以及价格协议和可能的价格调整。

(6) 责任。履行经济、法律、慈善和社会等服务于利益相关者的责任。为此，我们将在执行市场营销活动的过程中，努力保护生态环境；通过志愿者服务和慈善捐助回馈社区，促进市场营销及其声誉的整体提升；敦促供应链上的成员保证交易对所有的参与者而言都是公平的，包括发展中国家的生产商。

(资料来源：根据美国市场营销协会，http://www.amachina.org.cn/改编)

二、旅游市场营销管理

旅游企业的市场营销活动涉及许多复杂的、多变的因素。若营销人员仅凭经验,主观地进行营销活动,必然会出现漏洞和失误。这就要求营销人员依据科学的管理理论,熟练运用管理中的计划、组织,指挥、协调和控制职能,把市场营销的主要活动纳入科学的管理轨道,从而使旅游企业获得良好的社会效益和经济效益。

同时,为保证实现旅游企业的市场营销目标,要求旅游企业必须预见环境变化以调整旅游企业行为,并对旅游市场在营销活动在时间上、整体上进行管理,从而使每个营销人员都能依据程序充分发挥其作用。

1. 旅游市场营销管理的含义

旅游市场营销的管理过程就是旅游企业营销计划的制订、执行和控制的过程。

2. 旅游市场营销管理的步骤及内容

市场营销管理过程可以分为以下5个步骤。

第一步,旅游市场机会分析。所谓旅游市场营销机会就是指与企业内部条件相适应,能实现最佳组合策略和营销目标,促使企业自身发展的环境机会。旅游市场机会分析就是发现、评价和选择有吸引力的市场营销机会,特别是分析机会是否和旅游企业自身的战略计划相吻合,是否具备利用这种机会的资源条件。旅游市场机会可以通过收集市场情报、发现市场变化获得,还可以通过市场开拓和产品的深度开发获得。

旅游企业能否实现经营目标,能否准确抓住机会是市场营销管理的关键。常言道:机会总是光顾有准备的人。旅游企业应该密切关注企业内外部环境中的各种因素的发展变化,使自己随时处于应战状态。在旅游市场中环境机会是大量存在的,只要市场上存在未被满足的市场需要,就有无数可利用的环境机会。

旅游市场营销机会分析主要包括旅游市场环境分析、旅游消费行为分析、旅游市场竞争者分析。社会客观环境和游客的需求是在不断变化的,旅游企业必须不断地寻找旅游服务与管理的机会,这是营销管理过程中的首要步骤。

第二步,研究和选择目标市场。旅游企业获得了有利的市场机会后,要把市场按照不同的需要、不同的性质和具有不同行为特征的顾客群进行细分,然后决定选择进入一个或几个细分市场。这个过程就是目标市场的选择。

在现代旅游市场中,旅游企业应把满足游客的需要放在首位。因为只有充分满足游客的需要,旅游企业才能获利,实现双赢。长期坚持下去,企业就能不断的发展壮大。游客的需要是发展的,旅游企业应该根据自己的技术、资源和管理能力,选择自己当前和今后一段时间内最为有利的一个或几个细分市场作为营销重点,这种企业最终确定要进入的市场,就是旅游市场营销中的目标市场。研究选择目标市场分为4个步骤:测量和预测市场需求、进行市场细分、在市场细分的基础上选择目标市场、实行市场定位。

第三步,制定企业营销战略和策略。旅游企业目标选择之后,要根据自身的实际制定营销战略。市场营销战略是指旅游企业在现代市场营销观念下，为实现其经营目标，对一定时期内市场营销发展的总体设想和规划。战略是关于长久的、全局的决策行为。步骤包括战略分析、战略制定、战略实施组织的确定。内容则包含旅游企业发展与竞争战略、市场营销资源配置和市场营销费用等方面的基本决策。

旅游景区确定目标市场之后，要根据自身的战略发展需要确定详细的营销组合策略。所谓营销组合，就是从满足目标市场需要出发，旅游景区对可控的各种市场营销因素，主要是产品、价格、分销和促销等进行最佳的组合，使它们综合发挥作用，完成和实现景区的发展目标。

旅游市场营销策略是旅游市场营销中的核心问题，一般又包括以下4个部分。

(1) 旅游产品策略。旅游产品策略是指确定企业旅游产品的特点、旅游产品的生命周期及其策略、旅游新产品的开发策略、旅游产品的商标策略、旅游产品的组合策略。

(2) 价格策略。价格是市场营销中最敏感的因素，直接受市场供求变化的影响。旅游企业在制定其价格策略时，需研究影响旅游商品和服务价格的各种因子以及旅游价格的定价目标和方法，以最终确定其定价策略。

(3) 旅游渠道策略。渠道是指旅游产品销售的中间经销机构。旅游企业在进行市场营销时还应研究旅游营销渠道的类型、各级旅游中间商的功能，以及营销渠道的最佳选择。

(4) 旅游促销策略。旅游产品的流通是通过产品信息的传递和旅游者向旅游目的地的流动来实现的，因而旅游促销活动尤为重要。旅游促销策略包括广告宣传、人员推销、营销推广、公共关系、促销策略的组合和制定。

在制定旅游市场营销策略时，不能让企业的利益先入为主，一味采取扩张型的营销策略，而是应该综合权衡相关社会团体的利益，根据实际情况来决定营销策略的方向。

第四步，制订营销计划。计划是对未来工作的安排，旅游企业的营销计划既要体现营销战略的要求，又要确保行之有效。营销计划一般包括：旅游产品管理和发展计划、旅游价格管理和定价计划、旅游销售渠道的管理和分销计划、旅游促销计划。

旅游营销计划是营销管理过程中最重要的一项内容，常以计划书的形式提供给归口管理者。规范的计划书要有以下内容：内容概要、目前旅游营销状况、旅游营销机会和问题分析及结论、计划期旅游营销目标、计划期旅游营销战略、旅游营销战略的实施计划、费用预算和利润计划、旅游营销计划的控制措施。

营销计划是旅游企业的战术计划。营销战略对企业而言是"做正确的事"，而营销计划则是"正确地做事"。在旅游企业的实际经营过程中，营销计划往往会碰到无法有效执行的情况，一种情况是营销战略不正确，营销计划只能是"雪上加霜"，加速企业的衰败；另一种情况则是营销计划无法贯彻落实，不能将营销战略转化为有效的战术。营销计划充分发挥作用的基础是正确的战略，一个完美的战略可以不必依靠完美的战术，而从另一个角度看，营销计划的正确执行可以创造完美的战术，而完美的战术则可以弥补战略的欠缺，还能在一定程度上转化为战略。

第五步，旅游营销活动的管理。旅游营销活动的管理是对旅游企业营销活动过程的实施和控制，这是最后一个步骤。

影响旅游市场的因素复杂多变，因而在实施营销计划的过程中会出现很多意外情况，旅游企业必须不断作出调控，并对计划进行有必要地修正，确保营销目标的实现，同时不断积累经验，为以后的计划提供重要的参考资料。

旅游营销活动的管理主要通过设置高效的营销组织机构，对营销活动进行计划、组织、执行、评价，以及对营销人员进行培训和管理等。它包括4个管理系统：市场信息系统、市场计划系统、市场营销组织系统、市场营销控制系统。对旅游景区营销活动进行管理主要是为了保证景区营销目标的实现。

项目小结

市场营销是以消费者需求为出发点，有计划地组织各项经营活动，为消费者提供满意的商品或服务而实现企业目标的过程。随着社会经济条件的不断发展，市场营销观念经历了生产导向、产品导向、推销导向、市场营销导向、社会营销导向和大市场营销导向等系列复杂的社会演变过程。

旅游市场营销是景区通过市场调研了解游客需要，然后配置内部资源，努力提供适合这种需要的产品和服务，使宾客满意、景区获利的管理过程。景区企业自身的特殊性决定了在旅游市场营销的过程中，必须把满足宾客需求作为营销的出发点。实施全员营销是取得旅游营销成功的基础，分销和促销阶段是实施营销策略的关键环节。

复习思考题

1. 市场与旅游市场的含义是什么？
2. 旅游市场的规模与大小如何确定？
3. 市场营销的本质是什么？
4. 以当地旅游企业为例，说明现代市场营销观念在旅游企业中的应用。
5. 旅游市场营销管理的步骤和内容有哪些？

项目实训

认识营销职业

一、实训目的
1. 建立市场营销的基本概念。
2. 形成现代市场营销观念。
3. 建立营销职业意识，学习用营销的思想分析问题。
二、实训组织

据教学班级学生人数来确定数个小组，每一小组人数以5～8人为宜，小组中要合理分工。在教师指导下统一认识、统一口径、基本统一判断标准；而后进行选题并分别采集不同的资料和数据，并以小组为单位组织研讨，在充分讨论基础上，形成小组的课题报告。

三、实训要求

(一)综合认识营销职业

1. 市场营销职业的种种称呼。

2. 这种职业首先在哪些国家受到重视，它给个人和社会带来些什么？

3. 在我国，人们如何认识这种职业，社会的进步是否需要这种职业？

4. 从事这种职业有无特殊的知识和个性品质要求？

(二)营销基本原理的应用

1. 结合地区旅游经济发展的状况，对一具体的旅游企业市场行为进行调研，应用营销基本原理分析其营销理念的发展阶段和企业行为的科学性。

2. 应用已学习过的营销原理，对所调研的企业未来的市场行为提出营销的发展建议。

拓展案例分析 | 河南嵩山少林景区"整改"风波 ⊙

一、景区被下达"整改通知"

2011年12月4日，全国旅游景区质量等级评定委员会向景区下达"整改通知"，"通知"说，2011年10月下旬，经暗访复核发现少林景区的游览环境、旅游接待设施、旅游秩序、管理服务方面存在一定问题，服务质量和环境质量评分较低，距离5A级旅游景区标准差别较大。"暗访调查报告"列举了以下问题。

(1) 少林景区整体旅游氛围不佳，与禅宗祖庭需要的庄严肃穆和5A级景区细致服务的要求有一定差距。景区入口管理十分混乱，社会车辆乱停乱放，黑车拉客现象严重，小商小贩沿路叫卖，造成交通阻塞。在景区内部，小商贩围追兜售，"僧人"摆地摊、算卦算命、叫卖现象共存。景区内部人流密集，缺乏疏导，饮食商品摊点胡乱布局，环境恶劣。

(2) 景区内主要硬件设施和服务不完善。旅游服务中心区面积狭小，管理混乱。医务室缺医少药，影音室也擅自改为他用。景区内部人车交织，游客集中集聚区缺乏公共休息设施，垃圾随意堆放。在游客服务方面，宣传材料量少质差，导游管理松散，讲解深度不够。

(3) 少林景区的重点文化遗产景区亟待保护。例如在塔林景区，游客高度集中，导致地面已经寸草不生，给塔林保护带来了潜在威胁。

二、景区被游客投诉

通过网上搜索发现，有的网友投诉在该景区购物时被摊主欺诈，有的反映在塔林遇到"僧人"拦路算卦，更有网友直言少林寺对面的十方禅院说是数罗汉，其实就是骗钱。摊贩们却说，要想在景区内经营，每年要向景区缴纳数万到数十万的租赁费，"不宰客，咋能收回本钱"。

三、外人评价景区经营管理

本次少林景区被通知"整改"，面临"摘牌"危机，是港中旅"不重视管理，不投入、只赚钱"的经营理念造成的。

2009年12月，港中旅与登封市政府合资成立港中旅(登封)嵩山少林文化旅游有限公司，正式入主嵩山景区，负责嵩山景区的管理和经营。合资公司开始管理少林景区以后，除了公司成立时投入的那笔钱，再无实质性投入，并没有兑现当时"3年内投资8亿至10亿元"的承诺。为压缩人员开支，港中旅登封公司的管理方式很特别：禁止员工节假日加班，节省加班费；早上6点多要求员工到岗；减少员工班车班次，甚至不允许员工正常请假。少林景区门口有一块草坪需要补植，需经费1000元左右，可港中旅登封公司领导不予批准，理由是"暗访组录像没有拍到，不用补植"。

对本次少林景区的整改，登封市政府明确要求按一流景区标准投入、整改，但公司领导坚持按5A级标准整改，目的是"降低标准，减少投入"。

四、景区经营管理者的自我评价

港中旅登封公司对少林景区、嵩阳景区和中岳景区实施经营、营销、财务、人员、管理的"五个统一"，由原来各自为政的行政式管理模式，转型为规范的企业化管理模式，提高了工作效率，成效良好。

港中旅登封公司分管市场营销的负责人向《瞭望东方周刊》透露，两年来，嵩山景区在游客人数和营业收入方面，"都达到了历史最高水平"。经过两年的经营，景区的资产质量大为改善，财务状况明显优化。企业从过去的资不抵债变成现在的良好经营，2011年公司总资产的报酬率达到了国内景区的最优水平。

(1) 在游客数量方面，2010年游客人数比2009年增加30%，营业收入增加50%；2011年，游客人数比2010年又增加20%，收入增加20%。

(2) 在营业收入方面，2009年年底为9000万元，到2010年增加到1.7亿元，2011年则接近2亿元。

(3) 利润方面，2009年年末，嵩山景区账面上显示利润为1000万元左右，到2010年，景区利润增至3200万元，2011年继续增加到3810万元。

五、利益纠葛背后的"乱象"

(1) 景区内有不在景区管理范围内的"诱人花钱的项目"。少林寺对面有一座庙宇式的建筑，名曰"十方禅院"，原是一个免费景点，可游客发现，里面有很多二次消费的项目，比如数罗汉、算命。虽然仅一河之隔，可十方禅院与少林寺却没有任何关系，里面身穿僧衣的男子也都不是少林寺的人。

(2) 在全国重点文物保护单位嵩阳书院对面，一个大面积的违章建筑已经停工；在全国重点文物保护单位会善寺内，部分房间被租给其他人员使用；在登封市大禹路与环山路交叉口，一个豪华别墅区"嵩山一号"已经建成，此建筑也在嵩山景区保护范围之内。

(3) 少室阙东侧，原本以登封市文物局少室山文物保护所"管理服务用房"名义建成的两层窑洞房，如今"变脸"成了一家饭店。据知情人说，那些房子当初确实是以"管理服务用房"名义建的，现在免费提供给别人经营地方小吃，"不存在租赁问题"。

（资料来源：http://www.lwdf.cn/wwwroot/dfzk/society/254124.shtml）

思考：

1. 结合案例分析旅游市场营销中存在哪些欺骗行为和潜规则？

2. 请同学们谈谈诚信营销对旅游企业发展的重要性。

学习项目二
调研企业旅游市场

知识目标

1. 理解旅游市场调研与预测的概念、意义。
2. 熟悉旅游市场调研的程序和内容。
3. 掌握旅游市场调研与预测的基本原理、方法。

技能目标

1. 具备旅游企业SWOT分析技能。
2. 能制定旅游市场调研的计划和实施行动方案。
3. 掌握市场调研资料收集的技术方法，撰写旅游市场调研报告。

案例成果展示 | 宋城公司与她的"宋城千古情"

　　宋城旅游发展股份有限公司是一家以主题公园和旅游文化演艺的投资、开发和经营为主业的民营企业。公司的核心产品——杭州宋城旅游景区位于西湖风景区西南，之江国家级旅游区内，是中国最大的宋文化主题公园。1994年，宋城景区以"清明上河图"式建筑落笔钱塘江畔，于1996年建成开园，并于1997年正式推出了中国第一个旅游演艺产品——"宋城千古情"。2004年，宋城景区被国家文化部授予"国家首批文化产业示范基地"，公司连续两届获中国"文化企业30强"称号，是浙江省唯一一家上榜的民营文化企业；2009年获得国家"五个一"工程奖、舞蹈最高奖荷花奖；2010年荣获年度杭州最佳休闲生活体验点"综合最佳奖"。

　　景区被国家旅游局批准为国家级"4A级旅游区"。2010年宋城景区游客人数达到379.7万人次，同比增长47.40%；全年观看演出人数突破300万人，增幅超过65%。宋城景区及演艺累计接待观众2000万人次，演出1.16万余场，在长三角地区傲视群雄，独占鳌头。

　　宋城公司与宋城景区取得成功的原因是多方面的，其中公司十分注重市场调研，不断满足观众，以市场为创新导向是最重要的一方面。

宋城景区及"宋城千古情"演艺是宋城公司目前的核心产品，横跨主题公园和旅游文化演艺两个旅游业的细分子行业，其发展本身就顺应了文化和旅游相结合的文化产业发展趋势，走出了一条国内出游游客向休闲旅游转型的道路。

特别是宋城公司在成功推出演艺后，并没有停滞不前，而是不断通过调查问卷的方式来了解观众的心理。每次节目演出后，都要请观众对节目进行评价并适当提出建议，征询对本场演出是否满意并征求改进意见；了解游客在观看演出后印象最深刻的剧目；分析在中国文化中，对他们来说最熟悉、印象最深的文化元素。还每月发放调查问卷，让宋城演出剧团与观众保持密切沟通；通过在剧场设置导游休息室，使公司第一时间了解游客需求，尤其是外宾的反馈，使得演出和市场紧密联系，始终将中外文化加以很好地融合。

根据这些调查分析，宋城对旅游演艺产品在内容感官上进行创新，不断提升"宋城千古情"的艺术水平。从历史文化中掘金"宋城千古情"，使杭州文化中最精髓部分得以创新性地展现，系统地表现了劳作生息的古越先民、繁华如烟的南宋王朝、慷慨激昂的岳飞抗金、感人至深的白蛇与许仙、催人泪下的梁祝传说。观众沉浸其中，犹如穿越时光的隧道，让那段既熟悉又陌生的历史引起观众的共鸣。

同时，为保持演出的生命力和先进性，公司每年都组织编导去国外观摩。节目坚持每月一小改，每年一大改，公司每年投入节目改进的费用额度为1000万，"宋城千古情"至今已改了十六年，但还在改，从舞台布置、灯光、到节目内容、演员，全都在不停地改动。2010年4月，"宋城千古情"从原来的六幕改为了四幕，分别为：良渚之光、宋宫宴舞、金戈铁马、魅力杭州，从远古到当代一气呵成。同时，增强了"宋城千古情"与观众的互动，例如，宫女把宋皇御赐的龙井茶献给到场的贵宾；梁山伯、祝英台手摇杭派折扇唱起越剧名曲"十八相送"，出现在观众身边。同期，剧院座位从原来2000个增加到了3198个。2011版的"宋城千古情"增添了"西子传说"一幕，舞台随剧情转化时而出现西湖水面，时而水漫金山，时而时空穿越，实景布置使观众拍手叫绝。

尽管表达的是古朴悠久的文明，但宋城在舞台布景、视觉效果上却运用了众多高科技创新。"金戈铁马"一幕中，六台大型鼓风机、八台大型雪花吹机以及六十多台中国一流的电脑图案灯都搬到舞台上整装待发；近20面LED高清大屏幕，其规模达到央视春晚的两倍；由中国专业的立体影片制作团体奉献的3D舞台多媒体数字影像将实时震撼观众眼球。除此之外，收缩、移动、升降等世界最先进的舞台机械，移动观众席等纷纷上阵，力求为观众营造完美的视听效果。

一场成功的演出，一个成功旅游品牌的打造，需要市场反复打磨；但并非为了迎合市场而要放弃文化，艺术的表达手段可以变，但文化核心不能变。正是坚守住与观众产生共鸣的文化核心，加之与时俱进的表现手法，"宋城千古情"的成功才得以持久。

(资料来源：根据宋城集团杭州宋城旅游发展股份有限公司2010、2012年度报告编写)

任务一 认识旅游市场调研

任务提出及实施

1. 说明旅游市场调研的过程。

2. 旅游企业实施市场调研的意义是什么？

学生在教师引导下利用课程教材、学校图书资源、互联网等方法预习，分组讨论完成以上任务。

案例引入

普陀山旅游市场调研评估工作安排

2012年6月，浙江舟山市普陀山管理委员会发出《关于开展普陀山旅游客源市场结构调查评估工作的通知》。

通知说，为进一步了解普陀山客源市场发展动态，提升旅游宣传促销的实效，彰显旅游品牌建设和营销成果，引导和服务好旅游消费的转型升级，根据管委会领导要求，决定对普陀山客源市场结构进行常态性的调研评估。

一、总体要求

通过调研评估，发布《普陀山客源市场结构分析报告》，深度分析普陀山客源市场来源和区域分布情况，调研普陀山在全国客源市场的知名度和美誉度指数，探索普陀山旅游出行方式的选择和服务产品的购买分配情况，不断开发普陀山转型升级的新产品、新线路，制定更精准的旅游市场营销方案，进一步扩大普陀山的知名度与美誉度，促进旅游业又好又快发展。

二、评估周期

每半年发布一份《普陀山客源市场结构分析报告》。评估从2012年6月份开始。

三、评估办法

1. 成立评估工作领导小组。由管委会分管旅游工作的副主任担任组长，旅管处主要负责人任副组长，并聘请若干专家构成领导小组，成员单位由委办公室统计科、公安分局、门票管理中心、洛迦山管理处、山内各星级酒店、签单旅行社代表等单位组成，具体工作由旅管处牵头实施。

2. 采取全年常态性调研和半年评估分析报告相结合的方式。常态性调研包括每月记录各指标情况和不定期抽样调研等；半年评估分析报告以每月指标情况为基础，每半年度召集各有关单位进行综合评估分析，出台报告文本。

四、工作分工

1. 旅管处：牵头实施评估工作，统筹汇总所有数据，召集评估会议并出台评估报告。

2. 委办公室统计科：提供旅游接待总人数和境内外游客结构。

3. 公安分局：根据住宿登记，提供接待游客客源地构成及住宿游客数。

4. 门票管理中心：提供购票游客总人数，包括团队和散客数。

5. 洛迦山管理处：提供洛迦山接待游客总数，包括团队数和散客数。

6. 山内星级酒店：提供客房出租率数据、团队住宿情况表。

7. 签单旅行社：提供洛迦山接待游客总人数，一日游游客数，客源地结构。

(资料来源：根据浙江舟山普陀山管理委员会网站内容改编)

思考：

舟山普陀山管理委员会对普陀山景区进行客源市场的调研评估，其目标是什么？

🖳 应用知识储备

一、旅游市场营销调研的概念

1. 旅游市场调研

我们认为，旅游市场调研，是指运用科学的方法和手段，有目的、有系统地收集、记录、整理、分析和总结与旅游市场变化有关的各种旅游消费需求以及旅游营销活动的信息、资料，以了解现实旅游市场和潜在的旅游市场，并为旅游营销管理决策者提供客观决策。

市场调研强调系统性，对调研工作要求从整体的角度进行周密地计划和有条理地组织。市场调研又必须是客观的，这就是说，调研人员必须保持坦诚的态度，对所有的信息资料应客观地进行记录、整理和分析处理，尽可能减少错误和偏见，以保证调研结果作为决策参考依据的可靠性。

2. 企业什么情况下需要市场调研

(1) 了解消费者的消费习惯与消费心理，在此基础上细分市场。运用规范的调研技术和方法，可以发现深层次的消费心理，并且经常能得到量化的研究结果。无疑，消费者的消费心理和习惯越来越复杂，把握消费者的心理日益成为一个艰难的问题，只有通过调研方能解决问题。

(2) 为旅游项目决策提供依据。新的旅游企业项目上马，自然要有项目可行性论证报告，市场调研可为项目的可行性分析提供基础资料。

(3) 知己知彼，客观、正确地认识对手、认识自己。企业应当时刻关注自己产品的知名度、市场占有率和竞争对手的情况，特别是自己在市场中所处的地位的调研分析。

(4) 在动态中预测未来。这正如宝洁公司总裁John Pepper所说的那样，我们要学会洞悉变化，掌握中国当前不断发展的趋势，将我们建立的系统准确地应用到对这些变化的研究中，从而使我们能够更好地了解和掌握这些变化。

3. 旅游营销调研的内容

旅游市场营销调研的内容包括与旅游企业营销活动有关的各种外部信息，如政治、社会、经济、科技、文化等宏观环境信息，又包括与企业营销活动密切相关的市场信息以及企业内部信息等，既可做专题调研，又可以做全面调研。

(1) 旅游企业外部调研。主要是对旅游企业的外部市场环境进行调研，调研内容包括：旅游市场环境调研、旅游市场需求调研、旅游市场供给调研和旅游市场竞合调研等。不同旅游企业外部调研内容是不同的。旅游景区外部市场调研，如表2-1所示。

表2-1　旅游景区外部市场调研

旅游市场环境调研	旅游市场需求调研	旅游市场供给调研	旅游市场竞合调研
政治环境调研 法律环境调研 经济环境调研 科技环境调研 社会文化环境调研 地理环境调研	旅游者规模及构成调研 旅游动机调研 旅游行为调研	旅游吸引物调研 旅游设施调研 可进入性调研 旅游服务调研 旅游企业形象调研 旅游容量调研	旅游竞争状况调研 旅游产品调研 旅游价格调研 旅游分销渠道调研 旅游促销调研

(2) 旅游企业内部调研。企业内部信息的调研主要涵盖以下几个方面：本企业提供产品和服务的一线部门的有关信息；本企业的财务管理方面的信息；本企业在营销方面的信息；有关本企业的发展战略的信息。

■ 二、旅游市场调研的分类

(一) 按调研的目的和作用分类

按调研的目的和作用分类，旅游市场调研可以分为以下几种。

1. 探测性调研

探测性调研是企业对旅游市场情况不是很清楚或者感到对调研的问题不知从何处着手时所采用的方法。探测性调研主要是发现问题和提出问题，以便确定调研的重点。

2. 描述性调研

描述性调研就是对已经找出的问题做如实的反映和具体的回答。这项调研必须拥有大量的信息资料，调研前需要有详细的计划和提纲，以保证资料的准确性。描述性调研比探测性调研更加细致具体，但也只是描述出问题的表面原因，要想深刻地揭示出其因果关系，还需进一步进行因果关系调研。

3. 因果关系调研

因果关系调研是在描述性调研的基础上进一步分析问题的因果关系，并弄清原因和结果之间的数量关系。

4. 预测性调研

对未来市场的需求变化进行估计，即为预测性调研。预测性调研对企业制定有效的经营计划，使企业避免较大风险和损失有特殊的、重要的作用。

(二) 按旅游市场调研对象范围分类

按旅游市场调研对象范围的不同，可以分为如下两种。

1. 全面调研

全面调研是对调研对象中所有单位无一例外地进行调研的方式。全面调研能取得比较全面系统的总量资料，适用于对旅游市场进行宏观地了解，例如，普查、旅游人才规划调研。

2. 非全面调研

非全面调研是对调研对象中的部分单位进行调研的方式。所选单位应具有充分的代表性，以利于最终获取较全面的总体资料。

(1) 典型调研。典型调研是根据调研的目的和任务，从对象总体中选择一个或若干个具有典型代表意义的单位进行深入调研的方式。

(2) 重点调研。重点调研是在被调研对象中选择一个或几个市场现象比较集中、对全局具有决定性作用的重点单位进行调研的方式。

(3) 抽样调研。抽样调研是按调研任务确定的范围，从全体调研对象总体中抽选部分对象作为样本进行调研研究，用所得样本结果推断总体结果的调研方式。根据调研对象总体中每一个单位被抽取的概率是否相等的原则，又分为随机抽样调研和非随机抽样调研。

三、旅游市场营销调研的程序和方法

旅游市场营销调研流程，如图2-1所示。

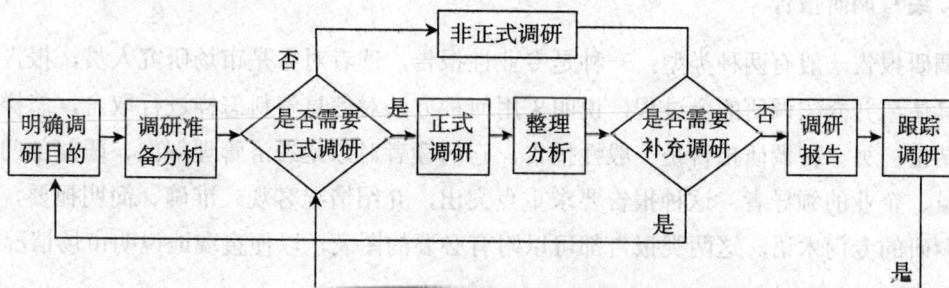

图2-1 旅游市场营销调研流程

(一) 市场调研的步骤

1. 确定调研目的和调研准备分析

这一步骤主要解决两方面的问题。一是明确为什么要调研，调研要解决什么问题，受谁委托去调研或调研结果为谁服务等；二是明确调研的范围、时间和方式。可通过在企业内部召集有关人员对调查目的进行非正式座谈，还可以向有关专家、内行、用户征求意见，将问题的范围逐渐缩小，使问题集中，最后确定调研主题，如将调研集中在旅游产品的质量和服务提升问题上。

2. 编制调研计划

编制调研计划的具体内容有以下几个。

(1) 进一步锁定调研目的，选择调研对象，确定调研项目。

(2) 选定调研方法。

(3) 编制调研费用预算。

(4) 安排调研进度：调研地点、调研时间、调研人员。

(5) 人员：要做好人员培训工作。

3. 设计调研表格、记录本或问卷

调研表或问卷，一般都要由有经验的调研研究人员来设计。有些调研表设计以后，还要通过试查来验证，看其是否能达到预期的结果。如果选用抽样调查，则要进行抽样设计。

4. 现场调研，搜集资料

按照计划进行实地调研，在做好充分准备以后，按照选定的主题、对象、项目、时间、地点、方法，到现场去收集所需要的情报资料。

5. 整理分析调研资料

将调研搜集到的资料，采用科学的方法进行编辑整理、分类，根据调研的不同目的，将相同的资料归于一类，计算分析，检查误差，剔除虚假成分。

6. 编写调研报告

调研报告一般有两种类型：一种是专业性报告，读者对象是市场研究人员，报告要求详尽具体，并介绍调研的全过程，说明采用何种方法对信息资料怎样进行取舍，怎样得到调研结论；另一种调研报告是一般性报告，它的读者对象是经济管理部门、职能部门的管理人员、企业的领导者，这种报告要求重点突出，介绍情况客观、准确、简明扼要，避免使用调研的专门术语。这两类报告都可以附有必要的图表，以便直观地说明市场情况。

(二) 旅游市场调研的方法

市场调研方法的选择和技巧的应用，直接关系旅游市场调研结果的可信度，因此，调

研了解旅游市场后还须选用科学的方法。通常有以下几种方法可供旅游企业选择。

1. 观察法

观察法就是通过观察要调研的对象和他们的背景信息来收集资料的调研方法。这种方法是由调研员在调研现场从旁观察调研对象的行动，而不让被调研者察觉到自己正在被调研。优点是：准确性较高，且所得资料更为深入详细。缺点是：观察不到内在因素，有时需要做长时间的观察，以求得结果。

2. 专题讨论法

专题讨论法就是专门邀请一部分人员，在一个有经验的主持人引导下，花几个小时讨论一种产品、一项服务，一个组织或其他市场营销话题的一种调研方法。

3. 问卷调研法

问卷调研法是通过拟订的调研问卷来收集信息资料的一种调研方法。问卷调研法又可进一步分为：信函问卷调研法、电话问卷调研法、面访问卷调研法和电脑问卷调研法。

4. 实验法

实验法是一种对比实验的方法。该方法通过选择多个可比的主体组，分别赋予不同的实验方案，控制外部变量，以检验所观察到的差异是否具有统计上的显著性。

任务二 掌握旅游市场调研的技术与方法

任务提出及实施

1. 掌握抽样技术和问卷技术。
2. 学会撰写旅游市场调研报告。

学生在教师引导下利用课程教材、学校图书资源、互联网等资源进行学习，分组设计问卷调研表，实地调研，提交调研报告。

应用知识储备

一、市场调研技术

旅游市场调研不仅要有明确的调研目的和科学的调研方法，还必须使用一定的调研技术。最常用的技术主要是抽样技术和问卷技术。

(一) 市场调研技术中的抽样方法

大多数的市场调研是抽样调研，即从调研对象总体中选取具有代表性的部分个体或样本进行调研，并根据样本的调研结果去推断总体。抽样方法按照是否遵循随机原则可分为随机抽样和非随机抽样，抽样调研虽然是非全面调研，但它的目的却在于取得反映总体情况的信息资料，因而，也可起到全面调研的作用。

抽样调研的步骤为：抽样调研的准备工作；根据调研的精度要求，确定样本量；使用一定的抽样方法，进行抽样；收集样本资料，计算样本统计值；用样本统计值推断调研总体的参数值。

抽样方法主要包括随机抽样方法、非随机抽样方法。

1. 随机抽样方法

随机抽样就是按照随机原则进行抽样，即调查总体中每一个个体被抽到的可能性都是一样的，是一种客观的抽样方法。随机抽样方法主要有以下几种。

(1) 简单随机抽样，适用于总体中各个个体之间的差异程度较小或总体量少的情形。可用两种方法进行，一是抽签法，适用于总体量较少时，把抽样框内的抽样单位编号混合，从中随机抽取，第二种是随机数表法，在乱数表形成的条件下，总体量少时，对总体各单位加以编号，编号位数需相同，从乱数表中随机的数字"1"为起点往后取到编号位数，往后随机抽取编号范围内的样本量。

(2) 等距抽样，又称系统抽样，适用于大规模调研，特点是能使样本均匀的分散在总体中。具体过程是先根据一定的抽样距离从母体中抽取样本(抽样距离=总体÷样本)，然后进行编号，在第一个抽样距离内采用随机方法抽取一个单位作为起始点，取得一个元素后，每隔一个抽样距离抽取一个元素，直到样本数足够为止。

(3) 分层抽样是最常用的抽样方法，其过程是先决定分层标准，然后将目标总体分成若干层，再从各层中随机抽取所需数量的个体单位，综合成一个调研样本。分层的标准选择常用的有人口统计、所属地或消费者偏好规律等标准。其步骤简单记为：①选择分层标准；②计算各层在总体中的比例；③按各层在总体中的比例，计算样本在各层中的具体分布数目；④在各层中采取等距抽样方法抽取样本单位。

以上三种抽样法的关系如表2-2所示。

表2-2 三种抽样法关系表

类型	共同点	各自特点	相互联系	适应范围
简单随机抽样	每个个体被抽到样本中的机会是均等的	从总体中逐个抽取	最基本的随机抽样方法	总体中的个体数目较少
等距抽样(系统抽样)		将总体均匀分成几部分，按事先确定的规则在各部分抽取	在第一部分抽样时采用简单随机抽样	总体中的个体数目较多
分层抽样		将总体分成几层，分层进行抽取	各层抽样时采用简单随机抽样或系统抽样	总体由差异明显的几部分组成

(4) 分群抽样，适用调研人员对总体的组成不了解，为省时省钱省力而把调研局限于某一地理区域内的情况。将总体分成若干个群体，再从这些群体中随机抽取某一群体作为调研的抽样样本的抽样方法。

同步练习

问题1：某市为了支援西部旅游教育事业，现从报名的18名志愿者中选取6人组成志愿小组。为了保证对每个志愿者的公平性，试确定志愿小组的名单。

问题2：某市有旅行社160家。其中5星级16家，3星级112家，4星级32家，旅游主管部门为了了解旅行社的运营状况，要从中抽取一个容量为20的样本。试确定用何种方法抽取。

问题3：某景区平均每天接待旅游消费者大约1000人，要求景区调研员每天抽取50人，调研游客满意度状况。试问运用那种抽样方法最合理。

剖析：问题1的总体中的个体数目较少，可以运用简单随机抽样法抽样；简单随机抽样法有两种，分别为抽签法和随机数法，两法皆适合此题；问题2中的总体由差异明显的几部分组成，故采用分层抽样法抽样；问题3中的总体容量大，样本容量也大，可用系统抽样法抽样。

设计抽样的方法的步骤。

1. 问题1的抽样方法常常设计为以下几个步骤。

1) 采用抽签法

(1) 编号：将18名志愿者编号，号码为01，02，…，18。

(2) 制签：将号码分别写在一张纸条上，揉成团，制成号签。

(3) 搅匀：将做成的号签放入一个不透明的袋子中，并充分搅匀。

(4) 抽签：从袋子中依次抽取6个号签，并记录上面的编号。

(5) 定样：所得号码对应的志愿者就是志愿小组的成员。

简记为5步走：编号、制签、搅匀、抽签、定样。

2) 采用随机数法

(1) 编号：将18名志愿者编号，号码为00，01，…，17(同抽签法编号一致也可，但号码的位数要相同)。

(2) 数表定位：在随机数表中任选一数，如第1行第1列的数0，如表2-3所示。

表2-3　定位表

0	03	47		16	11	14	10		07
01									
06									

(3) 读表并录号：从选定的数0开始向右读(读数的方向也可向左、向上、向下)，得到一个两位数03，由于03<17(03理解为3)，说明号码在总体内，将它记录；继续向右读，得到47，由于47>17，将它去掉，按照这种方法继续向右读，直到记录的号码为03，16，11，14，10，07。

(4) 定样：所得号码对应的志愿者就是志愿小组的成员。

简记为4步走：编号、数表定位、读表、录号、定样。

2. 问题2的抽样方法常常设计为以下几个步骤。

(1) 计算抽样比 $\dfrac{n}{N} = \dfrac{20}{160} = \dfrac{1}{8}$，其中 n 表示样本容量，N 表示总体中个体的数目，下同。

(2) 样本容量的分配：样本中的5星级旅行社数为 $16 \times \dfrac{1}{8} = 2$；样本中的3星级旅行社数为 $112 \times \dfrac{1}{8} = 14$；样本中的4星级旅行社数为 $32 \times \dfrac{1}{8} = 4$。

(3) 层内抽样：运用抽签法在16家5星级旅行社中抽取2家，运用系统抽样法在112家3星级旅行社中抽取14家，运用抽签法在32家4星级旅行社中抽取4家。

(4) 定样：把层内抽样得到的教师汇在一起，得到所求的样本。

说明：在进行样本容量分配时，名额一定取正整数。一旦出现小数，要四舍五入，但名额之和等于样本容量(有时需权衡取整)。

3. 问题3的抽样方法常常设计为以下几个步骤。

(1) 编号：把1000个游客进入景区的时序编号，号码为000，001，002，…，999。

(2) 确定段数及间隔数 k：把编号分成50段，间隔数 $k = \dfrac{1000}{50} = 20$。

(3) 确定首码：在第1段编号为000～019的个体中，用简单随机抽样法确定样本中首个个体编号 $t(t \leqslant 019)$。

(4) 确定样本中个体编码：按照一定的规律，通常是首个个体编号 t 加上间隔数20得到第2个个体编号 $(t+20)$，在加20得到第3个个体编号 $(t+40)$，依次下去，直到得到最后一个个体编号 $(t+980)$，共50个编号。

(5) 定样：所得编号对应的零件组成样本。

说明：当间隔数 k 不是整数时，需要在编号之前在总体中随机剔除个体数为 $\left(N - \left[\dfrac{N}{n}\right] \times n\right)$，其中 $\left[\dfrac{N}{n}\right]$ 表示不超过 $\dfrac{N}{n}$ 的最大整数。

2. 非随机抽样方法

常用的非随机抽样主要有以下几种。

(1) 任意抽样。任意抽样也称便利抽样，这是纯粹以便利为基础的一种抽样方法。街头访问是这种抽样最普遍的应用。这种方法抽样偏差很大，结果极不可靠。一般用于准备性调研，在正式调研阶段很少采用。

(2) 判断抽样。判断抽样是根据要求由样本设计者加以判断、进行抽样的一种方法，它要求设计者对母体有关特征有相当的了解。在利用判断抽样选取样本时，应避免抽取

"极端"类型，而应选择"普通型"或"平均型"的个体作为样本，以增加样本的代表性。

(3) 配额抽样。配额抽样与分层抽样法类似，按总体特征先进行分类，根据每一类的大小规定样本的配额，然后由调查人员在每一类中进行非随机的抽样。这种方法比较简单，又可以保证各类样本的比例，比任意抽样和判断抽样样本的代表性都强，因此实际上应用较多。

(二) 问卷设计技术

询问调研法是收集第一手资料的主要方法，而问卷又是询问调研法中最常用的工具。问卷设计是一项十分细致的工作，一份好的问卷应做到：内容简明扼要，信息包含要全；问卷问题要安排合理、合乎逻辑、通俗易懂；便于对资料进行分析处理。了解和掌握调研研究的方法成为旅游调研人员必备的一项技能。

二、问卷设计方法

问卷调研是现代市场调研的一种十分重要的方法，而在问卷调研中，问卷设计又是其中的关键，问卷设计的好坏，将直接决定着能否获得准确可靠的市场信息。本部分我们将详细介绍问卷设计的有关概念和基本技巧。

(一) 问卷设计概述

调研问卷，又称调研表，是调研者根据一定的调研目的精心设计的一份调研表格，是现代社会用于收集资料的一种最为普遍的工具。按照不同的分类标准，可将调研问卷分成不同的类型。

根据市场调研中使用问卷方法的不同，可将调研问卷分成自填式问卷和访问式问卷两大类。

所谓自填式问卷，是指由调研者发给(或邮寄给)被调研者，由被调研者自己填写的问卷。而访问式问卷则是由调研者按照事先设计好的问卷或问卷提纲向被调研者提问，然后根据被调研者的回答填写的问卷。一般而言，访问式问卷要求简便，最好采用两项选择题进行设计；而自填式问卷由于可以借助于视觉功能，在问题的制作上相对可以更加详尽、全面。

根据问卷发放方式的不同，可将调研问卷分为送发式问卷、邮寄式问卷、报刊式问卷、人员访问式问卷、电话访问式问卷和网上访问式问卷6种。其中前三类大致可以划归自填式问卷范畴，后三类则属于访问式问卷。

(1) 送发式问卷就是由调研者将调研问卷送发给选定的被调研者，待被调研者填答完毕之后再统一收回。

(2) 邮寄式问卷是通过邮局将事先设计好的问卷邮寄给选定的被调研者，并要求被调研者按规定的要求填写后回寄给调研者。邮寄式问卷的匿名性较好，缺点是问卷回收率低。

(3) 报刊式问卷是随报刊的传递发送问卷，要求报刊读者对问题如实作答并回寄给报刊编辑部。报刊式问卷有稳定的传递渠道，匿名性好，费用省，因此有很大的适用性，缺点是回收率不高。

(4) 人员访问式问卷是由调研者按照事先设计好的调研提纲或调研问卷对被调研者进行提问，然后再由调研者根据被调研者的口头回答填写问卷。人员访问式问卷的回收率高，便于设计一些需要深入讨论的问题，但不应涉及敏感性问题。

(5) 电话访问式问卷是通过电话来对被调研者进行访问调研的问卷类型。此种问卷要求简单明了，在问卷设计上要充分考虑几个因素：通话时间限制；听觉功能的局限性；记忆的规律；记录的需要。电话访问式问卷一般应用于问题相对简单明确，但需及时得到调研结果的调研项目。

(6) 网上访问式问卷是在因特网上制作，并通过因特网来进行调研的问卷类型。此种问卷不受时间、空间限制，便于获得大量信息，特别是对于一些敏感性问题，相对而言，更容易获得满意的答案。

(二) 市场调研问卷的设计

1. 问卷的基本要求

一份完善的问卷调研表应能从形式和内容两个方面同时取胜。从形式上看，要求版面整齐、美观、便于阅读和作答，这是总体上的要求，具体的版式设计、版面风格与版面要求，这里暂不陈述。再从内容上看，一份好的问卷调研表至少应该满足以下几方面的要求。

(1) 问题具体、表述清楚、重点突出、整体结构好。
(2) 确保问卷能完成调查任务与目的。
(3) 便于统计整理。

2. 问卷的基本结构

问卷的基本结构一般包括4个部分，即说明信、调研内容、编码和结束语。其中调研内容是问卷的核心部分，是每一份问卷都必不可少的内容，而其他部分则根据设计者需要进行取舍。

(1) 说明信。说明信是调研者向被调研者写的一封简短信，主要说明调研的目的、意义、选择方法以及填答说明等，一般放在问卷的开头。

(2) 调研内容。问卷的调研内容主要包括各类问题，问题的回答方式及其指导语，这是调研问卷的主体，也是问卷设计的主要内容。问卷中的问答题，从形式上看，可分为开放式、封闭式和混合型三大类。开放式问答题只提问题，不给具体答案，要求被调研者根据自己的实际情况自由作答。封闭式问答题则既提问题，又给出若干答案，被调研者只需在选中的答案中打"√"即可。混合型问答题，又称半封闭型问答题，是在采用封闭型问答题的同时，最后再附上一项开放式问题。

指导语，也就是填答说明，即用来指导被调研者回答问题的各种解释和说明。

(3) 编码。编码一般应用于大规模的问卷调研中。因为在大规模问卷调研中，调研资料的统计汇总工作十分繁重，借助于编码技术和计算机，则可大大简化这一工作。

编码是将调研问卷中的调研项目以及备选答案给予统一设计代码。编码可以在问卷设计时设计好，也可以等调研工作完成以后再进行。前者称为预编码，后者称为后编码。在实际调研中，常采用预编码。

(4) 结束语。结束语一般放在问卷的最后，用来简短地对被调研者的合作表示感谢，也可征询一下被调研者对问卷设计和问卷调研本身的看法和感受。

3. 问卷设计的过程

问卷设计的过程一般包括10个步骤，包括确定所需信息、确定问卷的类型、确定问题的内容、确定问题的类型、确定问题的措辞、确定问题的顺序、问卷的排版和布局、问卷的测试、问卷的定稿、问卷的评价。

(1) 确定所需信息。确定所需信息是问卷设计的前提。调研者必须在问卷设计之前就掌握所有能达到以研究为目的和有助于验证、研究假设所需要的信息，并决定用于分析这些信息的方法，比如频率分布、统计检验等，按这些分析方法所要求的形式来收集资料，掌握信息。

(2) 确定问卷的类型。制约问卷选择的因素很多，而且研究课题不同，调研项目不同，主导制约因素也不一样。在确定问卷类型时，必须先综合考虑这些制约因素，例如调研费用、时效性要求、被调研对象、调研内容等。

(3) 确定问题的内容。确定问题的内容似乎是一个比较简单的问题。然而事实上却不然，这其中还涉及一个个体的差异性问题，也许在你认为容易的问题恰恰是他认为困难的问题；在你认为熟悉的问题在他认为是生疏的问题。因此，确定问题的内容，最好与被调研对象联系起来。分析被调研者群体，有时比盲目分析问题的内容效果要好。

(4) 确定问题的类型。问题的类型归结起来分为5种：自由问答题、两项选择题、多项选择题和顺位问答题，其中后三类均可以称为封闭式问题。

① 自由问答题，也称开放型问答题，只提问题，不给具体答案，要求被调研者根据自身实际情况自由作答。自由问答题主要限于探索性调研，在实际的调研问卷中，这种问题不多。自由问答题的主要优点是被调研者的观点不受限制，便于深入了解被调研者的建设性意见、态度、需求问题等。主要缺点是难于编码和统计。自由问答题一般应用于以下几种场合：作为调研的介绍；某个问题的答案太多或根本无法预料时；由于研究需要，必须在研究报告中原文引用被调研者的原话。例如，您对我们饭店的服务还有哪些意见和建议？

② 两项选择题。两项选择题，也称是做题，是多项选择的一个特例，一般只设两个选项，如"是"与"否"，"有"与"没有"等。例如，您还会再次光临我们的景区吗？是( )否( )。两项选择题的特点是简单明了。缺点是所获信息量太小，两种极端的回答

类型有时往往难以了解和分析被调研者群体中客观存在的不同态度层次。

③ 多项选择题。这是各种调研问卷中采用最多的一种问题类型。例如，你对我们旅行社的服务哪些方面的服务比较满意？

导游服务□　　交通服务□　　住宿安排□　　餐饮服务□

旅游线路的活动安排□　　　购物次数和内容□

多项选择题的优点是便于回答，便于编码和统计，缺点主要是问题提供答案的排列次序可能引起偏见。这种偏见主要表现在三个方面：第一，对于没有强烈偏好的被调研者而言，选择第一个答案的可能性大大高于选择其他答案的可能性。解决问题是打乱排列次序、制作多份调查问卷同时进行调查，但这样做的结果是加大了制作成本。第二，如果被选答案均为数字，没有明显态度的人往往选择中间的数字而不是偏向两端的数字。第三，对于A、B、C字母编号而言，不知道如何回答的人往往选择A，因为A往往与高质量、品质好等相关联。解决办法是换用其他字母，如L、M、N等进行编号。

④ 顺位式问答题。顺位式问答题，又称序列式问答题，是在多项选择的基础上，要求被调研者对询问的问题答案，按自己认为的重要程度和喜欢程度顺位排列。例如，最能吸引您选择我们饭店的因素依次是：

A价格便宜　　　B饭店位置方便　　　C饭店餐饮有特色　　　D饭店安全

E良好的会议设施　　　　　　F景色优美

在现实的调查问卷中，往往是几种类型的问题同时存在，单纯采用一种问题类型的问卷并不多见。

⑤ 量度式问题。量度式问题就是把调研者提出的问题分不同程度列出答案，由被调研者选择答案。这种方法由于能够了解游客对产品评价的程度高低，因此，在旅游业调研中应用广泛。例如，你对此次千岛湖之行的总体印象是

很好□　　较好□　　一般□　　较差□　　很差□

(5) 确定问题的措辞。很多人可能不太重视问问题的措辞，而把主要精力集中在问卷设计的其他方面，这样做的结果有可能降低问卷的质量。提问时有如下几条法则需要遵守。

① 问题的陈述应尽量简洁。

② 避免提带有双重或多重含义的问题。

③ 最好不用反义疑问句，避免应用否定句。

④ 注意避免问题的从众效应和权威效应。

(6) 确定问题的顺序。问卷中的问题应遵循一定的排列次序，问题的排列次序会影响被调研者的兴趣、情绪，进而影响其合作的积极性。所以一份好的问卷应对问题的排序作出精心的设计。

(7) 问卷的排版和布局。问卷的设计工作基本完成之后，便要着手问卷的排版和布局。问卷排版、布局，总的要求是整齐、美观，便于阅读、作答和统计。

(8) 问卷的测试。问卷的初稿设计工作完毕之后，不要急于投入使用，特别是对于一些大规模的问卷调查，最好的办法是先组织问卷测试，如果发现问题，及时修改。测试通

常选择20~100人，样本数不宜太多，也不要太少。如果第一次测试后有很大的改动，可以考虑是否有必要组织第二次测试。

(9) 问卷的定稿。当问卷的测试工作完成，确定没有必要再进一步修改后，可以考虑定稿。问卷定稿后就可以交付打印，正式投入使用。

(10) 问卷的评价。问卷的评价实际上是对问卷的设计质量进行一次总体性评估。对问卷进行评价的方法很多，包括专家评价、上级评价、被调研者评价和自我评价。专家评价一般侧重于技术性方面，比如说对问卷设计的整体结构、问题的表述、问卷的版式风格等方面进行评价。上级评价则侧重于政治性方面，比如说在政治方面、在舆论导向方面、可能对群众造成的影响等方面进行评价。被调研者评价可以采取两种方式：一种是在调研工作完成以后再组织一些被调研者进行事后评价；一种方式则是调研工作与评价工作同步进行，即在调研问卷的结束语部分安排几个反馈性题目，比如，"您觉得这份调查表设计得如何？"

一般而言，问卷的开头部分应安排比较容易的问题，这样可以给被调研者一种轻松、愉快的感觉，以便于他们继续作答。中间最好安排一些核心问题，即调研者需要掌握的资料，这一部分是问卷的核心，应该妥善安排。结尾部分可以安排一些背景资料，如职业、年龄、收入等。个人背景资料虽然也是事实性问题，也十分容易回答，但有些问题，诸如收入、年龄等属于敏感性问题，因此一般安排在问卷的末尾。当然在不涉及敏感性问题的情况下也可将背景资料安排在开头部分。

三、实地调研的技术与方法

(一) 拦截访问法

1. 拦截访问法的实施步骤

在访问过程中要尊重被访问者自愿、匿名的权利，对未成年人进行调研需经监护人同意。

街头拦截访问的步骤分为准备、实施和分析三阶段。

(1) 准备阶段。具体包括：问卷材料准备及问卷相关知识的准备；调研地点的预先观察；检查调研所需的物品(笔、硬板和相关礼品)；了解有关职业规则。

(2) 实施阶段。具体工作包括：准确寻找被调研对象；上前询问，注意姿态；开口询问，积极应对；随机询问，灵活处理；被调研者信息收集须小心。

(3) 访问后阶段。具体要做以下必要工作：①当被调研者回答完问题后，应当浏览一遍，不要有遗漏；②准确判断不同文化背景的受访者的回答含义；③向被调研者表示感谢，与其告别；④当完成一次调研后，先不要将问卷取下；⑤等到所有问卷都完成时，对问卷加以整理，切勿自行处理废卷和空白卷。

2. 拦截访问法的分类

拦截访问法又分定点街访和非定点访问。

(1) 定点街访，是指在特定区域(可能是商业区、街道、公园、报摊等)选择一个相对固定的拦截点和一个固定的访问点(由调查公司租用)，访问员在拦截点拦截、接触被访者，经过初步甄别后，把符合访问条件的被访问者引导到固定的访问点完成访问。

(2) 非定点访问，是在街区选择恰当地点(一般为商业街、娱乐场所、生活区等)由访问员对其拦截的合格受访者进行访问。地点选择：人流量大；闹市中有相对安静的环境，可以避开人群；访问者与受访者在人流中有可以停留的地方；访问区域相对固定，以方便现场监控。

(二) 电话访问法

1. 电话访问法

电话访问法，指选取一定的受访者样本，通过拨打电话的方式，提问问卷上所列出的一系列问题，在访问过程中用笔记下答案。这种方法由于彼此不直接接触，而是借助于电话这一中介工具进行，因而是一种间接的调研方法。

2. 电话访问的优缺点

如今电话普及率越来越高，通过电话进行调查成为一种简便易行的方法，优点很多。一是电话调研速度快，获得信息迅速，回收率高，十分适合对注重时效性的事件进行调研；二是成本低，在市区使用费用少，集中组织的电话访谈有助于降低现场成本；三是访谈可控制，可以统一对访谈员的调研工作进行控制和监督；四是有利于样本管理，访谈人员可以根据调研的要求对访谈对象进行合理选择；五是交谈比较自由，可以克服地理上的障碍。

但电话访问的缺点也很明显。被询问者必须有电话，询问必须简单，问题不能深入，调研工具不能综合使用，有关问题的真实性和准确性的辨别较差，无法见到被询问者，调查员看不到对方的表情、姿态等形体语言，易遭拒绝，难以与之建立长久联系。

3. 电话访谈的技巧

使用电话访谈，要提前预约，简要说明调研目的，多使用封闭式问题，以利于被调研者回答或方便调研者对结果进行统计。

(1) 养成访谈记录的习惯。在办公桌上，应放好访谈统计用的问卷和铅笔。一手拿话筒，一手拿笔，以便能随时记录。

(2) 准确报出自己的姓名和单位名称。例如，说："你好！我是某某单位的某某。请问某先生在吗？"如果是秘书接的，等本人来接时，还需再报一次姓名和单位。为使对方能听清楚，说话节奏应比交谈时稍慢些。

即使是经常通话的人，也不可省去自报姓名这一道手续。不应想当然地认为对方定能听出自己的声音，以免对方在接电话时还得分神猜想是谁打来的电话。

报名字时也不可只说"我是小李",因为天下姓李的不知有多少。所以在自报家门时应报出全名。这实际上是一种自我推销的方式,可以使对方加深对你的印象。

(3) 确认对方是否有合适的访谈时间。当你给他人打电话时,他们也许正忙于自己的某件事情。你应当表明自己尊重他们的时间,并给他们足够的时间作适当的调整。你可以在开始讲话时向对方问一下。

"您现在接电话方便吗?"

"您现在忙吗?"

"您现在有时间同我谈话吗?"

"这个时候给您打电话合适吗?"

"您能抽出点儿时间听听我的话吗?",等等。

在电话中要说明电话访谈的目的以及需要多长时间。应实事求是,既不可多报,也不能少说。明确占用一刻钟,切不可只说:"可以占用你几分钟时间吗?"应该说:"王总,我想向你请教某某的事宜,大概需要一刻钟。现在就谈,你方不方便?"

(4) 表明自己打电话访谈的目的。当电话接通时,应立即向对方讲明自己打电话的目的,然后迅速转入正题。专家们认为,采访上的机智就在于你能否在30秒内引起他人的注意。最有效率的记者几乎从来不花费一分钟以上的时间就任何事情发起讨论。

(5) 不要占用对方过多的时间。如果你要求对方查找一些资料或说出某个问题的答案,就可能占用电话时间过长。因为大多数情况下,对方不一定马上就能替你找到资料,或者立即给你作出一个肯定的答案,所以,你必须给予对方一定的时间。如果你给他人打电话时间过长,对方可能十分反感。因为也许他正等着处理某一事情,他内心期望你立即放下电话。因此,当你考虑对方可能要一段时间才能给你答复时,你可以先挂上电话,要求对方回电告知你,或者你过一会儿再打过去,这样就不会过长时间地占用他人的电话线,以免影响他人的业务。

(6) 妥善组织通话内容。通话前,最好事先把有关问卷寄去或电传过去,使对方能有所准备。访谈时,双方可对照问卷交谈,对所列的题目按照顺序发问,问完一题勾掉一条,以便控制访谈进程并节省时间。

(7) 用心听。在电话交谈时常有听不清的时候,所以应特别注意集中注意力。打电话时不能东张西望,心不在焉。

(8) 注意自己的语言。措辞及语法都要切合身份,不可太随便,也不可太生硬。称呼对方时要加头衔。如"博士""经理"等。有的妇女喜欢被称为"小姐",就不要用"夫人"来称呼。切不可用"亲爱的""宝贝"之类轻浮的言语。无论男女,都不可直呼其名,即使对方要求如此称呼,也不能用得过分。

说"你"字开头的话时应慎重。像"你忘了""你必须""你忽略了"之类的话,即使语调再平和,在电话中听了也使人有被质问的感觉。提意见时不妨用发问的形式,比如,"您能不能在星期四把那份材料送来?"或"那份报表您搞定了吗?"等。或者用"我"字来开头也可以,说:"我星期四需要那份报告。"听话时,最好插用一些短语以鼓励对方。如"嗯，嗯""我明白""我理解"或"好，好"等。

(9) 适时结束。问卷题目问完就应结束，通话时间过长意味着滥用对方的善意。结束通话时，应说几句客气话，如"很高兴和你交谈""谢谢您的帮助"，以便显得热情些。

(10) 放话筒的动作要轻，否则对方会以为你在摔电话。话筒没放稳前，千万不可发牢骚，说怪话，对刚才的交谈妄加评论，以免被对方听到。要真是电话未放稳，发牢骚被听到，可就太煞风景了。

(三) 邮寄访问法

邮寄访问法是由调研人员将设计好的问卷，通过邮寄的方式送达被调研者手中，请他们答卷后寄回，以获取信息的方法。由于具有调研表的特性，邮寄访问法也被看做是拦截调研的一种特殊形式。

邮寄访问法具有以下优点：成本低，邮寄访问调研的成本可能是电话调研的1/3，或是现场访谈的1/8；其问询的对象广泛，调研范围广，被调研者匿名性较强，被访者有充分的时间来考虑，填写较为灵活、自由、方便，可以选择一个更长的6问卷；还能避免由于受调研人员的干扰而产生的调查误差。

邮寄访问法具有以下缺点：邮寄访问法存在控制不便的缺陷，回收时间长，有些回收问卷存在答非所问的情况。因此，调研的结果往往很难控制。对某些较为复杂的问题和心理活动也难以准确地反映出来。

与面对面访问法和电话访问法相比，邮寄访问法的应用范围较窄。它适用于时效性要求低，通信方式准确，费用紧张的调查项目。

另外，进行邮寄访问还需注意以下几个问题：①提前接触，用电话跟踪提醒。②应有一定物质激励措施，如参加抽奖，提高回收率等。③附上回信的信封和邮票，不要给被调研对象增加经济负担。④向被调研人说明调查的目的和调查结果的重要性，并写上请求帮助等话语。⑤注重问题的趣味性和问卷的易读性。

■ 四、网络调研的技术与方法

网上调研是为适应信息传播媒介的变革而出现的一种崭新的调研方式。Internet是网上调研的基础，世界进入数字化信息时代，互联网上的海量信息、几万个搜索引擎的免费使用对传统市场调研和营销策略产生很大的影响，互联网为旅游企业进行市场调研和营销提供了强有力的工具。

(一) 网络市场调研的含义

1. 网络市场调研

网络市场调研，又称网上市场调研或联机市场调研，它指为解决市场营销问题，企业通过互联网络进行系统地、有计划和有组织地收集、调查、记录、整理、分析与环境、市场、产品、服务等有关的信息,从而客观地测定及评价现有市场及潜在市场的一系列过程。

网上调研在20世纪90年代开始普遍运用,它丰富了市场调研的资料来源,扩展了传统的市场调研方法。网络调研之所以能成为旅游企业调研的新宠,一是互联网本身就是一个巨大的信息资源库,能够为调研提供大量的资料,二是在市场调研技术手段方面,网络市场调研具有革命性突破,它能找到真正的消费者,而非传统意义的潜在消费者和大众消费者。

2. 网络市场调研的优势

传统的市场调研方法耗费大量的时间、人力、物力和财力,而且受时间、地点等客观条件的限制。面对面调研时,被调研者出于保护隐私等原因可能不会说出真实信息,导致调研结果的不精确。

网络调研作为一种新兴的调研方法,与传统调研相比,有很强的优越性,主要表现在以下几个方面。

(1) 印制、邮寄和数据录入过程的省略,问卷的制作、发放及回收数据速度的提高,可以较快完成问卷并统计到结果及报表,使用便捷、经济,具有及时性和较高的效率。

(2) 随着网上固定样本调研的出现,调研员能够通过跟踪受访者的态度、行为和时间比例进行纵向调研,双方充分互动,结果可检验和可控,对特殊人群可定制调研。

(3) 网上调研的接触面广。

(4) 因特网问卷在视觉效果上能够吸引人。

(5) 无时空、地域限制。

网络调研与传统调研的比较,如表2-4所示。

表2-4 网络调研与传统调研比较

项 目	网 络 调 研	传 统 调 研
费用	较低,主要是设计费和数据处理费。每份问卷所要支付的费用几乎是零	昂贵,要支付包括问卷设计,印刷,发放,回收,聘请和培训访问员,录入调研结果,有专业市场研究公司对问卷进行统计分析等多方面费用
范围	全国乃至全世界,样本数量庞大	受成本限制,调研地区和样本均有限制
速度	很快,只需搭建平台,数据库可自动生成,几天就可能得出有意义的结论	慢,至少需要2个月到6个月才能得出结论
时效性	全天候进行	不同的被访问者对其可进行访问的时间不同
便利性	非常便利,被访问者可自行决定时间及地点回答问卷	不方便,要跨越空间障碍,到达访问地点
可信性	相对真实可信	一般有督导对问卷进行审核,措施严格,可信性高
实用性	适合长期的大样本调研;适合要迅速得出结论的情况	适合面对面的深度访谈;食品类等需要对访问者进行感观测试

网络调研方法与其他调研方法的比较，如表2-5所示。

表2-5　网络调研与其他调研方法之比较

项　　目	网上调研	个人谈话	电话调研	邮件调研
成本	很小	很高	中	少
回复速度	快	立即	立即	慢
可接近性	很少	全部	较少	较多
到达范围	很大	很小	中	较大
达到准确度	低	不一定	中	很高
耗费时间	很少	长	中	长

3. 网络市场调研的劣势

网络调研劣势表现在：一是它只反映了网络用户的意见，二是E-mail地址缺乏自由选择，三是访谈对象的多元化背景以及网上匿名现象普遍，这使调研信息的真实性大打折扣，四是在线注意时间较短，缺乏人与人之间的情感交流。

(二) 网络调研的方法及技巧

1. 直接调研

网络直接调研是为当前特定的目的在互联网上收集一手资料或原始信息的过程。具体包括以下几种。

(1) 询问调研法。这种方法又分为以下两类。

一是直接访问调研法。直接访问调研法，也叫主动问卷法。在网上的直接访问调研是借助网络视频和音频设备实现的，即使交谈双方相隔很远，也可以进行"面对面"的交谈。此方法要求访问者在某一时间上网，回答调研者的问题。

二是E-mail调研法。这种方法就是将设计好的调研问卷发送到被调研者的邮箱中，或者在电子邮件正文中给出一个网址链接到在线调研表页面。由于很多人对发送到邮箱中的这类邮件很反感，因此如何提高问卷的回收率是使用这种方法的关键。处理方法有两种：一种是将问卷设计得很简单，最好每个问题都是两个选择(是或否)，被调研者只要点击鼠标就可以很快完成，而且问题不宜过多；另一种是为被调研者提供一些激励，如赠品等，此时就可以将问卷设计得较为复杂，问题的选项也可以多样化。

(2) 专家调研法。这种方法又分为头脑风暴法和德尔菲法。

头脑风暴法也称网上焦点座谈法，就是在同一时间随即选择2～6位被访问者，弹出邀请信，邀请专家在同一时间上网，告知其可以进入一个特定的网络聊天室，对某个事件、产品、服务或某一问题等进行相互讨论，以获得建设性意见。在调研专业的问题时，应该采用这种方法。

德尔菲法是一种背对背的征询专家意见的调研方法，其操作方法是通过往返邮寄匿名调研表，最终获取专家意见信息等第一手资料。因此，该种方法适用于使用电子网络技术的网上调研。专家调研法可以通过Usenet新闻组、电子公告牌BBS或邮件列表讨论组进行。

(3) 在线问卷法。即请求浏览其网站的每个人参与企业的各种调研，目的在于获得第一手资料，而第一手资料的价值在于它的准确性。但在网上直接调研很难确定哪些是目标顾客，如果找不到正确的目标顾客，就没有办法对调研样本进行控制，则可能导致反馈率低或反馈信息不准确等。

2. 间接调研

获取二手资料的传统方法一般为网上搜索法，就是从企业内部和外部收集对项目研究有用的现成资料。近几年来，随着网络的日益普及，越来越多的企业都有自己的网站，企业信息都选择在网上公布。同时，各种网上信息咨询机构也不断涌现出来，使二手资料的收集变得非常简单，利用网上搜索可以收集到市场调研所需要的大部分二手资料。网上搜索常用的方法有：利用搜索引擎和访问相关的网站。

(1) 利用搜索引擎。搜索引擎是互联网上使用最普遍的网络信息检索工具，用户通过输入关键词来查找所需信息，利用引擎搜索方便直接，十分灵活，可以缩小和限定检索的范围、语言、地区、数据类型、时间。关键词法可对满足选定条件的资源进行准确定位。这种方法非常灵活，可以根据所检索内容的精确程度确定检索关键字，进行模糊搜索，并在检索结果中选择合适的资料，信息来源广泛，对于一些只需知道大体内容的信息，检索时可以采用这种方法。

(2) 访问相关的网站。如果我们知道某一专题的信息主要集中在哪些网站，可直接访问这些网站，获得所需资料。与传统媒体的经济信息相比，网上市场行情一般数据全，实时性强。如果要获得精确的、权威的资料，应该采用这种方法，即去特定的企业网站或者官方网站进行访问，以保证信息的真实、可靠。

3. 使用BBS电子公告板进行网络市场调研

网络用户通过TELNET或Web方式在电子公告栏发布消息。BBS上的信息量少，但针对性较强，适合行业性强的企业。

4. 委托市场调研机构调研

企业委托市场调研机构开展市场调研，主要是针对企业及其产品的调研。调研内容通常包括：网络浏览者对企业的了解情况；网络浏览者对企业产品的款式、性能、质量、价格等的满意程度；网络浏览者对企业的售后服务的满意程度；网络浏览者对企业产品的意见和建议。

5. 合作方式的网络市场调研

由企业和媒体合作进行，调研题目也是各出一半。

网上直接调研各方法的比较，如表2-6所示。

表2-6 网上直接调研各方法的比较

调研方法	具体内容
利用自己的网站	网站本身就是宣传媒体，如果企业网站已经拥有固定的访问者，完全可以利用自己的网站开展网上调研
租用别人的网站	如果企业自己的网站还没有建好，可以利用别人的网站进行调研
混合型	如果企业网站已经建好，但还没有固定的访问者，可以在自己的网站调研，但同时与其他一些著名的ISP/ICP网站建立广告链接，以吸引访问者参与调研
E-mail型	直接向你的潜在顾客发送问卷
讨论组型	在相应的讨论组中发布问卷信息，或者发布调研题目，这种方式与E-mail型一样，成本费用比较低廉而且是主动型

(三) 网络调研问卷的设计

1. 设计的流程

第一，明确网上市场调研的目的、任务来源和限制条件。首先要明确网上市场调研的目的，例如，是为新产品定价提供依据，还是为了解目前市场状况或者是为了分析调研对象的偏好情况；其次要了解任务的来源，是本单位的任务，还是客户委托的项目，了解他们的要求；再次要明确完成任务的时间限制、样本数量要求、资金限制、人员组成、合作伙伴等限制条件；最后要将上述资料用文本的方式记录下来。

第二，确定数据收集方法。确定调研采用的方式是E-mail方式，还是在线调研方式、网站访问者随机调研方式或网上数据搜索方式等。

第三，初步确定问卷的构成及编码方式。根据目的和要求初步确定调研的问题数的范围(一般20题以内)、回答方式包括单选、多选、开放回答等、问题排序等，做到问卷结构合理清晰，语言流畅，描述清楚，避免歧义。

第四，修改完善定稿。调研问卷初步完成后请主管领导修改，同时进行调试调研，请一些客户先行回答，再由数据处理部门提出意见，然后听取领导、调研对象、数据处理部门的修改意见，之后根据建议进行修改，最后定稿。

第五，报审批。将调研问卷上报领导审批，同时提交一份调研问卷设计说明报告，简要介绍调研问卷的设计思想、问卷组织结构、设计过程与修改情况等。

2. 设计的原则

(1) 目的性原则。即询问的问题应与调研主题密切相关，重点突出。

(2) 可接受性原则。即被调研者回复哪一项，是否回复有自己的自由，故问卷设计应易被调研者接受。涉及个人隐私问题则不应出现在调研问题中，以免引起被调研者的反感。

(3) 简明性原则。即询问的内容要简单扼要，使被调研者易读、易懂，而且回复问卷内容需简短省时。因此，调研问卷的设计应多采用二项选择法、顺位法、对比法等技巧，对调研问卷中问题答案的选项应给被调研者提供相应的信息，以便于回答。

(4) 匹配性原则。即要使被调研者回复的问题便于检查、数据处理、统计和分析，以提高市场调研的工作效率。

3. 问卷的结构

(1) 卷首语。说明由谁执行此项调研、调研的目的、意义何在。其主要功能是使被调研者感到正在进行的调研项目是合理、合法的，是值得他们花些时间和精力来认真填写的。卷首语要注上明确的单位名称、地址、联系电话和网址。

(2) 问题指导语(填表说明)。问题指导语是向被调研者解释怎样以及如何正确地填写问卷的语句。

(3) 问卷的主体。问卷主体包括问题和备选答案，是问卷的核心部分。问题的类型可以分为开放型和封闭型。网络市场调研中有的在线问卷，特别是E-mail问卷，多采用封闭型问卷，即在提出问题的同时，给出备选的答案。封闭型问卷的优势非常明显，省时间、回收率较高、资料便于统计处理和进行定量的分析。

(4) 结束语。结束语一般是再次向填写者所付出的时间和努力表示感谢，并说明他们将如何获得奖金或礼品。此外，还可注明公司的标志性信息(如公司名称、网站、联系方式)，这是宣传公司形象的好机会。

4. 问题设计技巧

(1) 问题表述清晰易懂。在问卷中问题表达得越浅显清楚，受调研者愿意完成整个调研问卷的可能性也就越大。因此，所提问题应尽量用浅显易懂的方式表达，避免使用晦涩、纯商业以及幽默等容易引起人们误解或有歧义的语言，避免使用行业术语和缩写词，过于专业化的概念可能会使得被调研者不知该如何回答问卷上的问题。

(2) 问题数量适当。问题的数量是保证问卷调研成功的关键因素之一，一般人们往往不愿意接受一份繁杂冗长的问卷，所以一般问题不要超过20个，封闭问题给出备选答案，开放问题不要超过3个。

(3) 问题的排序科学合理。问卷中问题的设计要有清晰的思路，其排列要遵循一个符合逻辑的顺序。①调研中最需要知道的信息需要尽量放在问卷的前部。②问题设置应先易后难，先封闭后开放。③同类问题应放在一起。

(4) 避免提出建立在假设前提基础上的问题。

(5) 所提问题不应存在偏见或误导，不要诱导人们回答。

(6) 问题应是在记忆范围内能回答的，必须尽力避免一般被认为超出回答者记忆范围的提问。

(7) 提问的时间范围必须明确。

(8) 避免提出引起人们反感或很偏的问题。

(9) 以过滤性的提问方法来展开问题。不要一开始就把问题搞得很细，而应该是层层细分、展开，进行提问，这样较好。

(10) 调研表中的所有问题都应设计得能够得到精确答案。明确调研要达到什么目的，所有问题要围绕主题展开。

项目小结

现代旅游要求市场营销人员重视市场信息的作用，建立旅游市场营销信息系统，进行广泛的视察调研；有目的、有计划、有步骤、系统地收集、记录、整理和分析来自旅游企业内、外的各种信息；运用各种预测方法和先进的旅游信息处理技术，科学地进行分析研究；预测未来一定时期内旅游市场的需求状况和变化趋势，掌握先机，争取主动，确保旅游市场营销决策建立在可靠的基础之上。

复习思考题

1. 解释下列概念：营销调研、全面调研、文案调研、实地调研、定性预测、定量预测、专家评估法。

2. 列举旅游市场营销调研的种类及各自特点。

3. 旅游市场营销调研的主要内容有哪些？

4. 设计一份调研问卷应该注意哪些问题？

5. 你认为现行旅游营销调研的程序有没有进一步优化的可能？

6. 让你为一家旅游企业进行市场预测，你认为要进行哪些市场预测？

项目实训

编写抽样计划方案

一、实训目的

学会编写抽样计划方案。

二、实训要求

1. 以小组为单位，准时完成，要有创新。

2. 抽样计划有效、可行、正确。

3. 课堂讨论，上交电子版PPT和文本。

三、实训内容

对当地城市品牌形象的认知调研。如：2007年杭州将城市形象定位为"东方休闲之都，生活品质之城"。从浪漫之都、中国茶都到中国爱情之都，杭州的旅游品牌形象不断演进直至确定。如今，我们要对杭州的旅游品牌形象进行跟踪调研，了解旅游者对杭州品牌形象的认知和认同情况，试编写一份抽样计划方案。

拓展案例分析 | 济南老年旅游市场调研报告 ⊙

一、调研的背景、目的及方法

1. 调研的背景

(1) 山东省人口老龄化问题严重。据统计，2010年山东60岁以上人口1413万人，占总人口的14.75%，高于全国13.26%的水平。山东老年人口规模在全国排在第一，并且老年人口增长过快，根据预测，山东省每年60岁以上老年人口增速为70万以上，人口老龄化问题严峻。

(2) 老年旅游市场前景广阔。随着我国社会保障体系的逐步完善，老年人生活质量的不断提高以及全民健康活动的普遍开展，老年人的身体素质越来越好。因此，他们在旅游客源市场上所占的比例将会越来越大。随着社会的进步和收入的提高，老年人已逐步抛弃"重积蓄，轻消费""重子女，轻自己"的传统观念，旅游已经成为满足老年人精神需求、丰富其文化生活的重要组成部分。目前我国带薪休假制度尚不完善，除"五一""十一""春节"的旅游黄金周之外，很多人有强烈的旅游愿望，但由于工作原因，没有充裕的闲暇时间。而广大老年人在正式退休后，便有了更多的可自由支配的时间。

(3) 目前老年旅游市场仍然存在诸多问题。受生理因素、心理因素的影响，与其他年龄相比，老年人旅游有其独特的消费心理与行为特征，主要表现如下：老年人更关注身体健康，追求精神愉悦；老年人怀旧心态越来越明显，所以偏好文化遗产类旅游资源、体现民俗风情的旅游景区；受中华民族崇尚勤俭的传统文化影响，我国现阶段的老年人大多注重勤俭节约，因此开发的旅游产品要求经济实惠；由于老年人身体方面的原因，他们更强调旅游的舒适、便利，对服务质量要求较高。但是目前，旅行社专门针对老年人开发的旅游产品相对较少，无论从产品类型上，从吃、住、行、游等各要素的服务上，还是从接待设施上，都和老年人独特的消费心理和行为特征不相适应。所以，老年旅游业产品急需创新。

2. 调研的目的及意义

"十八大"报告中提出"老有所养"，让长者安享幸福晚年，大力发展老龄服务事业和产业。发展老年旅游能够加快老龄产业的发展；而且，老年旅游可以促进老年人的身心健康，较大地改善老年人的生活质量。

本次调研的目的是真正了解老年旅游市场情况，了解旅游企业针对老年人开发的旅游产品现状，找出老年旅游产品供给和需求的矛盾，以便更好地服务于旅游企业，使旅游企业能够创新思路，开发出更适合老年人的旅游产品。

旅游业已经成为国民经济的增长点，开发、扩大老年旅游市场必然会推动整个旅游市场的发展，从而推动整体经济进一步增长；老年旅游是集休闲、健身、娱乐于一体的综合性活动，能够有效促进老年的身心健康。因此，本次调研具有重大的经济意义和社会意义。

3. 调研的原则与方法

(1) 本次调研的方法遵循三项基本原则。客观性原则：即收集资料，分析资料以及得出结论都不掺杂研究者的主观因素。科学性原则：调研借助各门学科研究的有关成果而建立起来的具有自我规律的体系。系统性原则：即调研要从系统的角度出发，适应对象的特点。

(2) 调研方法。本次调研采取多种调研方法，使调研结果具有科学性、先进性。问卷调研法：根据调研目的，对55岁以上的老年游客进行问卷调研。访谈法：对老年游客的旅游现状进行了个别访谈，对旅行社针对老年旅游市场设计的旅游产品情况进行了访谈，以真正了解老年旅游市场。电话调研法：对济南市各大、中型旅行社进行电话调研，了解老年旅游产品的销售情况。

(3) 调研数据分析方法。聚类分析：通过聚类分析，描述每一类群体的内在特征，每一类群体的观点、看法、对事物的评价倾向以及对某一特定事件的态度。判别分析：根据对问卷问题选项的选择对所研究的对象进行分类，就旅游业针对老年旅游市场作出的产品创新设计作出判断。

二、问卷调研设计

本次调研问卷根据研究需要主要分为三部分：第一部分为老年游客的人口统计特征，主要从性别、年龄、职业、月收入、受教育程度、家庭组成现状、闲暇时间等方面进行归类分析；第二部分为老年游客的旅游行为，如出游方式、旅游动机、旅游偏好、交通、食宿、花费等因素；第三部分为老年游客对各单项旅游产品和服务的满意度。

本次问卷的时间是2012年5月至2012年11月，地点选择在济南泉城广场、大明湖、趵突泉、千佛山等各大旅游景区及老年大学、步行街等客流量密集处，主要针对国内55岁以上的老年游客进行调研，共发放问卷425份，回收398份，回收率达93.6%。剔除无效样本，共获得有效问卷326份，有效率为81.9%，符合统计分析的需要。

三、老年旅游市场调研结果统计分析

1. 人口统计特征分析

调查结果显示，在济南市老年游客中，男性比例占52%，略多于女性；年龄方面，61～65岁的人数最多，占到32.2%，75岁以上的老年游客最少，只占到10.7%，此结果与全国性老年旅游统计调查结果类似；职业方面，大多数为普通工人、教师和技术人员，分别占到总人数的30.4%、13.8%和16.3%；月收入方面，3000～4000元以及4000元以上的老年游客分别占到12.9%、35.6%，2000元以下的游客只占到27.6%，充足的可自由支配收入为老年人出游提供了坚实的物质基础。

2. 旅游行为特征分析

从老年游客的出游方式上看，62%的老年游客选择团体旅游，其次为家人自助游，散客旅游最少，这与老年游客更注重安全的特殊心理是密不可分的。调查结果显示，85%的老年游客的主要动机是观光游览，54%的老年游客在观光游览的同时，兼有娱乐消遣或度假保健的动机，还有小部分老年游客的旅游动机是寻根、探亲、访友，以宗教为旅游动机的老年游客最少。

从出游时间上看，38%的老年游客选择在旅游黄金周，26%的老年游客选择在周末和春节前后，36%的老年游客选择在其他时间。由此看出，因为老年游客闲暇时间充裕，部分老年游客特意避开旅游高峰期，以此来提高自身的旅游质量。

从老年游客旅游消费情况看，92%的游客乘坐火车或汽车，93%的游客食宿标准为经济实惠型(52%)和标准规格型(41%)，他们的购物和娱乐支出均不多，但更关注交通和住宿的安全。数据显示，大部分老年游客比较偏爱自然资源丰富的景区、历史文化古迹、革命圣地和气候条件宜人的景区，部分老年游客偏好度假区、各类疗养地，只有少部分老年游客偏好宗教圣地、人造景点、博物馆及其他旅游景区。

3. 对产品和服务的满意度分析

总体来看，老年游客对以往旅游产品和服务的满意度不高，持"满意"态度的只占到30%，有57%的老年游客的态度是"一般"，不满意的占到了13%。

(1) 对最不满意的各单项产品的比例分析。调研数据显示，老年游客对单项旅游产品最不满意的是餐饮(26%)，其次为住宿(21%)、景点安排(17%)、交通(15%)，说明旅游企业对老年旅游产品的餐饮、住宿、景点安排不能真正符合老年人的特殊要求。

(2) 对路线设计的合理性分析。调研数据显示，只有19%的老年游客认为旅游企业对路线设计是合理的，42%的老年游客认为比较合理，39%的老年游客认为个别不合理或不合理，由此看出，旅游企业还要重新审视路线的设计问题。

(3) 旅游中最关注的问题分析。调研数据显示，老年游客最关注产品的服务质量(25%)，其次为旅行社品牌(19%)和旅游线路(18%)、产品价格(15%)，所以旅游企业一定要提升服务质量，合理安排旅游线路和产品价格，从而提升旅行社的品牌声誉。

(4) 老年游客旅游经历中发现的问题及提出的建议。①旅行社产品类型单一，价格较高，产品类型不符合自己喜好，安全保障体系不完善。②旅游交通服务人员对老人的特殊照顾不够周全，舒适程度差，环境差。③旅游饭店住宿设施不够卫生，饮食不符合老年人口味，住宿环境不符合老年人心理特点，价位太高。④大部分老年游客认为真正的老年旅游产品不多，景区的旅游设施对老年旅游的特殊需要考虑不足。⑤老年游客希望产品价格经济实惠，接待设施舒适、安全、卫生，希望配有责任心强的随团医生，希望随团导游热情、细心、诚信，希望针对老年人的配套设施更健全，对老年人的服务更能体现人文关怀。

四、发展老年旅游市场的建议

1. 根据老年旅游市场的特殊需求创新旅游产品

根据老年游客的需求特点，从旅游线路的选取、行程的安排、食宿的计划等方面入手，不断创新老年旅游产品，突出老年旅游产品特色，开发出适合老年游客的旅游产品系列。例如，将老年旅游产品与养生保健有效地结合起来，推出健康旅游专线或养生旅游专线；根据老年人怀旧的心理，可以推出寻根游、红色革命故地游等，这些都将深受老年游客的欢迎。

2. 提高服务质量，体现人性化、个性化服务特色

由于老年人特殊的生理和心理特征，旅游企业要不断提高对老年游客的服务质量，培

养专业的服务人员，为老年游客提供更细致、更周全、更人性化的贴心服务。

3. 注重老年游客的安全保障

旅游企业应把老年游客的安全因素放在首位，以保证老年游客的全程安全。比如，不应安排探险型、挑战型的景区。此外，旅游过程中一定要配备随团医护人员，以保障老年游客的安全。

4. 制定合理的老年旅游产品价格

由于大部分老年人比较注重经济实惠的旅游产品，所以旅游业各部门在制定交通、餐饮、住宿、景区等价格时一定要选择低价策略，使旅游产品的设计符合老年游客的心理特点。

(资料来源：根据老年旅游市场调研报告——以济南市为例改编)

思考：

1. 该调研报告可以为旅游企业或组织提供哪些参考？

2. 该调研报告在内容或结论方面还有哪些需要调研完善的？

学习项目三

分析旅游消费者的购买行为

知识目标

1. 理解旅游消费者的需要的内涵与需求发展规律。
2. 了解旅游消费者的出游动机的形成机理。
3. 掌握旅游消费者购买决策过程的原理。

技能目标

1. 能分析旅游消费者的旅游动机。
2. 能分析旅游消费者的旅游购买行为。
3. 能分析旅游消费者的旅游购买决策过程。
4. 能提交旅游消费者调研分析报告。

案例成果展示 | 马里奥特公司对市场需求的长久探查 ⊙

  马里奥特(Marriott)又译"万豪",是一家国际性酒店公司,其主要业务是经营管理直属的酒店和特许联营的酒店。

  马里奥特的创始人——约翰·威拉德先生是一位非常懂得"倾听客户需求"的重要性的老板。他的继承者马里沃特也是一样,他亲自阅读来自快速扩大的连锁旅馆的客户的抱怨卡片,这说明马里沃特的经营理念是以市场营销为导向的。公司遵循马里沃特的理念来发展事业,使用市场营销调研来发现新的市场营销机会。

  在1980年以前,马里沃特公司调查了成千上万的人,以确定旅馆业的扩充空间。在亚特兰大开始建造庭院旅馆前,马里沃特建造了一个墙壁可以移动的旅馆客房,并向所选择的旅游者展示不同的构造形态,然后调查他们对不同的房间构造的观点。它使用了四级初级信息的采集方法:实验(通过在亚特兰大建造庭院旅馆来检验市场营销情况)、观察(观察客户对于模拟房屋的反应)、调查(包括对主要的市场细分部分的研究和使用聚类分析来调查客户所喜欢的产品特征)以及模拟(房屋模拟)。

  经过几年的研究和分析,马里沃特得出了主要的结论,那就是市场需要新型的旅馆。经常性的旅行者愿意住在这样的旅馆中,有一个比较大的前厅,食物和饮料种类齐全,有较好的客房，能给人以多居所的"感觉"等，哪怕因此多支付一些额外的费用也可以接受。

马里沃特继续进行其他的旅馆概念的研究和检测，包括马里沃特套房、小间客房旅馆和平价客栈，它们都是以经济实惠为定位的旅馆概念。后来，他从自身进行的全国性调查结果中得到启示，开始着重促销周末的旅馆包装。调查表明，来自美国的73%的旅行者只停留三天或更短的时间，这些短期旅行将近60%是在周末进行的。基于这些调查结果和其他的发现，公司开始推出"两份早餐"的服务，马里沃特的大部分旅馆，平均每个房间每晚的费用低到69～89美元，这包括周末连续两个早晨为两个人准备的整套早餐。马里沃特的研究证实了，美国人的生活方式已从传统的两到三周的度假转变成时间更短、更频繁的旅行。马里沃特也从市场调研中抓住了更多的市场机会，取得了巨大的成功。

(资料来源：根据无景点旅游悄然兴起 跟团游已不再成旅游首选. http://travel.163.com/11/0624/18/77B6V9I500063JSA.html改编)

思考：

中国旅馆业可以从马里沃特的市场调研的做法中借鉴哪些经验？

任务一 识别旅游消费者需求的发展趋势

任务提出及实施

1. 认识旅游消费者的需要以及消费者的欲望和需求的关系。

2. 人为什么旅游？如何激发人的旅游出游动机？

3. 企业怎样才能满足旅游消费者的需求？

请同学们在教师的讲解和引导下，学习应用知识储备下的内容，查阅相关资料，通过市场调研与共同讨论等方式完成上述学习任务。

案例引入

"无景点旅游"在各地悄然兴起

好不容易有了假期出游，才发现有点名气的景点总是人挤人，交通也不方便，自驾车千辛万苦找到景点，停车费又很贵……随着对旅游休闲度要求的提高，不少游客开始抛开传统的"景点串连式"旅游，转而投奔更为自由的"无景点旅游"。他们把休闲放松、体验当地民风民俗作为出游的首要目的，所以宁愿不去那些常规线路中的景点，而是随性游览，避免了以上提及的种种不便。

他们的出游不再是"到景点一游"，而是选定一个出游目的地，在当地悠闲地住上几天，喝喝茶，吃吃饭，和当地人闲侃，体验当地民风。这种"无景点旅游"正逐渐走入更多游客的生活中。

大学生阿明一有时间就到处旅游，今年暑期他与几个好友在贵州某个乡村住了十多天，吃住都在村民家，有时还跟村民一起下地干农活，感受原汁原味的农村生活。阿明表示，自己在城里长大，以前出去旅游基本上是跟团，虽然到过很多地方，但都没有留下很深的印象。这个暑期他们自己组织、策划了这次出游，真正开阔了自己的视野，了解了农村的状况与村民的生活，也让自己的身心得到了很好的锻炼。村民的淳朴、热情、与世无争的心态让他们学到了很多，乡村蔚蓝的天空、美丽的星空等纯自然美景让人陶醉其中，这是走马观花式旅游、吃住在酒店所不能体验到的。

窦小姐从前年开始就选择了 "无景点旅游"的方式出游。她表示，跟团出游看到的不是美丽的景色，而是黑压压的一片攒动着的人头。"现在，我每次都选择在一个城市住上一段时间，不同的城市给我的感受都不一样，比如上海的繁华、成都的悠闲、重庆的曲折、拉萨的神秘等，都跟自己平时生活、工作的城市不一样，这些经历使我的工作视野更开阔，心态更好。"窦小姐说。

(资料来源：根据青岛新闻网、中国网等网络资料改编)

思考：

1. 旅游者出游是为满足什么需要？"无景点旅游"满足了他们的哪些需要？
2. 无景点旅游真的不需要景吗？

应用知识储备

一、基本概念

1. 需要

需要(Need)是人个体在一定条件下感到某种缺乏而力求获得满足的一种平衡状态。当人们在生存和发展中遇到有关条件不足时就会出现不平衡状态，需要就是为了消除这一状态产生的内部驱动力，它是人类自身本能的基本组成部分，有物资方面的，也有精神方面的，具有一定的"天然性"和"固定性"。比如，人们需要食物、衣着、庇护所、安全等。

需要不是市场营销创造出来的，但却构成市场营销的最基本的概念。需要可以推动人们从事某种活动，以满足人们的生理或社会的要求。需要越强烈，由它引起的活动也就表现得越强烈。通过营销活动影响和激发出来的是一种消费的"欲望"。

2. 欲望

欲望(Want)指人对满足需要的特定东西的向往，即希望得到某种能够满足基本需要的具体产品的愿望。这种欲望或愿望是营销活动的对象。同一种基本需要可以产生不同的消费欲望，也可以通过不同的产品来予以满足。人类为数不多的几种基本需要却可以表现为多种多样的消费欲望。它是对具体效用的期望，比如可口可乐、汉堡包、皮鞋、到欧洲旅游等。

3. 需求

需求(Demand)是有购买力作为后盾并且愿意通过交换方式获得产品的欲望。如想花费两个月的工资去旅游，动用多年的储蓄购买一套住房等。当人有需要就会产生解决这种需要的想法和消费欲望，而一旦具备实现消费欲望的条件，就形成了消费需求。

二、需要的特点

1. 需要的单一性

需要的单一性又称需要的一致性。人们总是期望在生活中保持平衡、和谐和一致，希望日常生活稳定、不动荡，力求避免冲突，还希望生活中的一切都有规律性和可预见性。

2. 需要的复杂性

需要的复杂性指人们对新奇、意外、变化和不可预见的事物的追求和向往。人们通过这些手段去感知复杂的事物，获得全新的经历，从而获得心理上的满足。

3. 需要的单一性和复杂性的平衡

需要的单一性和复杂性是相互对立的一组矛盾，但两者存在很大的互补性。旅游活动实际上是起着"平衡剂"的作用。旅游服务应该做到将标准化和个性化的服务相结合。

旅游者通过旅游活动，从两个方面纠正日常生活中单一性与复杂性的失衡。生活太单一的人在旅游中需要用复杂性来平衡；生活太复杂的人在旅游中需要用单一性来平衡。旅游动机正是在旅游者的这种单一性和复杂性的双重需要的刺激下产生的。

三、马斯洛的需要层次理论

美国著名心理学家和行为学家马斯洛(A. Maslow 1908—1970)于1943年在《人的动机理论》中提出了著名的需要层次论。把人类的多种需要归纳为五大类和五个等级(如图3-1所示)。

1. 生理上的需要

生理上的需要是指人们最原始、最基本的需要，如吃饭、穿衣、住宅、医疗等若得不到满足，则有生命危险。它是最强烈的不可避免的最底层需要，也是推动人们行动的强大动力。当一个人存在多种需要时，例如同时缺乏食物、安全和爱情，总是缺乏食物的饥饿需要占有最大的优势，即一个人为生理需要所控制时，那么其他一切需要都要退后。

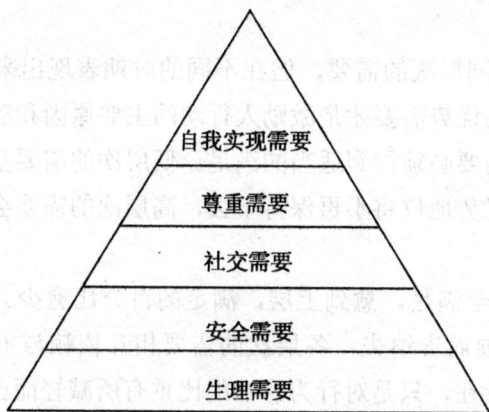

图3-1 需要的五个等级

2. 安全的需要

安全的需要是指要求劳动安全、职业安全、生活稳定、希望免于灾难、希望未来有保障等。物质上的如操作安全、劳动保护和保健待遇等，经济上的如失业、意外事故、养老等，心理上希望解除严酷监督的威胁，希望免受不公正待遇，工作有应付能力和信心。

3. 社交的需要

社交的需要也叫归属与爱的需要，是指个人渴望得到家庭、团体、朋友、同事的关怀、爱护和理解，是对友情、信任、温暖、爱情的需要。

它包括：社交欲，希望和同事保持友谊与忠诚的伙伴关系，希望得到互爱等；归属感，希望有所归属，成为团体的一员，在个人有困难时能互相帮助，希望有熟识的友人能倾吐心里话、说说意见，甚至发发牢骚。而爱不单是指两性间的爱，而是广义的，体现在互相信任、深深理解和相互给予上，包括给予爱和接受爱。

4. 尊重的需要

尊重的需要分为自尊、他尊和权力欲三类，包括：①渴望实力、成就、适应性和面向世界的自信心以及渴望独立与自由；②渴望名誉与声望。满足自我尊重的需要产生自信、价值与能力体验、力量及适应性增强等多方面的感觉，而阻挠这些需要将产生自卑感、虚弱感和无能感。基于这种需要，人们愿意把工作做得更好，希望受到别人重视，借以自我炫耀，指望有成长的机会、有出头的可能。

显然，尊重的需要很少能够得到完全的满足，但基本上的满足就可产生推动力。这种需要一旦成为推动力，会令人具有持久的干劲。

5. 自我实现的需要

满足自我实现的需要就要求完成与自己能力相称的工作，充分地发挥自己的潜在能力，成为自己期望的人。这是一种创造的需要。有自我实现需要的人，似乎在竭尽所能，使自己趋于完美。自我实现意味着充分地、活跃地、忘我地、集中全力、全神贯注地体验生活。

　　人都潜藏着这5种不同层次的需要，但在不同的时期表现出来的各种需要的迫切程度是不同的。人的最迫切的优势需要才是激励人行动的主要原因和动力。在高层次的需要真正出现之前，低层次的需要必须得到适当的满足。低层次的需要基本得到满足以后，它的激励作用就会降低，其优势地位将不再保持下去，高层次的需要会取代它成为推动行为的主要动因。

　　这5种需要不可能完全满足，愈到上层，满足的百分比愈少。任何一种需要并不因为下一个高层次需要的发展而告消失，各层次的需要相互依赖与重叠，高层次的需要发展后，低层次的需要仍然存在，只是对行为影响的比重有所减轻而已。高层次的需要比低层次的需要具有更大的价值。热情是由高层次的需要激发出来的。人的最高需要即自我实现，就是以最有效和最完整的方式表现他自己的潜力，唯此才能使人得到高峰体验。

四、旅游需要和旅游需求

1. 旅游需要

　　旅游需要实质是人在社交、尊重、自我实现等方面高层次的需要，是人们变换生活环境以调节身心节律的一种短期生活方式的需要，它是人类总需要中的一个组成部分。但是另一方面，旅游需要又在不同程度上包含了人类各层次的需要，包括饮食、休息、安全、求知、赏美和社会交往等多种需要的内容。根据对旅游活动影响的大小，较为主要和典型的旅游需要主要体现为以下两方面：旅游者的文化需要与旅游者变换生活环境以调节身心节律的需要。

2. 旅游需求

　　旅游需求指人们购买旅游产品的欲望。需求是购买欲望与支付能力的统一，缺少任何一个条件都不能构成有效或现实的需求。由于旅游活动的特点，要购买旅游产品除了购买欲望与支付能力外，还必须拥有足够的闲暇时间。因此，旅游需求就是有一定支付能力和余暇时间的人购买某种旅游产品的欲望。

任务二　分析旅游消费的动机和行为

任务提出及实施

　　1. 旅游消费者的动机是怎么产生的？我们对待客观条件相同但主观条件不同的潜在顾

客应分别采取什么样的营销策略？

2. 不同社会阶层的旅游购买行为有什么不同？

3. 试对旅游购买决策中的不同角色进行模拟销售。

请同学们在教师的讲解和引导下，学习本任务中的应用知识储备下的内容，查阅相关资料，通过市场调研与共同讨论等方式完成上述学习任务。

应用知识储备

一、旅游动机

(一) 动机和旅游动机

动机是发动和维持人的活动，并使活动指向一定目标的心理倾向。

旅游动机是推动人们进行旅游的内部驱动力，是在旅游需要的刺激下，直接推动人去进行旅游活动的内部动力。

(二) 旅游动机产生的条件

旅游动机的产生必须同时具备客观条件和主观条件。

1. 客观条件

(1) 可自由支配的收入。随着社会经济的发展和国民收入的增加，人们的消费水平、消费结构、消费方式不断向高层次演进。在国民消费演进和跃升的过程中，用于满足生存需要的开支相对下降，而用于满足享受需要和发展需要的开支比重相对上升，各国旅游发展的经验表明，当人均收入达到300～450美元时，人们就产生国内旅游的需求，从而构成近距离的旅游消费；当人均国民收入达到800～1000美元时，人们就产生邻国旅游的需求，从而构成区域性的旅游消费；当人均国民收入达到3000美元以上时，人们就产生远程旅游的需求，从而构成洲际性的旅游消费。

(2) 闲暇时间。闲暇时间是指个人完成工作和满足生活要求之后，完全地由他本人支配的一段时间。闲暇时间按长短可分为三种：每个工作日后的闲暇时间、周末闲暇时间、假日闲暇时间。第一种闲暇时间一般只用了看电影、看电视、闲谈等活动；第二种闲暇时间可以产生近距离的短期旅游，如国内某地一日游等；第三种闲暇时间则可以产生中长距离的远程旅游，如跨省旅游或国际旅游等。随着社会生产力的发展和劳动生产率的提高，人们的闲暇时间不断增多。西方国家每周的工作时间一般是35个小时左右，每周两个休息日，60年代后，西方各国普遍实行了带薪休假制度，除周末和法定节假日外，带薪假期一般在20～40天不等。目前，我国每周的工作时间为40小时，每周两个休息日，加上传统的节假日，带薪假期占一年的1/3以上。

(3) 社会条件。现代化的交通运输条件，大型的宽体客车、高速火车、豪华空调客车和高速公路等，不仅使旅游者的洲际越洋旅游成为可能，而且使旅游者的空间位移更加方便、迅速和舒适，因而极大地激发了人们的旅游动机，促进了远距离旅游和国际旅游的发展。

同时，一个国家的旅游发达程度同这个国家或地区的经济水平成正比。只有当整个国家或地区的经济发达时，才有足够的实力改善和建设旅游设施、开发旅游资源、促进交通运输业的发展，从而提高旅游综合吸引力和接待能力，激发人们旅游的兴趣和愿望。

团体或社会压力也能影响人们旅游动机。比如单位集体组织的旅游活动，或是奖励旅游行为等，对个体参加旅游活动都有一定的吸引力，使人们不自觉地产生旅游愿望，并进而产生旅游行为。此外，社会风气也能影响人们的旅游动机。同事、朋友、邻居的旅游行为及其旅游经历往往能够感染潜在旅游者，或者各旅游者间会形成相互攀比的心理，使人们产生同样外出旅游的冲动，形成一种效仿旅游行为。

2. 主观条件

旅游意识或观念是人们产生旅游需求的主观条件。当一个人具备了外出旅游的客观条件，有时间有能力购买某一旅游产品时，如果没有意识到自身的旅游需要，仍然不会产生旅游需求。一个人只有具备了旅游的客观条件，同时又具有相应的旅游意识或旅游观念时，现实的旅游需求才能最终形成。

当具备能够满足这种需求的客观实物时，现实的旅游需求则以旅游动机的形式表现出来，当人们产生旅游动机并采取了相应的行动后，现实的旅游需求又转化为已实现的旅游需求或未满足的旅游需求，进而继续推动着人们的心理需求过程。社会环境、个人经历、文化素养以及年龄、性别、个性等因素，对人们旅游意识或旅游观念的形成具有重大影响，并且在一定程度上导致了旅游动机在类型上的差异。

(三) 旅游动机的层次

旅游动机若按需要由低到高排序可以区分为5个层次。

1. 第一个层次：放松动机

旅游者通过离开自身的定居地到另一个地方短时期逗留，去观赏异地风光，体验异国风情，见识异地特色，使身心得到放松、休息和恢复。

2. 第二个层次：刺激动机

旅游者通过空间的转移，了解国内外各方面的知识，得到新的经历，亲临其境地接触世界各地居民，欣赏奇妙的自然风光，体验异地文化，考察不同的生活习惯，以寻求新的感受、新的刺激，形成新的思想。

3. 第三个层次：关系动机

旅游者通过外出旅游，结交朋友、建立友谊、给予爱、获得爱或逃避社会关系、解除人际烦扰或建立商务伙伴关系。

4. 第四个层次：发展动机

旅游者在身处异地的文化氛围中，培养多种兴趣，得到新的知识，掌握新的技能，增加新的阅历，获得异地的奖赏，提高个人声望和魅力，成为旅游鉴赏家，获得他人尊敬，发展自我潜能。

5. 第五个层次：实现动机

旅游者借助于旅游，充分地利用各种旅游资源，发挥客体对主体的能动作用，丰富、改变、创造人的精神素质，主宰自己的人生，获得更高的成就，实现自己的梦想和精神价值。许多生物学家、地理学家、文学家、画家都是从旅游考察中获得丰富的创作源泉的。

(四) 旅游动机的分类

目前还没有哪种划分方法得到广泛认可，但是主要的旅游动机均可以来自以下6个方面。

(1) 健康的动机。健康的动机是人们为了使身心得到调整和休养而产生的一种外出旅游的动机。

(2) 探索的动机。好奇和探索的需要是人的共同特征，人们对未知的事物总是充满了好奇心，有探索其奥秘的欲望。

(3) 追求自尊的动机。在日常生活中，由于多种原因，人们的自尊需要并不能得到满足或得到充分满足，通过旅游则可以对此起到一定的补偿作用。

(4) 追求乐趣和快乐的动机。愉悦快乐的感受是人人都向往的体验，也是驱动人们从事旅游的一个重要动力。

(5) 学习的动机。获取新知识、增长见识、丰富阅历是人们外出旅游的又一个重要动机。

(6) 社会交往的动机。社会交往是人的本性，通过旅游这一象征性的社会行为，人们可以结交新朋友，探亲访友，寻根问祖、得到团体的接纳，从而满足个体对归属和爱的需要。

二、旅游者的购买行为

能否正确地认识其特征和作用、了解市场购买者的行为，关系企业能否制订正确的营销方案，进而关系企业的兴衰存亡。

(一) 旅游者购买行为的概念

游客为了满足旅游需要，在某种动机的驱使下，用货币去实现旅游并获得旅游服务的活动就是游客的购买行为。研究旅游动机，主要是解决游客为何旅游的问题，而研究旅游购买行为，则是要明确影响旅游购买行为的因素，游客的类型、购买行为的过程，目的在于把握旅游行为的规律。

在旅游活动中，旅游者的心理和行为是极为丰富和复杂的，旅游者的购买行为直接或间接地受到许许多多的心理因素和社会因素的影响。行为科学家科特·莱文(Kurt Lewin)用下列公式描述人类的购买行为

$$CB=f(p, s, e)$$

式中：CB为消费者的行为；p为消费者个人的特点；s为社会影响因素；e为环境因素。

上述公式同样适用于描述旅游者的购买行为，即旅游者购买行为是旅游者个人特点、社会影响因素及环境因素三个变量的函数，这三个变量相互依存、相互作用。

(二) 旅游者购买行为的类型

旅游者在现实的购买活动中，受个人特点、社会影响因素和环境因素的影响，呈现出复杂多样的购买行为。根据旅游者购买目标的确定程度与决策过程、购买目的的相似性及旅游者的性格特点的差别，以及旅游者的购买兴趣表现、能力表现，可以大致进行以下归类研究。

1. 根据购买目标的确定程度与决策行为分类

(1) 全确定型。全确定型是指旅游者在购买行为发生之前，就已有明确的购买目标和具体要求(如旅游产品的类型、数量、价格)。他们根据已经确定的目标和要求挑选旅游产品，毫不迟疑地买下。这种情况下的旅游者通常不会花费太多时间去选择旅游产品，也不会在意旅游营销人员的介绍和提示，他们购买的此类旅游产品一般属于价格适中且经常购买的旅游产品。在此情况下，旅游营销人员应在旅游产品的品质、服务与价格等方面保持一定的水准，并通过增加产品新特色及实行价格折扣和额外赠品等吸引消费者。

(2) 半确定型。半确定型是指旅游者对旅游产品有大致的购买意向，但具体目标和要求不明确，他们需要经过对同类旅游产品的比较选择，才能作出购买决策的购买行为。这种情况下的旅游者一般需要搜集各方面的信息来降低不太熟悉的旅游产品的购买风险。如旅游者决定利用周末双休日进行周边休闲度假游，但尚未决定选择某家旅行社的某档价格的某条旅游线路，这种情况下，旅游营销人员应当设计一套沟通方案，增进消费者对旅游产品的认识和信心，以坚定其购买决定。这类旅游者是重点营销对象，应需要通过多种促销手段来加以招徕。

(3) 不确定型。不确定型是反映旅游者没有明确和确定的购买目标，购买与不购买都是随意的购买行为。一般旅游者在选择不太熟悉且价格较昂贵的旅游产品时，会出现较大的随机性。因此，旅游营销人员需要研究潜在旅游者的心理特征，主动热情地为其做好宣

传服务，尽量引起他们对某一旅游产品的兴趣。

2. 根据旅游者购买目的的相似性分类

(1) 观光型。观光型是指旅游者以观光游览为目的，离开常住地外出旅行而导致的购买行为。

(2) 娱乐消遣型。娱乐消遣型是指旅游者以娱乐、消遣、求得精神放松为主要目的，离开常住地外出旅行而导致的购买行为。

(3) 文化知识型。文化知识型是指旅游者以获得精神文化为目的，离开常住地外出参加文化旅游活动而导致的购买行为。

(4) 公务型。公务型是指旅游者以完成公务为主要目的，在一定时间内到外地去出差，顺便参加旅游活动而导致的购买行为。

(5) 医疗保健型。医疗保健型是反映旅游者为了治疗慢性疾病或增进人体健康，同时又能轻松地欢度假期而离开常住地外出参加旅游活动而导致的购买行为。

3. 根据旅游者的性格特点分类

(1) 习惯型。习惯型指旅游者凭借以往的购买经验和消费习惯而采取的一种反复性的购买行为。这种购买行为在类型即上文中我们提到的例行反应行为类型，它是建立在旅游者对某种旅游产品十分熟悉与信任、印象深刻而产生的特殊感情基础之上的。这类旅游者选择某类旅游产品时一般不大受时下流行的影响。

(2) 理智型。理智型是指旅游者在实际购买前已搜集了旅游产品的信息、了解了市场行情、并经过慎重权衡才作出最终购买决定的购买行为。这类旅游者一般计划性强、稳重、有主见、熟悉市场行情、乐于搜集信息、经验比较丰富，对旅游产品的品质、特征、用途、价格高低等都有自己的见解，主观性强，不易受外界因素的影响。

(3) 经济型。经济型是指旅游者对旅游产品的价格十分敏感的购买行为。这类旅游者特别重视旅游产品的价格。其中一种类型的人专爱购买高价旅游产品，如参加豪华旅游团，他们认为高价不仅意味着高质量，还可以体现购买者的经济实力或较高的身份与地位。另一种类型的人则倾向于选择价格较为低廉的旅游产品，他们往往善于发现别人不易觉察的旅游产品的价格差异，并花费较多精力了解旅游产品的价格及相关信息，希望买到价廉物美的旅游产品。

(4) 冲动型。冲动型指旅游者受现场环境的刺激，以直观感觉为主，未经事先考虑，临时作出决定的购买行为。这类旅游者易受宣传广告和旅游产品外观的影响，从个人兴趣出发，喜欢追求新产品。他们的性格一般较外向，在购买时语言直率、意图明确、态度明朗、成交迅速。

(5) 感情型。感情型是指旅游者根据情感的反应进行旅游产品的购买行为，又称想象型。这类旅游者的想象力和联想力都较丰富，容易心血来潮，衡量旅游产品时容易受感情左右，也容易受广告宣传所诱导。他们不善于思考和推理，购买目标不执著，注意力容易发生转移，兴趣也容易发生改变。若他们处于情绪受抑制状态，就会产生消极情绪而中断购买。

(6) 疑虑型。疑虑型是指旅游者在购买旅游产品前三思而后行，购买后还疑心上当受骗的购买行为。这类购买者一般性格内向、言行谨慎、多疑，对营销人员抱有不信任感。他们一般沉默少言，对宣传介绍不感兴趣，购买商品凭个人的内心体验和自我评价，往往犹豫不决或过分挑剔。

(7) 随意型。随意型是指旅游者在购买旅游产品时无固定偏好，一般为顺便购买或尝试的购买行为，又称不定型。这类旅游者或者缺乏购买经验，或者缺乏主见，心理尺度尚未稳定，既不苛求也不挑剔，购买行为也比较随便。

4. 根据旅游者购买行为中的兴趣分类

(1) 情调型。情调型是指旅游者根据旅游产品或旅游服务的情调而作出购买决策的购买行为。这类旅游者一般较为关注旅游产品的环境格局，如购物、进餐、娱乐环境中不同的建筑风格、装饰布局及色调、声音、温度、气味等渲染的独特情调。这类旅游者一般经济基础较雄厚，追求新奇、浪漫的感觉，对于感兴趣的旅游产品不惜高价享用。例如，一些青年人选择新婚旅游、海底婚礼这一单项旅游项目，就是一种情调型消费。

(2) 节日型。节日型是指旅游者的消费兴趣在节假日期间集中而明显地表露出来的购买行为。近年来，我国由于实行双休日和"十一""春节"长假制度，假日经济的繁荣引发了"井喷式"的旅游消费热潮，出游人数明显高于以往。而且，受海外节日影响，情人节、母亲节、圣诞节等节日里，旅游者的热情也高于往常。

(3) 时尚型。时尚型是指旅游者受社会风气及消费流行的影响而导致的购买行为。这类旅游者的兴趣反映在社会的趋时消费或特殊性消费上，他们追求新奇时髦、标新立异。近年来我国兴起的西部探险旅游吸引众多青年学生，就是时尚型消费的一种反映。

(4) 娱乐型。娱乐型是指旅游者在物质生活得到基本满足后，倾向于精神生活享受的购买行为。旅游者购买旅游产品的目的主要是休息放松、调节情绪、丰富精神生活。在实际购买活动中，大多数旅游消费者属于这种类型。

(三) 影响旅游者购买行为的因素

根据科特·莱文对消费者购买行为的分析，消费者的购买行为受消费个人特点、社会影响因素和环境因素的影响。在此基础上，我们从文化因素、社会因素、个人因素、心理因素4个方面进行分析，如图3-2所示。

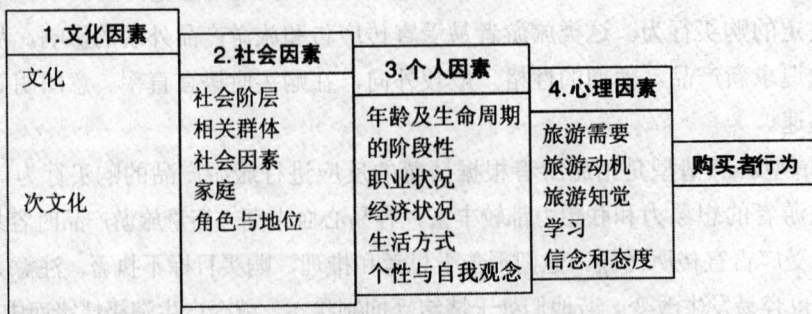

1.文化因素	2.社会因素	3.个人因素	4.心理因素	
文化 次文化	社会阶层 相关群体 社会因素 家庭 角色与地位	年龄及生命周期的阶段性 职业状况 经济状况 生活方式 个性与自我观念	旅游需要 旅游动机 旅游知觉 学习 信念和态度	购买者行为

图3-2 消费者购买行为的影响因素

1. 文化因素

文化因素对旅游者影响极深，它通过影响社会的各个阶层和家庭，进而影响到每个人及其心理活动。

(1) 文化。文化作为企业市场营销活动中的一种宏观环境因素，往往决定着一个社会的消费习俗、伦理道德、价值观念和思维方式等。首先，文化的产生和存在可以指导消费者的学习和社会行为，从而为消费者提供目标、方向和选择标准，文化的渗透性也可以在新的区域中创造出新的需求来。例如，圣诞节期间我国旅游宾馆、饭店推出的吸引国内外旅游者的圣诞大餐。其次，文化自身所具有的广泛性和社会普及性使旅游者行为具有模仿性，又如春节期间我国人民赶传统的庙会。有鉴于此，旅游营销人员在制订营销方案时，有必要去了解文化的变迁，从而掌握旅游者的潜在需求。

(2) 次文化。次文化是指根据共同生活经验及情境而产生共同价值体系的一群人所遵循的文化标准，它流行于不同国籍团体、宗教群体、种族群众和地理区域之中。

因此，旅游企业营销人员必须了解不同社会群体的文化差异，以进行有针对性的营销活动。

2. 社会因素

(1) 社会阶层。由于职业、收入、教育和价值倾向不同，不同阶层拥有明显不同的价值观念、生活习惯和消费行为，所以旅游购买行为也不同。例如，商务客人一般入住星级饭店，选择飞机作为旅游交通工具，而一般工薪阶层和青年学生则选择普通招待所，选择汽车、火车作为旅游交通工具。因此，旅游营销人员必须了解不同阶层的特征及心理状态的差异。

📖**知识链接**

中国十大社会阶层的需求差异

改革开放以来，我国已形成城乡无业、失业、半失业阶层，产业工人阶层，商业服务业员工阶层，个体工商户阶层，办事人员阶层，专业技术人员阶层，私营企业主阶层，经理人员阶层，国家与社会管理者阶层。不同社会阶层的消费者其行为存在明显差异。

一是支出模式上的差异。不同社会阶层的消费者所选择和使用的产品是存在差异的。有的产品如股票、到国外度假更多地被上层消费者购买，而另外一些产品如廉价服装与葡萄酒则更多地被下层消费者购买。下层消费者的支出行为从某种意义上带有"补偿"的性质。一方面，由于缺乏自信和对未来不乐观，因此，他们十分看重眼前的消费；另一方面，低的教育水平使他们容易产生冲动性购买。

二是休闲活动上的差异。社会阶层从很多方面影响个体的休闲活动。一个人所偏爱的休闲活动通常是同一阶层或临近阶层的其他个体所从事的某类活动，他采用新的休闲活动往往也是受到同一阶层或较高阶层成员的影响。虽然在不同阶层之间，用于休闲的支出占家庭总支出的比重相差无几，但休闲活动的类型却差别颇大。

三是信息接收和处理上的差异。信息搜集的类型和数量也因社会阶层的不同而存在差异。处于最底层的消费者通常信息来源有限，对误导和欺骗性信息缺乏甄别力。出于补偿的目的，他们在购买决策过程中可能更多地依赖亲戚、朋友提供的信息。中层消费者比较多地从媒体上获得各种信息，而且会更主动地从事外部信息搜集。随着社会阶层的上升，消费者获得信息的渠道会增多。

四是购物方式上的差异。人们的购物行为会因社会阶层而异。一般而言，人们会形成哪些商场适合哪些阶层消费者惠顾的看法，并倾向于到与自己社会地位相一致的商场购物。

(资料来源：根据当代中国社会划分为十大阶层改编)

(2) 相关群体。相关群体也称参考群体，是指对消费者的生活习惯和偏好有直接影响的各种社会关系人群。包括以下几类：一是主要群体，也称紧密型成员团体，即与消费者个人关系密切、接触频繁、影响最大的团体，如家庭、朋友、同学、邻居等。二是次要群体，也称松散群体，即与消费者关系一般、接触不太密切、不保持持续交互影响的群体，如家教组织、行为协会、学生会等。三是崇拜性群体，也称渴望团体，即渴望成为团体中的一员，仰慕此类团体成员的名望、地位、狂热效仿其消费模式与购买行为。这类团体的成员一般为社会名流，如影星、歌星、体育明星、政界要人、学术名流等。

相关群体对旅游者消费购买行为的影响是潜移默化的，他们为成员提供某一特定的消费模式，并运用群众力量影响消费者的购买态度及他们对旅游产品的选择。

3. 个人因素

(1) 年龄及生命周期的阶段性。人们在不同的年龄阶段上会有不同的需求和偏好，其购买行为还会随着年龄的增长而不断改变。此外，消费者也还会由于家庭的生命周期不同，如单身期、新婚期、满巢期、空巢期及鳏寡期而有不同的购买行为。在现实生活中，青年旅游者一般偏好刺激性强、时尚新潮的旅游产品，而老年人一般选择休闲性旅游产品。旅游营销人员必须注意旅游者在人生经历过程中兴趣的变化情况。

(2) 职业状况。职业状况对人们的需求和兴趣也有较大影响，在购买行为中，不同职业的旅游者的需求也存在很大差别。例如，医务工作者对旅游住宿的卫生条件可能较为重视，教授对导游的讲解中科学性的成分要求较高。因而，旅游企业对不同的职业对象进行研究分析后，可以开发适合特定职业消费者需要的产品或服务。目前，针对商务型游客设计的商务饭店就是用以满足这类特殊客人的职业需要的。

(3) 经济状况。经济状况实际上决定了个人和家庭的购买能力的大小。由于旅游消费是一种弹性较大的消费，因而，个人经济状况和社会经济环境等方面的变化都会影响旅游者的购买决策。因此，旅游营销人员必须了解潜在旅游者的可支配收入的变化情况及对旅游支出的态度。而且，当经济情况发生变化时，旅游人员需要积极地重新进行市场定位，重新设定旅游产品的构成和价格。

(4) 生活方式。在旅游者具有相同的文化背景、社会阶层的情况下，生活方式的差异与偏好也会形成不同的消费需求。生活方式主要表现在个人的活动、兴趣及意见等方面。了解与研究旅游者的生活方式，可以根据旅游者的偏好建立一致性关系，设计适销对路的产品。

(5) 个性与自我观念。个性在心理学中是指一个人独特的心理特征，个性促使个人对周围环境有相当持续一致的反应。购买者的自我观念是指个人的自我认识，它与旅游者的个性息息相关。有关个性类型的论述很多，目前较为典型的是著名心理学家荣格(C.G. Jung)关于外倾型个性和内倾型个性的划分。斯坦利、帕洛格曾对以上两种不同个性类型的旅游行为进行了对比分析，见表3-1。

表3-1　内倾型和外倾型旅游者的旅游行为

内 倾 型	外 倾 型
选择熟悉的旅游目的地	选择非旅游地区
喜欢旅游点的一般活动	喜欢获得新鲜经历和享受新的喜悦
选择晒日光浴和游乐场所，包括无拘束的休息	喜欢新奇、不寻常的旅游场所
低活动量	高活动量
喜欢驾车前往旅游点	喜欢乘飞机去旅游景点
喜欢正规的旅游设施，如设备齐全的旅馆、家庭式的饭店和旅游商店	要求一般或较好的旅馆和膳食，不一定要现代化的高级旅馆，不喜欢专门的旅游商店
喜欢家庭气氛和熟悉的娱乐活动，不喜欢外国的气氛，要准备好齐全的旅行袋	愿意会见和接触异国文化和异国居民，旅游的安排只包括最基本的项目(交通工具和饭店)
全部日程都要先安排妥贴	留有较大的余地和灵活性

(资料来源：马莹. 旅游心理学. 北京：中国轻工业出版社，2002：78)

在实际旅行活动中，介于两者之间的中间类型的旅行者数量最多，表现最活跃。

4. 心理因素

(1) 旅游需要。旅游需要推动旅游者去进行必要的旅游活动，并直接或间接地表现在旅游购买活动中和影响旅游者的购买行为。旅游需要在购买旅游产品、服务中的主要表现，如图3-3所示。

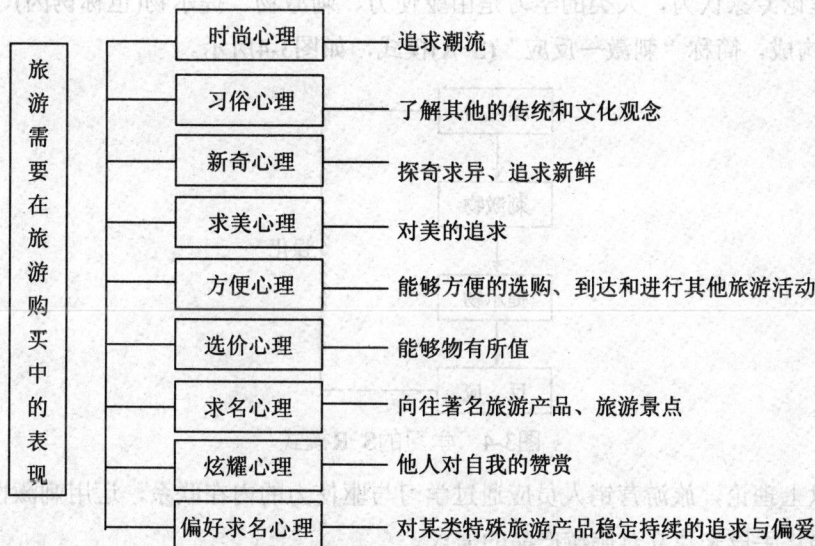

图3-3　旅游需要对旅游购买的影响

(2) 旅游动机。旅游动机是直接推动一个人进行旅游活动的动力，它规定了旅游行为的方向，是推动和指导旅游活动的心理过程。

(3) 旅游知觉。旅游知觉即旅游者选择、组织及解释外来旅游方面的信息而产生其内心世界反应的过程。有以下三种方式。

① 选择性注意。在现实生活中，人每时每刻都面临着来自各方面的刺激，但最能引起人们注意的情况有三种：一是与人们当前需要有关的；二是预期出现的；三是变化幅度大于一般的、较为特殊的刺激物。因此，引起消费者对旅游产品的注意应该是旅游营销工作者的主要工作。现在许多旅游企业发放附有精美照片的制作精良的旅游产品宣传手册，手册上设计新颖的大幅广告画面、具有高度概括性或幽默感或戏剧性形式的广告语，其主要目的就是吸引潜在旅游者的注意。此外，在旅游淡季，也有许多旅游企业采取价格策略吸引游客，因为较为明显的价格差异容易激发旅游者的消费热情。许多成功企业通过炒作卖点引发人们的关注而产生经济效应，就是很好地利用了选择性注意这一特点。

② 选择性曲解。消费者在接受外界事物和信息的刺激时，与原有思维模式相结合来解释外来刺激，从而造成先入为主、按照自身意愿曲解信息的倾向，称为选择性曲解。旅游市场已形成买方市场的今天，旅游企业的服务质量越来越受到旅游者的关注。某些旅游者对某家旅游企业的信誉度的感知，若已通过亲朋好友与同事的介绍或亲身经历形成一定的思维倾向，当外界广告的刺激与其已建立起的感知不一致时，他们往往对广告产生不信任。

③ 选择性记忆。人们对许多已了解的事物往往只记住那些与自己观念一致的事物，这在旅游者的消费偏好中表现得十分明显。旅游者由于对某种品牌旅游产品的钟情而导致再次购买行为的发生，就是选择性记忆作用的结果。

(4) 学习。心理学家认为，人们只有少数本能会导致行为的产生，其他绝大多数的行为都是受后天经验的影响形成的。学习是人们在社会实践中，受后天经验的影响而改变其行为，旅游及购买行为也是受后天经验的影响而形成和改变的。

学习理论专家认为，人类的学习是由驱使力、刺激物、提示物(也称诱因)、反应、强化5种要素构成，简称"刺激—反应"(S-R)模式，如图3-4所示。

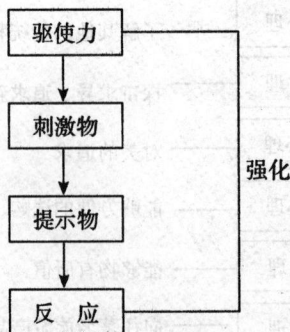

图3-4 学习的S-R模式

根据以上理论，旅游营销人员应通过学习与驱使力的内在联系，运用刺激性暗示和提供积极的强化手段来建立对旅游产品的需求。

首先，要努力设计具有差异化的整体旅游产品，以吸引旅游者，刺激其购买欲望。其次，要善于及时、有效地向旅游者提出启发需求的提示物，强化促销策略，诱发旅游者关注旅游产品。再次，旅游企业还要做好强化工作，加强消费者对旅游企业及其产品的满意度，创造重复购买。另外，旅游企业提供热情、细致、周到的服务是提高企业知名度和信誉度的重要途径。

(5) 信念和态度。信念和态度是指人们对某一事物所持有的较长期的评价、看法和行动倾向。人们的态度能使得个人对于类似的各项事物表现出相当一致的行为，往往难以改变。一方面，由于信念和态度的长期性及不易改变性，旅游营销人员在营销活动中要了解旅游者和潜在旅游者对推出的旅游产品的印象和态度，通过沟通、系统设计来增强旅游者对旅游产品的良好印象。另一方面，旅游企业也可以通过研制新的旅游产品将其推向市场和提高服务质量以改变旅游者对原有旅游产品的不良态度。例如，在旅游酒店的竞争中，一些酒店喊出"三星的价格、五星的服务"的口号，正是利用旅游者对不同星级酒店的信念和态度存疑来宣传自身服务的质优价廉。

三、旅游者购买决策过程分析

通过对购买过程的分析，可以使旅游市场营销人员针对每个过程中旅游者消费的心理与行为特点采取适当的措施影响旅游者的购买决策，从而促使营销活动的顺利完成。

(一) 购买决策的概念

购买决策是指包括一个广泛的信息搜集、品牌对比和评价以及其他一系列活动在内的全部过程。旅游消费者的购买决策，即旅游者购买目的的确立、手段的选择和动机的取舍的过程。

影响旅游者决策的因素非常复杂，包括个人因素、环境因素、营销因素，且各种影响因素随着时间、地点、环境的变化而不断变化。

(二) 旅游消费者的购买角色

在实际经营中，旅游企业营销人员会发现，旅游购买决策的参与者往往不止一人，有时要受几位在决策过程中起不同作用的人士的影响和左右，如一个单位组织奖励劳模的旅游，参与购买决策的人员既可能有单位高层主管，也可能有其他人士；再如家庭旅游，参与购买决策的既可能有夫妻，也可能有父母、儿女，有时还可能有亲戚朋友。参与旅游购买决策的5种角色，如图3-5所示。

参与旅游购买决策各种角色的可能是不同的人，如某君倡议公司组织劳模去黄山旅游，得到普遍响应，影响者去高层游说，高层对倡议予以采纳，作出购买决策，指定办公室主任去某旅游公司洽商，最后成团。参加旅行团的劳模中可能没有倡议者，也可能没有影响者和购买者，甚至没有高层领导。参与决策的各种角色或两种以上的角色也可能由一人担任，如倡议者也可能是决定者，还可能是使用者，等等。旅游企业了解参与购买决策的各种角色，有利于针对不同的角色确定相应的影响对策，引导购买决策向本企业倾斜。

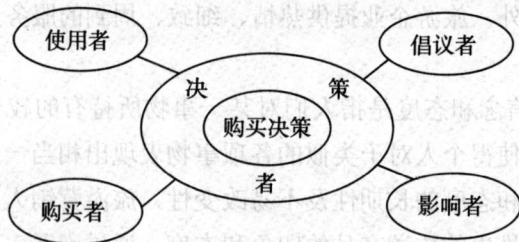

图3-5　参与旅游购买决策的五种角色

(三) 旅游者的购买决策过程

个体旅游者的购买决策过程是一个相互关联的购买行为的动态系列，在实际购买之前就已开始，并且延伸到购买之后的很长一段时间才会结束。它一般被分为5个具体步骤，如图3-6所示。

图3-6　旅游者购买决策过程

1. 认识需求

购买决策的过程始于认识需求，即人们认识到自己对旅游产品的需求。对于旅游营销人员而言，必须了解自己的旅游产品可以满足消费者的哪些内在需求，通过哪些外在刺激可以引发人们对旅游产品的需求。一项旅游产品能够满足旅游者的需求越多，就会越受旅游者的欢迎。在这一阶段，旅游营销人员要努力唤起和强化消费者的需求，并协助他们确认需求、创造需求。

2. 搜集信息

搜集信息是购买决策的调研阶段。人们认识到自己对某项旅游产品的旅游需求后，就会对他所需的对象发生兴趣，因而有意识地去搜集相关信息，以加深认识。一般而言，旅游信息来自以下4个方面。

个人来源：家庭、朋友、同事、熟人；公共来源：大众媒体、评比机构；商业来源：广告、经销商、推销员、包装、展览；经验来源：自身体验、个人判断。

3. 判断选择

判断选择是指旅游者在搜集各方面相关旅游产品的信息时，对其进行分析、整理、评估，以形成自己的观念和倾向。旅游者在评估、选择的过程中，往往会对一些方面给予重视，因此，以下几个方面需要引起旅游营销人员的注意。旅游产品的属性、对不同旅游者而言各种属性不同的产品的重要程度、旅游产品的品牌信念、旅游产品每一属性的效用函数、旅游者评估程序。此外，旅游营销人员在制定产品策略时，还可以从以下三方面努力：一是实行"实际的重新定位"，即改进旅游产品的质量和性能，使之尽量接近旅游者的需要。二是实行"心理的重新定位"，即通过广告宣传报道等一系列措施，设法转变旅游者对有关旅游产品不切实际的观念和期望，帮助旅游者正确认识产品性能上的差异。三是"竞争性反定位"，即向旅游者宣传自身旅游产品的相对竞争优势，改变某些宣传者对旅游产品的竞争误会。

4. 购买决策

购买决策是指旅游者作出购买的决策和实现对旅游产品的购买，它是旅游购买行为的中心环节。旅游者获知旅游产品信息并对其进行比较和评估后，就会形成购买意图，但在从产生购买意图到作出购买决策的过程中，还会受到其他人的态度、可预期的环境因素、意外环境因素三方面因素的影响，最终形成购买决策。

5. 购后行为

购后行为是购买决策的"反馈"阶段，它是本次购买的结束，也是下次购买或不购买的开端。当旅游者认为购买到期望的旅游产品时，就会认可该项旅游产品，如果不满意其服务与质量，就会选择今后购买其他旅游产品。判断旅游者购后感觉的两种基本理论是预期满意理论和认识差距理论。预期满意理论主要探讨消费者对产品的预期与感觉到使用效果间的差距，因而当旅游产品符合买主的期望，旅游者购买后就会比较满意；反之，期望与现实的差距越大，买主的不满就越大。认识差距理论则认为，任何产品都具有它的优点和不足，消费者购买商品后都会引发不同程度的不满意感，消费者往往习惯于用别的产品的优点同本产品的缺点相比较，从而产生不满。

因此，旅游营销人员在营销工作中，对旅游产品的广告宣传要实事求是，不要夸大其词，此外，还要采取积极的步骤，促使旅游者消除不满意感，使他们相信自己的选择是正确的。

🔲 项目小结 •

1. 需要是一个人对生理和社会的要求的反映，或是个体缺乏某种东西时的一种主观状态。需要是产生动机的内在的根本原因。主要的需要理论有马斯洛的需要观和需要的单一性与复杂性等。需要在旅游动机中具体表现为求补偿动机、求解脱动机和求平衡动机。

2. 旅游动机是指直接引发、维持个体的旅游行为，并将行为导向旅游目标的心理动力。旅游动机具有激活功能、指向功能和强化功能。旅游动机的分类多种多样，常见的有按需要的层次性分类、按旅游目的分类和按旅游动机在行为中的作用分类等。

3. 旅游动机的产生必须同时具备客观条件和主观条件。客观条件主要有经济因素、时间因素和社会因素等。

4. 能否正确地认识其特征和作用、了解市场购买者的行为，关系到企业能否制定正确的营销方案，进而关系到企业的兴衰存亡。在旅游活动中，旅游者的心理和行为是极为丰富和复杂的，旅游者的购买行为会直接或间接地受到许许多多的心理因素和社会因素的影响。

5. 通过对购买过程的分析，可以使旅游市场营销人员针对每个过程中旅游者消费的心理与行为特点采取适当的措施影响旅游者的购买决策，从而促使营销活动顺利完成。影响旅游者决策的因素非常复杂，包括个人因素、环境因素、营销因素，且各种影响因素随着时间、地点、环境的变化而不断变化。

复习思考题

1. 名词解释：需要、欲望与需求、旅游动机、旅游购买行为、购买决策
2. 旅游企业如何激发潜在顾客的旅游出游动机？
3. 旅游需要、欲望、需求、动机之间有什么关系？
4. 旅游企业怎样才能满足不同社会阶层旅游消费者的需求？
5. 对主观条件不同的潜在顾客应采取什么样的营销策略？
6. 影响旅游购买决策过程的因素有哪些？

项目实训

旅游企业的顾客市场调查

1. 实训目的

掌握旅游企业在面临不同的顾客构成时的基本对策。

2. 内容与要求

(1) 以小组为单位，利用课余时间选取本地区一家旅游企业的某个产品为分析对象，分析其顾客的构成。

(2) 分析所选定旅游企业的客源市场规模大小、组成结构特征以及消费行为特点，分析目前市场所面临的主要问题，并讨论该企业下一步应采取哪些应对措施。

3. 成果与检测

(1) 以小组为单位写出分析报告。

(2) 在全班组织召开一次交流座谈会。

(3) 根据分析报告和个人在交流中的表现进行评估。

拓展案例分析 | 两份面条和18桌高档婚宴

一天中午，某饭店中餐厅里来了一位老先生，这位老先生自己找了一个不显眼的角

落坐下，对面带笑容前来上茶、点菜的服务员小秦说："不用点菜了，给我一份面条就可以，就三鲜面吧。"

服务员小秦仍然微笑着对老先生说："我们饭店的面条味道不错，请您稍等，喝点茶，面条很快就会做好的。"说完，小秦又为客人添了点茶水才离开。10分钟后，热气腾腾的面条端上了老先生的餐桌，老先生吃完后，付了款，就独自离开了餐厅。

晚上18：00，餐厅里已经很热闹了，小秦发现中午来吃面条的那位老先生又来了，而且还走到老位置坐下。小秦连忙走上前去，笑盈盈地向老先生打招呼："先生，您来了。我中午没来得及向您征询意见呢，面条合您的口味吗？"老先生看着面带甜美笑容的小秦说："挺好的。晚上我再换个口味，吃炒面，就肉丝炒面吧。"小秦给客人填好单子，顺手拿过茶壶，给客人添好茶，说："请您稍候。"老先生看着微笑着离开的小秦，忍不住点了点头。

用餐完毕，小秦亲切地笑着询问老先生："先生，炒面合您口味吗？"老先生说："好，好，挺好的。我要给我侄子订18桌标准高一些的婚宴，所以到几家餐厅看看。我看你们这儿服务很好，决定就在这里订了。"

这位老先生的预订过程实际上就是一个购买决策的过程，他先后两次到某餐厅以吃面条和炒面的形式搜集信息，最后根据服务员的服务态度、餐厅的服务质量和服务水平作出了在此餐厅消费18桌档次较高的婚宴的决定。

（资料来源：酒店案例：一碗面条和十八桌婚宴. http://www.chinahotel.org.cn/dispArticle.Asp?ID=6698，2009-12-01）

思考：
请用本项目所学分析老先生的购买决策过程。

细分市场与选择目标市场

1. 明确旅游市场细分的概念、意义以及细分市场的原理。
2. 理解旅游目标市场策略选择的方法。
3. 明确旅游市场定位的概念，认识CIS在旅游企业中的运用。

1. 掌握旅游市场细分的方法与步骤。
2. 能结合实例分析影响旅游目标市场策略选择的因素，掌握企业旅游目标市场的选择策略。
3. 掌握企业旅游目标市场定位的步骤，能策划设计旅游企业CIS。

案例成果展示 | 乌镇景区的市场细分与市场定位

一、景区发展

乌镇是江南四大名镇之一，拥有六千余年的悠久历史，地处浙江省桐乡市北端，为江浙二省三市交界之处，是典型的江南水乡古镇，素有"鱼米之乡""丝绸之府"之称。一条河流贯穿全镇，它以水为街，以岸为市，两岸房屋建筑面向河水，形成了特有的江南古镇水乡风光。

从1999年到2010年，乌镇旅游开发11年，由一个浙北小镇发展成为世界文化遗产、中国综合型和国际型旅游目的地。

1999年6月，乌镇古镇保护与旅游开发管理委员会成立，开始了古镇历史遗产保护和旅游开发的历程；2002年，获国家4A级景区称号，同时被联合国教科文组织列入世界文化遗产名录；2003—2005年，被联合国颁发"2003年亚太地区遗产保护杰出成就奖"；2000年被授予中国历史文化名镇；2005年全年接待游客180万人次；2009年1月—6月，引入IDG投资，另外，当年接待游客324万人次，营收3.04亿，其中门票1.62亿，基本实现向综合型旅游目的地的转型；2010年4—5月，获评5A级景区，并以"历史遗产保护与实践"主题参展上海世博，5月17—21日在城市最佳实践区展出；2011年5月30日，乌镇国际旅游区正式挂牌。

二、市场定位发展

乌镇通过不断的市场定位研究，实现了其由门票型景区向综合型旅游目的地的转变。

1. 市场需求演变

20世纪60年代，廉价团体旅游和包价旅游是旅行社业务模式发展中的重大突破，它极大地促进了大众旅游的发展，对旅游的普及与发展功不可没。但在随后日益崇尚自我的时代，人们不再满足于包价旅游的规范化与程式化的出游方式，自助旅游兴起，究其原因，是人们想要借此充分实现自己的个性需求，寻求与众不同的旅游体验。同时，交通、旅游设施及其他配套服务设施的发展也使旅游更加便捷，旅游市场得以迅猛发展，20世纪90年代以来，旅游市场发展更为迅速。特别是近年来推行的"古镇旅游年"，使得古镇旅游成为中国经济结构转型中的一个亮点，古镇的旅游业呈迅猛发展的态势。

江浙沪三省市城市化发展很快，而随之而来的是一系列的城市病，表现在人口密集、交通拥堵、住房拥挤、环境污染。快节奏的现代生活，使得人们越来越希望寻求一份安静，驻足休息，放松心情，对文化观光旅游和休闲度假旅游的需求越来越迫切。这种城市环境使得更多城市人产生了逃离都市、重新下乡、"逆城市化"旅游的意愿。

2. 初始目标市场定位

景区以国内市场为主要客源，其中又以江浙沪地区居民或长期居住的外来人员、周边学校的大学生，国内各地旅游爱好者、摄影爱好者、古镇研究者等为主。因为他们有一定的闲暇时间，并热衷于于体验式的享受型旅游消费，购买力较强，在年龄分布上各层次均有，收入中等以上，具有一定的文化水平。

这种定位，使得交通便捷，区位良好的乌镇景区，每天有成千上万的游客蜂拥而至，喧哗之声此起彼伏，严重影响了古镇清幽的景致，同时，大众旅游的消费水平普遍较低，景区旅游收入不高。

3. 市场重新定位

经过对市场的调研及对目标市场的选择，景区对自身重新进行了定位。一方面，通过中青旅全国营销网络的铺设使得乌镇旅游在以长三角地区为中心客源结构的基础上大力拓展其他地区的团队客源，尤其是面向人文差异较大的华南及港澳台市场；其次，乌镇景区明确了高端短途休闲度假旅游和商务会议旅游的市场定位，利用户外媒体和卫星电视进行了广告投放，以吸引中高端散客及企业大客户。

(1) 产品功能定位。乌镇东栅景区定位为以旅游观光为主，将历史与民俗文化有机融合；乌镇西栅景区为乌镇主营景区，定位为商务会议及国际休闲度假，融合了观光体验与休闲度假功能。

(2) 形象定位。乌镇旅游品牌的Logo，彰显水乡的特色，以黑白两色为主色调呼应水乡的主题特色。突出"生活在梦里的——乌镇"的品牌诉求，形成两个主要层面："梦"与"生活"。习惯了来也匆匆去也匆匆的观光旅游，似乎无法停留，也难以体味，所以"生活"，就是希望和游客联系的更紧更深，希望游客不再是"客"，而成为生活在此、沉浸在此的主人。

(3) 服务定位。体现江南水乡吴侬软语的特色，提高服务品质，提供个性化的服务。注重旅游体验，适当引入当地居民热情古朴的服务，通过经济机制发动当地居民彰显古朴民风，积极为游客提供主人翁式的招待服务；增强居民环保意识与责任感，从而以当地居民的环保行为引导、带动游客开展环保行动。

(4) 产品优化。乌镇的旅游资源其实并不突出，古镇遗存展示的是市井风貌，但乌镇结合自身资源，开发出了更多迎合市场需求的旅游体验，增加了赢利点，同时增强了乌镇品牌的持续支持。现在的乌镇景区内容丰富，文化氛围很浓，这得益于它的"无中生有""拿来主义"。例如江南百床馆、江南木雕馆、江南民俗馆，这些都不是乌镇特产，但它却能与景区很好的融合。就连"杨乃武与小白菜"的主审官——钱塘人夏同善，只因其后妈的佣人是乌镇人，与杨乃武的姐姐有点关系，也把夏同善及"杨乃武与小白菜"都作为乌镇文化的组成部分。

三、营销策略

在东栅景区开发之初，乌镇与上海东方卫视合作，瞄准上海市场，铺天盖地地宣传景区，迅速抢占上海旅游的市场制高点，使乌镇景区"最后的枕水人家"这一理念深入人心。

而以后的全方位营销推广，则进一步奠定了其在海内外市场上一流的知名度。利用电视剧名人营销、国际高端会议间接宣传，走出国门参加国际旅游展会；借势电视剧"似水年华"，电视、报纸、户外等全方位品牌广告出击上海、浙江及邻近周庄、同里景区，"体验杭州历史""看过周庄和同里，再看看乌镇何不是一件幸事"，打开长三角市场；大举体验式营销，通过茅盾文学奖颁奖仪式、江南水乡狂欢节、香市、花车巡游、烟花大会、接待APEC嘉宾、首届中国桐香乌镇水乡童玩艺术节等大型特色节事活动来吸引游客，调动游客的参与积极性。同时集中展示了乌镇具有典型地域特色的民情风俗，塑造其别具特色的江南水乡的新形象；广泛参加昆明国际旅游交易会、柏林旅展等国内外各种大型国际旅交会，充分抓住APEC会议等一切宣传机会。

四、营销业绩

乌镇旅游营销，走出国门、打开国际市场，乌镇通过高效的营销策略和明确的市场定位，有效拉动游客接待量的持续增长，目前已是浙江省海外游客最多的景区。

自2006年后，景区保持着良好的收入增长水平，年复合增长率分别达到38%和54%，基本实现了从"单一门票型"向"综合型目的地"的业务模式的成功转型。

(资料来源：根据乌镇旅游品牌建设案例解析. http://www.cjqjj.com/Article/HTML/501.html，2008-10-09改编)

思考：
对旅游市场进行市场细分与定位有什么作用？

任务一　细分旅游市场

任务提出及实施

1. 明确旅游企业实施市场细分的客观基础，举例说明市场细分的作用。
2. 理解旅游市场细分的方法和市场细分的基本原则。

请同学们在教师的讲解和引导下学习应用知识储备下的内容、案例分析，以师生共同讨论等方式完成上述学习任务。

案例引入

韩"抗老"旅游吸引中国富豪

中国180余名富人乘坐专用飞机抵达韩国，且享受最高达1亿韩元(约合人民币55.3万元)的高价旅游项目。

位于韩国首尔江南区驿三洞丽嘉酒店的抗老健康检查中心——POSSOM Prestige近期迎来了一批中国贵宾。在中国的一家媒体今年2月份介绍了韩国典型的医疗酒店(酒店和医院结为一体，不仅可以接受治疗，还可以住宿)后，中国富人的预约接连不断。

由于希望同时享受旅游和购物以及整容手术的中国富人增加，销售"抗老"旅游项目的中国当地旅行社决定启用可容纳180人的专机。五一国际劳动节期间的这一旅游项目目前几乎售完。针对需要医疗酒店旅游的中国游客，韩方使用专机负责接送。

POSSOM Prestige的抗老旅游项目价格为五百万至一亿韩元。预约专机旅游的游客中有三十多人选择了各种健康检查、皮肤管理、整容手术、毛发移植等超过5000万韩元的旅游项目。

其中，在丽嘉酒店豪华套房住留9天8宿，且预约1000万～5000万韩元干细胞治疗以及6个月营养辅助剂治疗的中国游客有3名。POSSOM Prestige指出，中国游客在与医生商谈的过程中也经常追加医疗项目，因此花费常高达一亿韩元。

POSSOM Prestige的抗老项目深受游客喜爱，许可这一企业入驻的丽嘉酒店的营业利润也随之提高了。酒店工作人员指出："整形手术结束后静心疗养的人也比较多，因此酒店内餐厅和酒吧的营销额也明显提高。"

(资料来源：环球网，http://oversea.huanqiu.com/political/2012-04/2646241.html，2012-04-11)

思考：

韩国"抗老"旅游项目主要是针对中国哪部分游客市场开发的？为什么会取得营销上的成功？

一、旅游市场细分的概念

所谓旅游市场细分，是指企业根据旅游者特点及其需求的差异性，将一个整体市场划分为若干个具有相类似需求特点的旅游者群体的活动过程。经过市场细分后，每一个具有相似需求特点的旅游者群体就是一个细分市场。

市场细分的原理和概念是美国市场营销学家温德尔·史密斯(Wendell R. Smith)于1956年最先提出来的。市场细分这一原理的提出，其主要根据是：由于旅游者所处的地理环境、文化、社会、个人行为和心理特征的不同，决定了旅游者之间的需求存在着广泛的差异。因此，企业可以根据旅游者特点及其需求的差异性把一个整体市场加以细分，即可以划分为具有不同需求、不同购买行为的购买者群体。然后在这些不同的细分市场中选择目标市场，从产品计划、销售渠道、价格策略直至推销宣传，采取一套相应的市场营销策略，使企业生产和经营的产品，更符合各个不同目标市场的旅游者的需要，从而在各个细分市场上提高企业自身的竞争能力，增加销售量，获取较大的市场份额。

市场细分概念从根本上改变了人们对市场的看法。过去人们把市场看作一个整体，认为所有的旅游者对产品的需求是大致相同的，只需要单一品种、单一性能和单一包装的产品，认为企业占领市场的主要办法是保证产品质量、降低成本和价格。实际上，企业还可以通过有针对性地提供不同的产品去满足不同旅游者的需求来达到占领市场、提高市场占有率的目的。因此，市场细分概念一经提出，便受到企业界的重视，并迅速得到推广使用。

二、市场细分的客观基础

在实际经营过程中，企业并不是在任何情况下都有必要或都可以进行市场细分的。企业进行市场细分必须具备以下两个前提条件。

(一) 市场需求存在差异性

市场需求存在差异性是企业进行市场细分的依据。如果市场需求不存在差异性，即当市场是同质市场时，旅游者对商品的需求及企业的经营策略的反应相同或相似，则企业不必进行市场细分，只需向整体市场提供统一的标准化产品和服务就能满足所有旅游者的需求。例如，人们对食盐的需求基本上是相同的，食盐市场就属于同质市场，企业不需要对这个市场进行细分。同样，大多数旅游景点也不需要对市场进行细分。

随着社会的进步，人们生活水平的提高，不同旅游者对同类产品需求的差异性越来越明显。因此，同质市场只局限于极少数产品。对绝大多数的产品而言，都属于异质市场，都需要进行市场细分。

(二) 市场竞争日趋激烈

市场竞争日趋激烈是企业进行市场细分的动力，它决定了企业是否应该进行市场细分。如果市场竞争不激烈，产品供不应求，则企业只需向整体市场提供单一的标准化的产品，通过增加产量、降低成本就可以获取最大的经济效益。在这种情况下，企业进行市场细分就显得没有必要。

三、市场细分的重要性

(一) 目标市场营销

由于旅游者需求的差异很大，旅游企业通常不可能为市场上的所有旅游者提供服务。例如，任何一家饭店或旅行社，不可能有足够的精力和实力面向整个国际、国内市场，满足所有旅游者的需要。因此，为了充分利用自己的有限资源，充分发挥自己的优势，提供适合旅游者需要的产品和服务，大多数企业都实行目标市场营销，即选择与本企业营销宗旨最相适应、销售潜力最大、获利最丰厚的那一部分作为自己争取的目标，然后采取相应的市场营销手段，打入或占领这个市场。为了有效地实现目标市场营销，经营者必须采取5个重要的步骤。

1. 企业情况分析

企业情况分析，即弄清企业目前的地位、能力、目标和制约因素，以作为市场细分、选择目标市场和市场定位三大后续行动的根据。

2. 市场细分

市场细分，即将整体旅游市场划分为若干个不同的旅游者群体，针对他们的不同需求，采用不同的市场营销手段。这一步骤的主要任务是：企业必须确定各种细分市场的方法，进行市场细分并了解这些有实际意义的细分市场的情况，最后衡量每个细分市场对企业的吸引力。

3. 选择目标市场

选择目标市场，即筛选出一个或几个细分市场，作为企业经营的目标。

4. 市场定位

市场定位，即为本企业及其产品确定一个有利的市场竞争位置。

5. 制定相应的市场营销组合策略

确定相应的市场营销组合策略，即针对产品的市场定位，在产品、价格、销售渠道和促销等方面制定相应的策略，以突出产品的差异性，强化产品的独特形象，满足特定市场需求。

在这5个步骤中，目标市场营销的核心是市场细分、选择目标市场和市场定位，第一和第五个步骤只是这些核心活动的必要前提和支持。因此，一些西方市场营销专家把目标市场营销称之为策略性营销的灵魂。

(二) 市场细分的意义

进行市场细分、选择目标市场对旅游企业和旅游者都是有利的。对企业的好处至少体现在以下几个方面。

1. 有利于企业发展最佳的市场机会

通过市场细分，可以发现尚未被满足的要求，从而找到对本企业最有利的市场营销机会。一个未被竞争者注意的较小的细分市场，可能比有众多竞争者激烈争夺的大市场能够带来更多的利益，特别是对知名度不高或实力不强的小企业来说，更有价值。因为这些小企业有可能通过市场细分找到营销机会，从而在大企业的空隙中求得生存和发展。

2. 有利于按目标市场的需要改良现有产品和开发新产品

通过市场细分，旅游企业往往会发现旅游者需求有新的变化，现有产品已难以满足其需要，必须对现有产品进行改良或开发才能使产品适销对路。例如，假日集团在市场细分的基础上，又推出了高档商务旅馆及低档的经济型旅馆，很好地满足了不同旅游者的需求，因此，假日集团生意兴隆，发展神速。

3. 有利于旅游企业集中使用资源

正像在战场上全面出击往往不如集中优势兵力打歼灭战一样，旅游企业在整体市场上到处开花，不如集中力量投入目标市场，发展特色产品，这样更能提高企业知名度和市场占有率，从而使企业得到发展和壮大。

在旅游市场上，一方面总会有一些尚未被满足的需求无人关注，另一方面大家却又争相经营某些热门产品。殊不知，热门会变冷，而冷门有时却可能变热。其实每个企业都应根据自身的条件，选择合适的目标市场，不应一哄而起"赶浪潮"。20世纪80年代末至90年代初，国内一些地方不顾市场条件，盲目兴建高档宾馆而致损失惨重，这一深刻教训值得记取。近年来，也有不少企业在运用市场细分策略和目标市场理论方面，取得了显著成效。例如，北京永安宾馆把目标市场定位于长住客市场，针对长住客的需要把宾馆建设成公寓式宾馆，很好地满足了长住客的需求，创造了良好的经济收益。

四、旅游市场细分的方法

旅游市场细分的依据是旅游者需求的差异性。从旅游业的具体情况来看，旅游者需求的差异性可以表现在很多方面。根据市场营销学的一般原理，可按照旅游者的特点、地理区域、消费心理及购买行为等4个方面对旅游者市场进行细分。

(一) 按旅游者的特点进行市场细分

旅游者的特点可以表现在很多方面，如年龄、性别、职业、受教育程度、社会阶层、种族、宗教、收入、国籍、血缘关系等。这种细分方法较为常用，因为这些指标与旅游者的欲望、偏好、出游频率等直接相关，而且旅游者的这些特点比其他因素更容易测量。因此，对旅游企业而言，这些指标是非常重要的旅游市场细分的依据。

1. 按年龄细分

人们在不同年龄阶段，由于生理、性格、爱好的变化，对旅游产品的需求往往有很大的差别。因此，可按年龄范围细分出许多各具特色的旅游者市场，如儿童市场、青年市场、中年市场、老年市场等。

2. 按性别细分

在产品的需求、购买行为、购买动机、购买角色方面，两性之间有很大的差别。如参加探险旅游的多为男性，而女性外出旅游时则更注重人身财产安全。公务旅游以男性为主，家庭旅游时间和旅游目的地的选择也一般由男性决定，在购物方面女性通常有较大的发言权。在购买旅游产品时，男性通常对价格反应较迟钝，而女性则较为敏感。

3. 按收入细分

人们收入水平的不同，不仅将决定其购买旅游产品的性质，还会影响其购买行为和购买习惯。如收入高的人往往喜欢到高档饭店消费，往往愿意选择豪华型旅游；收入低的人往往选择在普通饭店消费，更愿意选择经济型旅游。

4. 按民族细分

不同的民族有不同的传统习俗、生活方式，从而呈现出对旅游产品的不同需求。按民族进行细分，可以更好地满足不同民族的不同需求，从而进一步扩大旅游企业的产品市场。

5. 按职业及受教育程度细分

从事不同职业的人由于职业特点及收入的不同，其消费需求差异很大。旅游者受教育程度不同，其在兴趣、生活方式、文化素养、价值观念、审美偏好等方面都会有所不同，会产生对旅游产品的需求、购买行为及购买习惯的差异。

(二) 按地理区域进行市场细分

所谓按地理区域进行市场细分,是指企业按照旅游者所在的地理位置来细分旅游市场,以便企业能够从地域的角度研究各细分市场的特征。如按区域、国家、地区、城市、乡村、气候、空间距离等,将旅游市场分为不同的细分市场。其主要理论依据是:处于不同地理位置的旅游者,对企业的产品各有不同的需要和偏好,对企业所采取的市场营销战略、市场营销策略也各有不同的反应。如,我国北方人饮食口味偏重,而南方人口味偏清淡,餐饮企业应"因地而异"提供不同口味的产品。按地理区域进行市场细分又有三种具体形式。

1. 按主要地区细分

世界旅游组织将国际旅游市场划分为六大区域,即欧洲区、美洲区、东亚及太平洋区、南亚区、中东区、非洲区。据有关统计,欧洲和北美出国旅游者及所接待的国际旅游者最多,国际旅游收入也最高。而近二十年来,旅游业发展和增长最快的地区则是东亚及太平洋地区。

2. 按国家、地区细分

按国家、地区细分是旅游业最常用的一个细分标准。通过把旅游者按其国别进行划分,有利于旅游地或旅游业了解主要客源国的市场情况,从而针对特定客源国市场的需求特性,制定相应的市场营销策略,以收到良好的市场营销效果。

3. 按气候细分

各地气候不同会影响旅游产品的消费,影响旅游者的流向。如,对于冬季的我国的国内旅游市场,南方游客外出旅游的热点常常是北京、哈尔滨等地,而许多北方游客则把海南、桂林、云南等地作为外出旅游的首选。从国际旅游市场看,凡气候寒冷,缺少阳光地区的旅游者一般趋向于到阳光充足的温暖地区旅游。这也是地中海地区、加勒比海地区旅游业发达的主要原因。

根据气候特点的不同,企业可以把旅游市场细分为热带旅游区、亚热带旅游区、温带旅游区、寒带旅游区等。

(三) 按心理因素进行市场细分

所谓按心理细分,就是按照旅游者的生活方式、态度、个性等心理因素来细分旅游市场。旅游者的欲望、需要和购买行为,不仅受人口的社会统计特征影响,而且受自身心理因素影响。企业可据此将旅游市场细分为不同的子市场。其细分方法主要有以下几种。

1. 按生活方式细分

生活方式是人们生活和花费时间及金钱的模式,是影响旅游者的欲望和需要的一个重要因素。目前，越来越多的企业按照旅游者的不同生活方式来细分旅游市场，并且针对生活方式不同的旅游者群体设计不同的产品和安排市场营销组合。例如，家庭观念强的旅游者，外出旅行时更多地选择家庭旅游；事业心强的游客外出旅游则以公务旅游、修学旅游为主。

对于生活方式不同的旅游者群，不仅设计的产品应有所不同，而且产品的价格、经销方式、广告宣传等也应有所不同。许多企业从生活方式细分中发现了更多、更有吸引力的市场机会。

为进行生活方式细分，企业可以通过"AIO尺度"来测量旅游者的生活方式，具体内容如下。

(1) 活动(Activities)，如旅游者的工作、业余消遣、休假、购物、体育、款待客人等活动；

(2) 兴趣(Interests)，如旅游者对食品、娱乐、服装的式样等的兴趣；

(3) 意见(Opinions)，如旅游者对自己、对社会问题的意见，及对相关政治、经济、产品、文化、教育、将来等问题的意见。

2. 按态度细分

按态度细分是指根据旅游者对企业及其商品的态度进行分类并采取相应的营销措施。如对待"我曾听说过某品牌，但我并不真正了解它"之类持中间态度的旅游者，应采取提供详细资料，大力开展有说服力的促销活动的方式；对待"某品牌是市场上最好的产品"之类持积极态度的旅游者，应利用持续的促销活动和与旅游者签订合同的办法对潜在客户群体加以巩固；对"某品牌比另外某品牌差"之类持消极态度的旅游者，要改变其态度是较困难的，应把促销工作做细，并改进产品质量，提高企业形象。一般来说，企业放弃"消极态度"的细分市场是合适的，因为企业进行市场细分并不是要企业利用一种营销来努力满足所有旅游者群体的要求。

(四) 按购买行为进行市场细分

根据旅游者对产品的理解、态度、购买过程及方式等方面的不同，把整体旅游市场细分成不同的群体，具体来说包括下列各种细分方法。

1. 按购买目的细分

按一般旅游者外出旅游的目的来细分市场，大体上可划分为以下几种，即度假旅游、观光旅游、公务会议旅游、奖励旅游、探亲访友、购物旅游、美食旅游、探险旅游、体育保健旅游等细分市场。这些细分市场，由于旅游者购买目的的不同，对旅游产品的需求特点也有差异。

2. 按旅游者寻求的利益细分

一般来说，旅游者购买某种产品，都是在寻求某种特殊的利益，因此，企业可以根据旅游者对所购产品追求利益的不同来细分市场。旅游企业在采用这种方法时，首先要断定旅游者对旅游产品所追求的主要利益是什么，追求各种利益的人是什么类型的人，各种旅游产品提供了什么利益，然后根据这些信息来采取相应的市场营销策略。例如，一部分商务旅游者往往把豪华舒适的设备设施、周到完美的服务作为追求的利益标准；而另一部分商务旅游者则把快捷高效的服务作为利益标准；还有一部分商务旅游者利用从出差包干费中赚取"节余归己"的报销差额作为利益标准。只有了解了旅游者寻求的利益，企业才能通过为旅游者提供最大的利益来实现营销目标。

3. 按使用情况细分

使用情况是指旅游者从前是否有使用过某种产品或服务的经历。按这种标准，旅游市场可细分为潜在使用者、初次使用者和经常使用者市场。具体人群如从未光顾的客人、初次光顾的客人、饭店的回头客等。对潜在使用者、初次使用者和经常使用者应分别采用不同的营销方法。

4. 按购买过程及方式细分

按购买过程及方式细分市场，即根据旅游者购买、使用产品的过程及方式的不同来细分市场。例如，旅游企业往往根据旅游者外出旅游的过程和方式把旅游者划分为团体客人和散客。在旅游接待中，团体客人和散客对旅游方式、旅游产品与服务等方面的要求有很大的差别。

5. 按购买时机细分

按购买时机细分市场是指按旅游者购买和使用产品的特定时机细分市场。例如，某些产品和服务项目主要适用于某个特定时机，诸如五一劳动节、国庆节、春节、寒暑假等。企业可以把特定时机的市场需求作为服务目标，如旅行社可以专为某种时机提供某些旅游服务，餐厅可在某个特定时机推出特定的菜肴和服务，例如春节年宵夜饭等。

6. 按旅游者忠诚程度细分

旅游者忠诚程度是指一个旅游者不得不购买某一品牌商品的一种持续信仰和约束的程度。例如，通过调查旅游者外出时对特定的航空公司、特定的旅行社、特定品牌酒店的忠诚程度，辨别出本企业的忠诚顾客。对旅游企业来讲，发现并保持这类顾客是十分重要的，企业应该为他们提供更好的服务。旅游企业通过给忠实的顾客某种形式的回报或来鼓励培养旅游者对本企业的忠诚。不少饭店管理集团如凯悦国际集团、假日酒店集团、喜来登国际集团纷纷报出各种奖励项目，较为典型的一种形式是吸收那些多次购买本企业产品并忠实于本企业的顾客为会员，按购买数量的多少给予不同程度的奖励，以增加客源的稳定性。旅游市场细分的目的就在于，寻找那些忠实于本企业产品、购买频率及规模程度都很高的顾客作为本企业的目标市场。

五、旅游市场细分的原则

如上所述,旅游市场细分的方法很多,细分的因素、标准不一,企业在进行市场细分时不是随便根据什么标准都可以进行的。为保证旅游市场细分工作的有效性,企业必须对市场细分的方法及细分后的市场进行评估,确保各细分市场具有以下特点。

(一) 可衡量性

可衡量性是指市场细分的标准和细分后的市场是可以衡量的。如果某些细分标准或旅游者的特点和需求很难衡量,那么这个细分市场的大小就很难测定。一些带客观性的细分标准如年龄、性别、收入、受教育程度、地理位置、民族和种族等,往往易于确定,并且有关它们的信息和统计数据,通过统计部门是比较容易获得的。但是一些带主观性的细分标准,如心理因素,则较难以断定。同时,经过细分后的市场的范围、容量、潜力等也必须是可以衡量的,这样才有利于确定企业的目标市场,这样的细分方法对企业才有实际价值。

(二) 规模性

规模性是指细分市场的大小必须具备一定的规模,达到值得单独营销的程度,即划分出来的细分市场必须是值得采取单独营销方案的最小单位。它的规模必须是能使企业从中获取一定的销售额,不但能保证企业的短期利润还要有一定的发展潜力,以保持企业较长时期内的经济效益。例如,在内地一个普通的县城,如果要满足少数人喜欢西餐的要求而专门开设一个西餐厅,则可能由于这个细分市场太小而最终得不偿失。

(三) 可接近性

可接近性是指对细分出来的市场,旅游企业可以利用现有的人力、物力和财力去占领并达到能进行有效促销和分销的程度。这些细分市场中的旅游者,必须在易于接触和沟通方面具有充分的相似之处,以便企业能较经济而有效地与这些潜在顾客接触沟通。这些旅游者可能在地理上是比较集中的,也可能经常接触相同的广告媒体,这样企业便可通过采用相应的促销手段,经济而有效地向他们进行推销。

(四) 独特性

独特性是指市场细分的结果应能凸显出各细分市场需求方面的特点。这些特点的差异将使细分出来的市场对企业市场营销组合有独特的反应,即通过某种特定方法细分出来的各个细分市场,其成员对企业市场营销组合的反应必须是不同的。如果各个细分市场在需求方面不存在差异,它们对某种市场营销组合的反应都是相同的,那就没有必要、也不存在不同的细分市场中实施不同的市场营销组合的可行性,那么,只要采用大量营销的方法就可以了。例如，我国早期的餐饮业，由于当时人们对食品的需求基本相同，因此当时没有必要进行市场细分。后来，随着人们生活水平的提高，人们外出用餐有了较大的差异，这时才有必要和有可能将餐饮客源市场细分为高档餐饮、中档餐饮和大众餐饮等细分市场。

任务二 旅游目标市场的选择

◾任务提出及实施◾

1. 结合实例理解旅游企业目标市场策略的内涵及其适用范围。
2. 了解影响旅游企业目标市场策略的因素以及旅游企业选择目标市场的一般过程。
请同学们在教师的讲解和引导下阅读应用知识储备下的内容、案例分析，以师生共同讨论等方式完成上述学习任务。

◾应用知识储备◾

▉ 一、目标市场策略

市场细分是旅游企业选择目标市场的依据。所谓目标市场是指企业作为服务目标的旅游者群体。目标市场策略则是指企业在市场细分的基础上，决定和选择目标市场的方法和策略。旅游企业经过环境分析，在发现了适合自身发展的市场机会和不利于自身发展的市场威胁以后，就应该具体研究进入什么样市场，即选择目标市场。旅游企业在选择目标市场时可应用的策略一般有三种：无差异性市场策略、差异性市场策略、密集性市场策略。

(一) 无差异性市场策略

无差异性市场策略是指旅游企业将整体旅游市场看作一个大的目标市场，以一种产品组合、一种营销组合去满足所有旅游者的需求的策略。该策略的优点在于产品标准统一，易于管理，便于规模化生产，能降低成本。而事实上，旅游者的需求是不可能完全统一的，所以，旅游企业提供旅游产品时应该给旅游者以更多的选择空间。在企业经营过程中任何产品都不可能在市场上长期地为所有旅游者所接受而且旅游需求的差异性相对于其他产品也更为明显。例如，20世纪70年代末，在我国一些旅游城市兴建的第一批合资饭店中，所有的房间基本上都是没有差异的统一标准间，这较为适应当时以团队客人为主的入境游市场；当入境游散客市场日渐兴旺，且游客越来越倾向于选择单人房时，这种统一标准房就不再顺应市场潮流。

运用这种策略最成功的例子是早期的美国可口可乐公司。在相当长的时间里，可口可乐公司拥有世界性的专利。该公司仅生产一种口味、一种大小瓶装的可口可乐，连广告字句也仅有一种。这种无差异市场策略，在新产品处于产品市场寿命期中的导入期与成长期，或者在产品供不应求、市场上还无竞争对手时，或者在竞争不激烈的时期，是一种被经常采用的策略。无差异市场策略，有利于运用各种媒体统一宣传广告内容，节省广告费用，并能迅速提高消费者群体中产品的知名度，达到创牌目标。但是，这一策略由于针对性不强，不能针对不同的目标市场开发产品，因而采用此策略的企业也越来越少。

(二) 差异性市场策略

差异性市场策略是指旅游企业在市场细分的基础上，针对每一个细分市场的需求特点和环境形势，进行不同的市场经营组合，以差异性的产品分别满足差异性市场需求的策略。例如，饭店向客人提供从单人间、标准间、普通套房、豪华套房以至总统套房等不同规格、设施、价格的客房体系；旅行社向市场推出同一线路的三日游、五日游、七日游，以适应假期长短不一、支付能力不同、兴趣各异的顾客群。由于满足了各个不同市场的需求，整个企业的销售额必然增大，而且会提高企业的知名度，增强顾客对本企业的信任感。但实行差异性策略必然要增加产品的品种、型号和规格，导致生产费用、推销费用、研究开发费用及行政管理费用的增加，要求相当规模的人、财、物等资源力量的投入。许多企业由于资源有限，是无法办到的。

可口可乐是世界上最畅销的软饮料之一，自1886年问世以来，一直奉行无差异市场策略，其广告语"请喝可口可乐"使用至今。百事可乐公司的创建比可口可乐公司晚12年，为了争夺市场份额，百事可乐公司向可口可乐公司发起了强有力的挑战。除了强调便宜(其广告语是"一样的价格，可饮两倍量")，争取年轻人(广告歌"今天生龙活虎的人们一致同意，年轻人就喝百事可乐")外，还执行了差异化战略，即推出七喜汽水，争取"非可乐"细分市场，开展了一场"无咖啡因"的广告运动，给可口可乐造成巨大冲击。可口可乐在此打击下，不得不放弃无差异市场策略，也推出雪碧、芬达、雪菲力等多种风格和口味的饮料，以满足不同市场的需要。

(三) 密集性市场策略

密集性市场策略是指旅游企业把其全部资源力量集中投入在某一个或少数几个细分市场上，实行专业化的生产和经营的策略。无差异性市场策略和差异性市场策略都是以整体市场为目标，而密集性市场策略只是以某一个或少数几个市场为目标市场，在有限范围的目标市场上集中力量力以求拥有尽可能大的市场占有率。实施该策略的优势在于：一方面，可以使旅游企业充分运用其有限的资源，即"集中优势兵力打歼灭战"，使资源发挥尽可能大的作用；另一方面，也是避实就虚、扬长避短，充分发挥自己优势。在适当时机该策略还有可能创造出意想不到的超额效益。正是由于具有上述明显的优点，该策略使许多新企业战胜了老企业、小企业战胜了大企业。

例如，上海的海港宾馆在市场细分的基础上，把目标市场定位于商务旅游者，针对商务旅游者的需求巧妙设计客房，并与上海旅游协会合作，开办了上海第一个商务信息电脑库，较好地满足了商务旅游者的需求。在高档宾馆林立、饭店业竞争极其激烈的情况下，常年保持很高的入住率，实现了良好的经济收益。又如"锦江之星"和"如家快捷"是目前国内排名第一、第二的经济型酒店品牌。由于消费水平在100~260元的顾客群规模庞大，使得经济型酒店近几年在我国发展得异常迅猛。

然而，对于密集性市场策略而言，一旦市场范围过窄，其风险就会较大。由于目标市场比较单一和窄小，一旦市场出现不利于企业的情况，企业有可能会立即陷入困境。为了减小密集性市场策略的风险，许多旅游企业尽量把目标市场分散到不同的市场。

二、影响目标市场策略选择的因素

目标市场策略的选择，是在对内外环境周密、审慎、准确分析和预测的基础上，考虑到市场需求、自身实力、产品特点及竞争者等诸多因素进行的。这些因素主要包括以下几点。

(1) 企业的实力。企业的实力包括企业的财力、生产能力、销售能力和管理能力。

(2) 市场同质性。市场同质性即各细分市场的相似程度。

(3) 产品同质性。产品同质性即旅游者对产品特征感觉的相似程度。

(4) 产品市场生命周期阶段。产品市场生命周期阶段即产品市场生命周期所处的阶段。

(5) 竞争状况。竞争状况包括竞争者的数量、竞争者的目标市场策略及竞争的激烈程度。

三、旅游企业选择目标市场的一般过程

选择目标市场就是要确定企业要选择多少类细分市场以及要选择哪些细分市场作为自己重点营销的目标市场。旅游企业往往要根据自身的条件确定一个或几个细分市场作为自己的目标市场，以便将自己有限的资源集中在招徕最能增加经济效益的旅游者群体上。

因此，对旅游企业而言，选择目标市场就必须在市场细分的基础上，对各个细分市场进行充分的评估，了解哪些细分市场值得花大力气去招徕，哪些细分市场的经营条件尚不成熟，企业应该考虑放弃；同时，对那些值得大力招徕的细分市场，企业是否有足够的招徕能力，是否有足够的竞争优势。围绕这些问题，旅游企业选择目标市场一般要经过以下步骤。

(一) 评估各类细分市场的销售量及其发展趋势

值得企业大力招徕的细分市场必须具有足够的销售量。旅游企业对各类细分市场销售量的评估可包括两个方面。

1. 本地区各类细分市场的销售量及其发展趋势

对本地区各类细分市场的销售量及发展趋势进行评估，也就要求旅游企业注意收集历年来本地区的各类细分市场的销售情况，如接待人数、天数、住房间天数、销售额等。然后，以历史统计数据为依据，预测各细分市场未来的需求量及发展趋势，以区分哪些是增长型的细分市场，哪些是衰落型的细分市场。由于利用现有需求比创造需求往往更为有效，因此，企业的目标市场一般应选择增长型的细分市场。

2. 本企业各类细分市场的销售量及其发展趋势

企业根据自己过去积累的经营资料，对过去的销售情况进行统计分析，以了解各类细分市场的接待人数、天数、住房间天数、客房利用率、该细分市场接待数占接待总数的百分比等。为保证企业经营的平稳性，企业一般会考虑把目前业务量比例最高的细分市场作为短期内优先开发的重点。

(二) 评估各细分市场的盈利能力

企业应该选择能给自己带来最大利润的细分市场作为目标市场。能为企业带来较大利润的细分市场一般具有需求量比较大、接待人数较多、入住率较高等特点。但是有些细分市场，虽然需求量很大，但如果价格偏低，就不会给企业带来很大的销售额。如果细分市场的经营费用较高，也不会给企业带来理想的利润。因此，旅游企业在选择目标市场时，还要分析各类细分市场的平均价格和销售额，分析各类细分市场所需要的经营费用。重点分析在企业产品生产中，哪些费用是变动费用，哪些费用是固定费用。通过分析各类细分市场的变动成本率、固定费用率、利润率，确定哪些细分市场能获取最大利润，应该花费较大的精力去争取；哪些细分市场招徕费用及接待过程中的变动成本不算太大，当企业接待能力有剩余时，应该努力争取，以支付旅游企业庞大的固定成本。

(三) 评估各类细分市场需求的季节变化模式

旅游活动具有很强的季节性，在旅游市场上，各个细分市场在不同的季节和时间里，需求的季节变化模式不同。绝大多数的旅游企业在一年中有旺季、平季和淡季之分。旺季的需求量很大，企业不需要作大量的市场营销和推销工作，接待旅游者的人数很多，企业的接待能力可以较充分地利用；平季需求量比旺季小，但能达到一定规模；淡季需求量则很小。因此，企业要分清旅游者需求的旺、平、淡季，把营销精力放在能充分利用旅游企业接待能力的细分市场上。

企业市场营销的主要精力，应重点放在不经努力需求量容易下降或经过努力需求量容易增加的那些细分市场上。如果在旺季对细分市场投入很大的精力，由于受企业接待能力的限制，销售额不会有很大的提高。在平季时，各竞争者的接待能力都有剩余，如果企业对细分市场不下大精力去招徕，这些细分市场将会被竞争对手夺去。对于淡季应作具体分析，当此时的某一细分市场需求的绝对数量很小，即使企业下很大精力招徕、推销，也不会使销售量有很大的提高，企业就不值得过多地花费财力和精力；但是，此时若某些细分市场具有一定的需求量，或者是企业通过市场细分可以开发新的细分市场，则应考虑投入一定的精力去招徕。例如，饭店在淡季组织各种特殊活动来吸引本地居民使用饭店设施，以提高设施的利用率。

评估各类细分市场需求的季节变化模式，其重点是分析哪些细分市场可以充分利用平季和淡季的接待能力。首先应列出在没有经过积极推销的情况下本企业在这段时间主要接待了哪些类型的顾客，他们购买本企业产品的目的是什么，对产品和服务有什么要求和需要。这些细分市场在淡、平季各月份的需求量有多少，经过积极推销，销售量能否增加。同时，还要分析有哪些新的细分市场经过特殊推销能被企业用来在平季及淡季招徕游客。

从外部分析，要密切注意竞争者在这些季节吸引哪些细分市场，为什么一些客人愿意选择竞争者的产品，本企业是否有能力去争取这些细分市场。

(四) 分析本企业对各类细分市场的招徕能力

企业选择目标市场时，除了考虑各细分市场是否值得招徕外，还必须分析自己是否具有足够的招徕能力。因此，旅游企业必须分析自己的产品特色、设备设施情况及服务质量等。以明确本企业是否有条件招徕各类细分市场上的游客。首先要详细地研究各细分市场的具体需求，研究旅游者对同类产品和服务要求的最重要的因素是什么。例如，对于饭店产品，旅游者最关心的是地理位置、清洁卫生或是豪华舒适；对于旅行社产品，旅游者最关心的是导游服务、方便舒适、价格公道合理等。分析本企业现有产品和服务在这些方面能否满足旅游者的需要和要求，有哪些没得到满足，能否改变产品和服务去适应这些需求。

(五) 分析竞争对手对细分市场的招徕能力

除了企业自身的条件外，竞争对手的情况也是影响企业对各类细分市场招徕能力的一个重要因素。因此，在选择目标市场时，还必须了解在各细分市场上企业有哪些竞争对手；在满足各类细分市场的需要和要求方面，竞争对手与本企业相比有哪些优势和弱点，竞争对手在哪些方面强于本企业，在这些方面我们能否赶上甚至超越他们，竞争对手是否在大力招徕这些细分市场，竞争对手的产品能否满足这些细分市场的各种需求。

另外，如果某些细分市场虽然有一定的潜力，但各企业都在大力招徕这些细分市场，而且接待能力已经超过这些细分市场的需求量。若此时企业还进入该细分市场，就会造成很大的浪费，甚至会导致企业间的恶性竞争，这是企业经营应该着意加以避免的。

同时，企业还应该分析本地区旅游业是否存在一些没有得到满足的新市场或新需求。例如，某些地区饭店的设备和服务质量不够好，不能满足商务旅游者的需求；有些地区饭店客房价格太高，不能满足度假旅游者的需求；而有些地区以观光旅游为主，不能满足旅游者多样化的要求。对这些细分市场，企业要认真考虑自身是否有能力去满足。

小案例

假日集团的市场细分

随着商务旅游市场的发展和顾客群体的日益细化，假日集团发现自己在商务旅游市场上的迟钝反应和措施不力已经使自己耽误了不少机缘……

作为有史以来最善于经营的酒店群体，假日集团很快就找到了迎头赶上的好办法——多元品牌策略，即将下属旅馆分成6个系列，针对不同顾客的需求特点，采用不同的名称，提供不同的设施和服务。这六大类型的酒店如下。

1. 假日旅馆——价格适中、服务全面的三星级旅馆。

2. 大使套房与皇家豪华旅馆——一种全套房型旅馆，其主要服务对象是逗留时间比较长的公务旅游者。

3. 汉普顿旅馆——新型的经济的二星级旅馆，面向中档市场的最低层顾客，价格便宜，服务较少，但客房质量较高。

4. 假日旅馆皇冠广场——大城市里满足高级公务旅游者需要的四星级旅馆，开设有专门的行政楼层。

5. 公寓旅馆——接待居住时间较长的旅游者，提供全套的厨房设施，房费根据居住时间而定。

6. 哈拉旅馆——博彩旅馆，主要满足进行博彩娱乐的顾客的需要。

在以上6个系列中，主打产品是三星级的假日旅馆，但随着近年来具有丰厚收入的公务旅游者的增多，假日集团又将发展的重点投向了第四类的假日旅馆皇冠广场，专门开辟了行楼层、会议室和宴会厅等场所，价格也比普通的假日旅馆高出40%。

假日的多元品牌在经济发达程度不同的国家和地区间表现得尤为明显，如在亚洲多为三四星级的中高档酒店，而在美国本土则多为二星级甚至经济型的旅馆，这与它在不同市场上的定位选择不同有关。

(资料来源：根据假日酒店官网. http://cn.ihg.com/sitemap?brandName=hi内容改编)

任务三 市场定位

任务提出及实施

1. 结合实例理解旅游企业市场定位的内涵。举例说明市场定位的作用。

2. 理解旅游市场定位的方法和市场定位的基本过程。

3. 了解CIS定位在旅游企业市场营销中的应用。

请同学们在教师的讲解和引导下阅读应用知识储备下的内容、案例分析，以师生共同讨论等方式完成上述学习任务。

应用知识储备

一、旅游市场定位的定义

当企业选定某一细分市场作为目标市场后，便应考虑本企业的产品在目标市场上该如何进行有效定位的问题。因为在这些市场中往往都会有一些捷足先登的竞争对手，甚至有的竞争企业在这个市场中已占据了"地盘"，树立了独特的形象。这样，新来的企业就面临了一个如何使自己的产品与现存的竞争对手产品在市场形象上相区别的问题，这就是市场定位问题。

所谓市场定位，是指企业为其产品即品牌确定市场地位，即塑造特定品牌在目标市场(目标顾客)心目中的形象，使产品具有一定特色，适合一定顾客的需求和偏好，并与竞争对手的产品有所区别。因此，市场定位的实质就是差异化，就是有计划地树立本企业产品具有某种与竞争者产品不同的理想形象，以便国际和国内市场了解和接受本企业所宣称的与竞争对手不同的特点。

我国酒店业目前尚处于发展阶段，这表现在酒店档次梯度结构不合理，产品形式单调、缺乏个性等方面，无论是经营者还是消费者都不同程度地存在对酒店行业的一些误解。近年来各类专业型平价旅馆的蓬勃发展的势头从另一个侧面为我们展示了酒店业发展的本来面目。

二、旅游企业市场定位的作用

旅游企业市场定位的作用表现在以下两个方面。

(一) 便于企业建立竞争优势并方便旅游者选择购买

在知识经济已经到来的今天，同类产品的竞争越来越激烈，旅游市场的产品信息日新月异、目不暇接，过量的信息会干扰旅游者的购买决策，旅游者不可能在每次购买前都对产品作重新评价。为了简化购买决策，旅游者往往会将产品加以归类，即将产品和服务在他们心目中"定个位置"，这种产品位置就是旅游者将某种产品与竞争产品相比较后得出的一组复杂的感觉、印象。企业为了使自己的品牌获得有利的认知和普遍的认同，使品牌形象深入人心、使人们持久不忘，就需要准确地为自己的产品即品牌进行定位。产品进行了有效地定位，会使旅游者产生深刻、独特的印象和好感，有助于形成对该产品和品牌的习惯性购买，从而使企业的市场得到不断巩固和发展。

因此，企业进行市场定位，通过确定产品或品牌的竞争优势，着重推出与竞争产品和其他品牌不同的产品以满足旅游者利益，可以更有效地吸引该细分市场中的游客，增强旅游者的购买信心，有利于他们迅速作出购买决策，重复购买本企业的产品。

(二) 避免企业间的恶性竞争

如果企业不愿意或不能进行有效的市场定位，不搞差异化，不仅不利于旅游者充分行使选择权，不能满足旅游者多样化的需求，而且还会由于众多企业都以同样的产品和服务角逐同一市场的有限顾客，使得各级企业的市场严重分流，达不到理想的规模经济效益。同时，由于大家都想争夺有限的客源，必然会进一步加剧市场竞争，甚至会出现恶性竞争的局面。由于没有进行有效的市场定位，企业产品雷同，在产品品种、服务、人员、形象等方面没有明显的差异，企业间的竞争就会更多地反映在价格上。价格竞争又会进一步降低企业的利润，使企业缺乏技术改造和扩大生产的资金，最终影响企业和整个行业的发展。

■ 三、市场定位的方法

一种新旅游产品或新品牌在目标市场上如何定位、如何塑造形象，即根据什么标准来定位，是市场定位工作中首先会遇到的问题。市场定位的方法很多，大致可概括为以下两种。

(一) 与竞争对手定位相同市场以争取更多的市场份额

与竞争对手定位相同市场以争取更多的市场份额的策略又称迎头定位。这是一种与在市场上占据支配地位的竞争对手"对着干"的定位方法，即旅游企业选择与竞争对手重合的市场位置，争取同样的目标游客，彼此在产品、价格、分销、供销等方面少有区别。采用迎头定位，企业必须做到知己知彼，明确自己是否拥有比竞争者更多的资源和更强的能力，是不是可以比竞争对手做得更好。否则，迎头定位可能会成为一种非常危险的战术，会将企业引入歧途。

旅游业是一种容易进入的富有竞争性的产业。大多数企业产品之间的差别都很小，吸引的是同一细分市场的游客，因此它们在许多情况下采用的是与竞争对手定位相同市场，争取更多的市场份额的方法。这一方法的要点是：拥有每一家竞争对手企业的优势，再加上自己的优势，如企业在产品(服务)质量、价格、功能的方面的特色，从而使自己处于领先地位。

(二) 定位需求尚未被满足的新市场去获得创新利润

定位需求尚未被满足的新市场去获得创新利润的策略又称避强定位。这是一种避开强有力的竞争对手市场定位的模式。饭店不与对手直接对抗，将自己定位于某个市场"空隙"，发展目前市场上没有的特色产品，开拓新的市场领域。这种定位的优点是：能够迅速地在市场上站稳脚跟，并在消费者心目中尽快树立起一定形象。这种定位方式市场风险小、成功率较高。

在国际上，这种定位成功的例子是美国20世纪60年代的经济型汽车旅馆(Budget Motels)。这种旅馆为公众旅行提供了回到基本需要去、又可以节约钱的选择。它不需要有会议室、宴会厅和娱乐设施，这对只想有一个舒适夜晚休息的宾客来说是满意的。这种细分市场的空当，首先被一些汽车旅馆发现了，他们很快获得了这类旅馆的领导权。

美国温迪快餐公司进入快餐则是一个在快餐定位方面成功的例子。许多人认为，由于麦克唐纳和伯格金快餐公司实力强大，因此没有一家新的快餐公司可能来分割这一市场，可是温迪快餐公司做到了。

温迪快餐公司识别了一个新的细分市场。他们不似麦克唐纳和伯格金汉堡包经营儿童市场，而是转而经营老年市场。老年人寻求不同的汉堡包，这种汉堡包提供不同的调味品，也具有不同的外表装饰，它的广告强调汉堡包馅饼新鲜这一特点，同时帮助宾客与麦克唐纳和伯格金用冰冻肉做的汉堡包馅饼相区别。显然，温迪快餐公司创造了一种新鲜的、可根据顾客要求定制的、更适合老年人的汉堡包。

实际上，以上两种定位方法往往被结合起来使用。

■ 四、旅游市场定位的过程

(一) 明确企业的竞争对手

旅游企业的竞争对手，也就是本企业产品的替代者，包括企业面对的现实的竞争对手，以及潜在的竞争对手。一般来说，企业的竞争对手应符合以下几个条件。

(1) 地理位置相近；

(2) 目标市场一致；

(3) 产品和服务相同，产品档次相同或类似；

(4) 价格相差一般不超过20%。

(二) 对竞争对手产品进行分析

在确定竞争对手后，企业必须从静态和动态两个方面了解分析和比较竞争对手的情况，特别是竞争对手的产品种类、设备设施状况、服务质量及价格等情况，以了解本企业产品的优势及不足。

(三) 确立产品特色

确立产品特色是市场定位的出发点。首先，要了解市场上竞争对手的定位情况，了解其产品有何特色。其次，要研究旅游者对产品属性的重视程度，并在市场定位时突出强调旅游者所关心的产品属性。最后要考虑企业自身的条件。有些产品属性，虽然是旅游者比较重视的，但如果企业力所不及，也不应成为市场定位的目标。综合考虑这几方面因素，企业可以明确自己所要确立的产品特色。

(四) 树立市场形象

企业确立的产品特色是其有效参与市场竞争的优势，但这些优势不会自动地在市场上显现出来。要使这些优势发挥作用，影响旅游者的购买决策，企业需要以产品特色为基础，树立鲜明的市场形象，通过积极主动而又巧妙地与旅游者沟通，引起旅游者的注意和兴趣，求得旅游者的认同。有效的市场定位并不取决于企业是怎么想的，关键在于旅游者是怎么看的。市场定位的成功直接反映在旅游者对企业及其产品所持的态度和看法上。

(五) 巩固市场形象

旅游者对企业的认识不是一成不变的。由于竞争者的干扰或沟通不畅，会导致市场形象模糊，旅游者对企业的理解出现偏差，态度发生反转等。所以建立市场形象后，企业还应不断向旅游者提供新的论据和观点，及时矫正与市场定位不一致的行为以巩固自身的市场形象，维持和强化旅游者对企业的看法和认识。

五、CIS定位在旅游企业市场营销中的应用

(一) CIS的概念及其内容构成

CIS(Corporate Identity System)可以理解为企业识别系统，作为一种功能，CIS可以被理解为企业形象定位战略。

具体地说，CIS是对旅游企业本身的经营理念、行为方式及视觉识别进行的一种系统的设计，并向社会统一传播，更直接一点说，CIS就是企业的"脸"和"身份证"。其目的是要在宾客和公众中间树立企业的完美形象，从而获得宾客和公众的认可。

为了在众多的旅游企业中让公众准确地认知并与竞争者相区分。旅游企业不仅要塑造自己独特的企业形象，并且要建立统一的识别系统，正确地传达旅游企业信息。这一策略就是旅游企业的识别系统——CIS。CIS的最终目的是为塑造良好的旅游企业形象服务。CIS的作用在于确立并明确旅游企业的主体性，把本企业与其他旅游企业区别开来，保持本企业的一贯风格特点，塑造统一良好的企业形象。

旅游企业的企业识别系统(CIS)由理念识别、行为识别、视觉识别三个部分组成。

1. 理念识别

理念识别(Mind Identity，MI)是企业识别的核心和精神所在，是旅游企业识别系统的原动力，也是旅游企业文化的重要组成部分。它包括旅游企业的价值观念、经营方针与路线、精神与道德风尚、规章制度等。

在旅游企业理念的开发中，一个重要的环节就是将理念条文化，将抽象的理念变成可以把握、便于理解的条文。无论是为了规范员工的行为，还是向社会大众传递旅游企业需要传递的理念信息，理念都必须容易阅读和理解，要简明扼要。除了制作成宣言、行为规则、旅游企业公告外，还可制作成精神标语、歌曲等。很多旅游企业还制定了表达企业理念的广告口号。例如，波音航空公司的"让人们走到一起"，南方航空公司的"您的空中之家"等。

由于旅游企业提供给旅游者的是人对人的服务，在经营接待与服务的过程中，旅游企业管理、服务人员与旅游者之间有更多的思想、情感的交流与对话，旅游者对管理、服务人员的经管理念的感受比对其他企业更为直接和强烈。同时，旅游者在消费过程中最为重视的是在接受服务时所获得的精神、文化方面的享受。因此，旅游企业在理念识别上更具有自身的特殊性。在向旅游者传递旅游企业理念和表明旅游企业的社会意义的广告口号中，应特别注重对旅游者的尊重与服务，语言应充满感情。例如，假日酒店集团的"一切为顾客着想，质优价廉"；希尔顿的"高效、诚实、守信、承担责任"；地中海管理集团的"娴熟的技巧、开朗的性格、面向世界"，等等。而在旅游企业内部则应强调发挥人在经营中的主体作用，创建良好的人际环境。如，一些饭店推出"你选择了一家旅游饭店，你同时也选择了一种生活方式""我们是为女士们和绅士们服务的女士和绅士"之类的口号就可以促进群体意识和心理的培养；提出"如果你不是直接为客人服务的，那么你的职责就是为那些为客人服务的人服务"的口号来营造管理者与一般员工之间的和谐关系。

2. 行为识别

行为识别(Behavior Identity，BI)指的是在旅游企业理念指导下的全体员工自觉遵循的工作与行为方式，是旅游企业识别系统中的动态系统，它把理念化为有生命的行为。行为识别必须与理念保持一致，而不能与之相违背。旅游企业的一切行为都应当做到上下、内外一致，都要围绕塑造良好的旅游企业形象这一中心。旅游企业的行为识别包含着旅游企业的经营管理、业务活动的一切领域。有对内、对外两个部分：一是旅游企业内部行为识别，包括旅游企业内部的传达与沟通、员工教育培训及行为规范化管理等；二是旅游企业对外行为识别，包括市场调查、产品开发、公共关系、服务活动、广告活动、人员推销活动等。

旅游企业给旅游者提供的主要是面对面、劳务性强的服务。员工的言行、态度、处事方式、敬业精神、专业水平等几乎都毫无保留地展现在旅游者面前，成为旅游企业形象的展示窗口。旅游企业应在行为识别上形成自身的个性与特色，以使自身的服务既能满足旅游者的需要，又应超越通常的规范化、标准化服务的约束，从而给旅游者留下难忘的印象。行为识别要达到预期的效果，个别要素要十分注意，其中，员工审美修养的提高有着特别的意义。因为只有具有较高审美修养的旅游企业员工才能在接待服务中，与旅游者的建立起一种美好、和谐的人际关系，给旅游者提供主动、热情、真诚细心、周到的服务。这种服务超越了一般的规范化、标准化服务，是主动寻找、发现旅游者需求的个性化服务，是没有或极少存在交际障碍的服务，体现了服务者与服务对象在服务行为过程中的统一，在服务行为中能够显现出特有的旅游企业形象风采。

3. 视觉识别

识觉识别(Visional Identity，VI)是指通过组织化、系统化、统一化的视觉传播设计，将旅游企业的经营理念和各项信息有计划地传达给社会，塑造旅游企业良好的独特形象。它是理念识别的具体化和视觉化。

视觉是人们获得信息的最主要渠道之一，视觉传达无疑是旅游企业形象传播的主要途径。视觉识别的设计与传播不仅要与理念识别和行为识别相统一，而且视觉识别自身系统内的各部分也应具有相统一的风貌、个性和特色。有统一的设计思想，才能够产生最大的社会影响，给人留下难以忘怀的印象。

旅游企业视觉识别的主要内容是企业的标志、旗帜、招牌和基色以及旅游企业的企业字体、印刷品、事务用品、交通工具和员工的服饰，等等。

4. CIS三部分之间的关系

理念识别、行为识别、视觉识别三部分有机结合、协调运行和相互作用，他们的整合性成果就是CIS。

企业理念属于思想、文化的意识层面，它是属于抽象思考的精神领域。所以，它对企业的经营管理活动、企业的形象传达具有一种统摄作用。没有理念的企业只是一盘散沙、一个空壳、一种装饰；没有理念识别的CIS系统也不会构成一种完整的体系。

然而，理念识别必须借助于行为识别和视觉识别方能具体显现其自身的内涵。旅游企业CIS的三个构成要素分别处于不同的层面，如果以人来作比拟，企业理念识别(MI)相当于人的脑；行为识别(BI)相当于人的行为，有人称之为"手"；视觉识别(VI)则相当于人的表情，有人称之为"脸"。只有三者之间协调一致、均衡发展，才能构筑一个完整的、良好的旅游企业形象。

(二) CIS在旅游企业市场营销中的作用

旅游企业的企业形象(Corporateimage)是社会公众对旅游企业的总体评价，它是一个综合的、系统的整体。旅游企业形象是由多方面组成的，一般认为旅游企业形象包括旅游企业的市场形象、外观形象、技术形象、未来性形象、经营者形象、公司风气形象、综合形象7个方面。此外，也可以将旅游企业形象归纳为旅游企业内部形象和旅游企业外部形象。

旅游企业形象包含着两个层面；一是被社会大众知晓、了解的程度——知名度，这是旅游企业"名气"大小的指标；二是获得大众信任赞美的程度——美誉度，这是旅游企业口碑好坏的社会尺度。旅游企业的知名度高未必美誉度也高，反之亦然。

旅游企业在确定自己企业形象时，必须考虑两个因素。

(1) 旅游行业的特征。每一行业都有自己的行业特征及消费者普遍持有的期望值与消费心态。旅游企业形象要与本行业特征相吻合。据日经广告研究所进行的大范围的企业形象调查得知，人们对服务业所希望的良好的企业形象评分较高的内容依次为：稳定性、信赖感、对顾客服务周到、企业规模大、有传统性、良好的风气等。我国的旅游企业在确定自己拟塑造的企业形象之时，也可参照此标准。

(2) 本企业的特征。即本企业的现有规模、历史状况、本企业的特点、现有市场竞争力、员工素质、目标市场、旅游者的行为特征等。只有准确地分析和确定自己的企业形象，形象塑造工作才能有的放矢。

旅游企业开展市场营销活动，必须重视树立和传播良好的企业形象。CIS的导入，通过统一的经营理念铸造、行为方式表达和视觉识别设计，在顾客心目中和社会上确立自己的形象，有利于市场竞争。同时通过有效的、系统的传播行为，可以进一步增进顾客和社会对企业的识别和认同。

旅游企业导入CIS，树立和传播良好的企业形象，其作用表现在以下几个方面。

(1) 良好的形象有助于企业产品和服务赢得顾客的信赖。

首先，它树立了消费者的消费信心。随着经济的日益进步，社会产品大大丰富了人们的生活，消费者对产品的要求已不仅仅局限于"求廉""求好"。现在是一个"感性"消费的时代，人们更注重"牌子"的硬度。正如美国周刊中的一篇文章所写的：在一个富足的社会里，人们已不太斤斤计较价格，产品的相似之处又多于不同之处，因此，商标和企业的形象变得比产品和价格更为重要。良好的形象有助于增强消费者的购买欲望，使其心理上产生自豪感，以拥有此"牌子"为荣，为拥有其服务而自豪。

其次，良好的形象，为企业推出新产品做准备。所谓"一荣俱荣""爱屋及乌"。有了一个好牌子，推出新产品时，可以以此为资本吸引消费者，迅速打开销售局面，节省广告开支。目前连锁经营已成为一种良好的经营方式。而连锁经营的发展资本和根基就是依靠一个良好的形象。像假日、喜来登、希尔顿等集团，其分店遍布全球各地，依靠的就是一个良好的集团形象。

(2) 良好的企业形象，有助于增强企业的凝聚力和吸引力。

栽下梧桐树，引得凤凰来。牌子树立起来了，就能像吸铁石一样，吸引各种人才，改善企业的智能结构。试想，一个拥有良好形象的企业，在招工的时候，肯定能吸引大量的人才。这样，能确保企业人力资本结构的持续优化。对内部职工而言，一个企业的发展目标、企业及精神、道德规范等软件系统对员工的职业观、价值观、道德观的形成有重要作用，他可以感染每一位员工，使大家在认同价值的基础上"凝聚"起来，形成一种上下、内外一致的行为准则，并使员工由心理上的认同转化为行动上的参与。而这种优良的凝聚力所产生出来的精神力量不亚于高技术本身所拥有的物质力量。良好的形象，可使员工产生"我是其中一员"的满足感和自信心,从而使员工更加尽心地维护和推动这种让自己自豪的形象,从而避免因频繁的人事变动而大伤企业的元气。

(3) 良好的形象,有助于获得社会各界的支持和政府的帮助。

首先,有利于获得贷款,不仅银行愿意贷款,公众也乐意购买该企业的股票和债券。可口可乐公司的总裁曾经自豪的说,如果世界上的可口可乐公司在一夜之间化为灰烬,第二天报纸的最大新闻是各个银行巨头争相向可口可乐公司贷款。这种自信从何而来,来自于其自身雄厚的形象价值。

其次,能获得可靠的原材料和能源供应,建立稳固的销售渠道和销售网络。良好的形象,本身就能产生两大奇迹。一是扩散。形象好,消费者会交口称赞该企业的产品如何好,服务如何周到,这比企业花钱做广告宣传自己要来得可信。二是延续。良好的形象,在消费者心中留下深刻的印象后,就不会轻易改变,会长时间地影响人们的消费心理和消费行为。

再次,良好的形象,容易赢得社区的欢迎。形象良好的企业,一定具有较强的社会责任感,关心社会的建设,社会关系融洽,社区也更乐意为企业的发展提供劳动力、水、电等重要资源,为企业的繁荣创造一个良好的外部环境。

最后,形象良好的企业,能得到政府的支持。政府总是乐意帮助、乐意扶持经营作风端正,形象良好的企业。好的形象是企业发展的"通行证"。

(4) 良好的形象,有助于企业在竞争中赢得优势,站稳脚跟。

企业的发展总是伴随着竞争。现代社会,企业的产品在质量、性能等硬件上日趋雷同,产品的替代品也日益增多,社会大众很难从日趋雷同的产品中感受到独特的印象。俗语说:"酒香也怕巷子深,皇帝女儿也愁嫁。"企业间的竞争已不再是单一层次上的局部竞争,而是在理念与价值取向、传统与未来发展、决策与经营哲学、规模与设备投入、人才与技术储备、产品与市场拓展、服务质量保证,公益与社会责任等各层次上展开的全方面的整体实力的竞争,也就是企业形象力的竞争。谁能够将优良鲜明的企业形象呈现在公众面前,谁就能在激烈的竞争中脱颖而出,稳操胜券。

相关案例

国际青年旅馆的市场定位

在西方国家,历史悠久、深受欢迎的"青年旅馆"就是一种极为重要的酒店形态。所谓青年旅馆,旨在为年轻人、尤其是青年学生提供价格低廉而又卫生的住宿处所。

由于青年旅馆的准确定位,时至今日,青年旅馆已风靡全球,目前世界各地已经有五千多家成员酒店,从大洋洲的澳大利亚到美国,从英伦三岛到保加利亚,从香港到非洲的苏丹,青年旅馆无处不在。

青年旅馆的标准是清洁、舒适、经济实惠,友好、方便。其设施设备都是最基本的,有许多地方使用公共卫生间,住上下双层床,甚至还要使用或租用睡袋。有的青年旅馆条件稍好一些，配有娱乐设施。

青年旅馆的宗旨是为青年人了解社会、了解自然、旅行游览提供住宿方便。为了保证青年人的身心健康，对作息时间、吸烟、酗酒等事宜都有严格的规定。对青年旅馆协会的成员予以优先安排，实行优惠价格，价格最低能减少到每夜30元人民币。由于青年旅馆的明确的市场定位受到了青年人的普遍欢迎，因此，它成为青年人欲了解世界、"身背睡袋走天下"时的最好住所。

(资料来源：根据国际青年旅舍商业模式分析改编)

项目小结

旅游市场细分，是指企业根据旅游者特点及其需求的差异性，将一个整体市场划分为若干个具有相类似需求特点的旅游者群体的活动过程。旅游市场细分有利于企业发展最佳的市场机会，有利于按目标市场的需要改良现有产品和开发新产品，有利于旅游企业集中使用资源。旅游企业通过科学的市场细分，才能划分出合适的细分市场。

旅游企业选择的目标市场必须具有适当规模和发展潜力、有较强的吸引力和竞争力，与企业战略和能力一致。企业的资源条件不同，所采取的目标市场策略也不同。目标市场策略归纳起来有三种：无差异目标市场策略、差异目标市场策略和集中型目标市场策略，每一种策略各有其适用的范围和优缺点。

市场定位，是指企业为其产品即品牌确定市场地位，即塑造特定品牌在目标市场(目标顾客)心目中的形象，使产品具有一定特色，适合一定顾客的需求和偏好，并与竞争对手的产品有所区别。旅游企业可根据产品特色、顾客利益及与有别于竞争者的属性进行定位。

CIS是对旅游企业本身的经营理念、行为方式及视觉识别进行的一种系统设计，并向社会统一传播。其目的是要在宾客和公众中间树立企业的完美形象，从而获得宾客和公众的认可。

复习思考题

1. 旅游市场细分对旅游企业有何重要意义？
2. 女性宾客对酒店产品有哪些特别的需求？
3. 举例说明旅游企业目标市场选择的方法，并阐述三种目标市场策略各有何优缺点。
4. 简述旅游市场细分的方法。
5. 结合旅游企业实际谈CIS定位理论在企业营销中的作用。

项目实训

目标市场定位

1. 实训目的

通过实训使学生更好地理解景区的STP包括市场细分、目标市场与定位营销

(Segmentation、Targeting、Positioning，STP)，掌握市场定位的流程和关键控制点，学会目标市场定位的方法。

2. 实训要求

(1) 掌握旅游企业目标市场定位的方法。

(2) 态度认真，勤于动手、勤于观察、勤于思考。

3. 准备工作

(1) 人员准备。将全体学员进行分组。

(2) 知识准备。掌握旅游市场细分、目标市场选择、目标市场分析和市场定位等相关知识。

(3) 视频准备。教师事先准备好当地某一旅游企业的视频资料。

4. 实训步骤

实训前

(1) 教师讲解。由教师布置总体实训安排，针对本实训提出总体要求。教师事先告知背景景区的相关情况，播放事先准备好的背景景区的相关视频，并要求学生利用网络资源搜索更详尽的景区资料。

(2) 学生分组进行实训前的准备工作。根据实际人数，把学生分为若干小组，每组选定一名组长。

实训开始

(1) 各组通过视频、景区宣传册、网络信息收集等方式，了解景区的地理位置、目前知名度、经营情况、目标市场、当前市场定位情况以及该景区所定位目标市场上竞争对手的状况等。

(2) 组长组织各小组展开讨论。遵循"目标市场分析、识别可能的竞争优势、准确选择竞争优势、树立市场形象、巩固市场形象"的流程，各小组完成背景景区的市场定位工作，同时撰写"关系××景区的市场定位报告"。组长应做好相关的组织工作，分配任务并给每位组员的贡献和表现打分。

(3) 集中进行成果展示。各小组选派组员上台，采用PPT的形式，展示本组进行该景区目标市场定位的思路、原理、过程和结果。

(4) 教师点评。教师应对各组采用的思路、方法和成果等进行点评，鼓励优秀小组或学生，同时指出不足之处以推进改正。

5. 操作要领

(1) 市场定位涉及对目标市场的分析、竞争对手的分析以及自身竞争优势的识别等，因此要求学生在收集背景景区资料时，必须更加注重了解景区目标市场、竞争对手和景区自身经营状况，而非只是简单地收集景区的地理位置、资源产品等资料。

(2) 对于目标市场的分析，可以从消费者行为分析入手。What：消费者购买或使用什么产品或品牌？Why：消费者为什么购买或使用？Who：购买和使用产品/品牌的消费者是谁？When：消费者在什么时候购买和使用？Where：消费者在什么地方购买和使用？How much：

消费者购买和使用的数量是多少？How：消费者是如何购买和使用的？Where：消费者从哪里获得产品/品牌的信息？

(3) 对于背景景区的竞争对手分析，需要建立在各组充分收集材料的基础上。竞争对手分析包括竞争者产品研究和开发能力、竞争者目标市场、竞争者销售渠道、竞争者服务能力、竞争者企业个性和文化、竞争者品牌即市场定位等。

(4) 在景区竞争优势的识别上，可以采用一些理论模型来进行。较常用的理论模型有SWOT分析模型、波特五力竞争模型、PEST模型等。

(5) 在基于上述景区自身分析、竞争者对比分析、目标市场分析的基础上，各组选择出背景景区最具优势的项目，如该产品非常具有特色、景区所处位置非常特别，或是景区有着强势分销渠道支撑。而后思考如何用文字来描述景区的最佳竞争优势，且这些文字必须是易于传播，易于被消费者记住的。再进一步考虑通过怎样的方式，把包装好的形象推向目标市场，是依靠广大媒体，或通过自发节事活动，还是通过销售对其加以推广。

拓展案例分析 | 一茶一坐的创新营销

一茶一坐(CHAMATE)源于台湾桃园，2002年来到内地发展，以上海为起点，在短短的9年时间里，相继在上海、北京、杭州、南京、苏州、沈阳、深圳、广州、宁波、无锡、义乌、常州、武汉、青岛、天津15个大中型城市开设了九十余家门店，餐厅范围已遍布中国的华东、华北、华南地区。门店均设在各大城市的地标商圈，如上海新天地和港汇广场、杭州西湖、北京王府井东方广场和新光天地、沈阳新世界、深圳金光华广场、广州百脑汇等。一茶一坐以其新颖独特的就餐理念和舒适休闲的环境，深受各地年轻时尚白领的喜爱。

中国的餐饮连锁业是一个成熟且竞争激烈的行业，商家必须注重营销以形成核心竞争力，以争夺更大的市场份额。一茶一坐的定位是健康休闲餐饮，即一种以"休闲、舒适、情趣、品位"为核心的主题餐饮模式，与中式正餐不同，消费者光顾休闲餐饮店，"吃饭"不是唯一目的，享受店内休闲、典雅、舒适的气氛，与品尝美食一起，占据了同等重要的地位。

一茶一坐通过淡雅精致的餐品、推陈出新的新品上市、以及层出不穷的促销活动等各种营销手段，充分调动起消费者的积极性，再配以健康时尚的饮食理念、精心选择的店堂音乐、小巧精致的用餐器皿、舒适人性化的座位、相对私密的无线上网空间等众多营销细节的组合，营造出一种休闲而独具特色的店堂气氛，带给每一位前来用餐的客人舒适、独特、难忘的用餐感受，最终将"一茶一坐"这一糅合传统与时尚的健康休闲餐厅成功印入消费者的脑海。

作为传统餐饮连锁行业中的成长明星，自2002年在上海开设第一家分店以来，一茶一坐正是以其独特的商业模式与特色品牌文化，面向商务白领的精准定位配合层出不穷的营销方法，在较短的时间内实现了较大的市场份额增长，并积累了一大批忠实的客户。

　　值得强调的是，一茶一坐每款新餐品或者套餐的推出，不仅仅是建立在管理者对市场需求的经验判断之上，更是透过对以往产品的销售研究得出的逻辑论证的结果。一茶一坐很早就引入了ERP和POS系统，积累了大量的客户和业务数据。在这些数据的基础上，企业又利用BI工具分析各种产品的销售波动、季节性的销量趋势、客户喜好等汇总数据，决定销售策略。以产品销售为例，我们会关注一个产品销售周期前20名的数据，这样就可以通过关注产品季节性的波动、趋势，来调整产品的销售策略，以最大化满足和丰富消费者的需求。

　　从细分市场到精准营销，一茶一坐以创新的形式将这一传统的方法进行了全新演绎，从而焕发出自身的生命力。从初入内地市场，靠着上海交通图和地铁来"读街"，到今天，将上海作为经营起点，一茶一坐在全国已经拥有九十余家门店，固定茶友达到十万余名。

　　一茶一坐定位于中国品牌，专注于中国市场，不断开发适合中国市场的中华料理品类，倡导"天然调味，美味更健康"的饮食新文化。多年来，我们专注于为消费者提供有中国特色的精致休闲餐饮、在中国元素中带您感受"天然、绿色、环保"的现代国际餐饮理念，一茶一坐始终致力于中国茶及餐饮文化的大力推广，致力于打造一个国际化中式餐饮的连锁休闲品牌！

　　(资料来源：比特网CIO时代网，一茶一坐的CIO分享餐饮业营销经验. http://cio.chinabyte.com/488/12705988. shtml，2013-09-03)

思考：

1. 一茶一坐餐厅的主要目标客户是哪一部分群体？
2. 一茶一坐是如何进行市场定位的，该企业之所以成功的主要原因有哪些？

学习项目五

制定营销战略与营销组合策略

▌知识目标▐

1. 了解旅游市场营销战略的特点、意义、制定和控制，了解市场定位的概念、含义和过程。

2. 理解旅游产品—市场战略的内涵。

3. 掌握旅游市场竞争战略的相关理论知识。

▌技能目标▐

1. 具有旅游市场营销组合战略的实际运用能力。

2. 学会运用产品—市场战略矩阵制定和控制旅游市场营销战略。

成功案例展示 | 美景与营销　　　　　　　　　　↓

栾川原是河南西部一个名不见经传的国家级贫困县，然而近年来，该地旅游产业异军突起，游客接待量由2000年的20万人次，增加到2012年的790.6万人次，旅游综合收入从5000万元上升到30.7亿元。目前，该县拥有国家A级旅游景区12家，其中5A级2家、4A级4家，全县打造出一个包括山水游、农家游、温泉游、滑雪游在内的休闲旅游品牌，成为中国旅游强县之一。

栾川县依托丰富的旅游资源，正确地实施旅游营销战略，把资源优势转化为产业优势，走出了一条以旅游业为龙头带动县域经济发展的成功之路。

一、政府主导营销

从2000年开始，栾川明确提出"旅游兴县"战略，建立"政府主导、部门联动"的旅游发展机制，先后出台支持旅游业发展的政策措施六十多条。同时，积极进行市场运作，建立了一套与市场经济接轨，包括开发建设、市场开拓、管理服务、生态环境等在内的旅游产业发展机制。

县四大班子领导分别与县属各部、委、局签订责任状，将目标任务一一分派到各部门，全县47个县直单位和33个旅游企业，按照"经费自行解决，人员统一培训，奖罚严格分明"的方法，分赴这个范围内的9省80多个城市进行宣传促销。

为鼓励旅游企业举办重大营销活动以及开发中远程客源市场的积极性，该地还出台了旅游宣传营销"以奖代补"政策、旅游专列团(或大巴团)奖励政策，旅游景区开发中远程客源市场，或在中央级媒体上宣传景区形象，只要带上"绿色栾川·健康乐园"品牌，县政府一律予以资金补贴。这项政策的确立，使旅游企业开发中远程客源市场的积极性被充分调动起来，全县各旅游企业每年宣传营销资金的投放额都达到3000万元以上，并重点对太原、石家庄、邯郸、徐州、西安、济南、北京、襄樊、十堰、郑州10个省内外客源城市展开了立体、交叉的营销攻势。目前这10个重点客源城市每年向栾川发送的游客总量占到全县游客年接待总量的80%以上。

二、企业整合营销

在具体运作方式上，栾川采取了品牌、资金、人员、手段、方式5个方面的"捆绑"，统一策划大型活动，统一印制旅游宣传品，整合营销，改变了旅游企业各自为战的"零、散、弱、小"状况，对迅速树立栾川旅游的整体形象和品牌起到有力的推动作用。

为了顺应当前旅游发展崇尚健康、追求身心愉悦的潮流，充分发挥栾川县森林覆盖率高、空气质量好、生态旅游资源丰富的比较优势，近年来，栾川及时发掘和树立新的旅游发展理念，由"卖山水产品"向"卖健康理念"转变，调整品牌营销理念，打造"绿色栾川·健康乐园"品牌，并相继推出了"绿色栾川·健康乐园""栾川，不卖山水卖健康""栾川，一个生产健康的绿色工厂"等一系列主题营销口号，实现了从卖产品向卖理念的转化。

三、整体品牌营销

在塑造新的形象品牌上，栾川策划、实施了一系列宣传、营销大动作。2007年在中央电视台"天气预报"栏目做了为期一年的形象品牌展播，在《大河报》和河南旅游网上举办为期一年的"绿色栾川·健康乐园"和"七嘴八舌话栾川"博客征文活动，并委托专业机构编制了"栾川旅游营销规划"，尤其是围绕中国旅游强县创建活动策划举办的第二届"全国县域旅游经济论坛"和"全国万名老人骑游绿色栾川"活动，在全国引起了强烈反响，仅2008年上半年，全国就有100多个市县级城市到栾川考察、取经，一时间，栾川成为全国县级发展旅游业的样板和典型。

2008年，栾川在旅游形象品牌推广方面的动作更令河南省旅游界业内同行刮目相看。投资700余万元在中央电视台一套和新闻频道的《天气资讯》栏目做了为期一年的形象品牌展播；投资100余万元在中国旅游网、《大河报》、河南旅游网、河南旅游咨询网上进行全年品牌展示；鸡冠洞、重渡沟景区投资500多万元在央视"朝闻天下"栏目进行品牌展播，重渡沟景区投资800万元拍摄一部20多集电视剧《家园》；与此同时，投资30万元在郑州建立两家"栾川旅游专卖店"，投资50万元拍摄、制作了栾川旅游风光片……

2011年，在媒体宣传上，投资576万元在央视一套和新闻频道《天气资讯》栏目进行栾川整体宣传，叫响"天上人间·锦绣栾川"品牌；在《中国旅游报》《河南日报》《大河报》《郑州晚报》等报纸上投资82万元，投放版面15个，进行系列宣传；实施引客入栾工程，在洛阳火车站及龙门高铁站里发布户外广告，通过手机短信平台宣传栾川，将一部分到洛阳旅游的游客引入栾川，实现了游客共享。

四、区域联合营销

加强与龙门石窟、少林寺等世界一流品牌景区的合作，强力推进区域联合营销，打造中原文化山水游精品、绝品线路。正是这种魔术一般灵活多变的营销战略，提高了栾川的影响力和知名度，使之成为中原旅游市场上一支令人刮目相看的"生力军"。

深耕渠道市场，先后在郑州、太原、石家庄、徐州、运城、晋城、西安、济南、襄樊等10个地市开展大型旅游推介会，进一步巩固和扩大客源市场。组团参加西安旅游交易会、海南中国广告周、千岛湖县域旅游经济论坛等一系列旅游活动。

五、节会造势营销

2001年至2008年，栾川先后成功地策划实施了鸡冠洞"一吻千年"热吻大赛、"黑人留学生"宣传栾川旅游、"亚洲第一巨人"宣传栾川旅游、伏牛山滑雪场郑州现场造雪仪式、万名健康老人骑游绿色栾川、全国县域旅游经济论坛等一系列大型营销活动，在社会上产生强烈的轰动效应。与此同时，老君山、龙峪湾、重渡沟、养子沟等旅游景区都要承办4个节庆活动：春季的"老君山文化旅游节"、夏季"消夏避暑节"、秋季的"伏牛山金秋红叶节"和冬季"伏牛山滑雪节"等，目前这4个节庆活动已成为中原地区旅游节庆活动的知名品牌。

仅2011年，全年就举办了节庆活动8项，其中，1月份举办了伏牛山滑雪旅游节，推出了山地旅游度假示范区论坛、旅游商品展、全国旅行商踩线等特色活动，高水平举办开幕式，创造性地将滑雪运动与动感时尚的文艺演出结合，赢得企业和游客的一致好评，开启了栾川冬季旅游的火爆局面；5月份举办了老君山文化旅游节和老子圣像祭拜大典；7月份承办了全省旅游局长座谈会，举办了全国帐篷音乐节，推出了天地人和文艺晚会、老君山负重赛跑、伏牛山山地自行车赛、养子沟象棋公开赛等精彩活动，来自全国18个地市5000余名"帐篷客"汇聚栾川，活动规模和影响力为历年之最；8月份举办了重渡沟万人宴，近万名游客品尝农家宴，盛况空前；9月份举办了河南省"三山同登"全民健身大赛暨金秋红叶节开幕式，推出了龙峪湾森林徒步大会等活动，掀起栾川旅游新高潮。

六、借势社会营销

栾川县加强与旅行社合作，强力实施引客入栾战略，先后邀请全国重点客源城市旅行社到栾川考察采线，通过采线，使旅行社认识了栾川，通过对采线旅行社的让利优惠，激发了采线旅行社的组团积极性，达到了资源和效益共享的目的。近年来，县直各单位将引进上级主管部门的会议在栾召开作为一项任务纳入工作目标，全县每年至少争取上百场次市级以上大型会议在栾川召开。7年来，先后有70多个国家、省部级大型专业会议在栾川召开，起到很好的旅游宣传效果，尤其是2006年、2007年，连续两年策划举办的全国县域旅游经济发展论坛，来自国内及日本旅游界的专家学者、全国50个旅游重点县(市)负责人及中央、省、市30多家新闻媒体记者参加论坛，共同发表了旨在深化县域旅游经济合作的纲领性文件——《栾川宣言》，在全国引起强烈反响。这些卓有成效的宣传营销活动，提高了栾川的知名度，也吸引了越来越多的游客。2003年以来，先后接待了江苏、河北、山东、山西等省的40余批旅游专列，目前省外游客已占客源总量的30%以上。

(资料来源：根据中国旅游报、栾川县旅游网等媒体资料改编)

思考：

1. 栾川进行的营销有什么特点？

2. 制定与实施旅游营销战略有什么意义？

任务一　制定旅游市场营销战略

任务提出及实施

1. 战略和策略有什么区别和联系？

2. 制定旅游市场营销战略的意义何在？

3. 试分析学院所在地某旅游企业的市场营销战略有哪些不足之处。

请同学们听完老师对本任务的知识储备的讲解后，利用学校图书馆、互联网等资源，通过市场调查完成上述任务。

案例引入

统一嘉园为何衰落?

2005年"十一"黄金周，无锡旅游异常火爆。除了大家熟知的传统景区，更有千年崇安古寺、蠡湖中央公园、马山欧洲嘉年华以及薛福成故居、东林书院、钱钟书故居等新景点，一齐赚足游客眼球。1日至7日，全市接待旅游者达到210万人次，旅游总收入13.27亿元，同比分别增长23％和30％；日均旅游收入近2个亿，创出历史新高。

然而，就在城市旅游一片繁荣之际，开业不到四年的无锡统一嘉园景区，却在两个月前因资不抵债、经营难以为继而破产倒闭了。

统一嘉园景区坐落于太湖之滨，跟央视无锡影视基地隔水相望，相距不过数百米之遥。景区依山傍水，气势恢宏。山顶上，高16.8米、耗费青铜80多吨的中华统一坛，庄严雄伟；山脚下，由六桥六亭二坊一榭组成的千米"缘廊"，曲迴绵延直至湖心，如金龙戏水。

这样一个占据了极佳山水资源的主题景区，在城市旅游环境日趋改善的今天，为什么会经营失败呢？

究其原因，很重要的一点就在于其决策者在景区营销战略方面存在着很明显的失误，他们把居住于上海的35万台湾人这一特定消费群体，错误地认定为是景区的目标市场，统一嘉园的统一主题，对台湾旅游者来说，其实并没有多少吸引力。而发源于福建湄洲岛的妈祖文化，虽然在我国沿海地区和世界其他华人聚集地具有广泛的影响，但是妈祖是海神，跟太湖并没有太大关系。海内外游客来无锡，主要是冲着太湖风光。专程来到太湖边祭拜台湾妈祖庙，既没有必要，也不合常理。因此，其最终倒闭也在情理之中。

(资料来源：根据景区营销分析：统一嘉园为何衰落？. http://www.cntour2.com/viewnews/20081013/Management/20081013145136781.htm#comment改编)

思考：

1. 什么是旅游营销战略？
2. 制定营销战略有什么意义？

◆应用知识储备◆

■ 一、旅游市场营销战略的概念

"企业战略"至今尚无统一的定义，根据我们的理解，战略是有关企业全局性或决定性的谋划，是企业为生存和发展而制定的企业目标与达成此目标所采取的各项政策的有机结合体，其中营销战略是最重要的组成部分。企业旅游市场营销战略是指旅游企业面对激烈变化、严峻挑战的市场环境，在市场调查研究和预测的基础上，结合自身能力，对本企业市场营销发展方向和长远目标所做的全局性的计划与谋略。

旅游市场营销战略有宏观、微观两个层次。宏观上，旅游市场营销战略是站在整个地区、区域、国家的角度，从国民经济和社会文化发展的全局出发。微观上，旅游企业为了谋求长期的生存与发展，根据外部环境和内部条件的变化，对企业如何适应变化的旅游市场所做的具有长期性、全局性的计划与谋略。

■ 二、旅游市场营销战略的特点

1. 全局性

旅游市场营销战略是研究旅游企业带有全局性、整体性的重大问题，决定旅游企业经营中较长时期内营销活动的指导思想和行动方向，它不是局部的、零星的战术安排。它要达到的目标可形象地描述为"赢得一场战争而不是打赢一场战役"。全局性特征，要求旅游企业的决策者拓宽眼界，从全局性和整体性出发，体现旅游企业发展的整体和长远要求，重视市场营销中出现的局部问题，从局部与全局、部分与整体之间的相互关系中，对营销系统加以全面把握，使各个局部在营销战略整体中得到协同发展。

2. 长远性

旅游市场营销战略立足当前、放眼未来，对旅游企业经营将起到长期的指导作用。制订它是为了谋求企业长期的生存与发展，着眼点在未来，而不是眼前。有时旅游企业对某一客源市场开展声势浩大的市场促销活动，一年或两年内可能收效不大，而以后会有明显的成效，因而这些活动是具有长远性战略意义的。

3. 纲领性

旅游市场营销战略是在市场调查和预测基础上，经专家科学分析论证和企业决策部门研究制定的，应具有权威指导性，企业各部门要以战略为纲领为指导，在此基础上通过展开、分解和落实等，充分发挥其作用，才能将战略变为具体的行动计划。

4. 系统性

旅游企业经营是一个系统性的有机整体，以整合的观点从系统的角度去考虑，会产生类似于1+1≥2的系统效果。正确的市场营销战略也并不意味着成功，根据美国麦肯锡咨询公司的看法，战略只是管理企业的七大要素之一。麦肯锡企业7S结构，如图5-1所示。

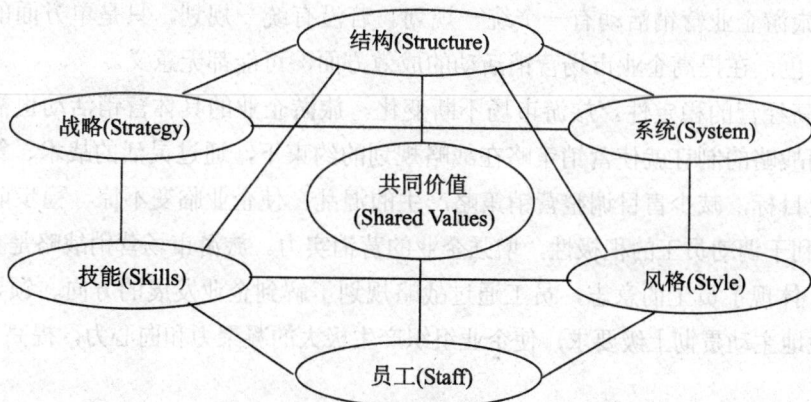

图5-1　麦肯锡企业7S结构

旅游企业经营的系统性要求旅游企业经营应从系统的角度出发，综合运用7S架构下的各种资源，发挥各层次、各子系统的作用，达成统一的战略目标。

5. 稳定性

旅游市场营销战略的整体性和长期性，决定了旅游市场营销战略制定后应保持相对稳定，不能朝令夕改，否则各业务单位会感到无所适从。市场营销策略是随着瞬息万变的市场而随时变化的，市场营销战略却不能轻易变动，但保持相对稳定不等于一成不变，因为旅游企业经营管理活动均受到外部环境和内部条件的共同作用和综合影响，有效的市场营销战略应对变化的环境作出正确的反应，特别是当市场营销环境发生较大变化时，企业应利用环境变化带来的市场机会，调整企业的经营战略。

6. 机遇性和风险性

旅游市场营销战略是对市场未来的预测性决策，如果抓住了市场上的机会，将会给旅游企业带来新的发展机遇，但旅游市场是在不断发展、不断变化的，因此，常常会有意想不到的事情发生，这种变化的不确定性，可能会对旅游企业造成负面的、甚至灾难性的后果，这就是旅游营销战略的风险性。

有些机遇环境，对许多旅游企业来讲可能是机会，而对某个特定的旅游企业而言，受自身经济实力、管理能力等方面的限制，进入某个充满机遇的市场后却发现这是"机会陷阱"。

三、旅游市场营销战略的意义

旅游市场营销是旅游企业在当今激烈的竞争环境中的生存保障，而营销的成功与否则依赖于是否具备正确有力的战略指挥。旅游企业需要制订市场营销战略，协调企业营销活动，才能实现企业既定目标，因而旅游市场营销战略有着重大意义。

(1) 使旅游企业营销活动有一个统一规划。若没有统一规划，只是单方面的市场营销活动搞得出色，在提高企业市场营销活动的成效方面，可能都无意义。

(2) 提高经营的稳定性。旅游市场不断变化，旅游企业的具体营销活动也需相应不断变化。营销战略的制订就使营销策略在战略规划的约束下，通过灵活的战术、策略，实现全局的既定目标，减少盲目调整营销策略产生的混乱，使企业临变不惊、稳步前进。

(3) 有利于调动员工的积极性，增强企业的营销实力。旅游市场营销战略是企业的长远发展规划，体现了员工的意志，员工通过战略规划了解到企业发展的方向、领导的意图，就会创造性地主动贯彻上级要求，使企业组织产生极大的凝聚力和向心力，提高了士气。

四、旅游市场营销战略的制定与控制过程

旅游市场营销战略制定与控制过程，如图5-2所示。

企业战略分析 → 明确企业的经营方向 → 经营战略目标的制定 → 安排企业现有业务组合 → 营销战略方案的选择 → 营销战略的监督与控制

图5-2　旅游市场营销战略制定与控制过程

(一) 企业战略分析

战略分析是制定旅游市场营销战略的准备阶段。它包括三个内容，即企业地位分析、企业环境分析、企业能力分析。

(1) 企业地位分析。在制定战略前首先要对企业的地位有个正确认识，一般根据企业

在某一特定的市场上所占的份额，而将其地位划分为主导地位、挑战地位、追随地位和夹缝(利基)地位。

(2) 企业环境分析。企业营销环境中各种因素的变化都会对企业营销产生直接和间接的影响，旅游企业必须适应营销环境的要求，所以要作环境分析。企业营销环境是一个多主体、多层次、发展变化的多维结构系统，在旅游企业面临的营销环境中，机会和挑战往往并存。

(3) 企业能力分析。在对旅游企业的营销环境进行分析后，应对本企业的能力进行评价。旅游企业内部能力的分析包括：企业组织效能与管理现状分析、企业资源分析、企业产品市场营销能力分析、产品结构分析、产品价格分析、销售渠道及促销活动分析、营销能力分析(主要指能用于营销人力、物力和财力)等，企业资源分析包括人员结构、资金结构、劳动生产率、资金周转率、资金和利润率、设备利用率等。组织效能与管理现状分析包括对管理体制、管理方式、经营机制、领导体制、决策方式、职能部门设置与工作方式等问题进行分析。

以上对企业地位、企业营销环境、企业能力的分析可以统归为SWOT分析。依据企业的现状列出对企业发展有重大影响的内部及外部环境因素，继而确定标准，对这些因素进行评价(见表5-1)，判定其是优势还是劣势，是机会还是威胁。

表5-1　SWOT分析表

企业内部条件	企业外部环境
经营目标	1. 一般环境分析
经营观念	政治、经济形势
经营项目	科学技术发展情况
资金状况	交通状况
产品市场	人口状况
管理系统	全国旅游发展形势
职工素质	当地旅游资源开发情况
有形设施	政府给旅游业的扶植政策
无形设施	2. 微观经营环境分析
企业形象	市场发展前景
	市场占有率
	供应商情况
	中间商情况
	竞争对手情况
	劳动力市场人力资源情况
	公共关系
优势—劣势分析	机会—威胁分析

在以上分析基础上，可以根据企业的得分来判定企业属于何种类型(见图5-3)处于第Ⅰ象限，外部有机会，而内部条件不佳，宜采取措施扭转内部劣势，可采用先稳定后发展战略；处于第Ⅱ象限，旅游企业具备内部优势，但同时也存在外部威胁，此类市场一般都是竞争激烈的市场，企业应通过一系列的公关手段和营销措施，尽可能低地降低外部威胁，

充分发挥内部优势，在此类市场的竞争中保持有利地位，同时更要实行多元化经营发展策略，以提升抗风险能力；处于第Ⅲ象限，外部有威胁，内部状况又不佳，应设法避开威胁，消除劣势，可采用紧缩战略；处于第Ⅳ象限，拥有内部优势而外部存在威胁，宜采用多角化经营战略分散风险，寻求新的机会。

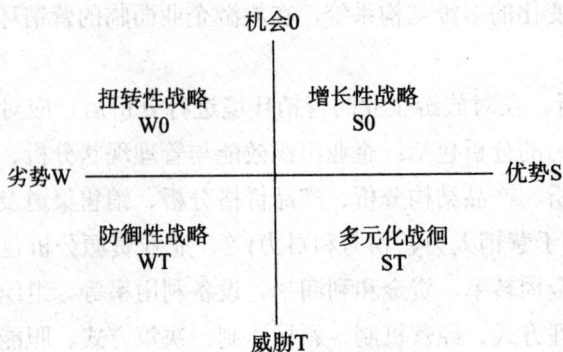

图5-3　旅游企业SWOT战略选择图

(二) 明确企业的经营方向

企业的经营方向是营销战略的根本性问题。一个旅游企业没有正确的经营方向，就难免发生营销战略上的失误。因此，应明确旅游企业的经营方向，并向全体员工讲清楚，这样可以提高士气，调动全体工作人员的积极性。企业的方向是一只无形的手，它指引全体工作人员都朝着一个方向前进，使全体员工同心协力地工作。在明确企业的经营方向时应考虑以下两方面。

(1) 要考虑的因素。规定企业经营方向时可向股东、游客、经销商等有关方面广泛征求意见，并考虑5个主要因素：一是企业过去历史的突出特征，规定方向时就应尊重其过去的历史；二是企业高层的意图，如宁夏沙湖旅游区高层的意图是为宁夏及周边地区中高收入旅游消费群体服务，这种意图不能不影响企业的任务；三是企业周围环境的发展变化；四是企业的资源情况，这个因素决定企业可能经营什么业务；五是企业特有的能力，企业在规定其经营方向时要扬长避短，这样才经营得出色，取得最好的经济效益。

(2) 任务报告书。为了指引全体员工都朝着既定的方向前进，企业要写出一个正式任务书，任务书应涉及以下几方面：第一，市场导向，要按照目标顾客的需要来规定和表述企业的任务；第二，切实可行，任务书要要根据企业的资源的特长来规定和表述其业务范围，不要把业务范围规定得太狭窄或太宽泛，也不要说得太笼统。世界上最大的旅馆企业——美国假日饭店就曾把它的业务范围规定为旅行业务，为执行这种任务，曾购买了一家大公共汽车公司和一家轮船公司，但它又没有能力经营和管理好这些企业，到1978年不得不放弃了这些业务；第三，富有鼓动性，在任务书中写入一些与社会、群众、环保等相关的内容，就可以使全体员工感到其工作有利于提高社会福利并且很重要，这样就能提高士气，鼓励全体工作人员为实现企业的任务而奋斗；第四，具体明确，在任务报告书中要规定明确方向和指导路线，以缩小每个工作人员的自由处理权限和范围。

旅游企业的经营方向和任务由5W和1H组成。What：干什么？Who：为谁服务？When：何时满足其需求？Where：何处满足其需求？How：如何满足其需求？

(三) 经营战略目标的制定

(1) 制定营销战略目标。战略目标是指一个旅游目的地或旅游企业在未来某一时期内在其市场中所要占据的位置。通常是指未来的目标市场、产品范围、销售量、计划增长率、市场份额和利润额等方面指标。

对于具体的旅游企业而言，其任务具体表现为企业的业务经营范围和领域，这是企业寻求和判断战略机会的活动空间和依据。企业确定市场营销战略目标，必须在确定市场营销发展机会的基础上，根据企业的宗旨和使命，来建立一个具体可行的战略目标。在确定市场营销战略目标时，旅游企业应明确以下4个方面的目标。即贡献目标：提供旅游市场的产品，节约资源状况，保护环境目标；利税目标；市场目标：原有市场的渗透，新市场的开发，市场占有率的提高，销售额的增加，客户忠诚度的提高；竞争目标：行业地位的巩固与提升；发展目标：企业资源的扩充，生产能力的扩大，经营方向和形式的发展。

(2) 旅游市场战略目标要求。旅游市场营销战略目标，是企业使命的具体化，对于不同的企业，其具体内容有很大不同，但从战略制定的角度出发，目标应符合以下要求。

一是突出重点，企业必须确定一个重点的要求，使这成为目标，其他方面的要求服从这一目标的完成。二是可以测量，市场营销战略目标必须具体，可以有效测量并尽可能具体化、定量化，目标过于笼统或模糊，既无法判明战略执行情况，也会造成企业内部管理混乱。三是一致性，营销战略目标涉及旅游企业营销活动多方面的要求，必须互相协调一致，否则，一方面的要求与另一方面要求相互抵触，就无法达成目标。四是可行性，战略目标对企业管理人员和职工不仅应有一定的挑战性，而且要保证它的可行性，即企业及职工必须经过努力才可以达到的目标。

(四) 安排企业现有业务组合

在明确了企业的任务和目标的基础上，要对现有各项战略业务单位进行分类，并作出哪些需要发展、扩大，哪些要收缩、淘汰的安排，以便把有限的资源合理地分配给现状、前景不同的战略业务单位。每个业务单位，都是单独的或一组相关的业务，并可单独计划、考核其营销活动，它可以是一类产品或一种产品，也可以是一个经营部门或单位。在制定旅游企业业务组合计划时，有以下两种著名的方法。

1. 波士顿咨询公司法

(美国)波士顿咨询公司法(BCG)是用"市场增长率—市场占有率矩阵"来分类和评估企业的战略业务单位。其内容是用纵坐标表示市场成长率，即产品销售额年增长率，以10%为分界点，按得分高低分为两个部分，横坐标表示市场相对占有率，是与市场上最大竞争者的市场份额之比，1.0为界，分高份额与低份额，0.1表示相对市场份额为市场领先者的10%，10表示本企业的战略业务单位是市场领先者。

图中8个圆圈代表某企业8个业务和所处市场的位置，圆圈的大小代表业务量的多少。通过图5-4把所有战略业务单位分为以下几种。

(1) 问题类业务，指市场增长率高而相对市场占有率低的战略单位。大多数业务都是从问题类开始，此时市场上已有领军者。问题类业务需投入大量现金支持，以跟上市场成长的步伐。企业进入这类业务时既要谨慎小心，还要考虑进入后境况不好该如何走出来。

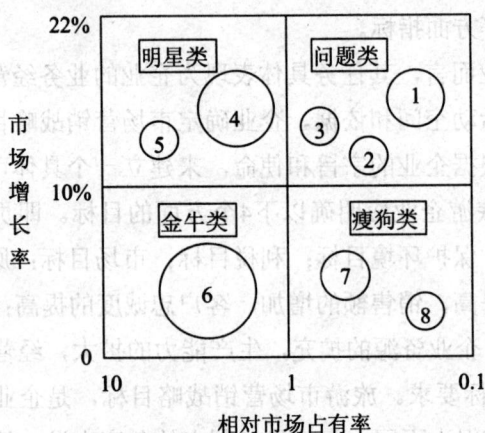

图5-4 波士顿咨询公司市场增长率—市场占有率矩阵

(2) 明星类业务，指市场增长率高、相对市场占有率也高的战略业务单位。在问题类业务经营上取得成功后就会变成明星类，明星类战略业务单位是高速增长中的市场领导者，但它不能给企业带来大量现金。企业为支持其业务、维持市场成长率和抗击竞争者，还需大量的现金投入。明星类业务经常能带来可观的盈利，成为企业今后的金牛类业务。

(3) 金牛类业务，指市场增长率低、相对市场占有率高的战略业务单位。当市场年增长率低于10%而本业务却继续保持较大市场份额时，明星类就转为金牛类，之所以被称为金牛类是由于这类业务能给企业带来大量的现金收入。由于市场增长率低，企业不需要大量投资，又由于明星类战略业务单位是市场领导者，具有规模效益优势，因此可带来大量现金流。

(4) 瘦狗类业务，指市场增长率和相对市场占有率"双低"的战备业务单位。瘦狗类业务利润低，也可能亏损，但一般损失不大。针对不同类型的业务单位的处理，如表5-2所示。

表5-2 针对不同类型的业务单位的处理

类别 \ 特点	特 征	资金情况	处理情况
问题类业务	成长率高份额低，已有市场领先者	占用大	不能太多，发展或放弃
明星类业务	问题类经营成功上升而成	占用大，但可能上升为金牛类而带来盈利	必须有至少两个
金牛类业务	成长率下降到10%市场份额大	占用少，盈利能力强	一个太少，维持(强大)收获(处境不佳、前景暗淡)
瘦狗类业务	成长率低、市场份额少	利润低、需要资金支持	两个太多，放弃

旅游企业在上述分析的基础上，可确定4种不同的投资战略：一是拓展战略。旅游企业努力提高战略业务单位的相对市场占有率，必要时放弃部分短期利润。拓展战略对问题类业务较适合。二是维持战略。企业维持战略业务单位的相对市场占有率。这一战略适用于金牛类业务，目的是增加现金流量。三是收割战略。旅游企业的目的在于增加战略业务单位的短期现金收入，而考虑长期影响，这一战略适用于前景不妙的金牛类业务，同样也适用于问题类和瘦狗类业务。四是放弃战略。旅游企业企图变卖或清理业务，以便把企业资源转投有利可图的领域。这一战略适用于瘦狗类、问题类业务，当这类业务拖累企业时，应考虑战略性撤退和转移。

2. 通用电气公司法

通用电气公司法是对波士顿矩阵法的改进。每项业务的评定，主要根据旅游行业吸引力和业务能力两个变量。而每个变量又由一组要素构成。其中行业吸引力取决于外部环境因素，均是不可控的，包括市场容量、市场增长率、行业竞争结构、进入壁垒、行业盈利能力等，业务能力则取决于企业内部的各项相对可控因素，如市场占有率、制造和营销能力、研究与开发能力、财力、质量和管理素质等。行业吸引力和业务能力是企业战略业务单位实际情况更具体、更综合的反映(见图5-5)。

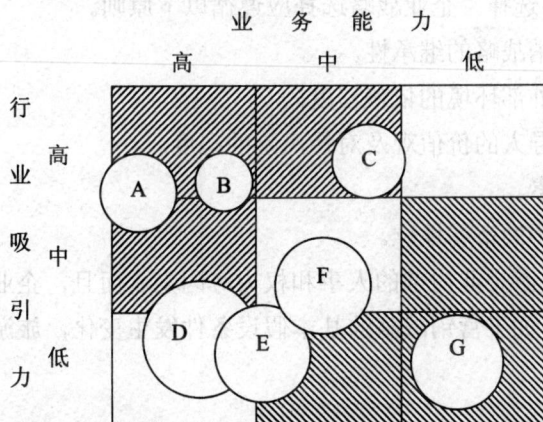

图5-5　通用电气公司多因素业务经营组合矩阵

根据每个战略业务单位的市场吸引力和竞争力的总体得分，将每个战略业务单位用圆圈标在GE矩阵上，圆圈的大小表示战略业务单位的市场总量规模。上图标出了7个战略业务单位。

通用电气公司矩阵实际上分成9个方格和3个区域。左上角三个格子表示吸引力和实力均处于较高水平，是理想区域。从右上角到左下角这条对角线上的三个格子表示战略业务单位处于中等状态，而处在对角线右下部的三个格子，则表示吸引力和业务能力水平均较低，是失望区域。对分别处于这三个区域内的战略业务单位，旅游企业应采取的策略，如图5-6所示。

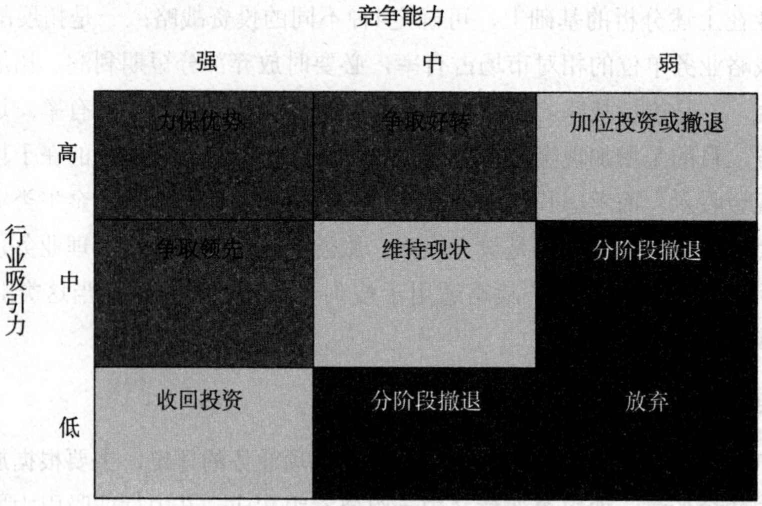

竞争能力

	强	中	弱
高	力保优势	争取好转	加位投资或撤退
中	争取领先	维持现状	分阶段撤退
低	收回投资	分阶段撤退	放弃

（行业吸引力）

图5-6　旅游企业的业务策略选择

(五) 营销战略方案的选择

营销战略方案选择的目的在于确定各个备选战略方案的有效性，比较各方案优缺点、风险及效果，以便从中选择。企业战略选择应遵循以下原则。

(1) 要考虑现行营销战略的继承性。

(2) 要考虑企业对外部环境的依赖程度。

(3) 要考虑企业领导人的价值观及对待风险的态度。

(4) 要考虑时间因素。

(5) 要考虑竞争对手的市场地位。

此外，还需考虑旅游企业内部的人事和权力等因素。而且，企业在最后作出战略选择时应采取灵活的态度，如果营销战略的基本假设条件发生变化，旅游企业就要调整或修改已选定的战略。

(六) 营销战略的监督与控制

营销战略监督与控制的目的是确保旅游企业的目标、政策、战略和措施与市场环境相适应。营销战略的监督与控制主要包括营销审计、年度计划控制和盈利控制。营销审计是对旅游企业的营销环境、目标、战略和营销活动诸方面进行的独立的、系统的、综合的定期审查，以发现营销机会，找出问题所在，提出改善营销战略的行动计划和建议，以供旅游企业决策者参考。年度计划控制主要是检查在营销战略指导下的营销活动是否达到年度营销计划的要求(从销售额、市场占有率、费用率等方面)，并在必要时采取调整和纠正措施。盈利控制主要是确定本旅游企业的各产品、地区、顾客群、分销渠道等方面的活动能力，通过对财务报表和数据的一系列处理，把所获利润分摊到产品、地区、渠道、顾客等方面，从而衡量出每一因素对于企业最终获利的贡献大小、获利能力如何。盈利能力分析的最终目的是找出妨碍获利的因素，以便采取相应措施排除或削弱这些不利因素的影响。

五、制定企业旅游产品—市场战略

(一) 产品—市场扩展方格

公司不仅要评估当前的业务组合，更要进一步确定今后的业务和产品。考虑不同增长战略的工具常用的有产品—市场扩展方格。见表5-3。

表5-3　产品—市场扩展方格和顺序

分　　类	已有产品	新产品
已有市场	市场渗透①	产品开发③
市场开发	市场开发②	多元化④

产品—市场扩展方格是一种用来确定增长机会的计划投资组合的工具，是最先由美国加利福尼亚州美国国际大学的战略管理教授安素夫提出来的。

公司采取产品—市场扩展战略顺序，如表5-3所示。

首先应该考虑现有市场上的现有产品能否得到更多的市场份额(市场渗透战略)；其次，公司应考虑现有市场上能否为其现有产品开发一些新市场(市场开发战略)；再次，公司应考虑能否为其现有市场发展若干有潜在利益的新产品(产品开发战略)；最后，公司还应考虑为新市场开发新产品的种种机会(多元化战略)。

(二) 实施产品—市场战略

现代旅游企业可选择的产品—市场战略机会很多，表5-4列举了这些战略机会。

表5-4　产品—市场战略

分　　类	原有产品	相关产品	全新产品
原有市场	市场渗透战略	产品发展战略	产品革新战略
相关市场	市场发展战略	多角化经营战略	产品发明战略
新兴市场	市场转移战略	市场创造战略	全方位创造战略

(1) 市场渗透战略：是指由旅游企业现有产品和现有市场组合所产生的战略。

(2) 产品发展战略：是由企业原有市场和其他企业已经开发的而本企业正准备投入生产的新产品组合而产生的战略。

(3) 市场发展战略：由现有产品和相关市场组合而产生的战略。

(4) 产品革新战略：是企业在原有目标市场上推出新一代产品的战略。

(5) 产品发明战略：这种战略要求旅游企业发明别的企业从未推出过的新产品，并进入到别的企业已经成熟的市场。

(6) 多角化经营战略：是指旅游企业利用现有资源和优势，向不同行业的其他业务发展的战略。分为技术关系多角化、市场关系多角化、复合关系多角化。

(7) 市场转移战略：是指旅游企业将现有产品投入到别的企业尚未进入的、刚刚开始形成的市场。

(8) 市场创造战略：是指企业在新兴市场上投放别的企业已经在成熟的市场上经营的产品。

(9) 全方位创新战略：是市场创造战略和产品发明战略的组合。

任务二 营销组合战略

任务提出及实施

1. 如何理解旅游市场营销组合的动态性？旅游市场营销组合的作用有哪些？

2. 旅游市场营销组合的方式有哪些？

3. 通过网络资源查找新的营销组合理念，并撰写、分析成功运用该理念的企业案例。

请同学们在学习本任务的应用知识储备的内容后，利用图书馆、互联网等资源，在市场调研的基础上完成上述任务。

案例引入

7天连锁酒店集团4C营销组合战略

4C营销理论是以消费者需求为导向，设定市场营销组合的4个基本要素，分别代表顾客(Customer)、成本(Cost)、方便(Convenience)、沟通(Communication)，强调企业首先应该把追求顾客满意放在第一位，其次是努力降低顾客的购买成本，然后要充分注意到顾客购买过程中的便利性，而不是从企业的角度来决定销售渠道策略，最后还应以消费者为中心实施有效的营销沟通。

创立于2005年的7天连锁酒店集团(7 Days Inn Group)，由于坚持依靠4C营销组合战略，将"顾客感受第一"的理念贯彻始终，锁定核心消费者，提供个性化服务，因而成为中国酒店业发展最为迅速的集团之一。截至2013年9月，其全国分店总数达到1888家，覆盖国内近300个主要城市，拥有近6000万会员，已成功超越对手跃居行业规模第一，成为国内最大的经济型酒店品牌。

1. 以消费者需求为核心，注重品牌体验式服务

全面提高产品质量。7天高度关注顾客"天天睡好觉"的核心需求，并以此为根本出发点，力求为顾客打造一个舒适如家的住宿环境。坚持不懈地以顾客切身感受为导向，不遗余力地在细节上用心，在保持原有价格优势的前提下，通过配置高质量淋浴设备、五星级标准大床；改善营养早餐搭配、提供睡前牛奶；实现洁净毛巾封包；升级隔音设施、更换室内拖鞋等措施，全面提高各项产品品质及用户的舒适度。

营造快乐服务氛围。7天酒店服务人员数量不多，但年龄基本都是20岁左右，他们充

满朝气、善于沟通，不管是前台接待、还是电话咨询都给人热情大方的感觉，有效减少了顾客对异地的陌生感，有利于营造一种轻松氛围，有助于顾客放松心情。

2. 以"经济"性为中心，力求控制客户成本

为了满足消费者的"实惠"要求，7天全面控制成本，在硬件设施配置上用心斟酌。摈弃了传统酒店客房中大衣柜、笨重书桌、浴缸等物品，转而将简约、实用、清新、便利的宜家式板式组合家具融入客房设计中，注重增添客房"家"的温馨感和实用性。

3. 以"便捷"为重心，为客户创造方便快捷

交通环境便捷。7天分店一般位于交通便利的地方：如市内交通枢纽附近(市内长途汽车站、火车站等)；主要会所附近(会展中心等)；市内各大地标附近(如重庆解放碑、成都春熙路等)，很大程度上满足了顾客出行方便的要求。

预定方式高效。7天酒店成功缔造了中国酒店业第一电子商务平台，同时还建立了互联网络、呼叫中心、短信预订、手机wap及店务管理等一体化系统，顾客足不出户就能通过4种便捷方式完成客房资源的实时查询、预订、确认、支付等流程。既节约了顾客的时间、精力，又节约了7天的人力资源成本，而且非常符合当代消费者"网络化"的生活特点。

网络信息分享便利。①连锁分店信息全面化。7天在其主页上提供了各家分店的详细信息，包括整体情况介绍、电子地图、会员评价、预定情况、房间价格、设施配套情况、乘车路线等，让顾客在预定之前能作出有效地选择，提前熟悉异地环境。②城市资讯向导化。为了给顾客提供更加丰富的信息，使其有个精彩的异地游经历，7天联合口碑网将相关城市的特色餐饮、娱乐、交通及其他的生活资讯通过网络实现与消费者共享，成为名副其实的"网络导游"。

4. 以"真诚相待"为宗旨，实现交流方式多样化

网络信息丰富实用。7天酒店主页设置了"会员分享"板块，为非会员顾客提供了一个入住经验分享的自由平台。同时，"24小时客服小秘书"及时在线回答最新活动、积分管理、预定导航、入住宝典等各类业务问题，让顾客通过网络与7天零距离接触。

信息反馈积极互动。针对网上预订且本人入住的顾客，7天设计出了"7天连锁酒店服务质量调查"问卷，并实行增加积分政策，鼓励顾客在亲身入住体验之后积极填写反馈；同时，7天通过不定期召开会员主题座谈会、《7天四季》刊物面向全体顾客征稿等面对面、心连心的接触形式认真倾听来自顾客的声音，以作为它不断改进的重要参考。

精彩活动推陈出新。7天通过开展一系列公益捐款、会员优惠、半价兑换、获取电子抵用券、征稿等增值活动，有效调动顾客的参与积极性。这种比较明智的做法，既能保护连锁酒店的价格体系的稳定，又能够变相为消费者提供不同质量水平的服务。

(资料来源：根据经济型连锁酒店4C营销策略分析——以7天连锁酒店为例改编)

思考：

1. 什么是营销组合策略？

2. 7天连锁酒店集团4C组合有什么特点？

应用知识储备

一、旅游市场营销组合概念

(一) 旅游市场营销组合的定义

旅游市场营销组合是指旅游企业为增强竞争力，在选定的旅游目标市场上，综合运用旅游企业可以控制的各种因素(旅游产品、旅游价格、旅游分销、旅游促销等)并进行优化组合，使之协调配合、扬长避短、发挥优势，以满足旅游目标市场的需求，实现旅游企业的经营目标。

旅游市场营销组合就是旅游市场竞争策略的组合，其实质是旅游企业综合发挥整体优势，从多方面满足旅游者的需求，从而提高旅游企业的经济效益和社会效益。

(二) 旅游市场营销组合的特点

1. 旅游市场营销组合的可控性

旅游市场营销组合因素是旅游企业可以控制的因素，旅游企业具有充分的决策权。旅游企业可以根据所选定的旅游目标市场的需要制定相应的旅游市场营销组合策略，即企业可以根据市场需求来选择确定产品结构，制定具有竞争力的价格，选择最恰当的销售渠道和促销媒体。但是，这种可控性并不是绝对的，因为旅游企业还会受到外部不可控因素的影响，所以旅游企业制定市场组合策略时，既要有效地利用可控制因素，又要灵活地适应外部不可控制因素的变化。

2. 旅游市场营销组合的动态性

企业并不是在真空中制定的市场营销组合。旅游营销组合的各种营销因素是不断发展变化的，同时各因素之间又相互作用、相互影响，因此，旅游市场营销组合是一个动态组合。只要其中的一个因素发生变化，就会出现一个新的组合，产生不同的效果，因此，旅游企业应根据可控制因素和外部不可控因素的变化，来调整旅游市场营销组合策略，使其保持竞争力。

3. 旅游市场营销组合的整体性

旅游市场营销组合是由各种营销因素组合而成的，旅游市场营销组合的作用，不是其中每一个组成因素所发生的作用简单相加的结果，而是各个因素的相互配合和相互协调作用产生整体效能的结果。因此，旅游企业为了充分发挥旅游市场营销组合的整体作用，必须对各种营销因素进行有效地综合运用。

4. 旅游市场营销组合的多层次性

企业的市场营销组合既包括企业可控因素产品、价格、渠道、促销的整体组合，同时还包括每个可控因素内部的次组合。因为在每一个营销因素中又包括若干个因素，它们形成了每个营销因素的次组合。如旅游促销是旅游市场营销组合的一个可控制因素，但旅游促销因素本身又可形成旅游促销组合，它包含旅游广告、旅游营业推广、旅游公共关系、旅游人员推销等次组合。这种适应市场环境和消费需求的次组合，是企业最佳整体营销组合的基础。多层次的4P组合，如图5-7所示。

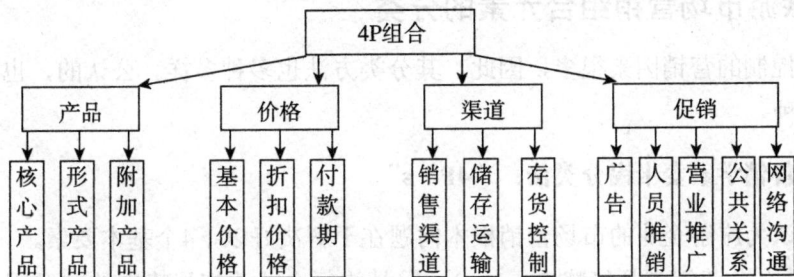

图5-7 多层次的4P组合

(三) 旅游市场营销组合的作用

1. 它是旅游企业制定营销战略的基础

旅游企业的营销战略本质上就是旅游企业的经营管理战略。营销战略主要是由旅游企业的营销目标和旅游市场营销组合的各种营销因素协调组成的。旅游市场营销组合作为营销战略的基础，就是将各种营销因素综合运用，形成最佳的旅游市场营销组合策略，以保证旅游企业营销战略目标的实现。

2. 它是协调旅游企业内部各部门工作的纽带

旅游企业内部各部门应是一个统一协调的整体，它们彼此分工协作，共同满足旅游目标市场的需求，达到旅游企业的既定目标。在旅游市场上，旅游者对旅游产品的需求是整体需求，旅游企业需向旅游者提供足够的信息，帮助旅游者在适当的时间、适当的地点，以适当的价格购买到旅游者期望的旅游产品，这就需要旅游企业的各个部门通力合作，进行整体营销，而连接各部门的纽带，就是旅游市场营销组合。所以，实施旅游市场营销组合策略，不只是营销部门的职责，而是旅游企业的生产、财务、人事等各部门共同的职责。因此，旅游市场营销组合是协调旅游企业内部各部门工作的纽带。

3. 它是旅游企业赢得市场竞争的有力手段

在激烈的旅游市场竞争中，任何一个旅游企业都不可能具有全面的竞争优势。旅游企业在制定旅游市场营销组合策略时，必须认真分析自己的优势和劣势，便扬长避短，使自己在竞争中处于优势地位。随着旅游企业之间的竞争日趋激烈，旅游市场营销组合中非价格因素的竞争也显得日益重要，如产品因素、服务因素、促销因素等。因此，旅游企业在制定市场营销组合时，需要认真研究旅游市场的竞争状况，才能确切地找出应付竞争的有力手段。

二、旅游市场营销组合方式

(一) 旅游市场营销组合元素的分类

企业可控制的营销因素很多，因此，其分类方法也多种多样。公认的、也是常用的方法有以下几种。

1. 美国营销学家麦卡锡分类法："4P's"

麦卡锡认为旅游企业的市场营销根本问题在于解决好以下4个基本要素。

(1) 旅游企业营销产品策略(Product)。它是旅行企业营销战略中的首要因素，必须营销消费者市场所需要的旅游产品，企业才能求得生存和发展。旅游市场营销组合中产品是最重要的因素。

(2) 旅游企业营销价格策略(Price)。旅游产品的买卖过程，实际就是消费者(旅游者)实现时空范围的自由移动、高水平服务的购买与享受的过程，这些都是市场经济的活动，必须按照市场规律、经济原则实行等价交换。掌握旅游产品价格的形成过程与产品定价的方法，灵活运用各种定价策略是旅游管理和组织者进行市场营销活动的主要手段。

(3) 旅行企业营销渠道策略(Place)。市场营销渠道决策是旅游企业的重要决策之一。客户网络是重要的外部资源，通常多年才能建立起来，它可以和旅游企业的重要内部资源如导游、营销队伍等相提并论。旅游产业逐渐呈现规模发展态势，因此，营销渠道以及与之相适应的配销系统的建立是必要的。

(4) 旅游企业促销组合策略(Promotion)。旅游企业市场营销不仅是开发旅游产品并制定出合乎市场需求的价格占领市场，还必须同现实的、潜在的消费者进行沟通，承担起沟通与促销的职责。保证沟通信息有效，关键的是沟通的内容、对象和频率。配置完整的市场营销沟通系统是十分必要的。旅游企业必须同关联企业、消费者及各类上下游企业、政府相关部门、行业协会、甚至企业内部员工进行彻底地沟通。各个群体的沟通均给企业以反馈。旅游企业制订销售计划、培训营销人员、设计优秀的广告、开展各种促销活动，就是市场营销沟通组合——促销组合运作的内容。促销组合由4个工具，即广告、销售促进、推广、人员销售构成。

2. 菲利普·科特勒分类法：战略性"4P"

1967年，菲利普·科特勒(Philip Kotler)在其畅销书《营销管理：分析、规划与控制》中确认了以4P's为核心的营销组合方法。1986年，他又提出了"大市场营销"概念，即在原来的4P组合的基础上，增加了两个P："政治力量"(Political Power)、"公共关系"(Public Relations)。

随即，菲利普·科特勒又提出为了精通"4P's"(战术上的)，必须先做好另一个"4P's"(战略上的)：第一个"P"是"探查"(Probing)市场，市场由哪些人组成，市场是如何细分的，都需要些什么，竞争对手是谁以及怎样才能使竞争更有成效。第二"P"是"细分"(Partitioning)，即把市场分成若干部分。每一个市场上都有各种不同的人(顾客群体)，人们有许多不同的生活方式。第三个"P"是"优先"(Prioritizing)，哪些顾客对你最重要？哪些顾客应成为你推销产品的目标？第四个"P"是定位(Positioning)，你必须在顾客心目中树立某种形象。

3. 雷诺汉分类法

美国康奈尔大学旅馆管理学院市场营销学家雷·诺汉(Leom Rengham)认为，服务业的营销策略与制造业应有所区别，需要显示出服务营销策略的各个要素及重要性，并表明各个要素之间的关系。雷诺汉将旅游饭店的营销组合归纳为产品与服务、表象、信息传递三个次组合，如表5-5所示。

表5-5　旅游市场营销组合因素雷诺汉分类法

产品与服务		在以往的营销组合中，旅游饭店往往侧重于有形产品的推销，对无形的服务则不够重视。但旅游消费者往往把产品与服务看成一个整体，因此不应该将产品或服务孤立开来进行营销	
表象	建筑	建筑的外部情况和各服务中心在建筑中的布局状况的合理性	使旅游企业的产品与服务更为有形的所有因素
	地理位置	旅游饭店所处地理位置、距繁华地区的距离状况	
	气氛	旅游饭店通过家具、灯光、音乐、装饰、面积、空间、色彩等布置在消费者心目中营造一种氛围，使之印象更加深刻	
	价格	旅游饭店采用心理定价、等级定价等方法来明确其产品与服务的价值	
	服务人员	旅游饭店服务人员外表以及他们向顾客提供服务的态度与质量，直接影响顾客对服务质量的感受	
信息传递		旅游企业通过向顾客提供无形服务质量方面的信息使这些无形服务有形化，以增进顾客对本企业的产品与服务的了解和期望，并进而带动所有消费欲望的产生	

(二) 旅游市场营销组合理论的发展

1. 以企业为核心的"多P"理论

从1960年杰罗姆·麦卡锡提出了以企业为核心的4P组合理论后，其他如5P、7P、11P等只是营销项目的扩展。

4P理论用科特勒的话说就是："如果公司生产出适当的产品，定出适当的价格，利用适当的分销渠道，并辅之以适当的促销活动，那么该公司就会获得成功。"但市场营销是一门实践性很强的学科，其本身应该在企业营销实践中得以不断完善。4P营销组合理论则更多地站在企业的角度分析企业应该怎么做。随着经济的发展，竞争的加剧，消费者在企业经济活动中特别是营销活动中的作用和地位日益突出，营销组合理论也随之有了新的发展和创新。

2. 以消费者为核心的4C理论

20世纪80年代，美国的罗伯特·劳特伯恩(Robert Lauterborn)针对4P提出了4C营销新理论。以消费者为核心的4C理论包括顾客需求与欲望(Customer Needs and Wants)，消费者的支付能力(Cost to the Customer)、方便消费者(Convenience)、与消费者沟通(Communication)4个要素。4C理论的重点是由生产者转向消费者，强调依据顾客的需求、欲望和支付能力来组织生产和销售，并强调一切为了消费者、方便消费者，同时应加强与消费者的沟通，以便随时改进。

4C是4P的转化和发展，其被动适应顾客需求的色彩较浓，企业需要从更高层次以更有效的方式在企业与顾客之间建立起有别于传统的新型的主动型关系。在市场竞争日益激烈的今天，企业不仅应看到顾客的需求，还应更多地注意到竞争对手、潜在的竞争对手、供应商等多种因素，冷静分析自身优劣并采取相应的策略，在竞争中求发展。

3. 4R理论

针对4C存在的上述问题，近来，美国Don E. Schultz提出了4R营销组合理论。以竞争者为核心的4R理论包括与顾客建立关联(Relevancy)、提高市场反应速度(Reaction)、关系营销(Relation)和讲求回报(Return)4个要素。这次变革充分注意了关系营销，同时注意了服务方对市场需求的应变能力，力争以最少的投入取得最大的产出。可以说4R是新世纪营销理论的创新与发展，必将对营销实践产生积极而重要的影响。

(1) 与顾客建立关联。通过某些有效的方式在业务、需求等方面与顾客建立关联，形成一种互助、互求、互需的关系，把顾客与企业联系在一起，这样就大大减少了顾客流失的可能性。

(2) 提高市场反应速度。在今天的相互影响的市场中，对经营者来说最现实的问题不在于如何控制、制订和实施计划，而在于如何站在顾客的角度及时地倾听顾客的希望、渴望和需求，并及时答复和迅速作出反应，满足顾客的需求。当代先进企业已从过去的推测性商业模式，转移成高度反应需求的商业模式。面对迅速变化的市场，要满足顾客的需求，建立关联关系，企业必须把网络作为快速反应的重要手段和工具。

(3) 关系营销。把企业与顾客之间由原来的交换关系变成了现在的依赖关系，把与竞争对手的你死我活的关系变成了现在的协同合作的关系。企业发展关系营销要掌握的原则是：必须优先与创造企业75%～80%利润的20%～30%的那部分重要的顾客建立牢固关系。如果把大部分的营销费用花在那只创造公司20%利润的80%的顾客身上，不但会造成低效率更是一种浪费。

(4) 讲求回报。对企业来说，市场营销的真正价值在于其为企业带来短期或长期的收入和利润的能力。一方面,追求回报是营销发展的动力;另一方面,回报是维持市场关系的必要条件。企业要满足客户需求,为客户提供价值,但不能做"仆人"。因此,营销目标必须注重产出,注重企业在营销活动中的回报。一切营销活动都必须以为顾客及股东创造价值为目的。

4R与4C理论的共同之处在于,它们都非常强调顾客在企业营销活动中的地位和作用。但4R同任何理论一样,也有其不足和缺陷。如与顾客建立关联、关系,要有一定的实力基础或某些特殊条件,并不是任何企业都可以轻易做得到的。在科学技术高速发展的今天,企业要想立于不败之地,必须有自己的特色和新型的服务理念,基于此,有些营销学者又提出了新的营销组合理论。

4. 4V理论

4V组合策略理论是随着以IT技术为代表的高科技产业迅速崛起而被提出的,2001年我国中南大学教授吴金明将台湾学者罗文坤在1994年提出的4V理论加以发展提出。以培育企业核心竞争力为目的4V理论包括差异化(Variation)、功能化(Versatility)、附加价值(Value)和共鸣(Vibration)4个要素。

(1) 差异化。所谓差异化营销就是企业凭借自身的技术优势和管理优势,生产出性能上、质量上优于市场上现有水平的产品,或是在销售方面,通过有特色的宣传活动、灵活的推销手段、周到的售后服务,在消费者心目中树立起不同一般的良好形象。

(2) 功能化。功能化是指根据消费者消费要求的不同,提供不同功能的系列化产品供给,增加一些功能就变成豪华奢侈品或高档消费品,减掉一些功能就变成中、低档消费品。消费者根据自己的习惯与承受能力选择其具有相应功能的产品。

(3) 附加价值化。附加价值化是指从产品的价值构成来分析,围绕产品物化劳动和活劳动的消耗"C+V+M"在价值构成中的比重将逐步下降,而高技术附加价值、品牌(名品、名人、名企)或企业文化附加价值与营销附加价值在价值构成中的比重却显著并且将进一步上升。目前,在世界顶尖企业之间的产品竞争已不仅仅局限于核心产品与形式产品,竞争优势已明显地保持在产品的第三个层次——附加产品,即更强调产品的高附加值。因而,当代营销新理念的重心在"附加价值化"。

(4) 共鸣。共鸣是指企业持续占领市场并保持竞争力的价值创新给消费者或顾客带来的"价值最大化",以及由此所带来的企业的"利润极大化"强调的是将企业的创新能力与消费者所珍视的价值联系起来,通过为消费者提供价值创新使其获得最大限度的满足。只有实现企业经营活动中各个构成要素的价值创新,才能最终实现消费者的"效用价值最大化",而当消费者能稳定地得到这种"价值最大化"的满足之后,他们将不可避免地成为该企业的终身顾客,从而使企业与消费者之间产生共鸣。

对于营销组合理论的发展、完善,主要是沿着两条路线进行的: 一是按原有的4P组合理论的思路,对4P加以扩展,把4P发展成11P, 7P, 或4V等营销组合理论。这一路线的组合理论虽然在发展中强调了对消费者地位的关注,已经具有向生产者与消费者互动的方向发展的明显倾向，但是总的来说，这些营销组合理论还是以生产者为中心的，是对已有4P组合的有限改良，具有较明显的保守性。二是脱离4P的约束，向全新的4C、4R等方向发展。众多非P字头的营销组合理论基本上都是从关系营销的角度来审视、发展和完善的。这些营销组合理论对原有的以4P为核心的传统营销组合理论进行了比较全面的革命，推翻了生产者在营销组合中的统治地位，赋予消费者以前所未有的关注和权利，尤其是4C组合理论，几乎完全颠覆了传统的4P理论。但4C这种过分强调消费者权利，忽视了生产者权利与能力的"过激"观念很快被强调生产者与消费者之间的平等关系的4R等新的营销组合理论所纠正。而网络营销的4S组合理论改变了消费者的静止、被动状态，构建了消费者与生产者之间的动态、互动的关系。

项目小结

1. 旅游市场营销战略是指在调查研究和市场预测的基础上，根据市场环境并结合自身能力，对旅游企业营销发展方向和长远目标所作的全局性的定性安排。旅游市场营销战略起方向性、决定性作用，而旅游市场营销策略及其组合是实现旅游企业战略目标的手段，有全局性、长远性、纲领性、系统性、稳定性、机遇性和风险性等特点。旅游市场战略的制定与控制过程包括企业战略分析、明确企业总任务、确定总目标、最佳业务组合、决定资源在各业务单位的分配和制定各业务单位的营销计划。在制定旅游企业业务组合计划时，有波士顿咨询公司法(BCG)和通用电气公司多因素业务经营组合矩阵两种著名的方法。

2. 旅游市场营销战略的目的是旅游企业为了实现自身的营销目标，适应不断变化的市场环境，充分利用环境变化所带来的新市场机会，以保证企业的有效经营。从不同的角度考虑，可有众多的战略决策，最主要的有三种战略，即旅游产品—市场发展战略、市场竞争战略和旅游企业形象战略。

3. 营销组合就是企业的综合营销方案，即企业对自身可控制的各种营销因素的优化组合和综合运用，使之协调配合，扬长避短，发挥优势，以便更好地实现营销目标。企业可控制的营销因素是很多的，市场学有几种分类方法，其中E·J·麦卡锡分类法是最常用的一种分类方法，它把各种营销因素归纳为四大类：产品、价格、地点和促销、简称"4P"。所谓营销组合，也就是这四个"P"的适当组合与搭配，它体现了现代市场营销观念指导下的整体营销思想。

项目实训

营销组合策略方案

针对当地一家旅行社目前的经营状况，设计一个适合目标旅游市场需求的市场营销组合策略。

复习思考题

1. 名词解释：营销战略、营销策略，营销组合、4C组合、4R组合
2. 旅游市场营销战略与营销策略的有什么联系与区别？
3. 简述营销战略的制定过程。
4. 如何理解旅游市场营销组合的动态性？
5. 旅游市场营销组合的方式有哪些？
6. 通过网络资源查找新的营销组合理念的发展趋势。

拓展案例分析 | 强档营销组合短期旅游主题活动成功运作⊕

请同学们仔细阅读案例后回答下列问题。

1. 黄土旅行社"三八"主题旅游活动满足了哪些顾客的多种需求？
2. 黄土地旅行社在营销中组合了什么要素？这些要素相互之间的关系如何？
3. 旅行社在营销组合策略中遵循了什么原则？最终将实现哪些合作者的共赢？

2009年3月3日，刚回到天津的天津黄土地旅行社董事长王祖淦给旅行社经理层开会，下达了"三八"旅游主题活动的营销任务，此时，距"三八妇女节"只有5天，他要求实现招徕100人的目标。

不可思议的是，"三八妇女节"主题旅游活动成功了，游客竟然达到了142人。

1. 精准定位——活动制胜的关键

3月4日开始上手策划时，他们注意到3月1日是《城市快报》创刊两周年，而3月7日是旅行社成立十周年的纪念日，这是一个合作契机。然而，旅行社醉翁之意不在酒，与《城市快报》合作，在报上发布消息，真正的着眼点是它的读者群——现有的五万多持卡会员，他们对这份报纸最熟悉、也最信任，也是最容易被这份报纸点燃激情的人群。

对这次主题活动的范围做合理的定位，解决了没有市场和客源渠道的关键性难题，使不可能变为了可能，为此次短时间内主题活动取得圆满成功迈出了决定性和关键性的一步。

2. 整合营销——活动制胜的引擎

把不相关的事物进行巧妙嫁接，利用营销组合来玩转市场，从人们观念的变化入手进行资源整合，让此次活动更具感召力和吸引力。既然此次活动的主题是"男人关爱女人"，核心效果必然是甜甜蜜蜜。甜蜜与蜂蜜存在天然的联系，而蜂蜜恰恰是目前社会上公认的健康型热销产品，因此，这次主题活动要用蜂蜜来回馈客户。

旅行社与博康甜蜜事业连锁机构达成一致意见，取得了对方对此次活动无条件的全力支持。接着找到天津雅士兰婚纱影楼，与他们商讨赞助节日个人写真的有关事宜，让女性在"三八节"留下美好的情影，与天津市王氏果蔬美容院联系，让女性朋友在节日期间享受免费的皮肤护理一次……，《城市快报》工作人员也与武警8630医院取得联系，与其商谈，"三八节"为参加活动的女性进行免费妇科专业体检。

至此，旅行社已对4CS整合营销进行了精妙的诠释：忘掉产品——是给好男人一次关爱女人的表现机会、一个关爱女人的消费理由，引导出男人们"口中无心中有"的潜在的心理需求；忘掉定价——用报名费50元与价值400元丰厚回馈来对消费者视觉和心理造成强烈冲击的消费价值比；忘掉渠道——本次是《城市快报》创刊两周年和天津市黄土地旅行社建社十周年的构建和谐家庭活动，旨在为消费者提供更多的心灵和游憩上的便捷；忘掉促销——整合婚纱影楼、蜂蜜连锁机构、体检医院等等社会资源，从而满足不同顾客的多种需求。

3. 调控到位——活动制胜的保障

3月6日早晨，《城市快报》发布了活动消息。中午，王祖淦先生利用吃饭时间召集公司内所有员工开会，体会和揣摩上午打进咨询电话的游客心态，并开始全面地布置收客阶段的各项工作。提出顾客群不能仅限于报纸的读者，还要尽可能在社会面上拓展，利用自身努力扩大市场的宣传和影响。

3月6日当天下班之前，王祖淦先生又一次开会，总结一天的咨询电话和遇到的问题。根据一天的体会和实际发生的情况，他再次调整策略，将报道稿的写作角度进行了与第一篇稿子的完全不同的修改，加大了人性化力度，抓住了消费者心理，突出了赠品的吸引力，帮助顾客进行价值比较，促使顾客产生消费动机。

3月7日中午，王祖淦再一次给大家开会，要求总控中心的所有员工全力以赴赶在晚上之前，要把所有老客户电话通知到，不管他们是否参加活动，都要利用这次"三八节"机会送上节日问候，要借机完成一次与老客户的沟通联络。

3月8日中午，王祖淦先生再次调整策略，决定总控的工作人员在做好主渠道报名接待工作的同时，还要走出去拜访附近一定范围内的单位和商户，并与周围小区的物业取得联系，张贴活动告示。

3月9日，工作转向出团的各项准备。王祖淦召集带团工作人员召开准备会，详细部署了出团的各个细节：包括如何致欢迎辞、欢送辞、如何把握讲解节奏和如何调动大家的情绪……在每个环节上都设计的很巧妙、考虑得很细致！

3月10日，王祖淦先生一早就亲自驾车带领主要出团人员将活动所涉及的线路和景点全部按计调的安排实地走访了一遍，每到一处都重新考虑路径、推算活动时间、挖掘鲜活的讲解素材等，把活动涉及的各环节和细节准备到了极致。

4. 实现多赢——活动制胜的标准

在横向上，此次活动提高了旅行社的社会认知度和美誉度，并带来了经济效益。此外，在物质利益上、在健康价值观下，参加活动的《城市快报》的客户除了可享受免费赠送的美容护理和健康体检等赠品外，还可以凭订报有效凭证领到一套两瓶装的纯天然新酿蜂蜜，让参与活动的读者实现了"好男人的名"和"实物上的利"的双丰收。活动有利于《城市快报》在成立两周年之际与读者形成交流互动、扩大影响和提升发行量，使常规的报纸版面在活动中立体化，变成了一次面对面、心贴心、情融情的交流，因此，《城市快报》也实现了双赢。参与活动的各协办单位通过报纸免费的正面宣传，不但提高了企业的知名度和美誉度，也在其行业竞争对手中树立良好的社会公信力，即让消费者潜在心理感受到能参与到这个活动的单位就是这个行业中最优秀的。在经济效益上，医院在体检中发现有病灶的人，就找到了患者的客源；美容院在护理中可拓展新的长期客户群，同时还可以为其代理的产品进行水平营销；特别是在人人崇尚健康的今天，在蜂蜜产业竞争异常激烈的今天，活动为博康甜蜜事业连锁机构提供了其品质保证的强有力的宣传。应该说，此次活动从主办方到承办方、从各协办单位到每一位游客，无一不收获得盆盈钵满。这是一次优势共享的组合！

在纵向上，在本次活动没有任何可能促成的情况下，旅行社强行突破的另一个目的，就是他了解到《城市快报》年初与天津一家旅行社确立了唯一的全年合作关系。他要像程咬金一样半路杀出，通过这次活动让报社见证黄土地企业的市场能力。最终使天津黄土地旅行社与《城市快报》建立了长期战略伙伴关系。活动结束后，旅行社马上就借报社发行渠道之势，挺进天津市中、高档社区，把企业的宣传单送进了千家万户，把企业的经营延伸到市场的终端上。

(资料来源：根据旅行社市场营销案例. http://www.guandang.com/doc/698066.html，2012-12-02改编)

学习项目六
制定旅游产品策略

▌知识目标▐

1. 掌握旅游产品的整体概念。
2. 理解旅游产品的组合原理。
3. 理解旅游产品的生命周期理论、新产品开发策略。

▌技能目标▐

1. 掌握旅游新产品开发策略、旅游产品商标策略、旅游产品组合策略，具有在不同条件下选择运用或综合运用各产品策略的能力。
2. 掌握旅游产品生命周期各阶段的营销策略。

案例成果展示 ┃ 横店影视城的"影视"旅游产品　⊙

一、影视带动，旅游跟进

三十多年前，横店仅仅是一个总人口1.97万，建成面积2平方公里的半山区乡，交通不便且自然资源匮乏，周围是延绵不断的荒山荒坡，没有什么影视拍摄和旅游资源。1996年横店为电影《鸦片战争》搭建起了拍摄场景，由此开始了与影视的不解之缘，在这样一片荒芜的土地上，经营者三十多年来持续创新，使横店影视城发展成为目前国内拍摄场景最多、配套设施最齐全、历史年代跨度最大的影视拍摄基地，是全球规模最大的影视拍摄基地、我国第一个国家级"国家级影视产业实验区"，被美国《好莱坞报道》杂志称为"中国好莱坞"。

横店影视城影视产业得到空前发展，并形成了一条完善的影视产业链，在强大的影视产业的带动下，横店影视城通过对影视文化旅游资源的不断整合，完成了对旅游产品的升级开发、更新换代，横店影视城正经历着从单一经营影视基地旅游向打造影视旅游主题公园的战略转变，由其衍生的影视旅游也步入了台阶式高速发展的通道。

目前依靠影视带动，横店影视城已发展成为享誉中外的影视旅游胜地，国家5A级旅游区。由于不断开发和创新旅游产品，以及营销工作的不断突破，横店影视城旅游经营业绩直线上升，成为中国为数不多的经营效益良好的影视城。2001年接待游客只有100万人次，剧组38个，2013年，接待游客达1200多万人次，影视拍摄剧组139个，横店影视城群众演员公会向各剧组输送群演12万人次、特约演员18万人次。

二、突出影视特色，不断创新产品

横店的旅游景区与影视拍摄基地相融合，同时提供的静态与动态的旅游产品，与影视艺术密切相关、静态的旅游产品包括景区的自然与人文景观、拍摄场景的观赏等，动态旅游产品包括观看影视拍摄过程、参与影视拍摄等。此外，拍摄剧组以及云集于此的演艺明星也成为重要的旅游产品。横店还利用游客对热播影视作品的喜爱，现场表演经典的影视画面，以此吸引游客，首创的互动式、体验式旅游项目，在全国各旅游景点中绝无仅有。

横店影视城目前就有12个景区，产品规模大，10个景区可以形成风格各异的旅游产品。

横店影视城旅游资源丰富，经营者充分利用自身优势，在旅游产品的设计中融入了影视文化元素，因此，开发出的旅游产品也具有影视特色，如表6-1所示。

表6-1　横店影视城主题旅游一览表

旅游类型	旅游产品
技艺藏品展览游	九龙文化博览园
	东阳木雕博览馆
	横店中国竹艺博物馆
	摄影作品藏馆
影视宫品游	秦王宫
	明清宫
	屏岩洞府
	江南水乡
	广州街、香港街
	大智禅寺
	清明上河图
	明清民居博览城
	文化村
	浦江神丽峡
	梦幻谷
红色旅游	横店红军长征博览
	国防科技教育园
高科技体验游	梦幻飞毯影院
	怒海争风
	夺宝奇兵
	枪战
	禁烟选秀
	黄飞鸿劫法场
	超级审审审
	暴雨山洪
	火山爆发
	与你同录
	聊斋鬼屋
	《英雄》经典场景
	《无极》魔幻城实景再现
	"梦回秦汉"大型史诗

(续表)

旅游类型	旅游产品
生态旅游	华夏文化园
	花木山庄
	八面山
节事庆典游	中国农民旅游节
	横店影视博览会
	"老红军后代聚浙江"活动
	第八届国际儿童电影节闭幕式暨第12届中国电影童牛奖颁奖典礼
	2006首届影视旅游产业高峰论坛
	2006烂漫六月"相约横店"夕阳红老人相亲联谊会
	"今生缘"集体婚礼庆典
	横店影视城新年喜迎家乡客
	"香港街"平安夜圣诞狂欢节
	横店大智禅寺庙会
	花灯节

三、围绕市场需求，多元化开发产品

针对不同客户群体，陆续开发了多种特色游项目，如包装推出定时、定地的"明星见面会"，使各旅行社团队互动参与，创造游客与明星偶像面对面的机会，形成了目前国内独此一家的具有影视人文特色的旅游产品。推出"拍一天戏，当一回演员""体验影视魅力，参与影视创作"的快乐影视DV游活动，并将其作为一项特色旅游项目编入营销公司产品推广目录。DV游成了横店影视旅游的亮点。

突出了产品的差异性，吸引了市场的关注，为不同市场、不同群体、不同需要的游客提供了丰富的产品组合，拓宽了市场选择的余地。

坚持不懈地建设品牌文化，精益求精地开发旅游产品，大胆求实地创新营销体制，是横店影视城快速发展的原因，也必将支撑横店影视城健康、持续地发展。

(资料来源：根据横店影视城网站——主题公园. http://hengdianworld.com/park/改编)

思考：

1. 旅游企业的产品开发在营销中起什么作用？
2. 横店影视城是如何创新和丰富旅游产品的？

任务一　认识旅游产品

任务提出及实施

1. 完整的旅游产品是如何构成的？
2. 调查当地的旅游资源与旅游产品开发，了解当地旅行社旅游产品的营销状况。

请同学们在教师的讲解和引导下，学习本任务中的应用知识储备内容，查阅相关资料，通过市场调研与共同讨论等方式完成上述学习任务。

案例引入

穿越沙漠成了热门旅游产品

穿越沙漠，曾经是少数人的探险活动，如今却登上了旅行社的产品单。日前，南京两家旅行社将"穿越巴丹吉林沙漠"做成了旅游产品，并由去年成功穿越四大沙漠的陈建国担任领队。

沙漠中有四大奇景。这条线路由苏式旅行社和江苏青旅共同推出，青旅国内部经理徐坚介绍说，巴丹吉林沙漠位于内蒙古自治区西部的阿拉善盟，总面积达4.7万平方公里，是我国第三、世界第四大沙漠。迄今为止，世界上只有23人驾车穿越过此沙漠，其中唯一的女性是南京晨报记者。这一沙漠并非如一般人所想象的只有飞沙走石，它以山高、鸣沙、多湖、奇泉"四奇"闻名中外。整个行程5天，游客在挑战自我的同时，能欣赏到不少奇观，因此作为"旅游线路"也是实至名归的。

身体健康就能完成沙漠的穿越。

传统观念认为，将沙漠之旅推向大众市场，活动强度是不是一般人都能承受的。事实上，虽然是"沙漠之旅"，但是除了有高血压、心脏病及身体状况不良者，身体健康的一般人都能接受这一强度。同时，这一线路的另一亮点是，将由知名的探险人担任领队。

(资料来源：黄淑慧.南京两家旅行社将穿越沙漠做成了旅游产品.南京晨报，2006)

思考：

1. 穿越沙漠何以成为旅游产品？
2. 什么类型的顾客会购买这样的产品？

应用知识储备

一、旅游产品

从旅游者角度讲，旅游产品是指旅游者以货币形式向旅游经营者购买的、一次旅游活动所消费的全部产品和服务的总和。从供给的角度来说，旅游产品是指旅游经营者借助一定的旅游资源和旅游设施，为旅游者提供满足其在旅游过程中综合服务的需要。

认识和理解旅游产品的含义，应从以下三个角度来把握。

1. 旅游产品是一个整体概念

旅游产品是由多种产品组合而成的综合体。具体地讲，一条旅游线路就是一个单位的旅游产品。在这条线路中，除了向旅游者提供各类旅游吸引物以外，还包括沿线提供的交通、住宿、餐饮等保证旅游活动顺利进行的各种服务。飞机上的一个座位，旅馆里的一间客房、一张床位、一顿美餐或是在游览点内导游人员的一次讲解活动，都只是整体旅游产品中的单项产品或服务，亦称单项旅游产品。每个单项旅游产品都是整体旅游产品的一个组成部分，这些单项旅游产品一般通过旅行社将他们组合起来，形成能满足旅游者各种需要的整体旅游产品，归纳起来有6类，即食、住、行、游、购、娱。

2. 旅游产品是一段旅游经历

旅游产品是一段旅游经历，这个经历包括旅游者从离开常住地开始，到旅游结束归来的全部环节，对所接触的事物、事件和所接受的各种服务的综合感受。旅游者眼中的旅游产品，不仅仅是其在旅游过程中所购买的一个饭店的床位、一次飞机或火车的座位，或是一个旅游景点的参观游览、一次接送和导游服务等，而是旅游者对所有这些方面的总体感受。换句话说，旅游者用货币换取的不是一件件具体的实物，而是一次旅游经历。这说明构成旅游产品的诸多单项产品和服务，在质地上应当是均一的，如果厚此薄彼，就会引起产品畸形，甚至有损于整个产品的形象和价值。例如，在一次旅游活动中，有一件单项产品或一项服务的质量特别低劣，以致引起旅游者的不满，那么这个旅游产品的整个身价也许就会一落千丈，也许就要信誉扫地，这个旅游产品的再生产、再销售也就会遇到困难。实践证明，在旅游产品的产、供、销全过程中，只有一丝不苟地按时、按地、按质、按量地组织好整个旅游产品的生产、销售及消费，保证整个旅游活动过程各个环节的衔接和配合，才能最佳地实现旅游产品的价值，使旅游者获得一次良好的旅游经历及感受。

3. 旅游产品是一种服务产品

从供给方面看，即从旅游经营者角度来看，旅游产品是指旅游经营者凭借一定的旅游资源和旅游设施，向旅游者提供的、满足其在旅游活动中所需的各种产品和服务，通过旅游产品的生产与销售，旅游经营者可以达到盈利的目的。旅游产品最终表现为活劳动的消耗，即旅游服务的提供。旅游服务是旅游行业的员工凭借旅游资源、旅游设施以及其他必要的劳动资料，在旅游活动过程中，为旅游者提供各式各样的劳务以满足旅游者的需求。必须指出，旅游服务是与有一定使用价值的有形物质结合在一起的服务，只有借助一定的资源、设施和设备，旅游服务才能得以实现。旅游产品与其他产品的不同点在于，服务的使用价值不是以物的形式来体现其效用，而是通过人的活动、通过提供劳务发挥其有用性。也就是说，旅游服务不是作为物而有用，而是作为活动而有用。作为物而有用的产品，要先把这个产品生产出来才能消费；而作为活动而有用的产品——服务，既不能先于消费生产，也不能贮藏起来待价而沽。服务的生产和消费是同步进行的，二者同时开始，同时结束。例如，行李员把行李搬进客房的过程标志着服务开始；搬运结束，服务也就终止。因此，旅游产品是以服务形式表现的无形产品。

二、旅游产品的特性

旅游产品除了具有一般物质产品的基本属性外，还具有自己独特的产品特征。

1. 无形性

虽然旅游产品构成中确有一部分物质产品供应，如航班的机位、住宿的客房、餐饮、景点设施等，但服务性的产品供应如导游、接待服务等却占有很大比重，旅游线路、日程、节目的设计编排，更属于构成旅游产品的不可缺少的软件部分。因而，旅游产品的无形性首先表现在旅游产品的主体内容是旅游服务。当旅游者在做旅游目的地的选择时，一般见不到旅游产品的形体，在旅游者心目中只有一个通过媒介宣传和相关渠道介绍所得到的印象。其次，旅游产品的无形性还表现在旅游产品的价值和使用价值不是凝结在具体的实物上，而是凝结在无形的服务中。只有当旅游者在旅游活动中享受到交通、住宿、餐饮和游览娱乐的服务时，才能意识到旅游产品使用价值的大小，也只有当旅游者消费这些服务时，旅游产品的价值才真正得以实现。

在大体相同的旅游基础设施条件下，旅游产品的生产及供应可以具有很大差异，因此，旅游产品的深层开发和对市场需求的满足较多地依赖于"软开发"，即无形产品的开发，也就是提高旅游服务的质量和水平。

2. 综合性

旅游经营者出售给旅游者的旅游产品，通常是包括食、住、行、游、购、娱在内的综合性产品。因此，旅游产品的综合性首先表现在它是由多种旅游吸引物、交通设施、住宿餐饮设施、娱乐场地以及多项服务组成的综合性产品。这种综合性既体现为物质产品与服务产品的综合，又体现为旅游资源、基础设施和接待设施的结合。其次，旅游产品的综合性还表现为旅游产品的生产涉及众多的部门和行业。其中有直接向旅游者提供产品和服务的旅馆业、餐饮业、交通部门、游览点、娱乐场地以及旅行社等旅游企业和部门，也有间接向旅游者提供产品和服务的部门和行业；既有物质资料生产部门，又有非物质资料生产部门；既有经济类部门，又包含非经济类的政府部门和行业性的组织等。美国工业标准分类系统的一项调查表明，有三十多种主要工业部门为旅游者提供服务，而涉及的旅游业的其他部门和行业多达二百七十多个。

这一特征表明，旅游产品作为一种综合性产品，其开发所涉及的因素较复杂，制约条件也较多。

3. 同步性

旅游产品是一种特殊的最终消费品，它满足的是人的精神文化需求，因而，旅游产品具有生产与消费的高度同一性。旅游企业借助一定的旅游资源和旅游设施提供旅游服务，旅游者在消费的同时也参与了生产的过程，因而，旅游产品生产和消费，具有高度同步性。正是由于旅游产品生产和消费的一致性，顾客和供应商必须相互联系，通过互动关系塑造出旅游体验。

由于旅游产品生产与消费的时空同一性，必须有现场消费的旅游者，旅游产品才开始生产，旅游者一旦离开生产立即终止。因此，旅游产品生产不像物质产品生产那样可以暂时贮存起来，旅游产品的同一性决定了旅游产品不仅不能贮存，而且一旦旅游消费结束，则旅游产品就自然解体，因而，旅游产品是一种最终消费品。

4. 季节性

旅游产品的季节性，主要是指旅游需求在一年中不同时段呈现的波动状态，也就是旅游业的淡旺季。如航空公司的短周期波动特别明显，星期五和星期一对航班的需求量远远高于星期二到星期四的需求量。同样在不同的时段内，对航班的需求量也明显不同，尤其是在早晨和下午4：00—5：00之间的需求量要明显高于夜间。

5. 可替代性

旅游消费是建立在人类基本需求之上的一种高层次的需求，它受到社会、政治、经济等方面复杂因素的影响，具有较高的需求弹性和替代性。首先，旅游产品与其他商品之间存在替代关系。由于两者价格的变化，会导致旅游产品需求的弱化。其次，旅游产品本身的替代性也很强。在旅游产品不断丰富的今天，旅游者选择的空间更大，具有不确定性。因此，不同旅游产品之间的相互替代性更强。

实践表明，旅游产品的需求价格弹性、需求收入弹性和交叉弹性都比较高，这使旅游产品经营具有较大风险，同时竞争也很激烈。

■ 三、旅游产品的层次

旅游产品的设计者要从游客需求出发，从三个层次来考虑旅游产品的整体设计。

1. 核心层

核心层是旅游产品的第一层，它带给旅游者核心利益。旅游者购买某项产品，最主要的目的不是得到产品本身，而是要得到某种核心利益。如一位饥肠辘辘、疲惫不堪的观光旅游者所追求的核心产品很可能是一杯饮料、一餐能很快解决饥饿的简便饭菜、一间可供其休息的客房。从核心产品看，不同旅游企业提供的不同产品核心往往有很大差别。旅行社提供的是"旅游经历"，旅游交通部门提供的是车船机舱的座位和乘座旅行，旅游饭店提供的食品、饮料、客房床位等。

2. 形式层

形式层，即旅游产品的质量、风格、特点、式样、品牌和包装。旅游产品核心层是旅游整体产品的最基本内核，而形式层是核心产品的实现形式。旅游产品中服务产品占有较大成分，更能说明服务产品形式层是展示层，如饭店的建筑风格、氛围、员工的态度和员工仪表、仪容等。旅游产品质量稳定可靠、风格独特、品牌有一定的知名度、实物产品式样新颖、包装精良对游客有很强的吸引力。

3.附加层

旅游产品的附加层是指为旅游者提供附加利益和附加服务，如旅游消费信贷、优惠付款条件、旅游信息咨询、免费接送服务、购物折扣等。旅游企业可利用这些附加利益和附加服务，来提高游客的满意度。

旅游产品的三个层次之间的关系，如图6-1所示。

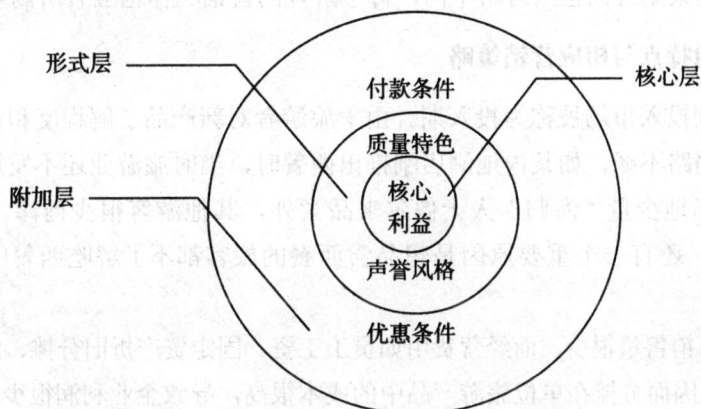

图6-1 旅游产品的三个层次之间的关系

四、旅游产品经济生命周期及其营销策略

(一) 旅游产品经济生命周期理论

旅游产品经济生命周期是指旅游产品从投入旅游市场到退出旅游市场的全过程。旅游产品在市场上的经济生命周期有长有短、表现形态各异。典型旅游产品经济生命周期包括投入期、成长期、成熟期、衰退期等4个阶段，如图6-2所示。

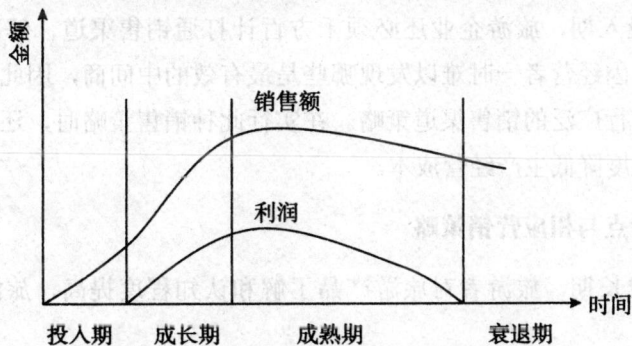

图6-2 典型的旅游产品生命周期曲线

与其他产品自然生命周期不同的是，旅游产品经济生命周期不是指旅游产品使用的价值的存在和消失，而是指旅游产品是否能被旅游市场接受及其接受程度。

(二) 旅游产品经济生命周期不同阶段的特点与营销对策

处于经济生命周期不同阶段的旅游产品会呈现出不同的特点，这些特点大致可从市场认知程度、旅游者类型、竞争者数量、销售金额产品、成本、利润水平、产品质量等这几个方面进行判断。根据不同的特点，旅游企业在成本策略、质量策略、渠道策略、价格策略、沟通与促销策略方面也应有所不同，每个阶段的营销工作也应有所侧重。

1. 投入期的特点与相应营销策略

旅游产品刚投入市场被称为投入期。由于旅游者对新产品了解程度和认识的程度都很低，产品往往销路不畅，如某内地酒店刚推出西餐时，当时旅游业还不发达，外国游客基本上没有，除当地少量"海归"人士偶尔来品尝外，其他游客很少问津。究其原因，除饮食习惯不同，还有一个重要原因是想品尝西餐的旅客都不了解吃西餐的方式，怕闹出笑话。

在投入期内销售量很少，而经营费用如员工工资、固定资产折旧分摊、水电费、广告费等开支又较大，因而分摊在单位旅游产品中的成本很高，导致企业利润很少，甚至亏损。

在投入期，销售渠道往往较为单一，中间商不愿在看不准市场的情况下帮助企业推介和代理新产品。另外，在一般情况下，旅游新产品的质量从不稳定到稳定，从不成熟到成熟有一个时间过程。以酒店业为例，新酒店、新员工、新顾客，员工与设备之间、部门之间、员工之间、员工和游客之间都需要有一个"磨合"的过程，往往刚开业时，客人的不满和抱怨较多、投诉较多。

所以，在旅游产品投入期，营销策略的重点是提高旅游者对旅游产品的了解和认知程度，以扩大市场面。经营者在旅游产品上市前就应策划好旅游广告与宣传，突出"人无我有"、引领旅游消费的新时尚，争取目标市场"先锋型"客人，使他们敢于第一个"吃螃蟹"。在这一阶段，旅游企业向广大潜在旅游者介绍旅游产品性能、使用一些方法是十分必要的，因为毕竟不了解旅游产品的性能或使用方法，客人就不愿消费。

在旅游产品投入期，旅游企业还必须千方百计打通销售渠道，解决渠道过窄而导致的销路不畅问题。因经营者一时难以发现哪些是最有效的中间商，因此，往往采取"来的都是客"办法，实行广泛的销售渠道策略。在实行此种销售策略时，还要节省不必要的开支、减少浪费、适度降低生产经营成本。

2. 成长期的特点与相应营销策略

在旅游产品成长期，旅游者对旅游产品了解和认知程度提高，旅游产品销售额快速增长。

这一时期，旅游消费者已从"先锋型"转变为"大众型"，众多的客人加入某项旅游产品的消费队伍。随着销售量的快速增长，"赚钱"的示范效应吸引了投资者的加入，旅游行业市场准入的法律与政策"门槛"不高，先进入的旅游企业又很难像工业企业那样以专利的形式保护自己的旅游产品，旅游产品如旅游服务产品、旅游线路等又很容易被模仿，投资者进入的技术"门槛"较低，有利于"后来者"加入竞争，使市场竞争的压力进一步加大。

在旅游产品成长期，销售渠道被打开，众多的中间商愿意加入旅游产品的销售队伍。旅游产品销售量快速增长，随着旅游产品销售量的增长，单位成本下降，企业盈利增长。由于经过了一段时期"磨合"以及各项质量保证措施的落实，旅游产品质量日趋稳定并不断提高。

因此，在旅游产品成长期，营销策略的重点是增加市场深度。旅游沟通与促销策略应从"人无我有"、从对旅游产品功能与属性介绍转向"人有我优"，适时实施优质旅游产品传播策略，塑造优质产品的市场形象。注意培养回头客，以优质产品的品牌吸引新游客。经营者还要善于借鉴后加入的竞争同行的经验，必要时可与同行开展"合作竞争"。

在旅游产品成长期，旅游企业应注意解决销售渠道杂乱无章的问题，注意选择适合的旅游中间商，构建与中间商的共赢机制。旅游企业应注意进一步挖掘旅游市场，在开发市场深度上做文章，如发现尚未充分满足的需求、增加符合旅游市场需要的旅游产品品种、数量等。旅游企业还应注意保持旅游产品质量的一致性和稳定性，切忌以牺牲质量为代价来赚取短期利润。旅游企业可实行"相机而动"的价格策略，根据旅游产品在市场上的不同状况来调整价格。旅游企业可适当降低成本，但不能降低产品品质。以五星级酒店为例，若该酒店在客房销售很好的情况下，为更多地降低成本而不惜降低客用品品质，如把"力士"香皂换成普通香皂、赠送入住宾客"晚安致意"的巧克力由两块减成一块、客房内摆放的鲜花换成塑料花等，虽然成本降了一点点，但客人的不满增加，回头客大为减少，结果得不偿失。

3. 成熟期的特点与相应营销策略

在成熟期，随着更多竞争者的涌入，旅游产品的供给不断增加。如众多的旅游企业推出相同的热点旅游线路、热点旅游服务项目等，市场很快饱和、竞争空前激烈，原先走俏市场的旅游产品风光不再，销售量虽有所增长但增速大大减缓甚至停滞。

成熟期的旅游消费者更趋向大众化，连保守型人士也愿意购买，市场对这种旅游产品已十分熟悉。旅游产品质量已很稳定，单位旅游产品成本也较稳定，但有上升趋势，利润较高，但有下滑迹象。

成熟期的营销策略重点在于保护市场面，维持现有的市场份额，开辟新市场。此时，沟通与促销的主题应是"人优我特"，以特取胜。

旅游经营者还应以更长远的眼光，从战略高度把优质产品升华为名牌产品，进而把企业升华为名牌企业，为旅游企业的可持续营销创造条件。

在旅游产品成熟期，旅游企业可通过开辟新市场吸引新的游客前来消费，来延长经济生命周期。在这个阶段，旅游消费已十分大众化，保守人士也愿购买，旅游产品销售渠道不够畅通的问题日渐显露，为此旅游企业要积极疏通和调整销售渠道，争取做到货畅其流。旅游企业应继续保持旅游产品质量的稳定，因为它是知名产品品牌和知名企业品牌升华的基础。

实行相机价格策略，根据不同的情况实行高价、中价或低价策略。此时降成本已达极限，努力保持现有成本不上升已颇不容易，当然有条件时仍可挖掘节支潜力，争取实现利润最大化。在成熟期，如能发现现有旅游产品的新用途，很可能会使该产品继续畅销较长时间。

4. 衰退期的特点与相应营销策略

在旅游产品衰退期，旅游消费者的兴趣已发生转移，只有一些怀旧型客人才肯光顾，销售量急剧下降，单位成本快速上升，利润迅速下降甚至发生亏损，同地竞争者纷纷退出市场。如早期的卡拉OK热退潮，旅游消费者兴趣转向保龄球，后又再转向迪吧等，就是一项项旅游产品在市场上从兴起、兴旺转向衰退的见证。一些旅游企业因对"衰退期"缺乏足够的认识而猝不及防，所以该企业也会随着现有旅游产品衰退而走向衰亡。

衰退期的营销策略重点是收缩市场面，旅游企业有几种具体的营销策略可供选择，重点是减少退出损失。其一是放弃策略，对没前途、无法挽救、给企业造成亏损的旅游产品果断结束业务，退出市场；对还有一定销路的旅游产品，则可采取逐步放弃的策略。在选择放弃策略的同时，应及时推出新产品进入新一轮循环。其二是集中策略，收缩战线以减少促销费用和渠道费用，把主要资源用于尚有利可图的市场。其三是坚守阵地，因为竞争者纷纷退出，市场上仍有一批"怀旧型"旅游者，可坚守一段时间后再退出，或等待新的复苏。旅游产品不同经济生命周期的营销特点，如表6-2所示。

表6-2 旅游产品不同经济生命周期的营销特点

营销策略	投入期	成长期	成熟期	衰退期
策略重点	扩大市场面	增加市场深度	维护市场面	收缩市场面
沟通与促销策略	介绍产品功能与属性	塑造优质产品形象	塑造知名企业	塑造知名企业
渠道策略	广泛性	选择性	积极疏通	选择性
质量策略	提升品质	名优品质	维持品质	维持品质
成本策略	适度降低	适度降低	适度降低	减少损失
价格策略	相机	相机	相机	相机

五、旅游产品经济生命周期的非典型形式

从旅游市场营销的实际中可以看到，并不是所有产品都要经历经济生命周期的4个阶段，有的旅游产品刚投放市场即告夭折；有的旅游产品一投放市场就进入成长期；有的旅游产品在旅游市场上始终不温不火，一直处于缓慢成长状态；还有的旅游产品在经过成熟期后，由于企业经营有方，旅游产品又迎来第二个春天，销售量重新回升又进入新一轮生命周期，被称为"循环—再循环"形态。此外，旅游产品经济生命周期还有其经济形态的

非典型形式。

从趋势上看，旅游产品经济生命周期将越来越短。究其原因，其一是科学技术的进步为推出新的旅游产品提供了可能；其二是越来越富有的旅游者对旅游产品的兴趣在不断改变。旅游企业应了解影响旅游产品经济生命周期的各种因素，审时度势，正确判断旅游产品所处的阶段，以便灵活应对。

旅游产品经济生命周期的影响因素很多，既有外部因素又有内部因素。如有的很有知名度的旅游目的地，因所在国家发生内乱而无旅游者敢去问津，或因一场地震而元气大伤，再如颇具吸引力的自然景观，却因一件突发性治安事故而导致旅游者人数剧减；等等。旅游企业在了解这些影响因素后，应积极地采取具有针对性的营销策略，其应对措施得当会使旅游产品经济的生命周期延长；否则，旅游产品的经济生命周期会缩短。

任务二 把握旅游产品的形态与构成

任务提出及实施

1. 现代旅游产品有哪些形态？
2. 旅游产品的构成要素有哪些？
3. 调查当地的旅游新兴产品，并分析其产生背景和发展前景。

请同学们在教师的讲解和引导下，学习本任务中的应用知识储备内容，查阅相关资料，通过市场调研与共同讨论等方式完成上述学习任务。

应用知识储备

一、旅游产品的形态

旅游产品的形态是指旅游产品的存在形式和表现类型。第二次世界大战战后至今，传统旅游产品，不仅依然存在并有所丰富和发展，而且为适应旅游者的新需求，又逐渐产生了一些新兴的旅游产品。其中主要有满足旅游者健康需求的生态、养生、康体旅游产品；满足旅游者发展需求的业务旅游产品；满足旅游者享受需求的娱乐旅游产品和刺激旅游产品等。

1. 观光旅游产品

观光旅游产品是以满足旅游者观赏游览自然风光、城市风光、名胜古迹等为目的的旅游产品。这类旅游产品，在世界许多国家又被称为"观景旅游"产品。世界上的传统观光旅游产品种类很多，主要有自然风光、城市风光、名胜古迹等；"二战"后世界旅游市场竞争日益激烈的情况下，世界各国为适应旅游市场的需求竞相开发新的旅游产品，各种新的观光旅游产品不断涌现，其中主要有微缩景观、"外国村"或"外国城"、"仿古村"或"时代村"、国家公园和主题公园、野生动物园、海洋观光等。上述传统观光旅游产品及二战后新发展起来的观光旅游产品，构成了世界观光旅游产品的主要部分，部分观光旅游产品不仅仅是单纯的观光旅游产品，其文化内涵也很丰富。

2. 文化旅游产品

文化旅游产品是为了满足旅游者了解旅游目的地文化需求的旅游产品。当今世界文化旅游产品档次逐渐多样化，而且在"二战"后又有显著发展。世界文化旅游产品种类繁多，其中主要有博物馆旅游、艺术欣赏旅游、民俗旅游、怀旧旅游、宗教旅游等。随着社会经济的发展，世界新兴的文化旅游产品主要有文化旅游区或旅游文化中心、大型艺术节等。文化旅游产品通常蕴含着较为深刻而丰富的文化内容，被产品吸引的对象一般都具有相当高的文化素养和造诣。

3. 商务旅游产品

商务旅游指人们以经营洽谈、会晤或交流信息等为目的的外出旅游。商务旅游的过程是商务旅游者花钱购买旅游产品和服务的综合消费过程。商务旅游产品通常具有下述特点：一是目的地的选择取决于工作需要或由他人决定；二是商务旅游很大程度上限于城镇；三是商务旅游时间较短但比较频繁；四是商务旅游对当地环境影响很小。早期的传统商务旅游产品，仅能为商务旅游者提供住店及其餐饮服务。随着现代旅游经济的发展，商务旅游产品还包括会议旅游、奖励旅游、大型商业性活动等，不仅商务旅游越来越频繁，而且商务旅游设施和服务也向现代化方向迅速发展，并为各类企业家、经营者、营销人员及经济工作者提供多方面的服务。

4. 度假旅游产品

度假旅游是旅游者利用假期进行休养和消遣的旅游方式。度假旅游一般具有下述特点：一是度假旅游的地点相对固定；二是度假旅游更强调休闲和消遣；三是度假旅游在某一地区停留的时间相对较长；四是度假旅游者的重复性比较高；五是度假旅游者一般不需要导游。世界上深受度假旅游者所喜爱的传统旅游产品有海滨旅游、乡村旅游、森林旅游；新兴的度假旅游产品有度假村或度假中心(度假区)、野营旅游等。度假旅游产品主要指度假地而言，成功的度假地应具备下述条件：一是自然景色优美；二是拥有令人满意的住宿设施；三是有良好的气候，最好可形成全季候旅游接待；四是要有完善的体育、娱乐设施；五是有便捷的交通、通信条件。

5. 康体旅游产品

康体旅游产品指能够使旅游者身体素质和体况得到不同程度改善的旅游活动。任何一种旅游活动都有益于旅游者的身心健康，康体旅游产品更是如此。作为新兴的旅游产品，康体旅游产品包括体育旅游和保健旅游，体育旅游有滑雪旅游、高尔夫球、漂流、海滨滑水、探险等；保健旅游主要有健身旅游、疗养旅游、考察森林、湖泊、山地、花卉、鸟兽等。康体旅游者的康健动机较为突出，对旅游目的地有特殊的要求，通常需要具备一定的设施、器材和场地等条件。

6. 业务旅游产品

近些年来，有越来越多的旅游者，开始由单纯休息性的消极旅游转向积极旅游，即在外出旅游的同时，把学习和探求专业业务知识、技能作为旅游的主要目的，以满足求知的需求。当然，作为传统的观光旅游产品和文化旅游产品，一般都可以使旅游者开阔视野、增长知识，促进旅游者业务水平提高。特别是商务旅游产品中的会议旅游、奖励旅游，其内容多数也是业务性很强的活动。但"二战"后至今，为满足旅游者的需求，出现了新兴业务旅游产品，其中主要有修学旅游、工业旅游、务农旅游、学艺旅游以及科技旅游、考察旅游等。这些旅游产品都是为满足旅游者某一方面特殊需要而产生的，因而亦称为特种旅游。

7. 享受旅游产品

与其他社会活动相比较，旅游被视为一种享受。随着人们物质生活水平的提高，人们必然会产生享受的需求。为满足人们的享受需求，世界上许多国家陆续推出了享受旅游产品。目前主要有豪华列车旅游、豪华游船旅游、美食旅游、超豪华旅游等。享受旅游也被人们称为"花大钱"的旅游，通常具有下述特点：一是费用特别高；二是可以自己安排旅游路线及住宿地点；三是可以自由地参加各种娱乐活动；四是有专业的服务人员。

8. 探险旅游产品

探险旅游，指旅游者从未见过、听过或经历过，既标新立异又使人特别兴奋或惊心动魄的旅游活动。探险旅游产品一般具有以下特点：一是旅游目的地非同寻常；二是旅游活动中旅游者处于高度紧张和兴奋状态；三是能充分满足旅游者的好奇心；四是能使旅游者留下难忘的记忆。世界各国的探险旅游出现时间虽然不长，但探险旅游产品种类和项目繁多。目前主要有秘境旅游、海底旅游、火山旅游、沙漠旅游、惊险游艺旅游、斗兽旅游、观看古怪比赛旅游等。

二、旅游产品的构成要素

一般而言，旅游产品的基本构成要素有以下几个。

1. 旅游吸引物

旅游吸引物是指一切能够吸引旅游者的旅游资源及条件，它既是一个地区能否进行旅游开发的先决条件和旅游者选择目的地的决定性因素，也是构成旅游产品的基本要素。旅游吸引物的存在形式，既可以是物质实体，也可能是某个事件，也可能是一种现象。旅游吸引物的类型可以从不同方面进行划分。

(1) 按旅游吸引物的属性可划分为自然吸引物、人文吸引物、特产吸引物三类。

(2) 按旅游吸引物的开发程度可以划分为早期开发的、近期开发的、正在开发的、尚未开发的4类旅游吸引物。

(3) 按吸引力的大小可以划分为"热点""温点""冷点"三类旅游吸引物。

(4) 按是否消耗的程度可以划分为消耗性、非消耗性旅游吸引物。

2. 旅游设施

旅游设施是完成旅游活动所必需的设施、设备和相关的物质条件，是旅游者到达旅游目的地和旅游业取得效益的基本条件，也是构成旅游产品的必备要素。旅游设施在旅游产品构成中不是确定游客流向的主要因素，但旅游设施不配套则会影响或阻碍旅游者对旅游吸引物的追寻。旅游设施一般分为专门设施和基础设施两大类。

(1) 专门设施。这是指旅游经营者用于直接服务旅游者的凭借物，通常包括游览设施、交通设施、餐饮设施、住宿设施等。

(2) 基础设施。这是旅游业乃至旅游目的地城镇赖于生存和发展的基础。其内容包括城镇(风景区)道路、桥梁、供电、供热、通信、给排水、排污、消防、环境保护和环境卫生，以及城街区美化、绿化、路标、路灯、停车场等。这些设施是为了城镇居民生产生活需要而提供的，不是直接对旅游者提供服务，但在旅游经营中它是直接向旅游者提供服务的旅游部门和企业所必不可少的。

3. 旅游服务

旅游服务是旅游产品的核心，旅游者购买并消费旅游产品，除了在餐饮和旅游活动中消耗的少量有形物质产品外，还会对接待服务和导游服务进行大量消费。

(1) 从服务产品的产生过程角度划分，包括服务观念、服务技术和服务态度。服务所表现的是一种人与人的关系，因而服务观念是从事服务工作的前提。只有建立完整的合乎实际的服务观念，达到社会认知、自我认知和工作认知的协调一致，才可能具有积极主动的服务精神和服务态度。服务技术是从事服务工作的基础，高超而娴熟的服务技术会成为一种艺术表演，使表演者和欣赏者从中获得享受。因而服务技术水平的高低就成为评判服务质量的标准。服务态度是服务工作的外在集中表现，不仅表现出服务人员对旅游者的尊重和理解，而且也表现出服务人员的气度修养和文明素质，因此是旅游者关注的焦点。

(2) 从服务产品的静态角度划分，旅游服务包括服务设施、服务项目和服务价格三部分。服务设施是旅游服务的物质基础，其现代化水平决定了旅游服务能达到的水平和标准；同时服务设施的完善程度也从客观上影响和制约着旅游企业能否提供多功能的服务。服务项目是在服务设施基础上的扩大和深化，服务项目内容的多少决定着是否能为旅游者提供方便、快捷和高效的服务形式和内容。服务价格是服务质量的货币形式，与服务质量有着可逆的线性关系，不同的价格反映着所提供的不同等级的服务，这是国际旅游业的通行原则。

(3) 从旅游服务的经营阶段划分，可分为售前服务、售中服务和售后服务三部分。售前服务是旅游活动前的准备性服务，包括旅游产品设计、旅游线路编排、出入境手续、货币兑换等；售中服务是在旅游活动过程中向旅游者直接提供的食、住、行、游、购、娱及其他服务；售后服务是当旅游者结束旅游后离开目的地时的服务，包括送到机场车站、办理有关手续、托运行李、委托代办服务等。

4. 可达性

可达性是旅游产品构成的基本因素之一，它不仅是连接旅游产品各组成部分的中心线索，也是旅游产品能够组合起来的前提性条件，具体表现为进出入旅游目的地的难易程度和时效标准。可达性的具体内容主要包括以下几个方面。

(1) 交通的通达条件。交通运输是进行旅游产品组合的必备条件，一个没有良好交通条件的旅游目的地是不可能吸引大量旅游者的。交通条件包括对外交通的工具种类，如车辆、飞机、船舶等；对外交通联系，如国际和国内交通的连接与方便程度等；区内地方交通的种类、数量、能力、布局以及区外交通和区内资源地连接的情况等。

(2) 通信的方便条件。通信设施也是旅游产品组合中不可缺少的必备条件，是旅游产品技术组合中不可缺少的重要因素。与交通条件的先行作用一样，旅游产品中通信设施具备与否，其配套状况、规模、能力以及线路布置，都将直接影响旅游产品的质量及旅游业的投入产出效益。

(3) 手续的繁简程度。这包括出入境签证手续的难易、出入境验关程序、服务效率和频率、咨询信息等，这不仅影响旅游目的地的客流量大小，而且对旅游产品的成本、质量、吸引力等都有重要的影响。

(4) 当地社会的承受能力。这主要指当地社会公众对旅游开发的态度、社会公众舆论、社会治安状况、社会管理水平、人口密度、交通管理等状况，这些都是影响可达性的重要因素。

任务三　开发旅游新产品与品牌打造

▣ 任务提出及实施

1. 什么是旅游新产品？
2. 开发旅游新产品的原则有哪些？科学开发的程序有哪些？
3. 调查当地的旅游品牌，并分析其影响力。

请同学们在教师的讲解和引导下，学习本任务中的应用知识储备内容，查阅相关资料，通过市场调研与共同讨论等方式完成上述学习任务。

应用知识储备

一、旅游新产品的含义

旅游新产品有很广泛的含义，既可能是与众不同的全新产品，也可能是局部改进与创新的新产品，甚至可能是原旅游产品上做一些小的变化。旅游市场营销所认为的新产品，一般分为4类。

1. 全新旅游产品

全新旅游产品，是指采用新原理、新设计、新方法生产的市场上前所未有的旅游产品。相对而言，全新旅游线路的设计并不是太难，一些新服务项目的创新也较易做到，而实物形态的全新旅游产品的设计往往有一定难度。全新旅游产品的推出会给旅游者耳目一新的感觉。

2. 换代新产品

换代新产品，是指在原有旅游产品基础上作出重大变革，使旅游产品性能有重大改进。如对招待所进行改造和装修，使之变成四星级酒店，在原来观光旅游线路基础上进行设计，使之成为观光休闲旅游线路等。

3. 改进新产品

改进新产品，是指旅游企业只对原有旅游产品进行局部改进，而不进行重大改革所设计的旅游产品，如自助餐根据客人口味变化调整部分菜肴，将原有旅游线路增加一、两个更有吸引力的景点等。

4. 仿制新产品

仿制新产品，是指旅游企业在认为有利可图的情况下，仿制目前旅游市场已有的旅游产品，有时也作局部的改变，但总体上属仿制性质。大部分旅游产品的科技成分缺乏专利保护，很容易被别的企业仿制。如"佛跳墙"是闽菜代表作之一，凡是做闽菜的酒店大都仿制原本出自"聚春园"酒店的这道名菜；又由于旅游者喜好不同，加上仿制产品研发厨师的技艺水平参差不齐，不少低档酒楼以"坛烧八味"来替代正宗的"佛跳墙"。随着国家对知识产权保护力度的加强，企业在仿制旅游新产品时应注意避免侵权问题的发生。从长期考虑，仿制、特别亦步亦趋式的仿制是没有出路的，一些学习型企业在实践中逐步认识到创新才是永葆活力的关键。

二、开发旅游新产品的必要性

除少量的人文景观和自然景观外，大部分旅游者希望能消费其他旅游新产品。旅游者需求的变化既给旅游企业现有产品带来被淘汰的威胁，也给旅游新产品提供了新的市场机会。没有新产品的旅游企业，只能是"兔子尾巴"式的企业，必将随着现有的旅游产品经济生命周期的终结而被市场抛弃。

旅游产品开发也有较大的风险。新产品开发往往失败率很高，开发出来的旅游产品一旦不被市场接受，意味着开发费用的损失，又由于旅游新产品大多数不以实物形态存在，因而难以申请专利保护，旅游新产品投入市场获得成功后，众多的竞争者会加入竞争，由于跟进者省去了研发费用，往往会以更优惠的条件夺走客源。

旅游新产品投入市场后，不仅与竞争对手的现有旅游产品形成竞争，而且也会挤占本企业现有旅游产品的部分市场，从而加快本企业现有产品的"老化"速度，有时新产品在旅游市场尚未站稳脚跟，现有产品却被自己的新产品挤出市场。因此，只有正确认识新产品开发的风险，方能防患于未然。有关风险防范，有以下几点需要注意。

1. 旅游新产品要适应旅游市场需求

只有受旅游者欢迎的新产品，才能带来良好的经济效益。旅游企业切忌闭门造车，应紧跟市场的潮流，以减少旅游产品开发的盲目性。在开发旅游新产品前，做好市场调研与预测工作十分重要。

2. 量力而行、量入为出

旅游企业要既充分考虑市场需要又要根据自身的资金、人才、经营管理等条件，扬长避短地开发新产品。中小旅游企业更不能遍地开花地乱上项目，要集中优势开发那些成功率高、市场潜力大、经济效益好的新产品。在开发新产品时应进行必要的风险评估，测算投入产出，量力而行、量入为出；应建立必要的内部风险控制机制，尽可能避免"开而不发，开发而损"的情况发生，即使发生这种情况也要尽量把损失控制在可承受的范围内。

3. 倡导联合开发的新模式

联合开发也是降低开发风险、增加开发成功几率的有效途径之一。一些旅游企业联合开发、推出旅游景点，联合推出包机、包火车旅游线路，联合开发过程中，不成功时每家企业损失不大，成功时每个企业受益颇丰。联合开发之所以取得成功的几率较高，是因为集众家研发能力、推销能力之优势，有利于形成一定的声势，与独家开发相比，客源市场也会更为广阔。

■ 三、开发旅游新产品的一般程序

经验表明，三分之二以上的新产品的开发是失败的，导致失败的原因之一是开发程序不合理、不科学。开发旅游新产品从构思到取得商业上的成功，应遵循科学的开发程序。

1. 收集创意

在开发旅游新产品过程中，旅游经营者要集思广益，创造宽松的环境、构建必要的创意激励机制，激发员工丰富的想象力。激发创意的方法很多，有头脑风暴法、角色扮演法、逆式思维法、相似类推法、连接联想法、焦点法等。旅游企业应倡导员工创新，把员工创意与旅游新产品开发结合起来，把有用的建议收集起来。此外，旅游企业还可以从旅游者、同行竞争者、旅游中间商等处吸收新产品的创意。

2. 筛选构思

收集创意是为开发旅游新产品服务，收集来的各种创意绝大多数或可行性较差或与旅游企业发展目标不符。因此，旅游企业对收集来的大量创意需要进行筛选，以去粗取精。在筛选过程中，旅游企业遇到的难题是可能把有价值的创意筛选掉，本来应是"砂里掏金"，却变成了"抛金留砂"，导致新产品开发的后续工作变成无价值、负价值的工作。

要减少误选或漏选，关键是提高从事筛选工作人员的素质。一些旅游企业采取企业高层主管、员工代表、本行业专家三结合的方式进行筛选，这有利于减少误选或漏选情况的发生。

3. 形成新产品概念并进行测试

旅游企业对筛选后的创意进一步升华，发展成旅游新产品的概念。其任务是把创意转变成旅游者喜闻乐见、愿意购买的现实产品，因而，这项工作是新产品开发中的关键性环节之一。不同的创意会形成不同的新产品概念，相同的创意也可能会形成不同的新产品概念。如"绿色"旅游产品创意，既可能设计成绿色旅游线路，也可能开发一个绿色旅游景区，还可能设计成"绿色"客房、餐厅等酒店产品。旅游企业发挥这些创意，有可能开发出一系列的新产品。

旅游新产品根据测试大都采用文字、图像、模型等形式进行，一些旅游企业已采用多媒体来说明旅游新产品的特点、功能和结构等，特别是酒店设计、新旅游线路的说明等已较为广泛地采用多媒体方式。因此，也可通过这种方式展现概念产品，并向游客征询意见。通过"概念测试"，吸收旅游者对新产品能力、质量、结构、品牌、价格等方面的意见，可进一步完善新产品概念，争取使拟推出的旅游新产品更符合旅游需要，而那些被旅游者认为没有前途的构思和概念产品将被淘汰。

4. 拟定旅游新产品营销计划

为提高旅游新产品的市场成功率，旅游企业在形成新产品概念并经过测过后，就要制定相应的营销计划。旅游新产品营销计划包括新产品的目标市场、在旅游市场上的定位、目标市场规模与发展潜力、目标市场占有率、短期、中期和长期的价格、渠道、沟通与促销等营销策略。

5. 商业分析

旅游企业推出新产品是商业行为，必须讲求经济效益。因此在旅游新产品研制出来之前，还必须进行商业分析。商业分析又称经济分析，是指对旅游新产品潜在盈利进行分析评估。新产品商业分析方法很多，应用较多的有销售量测算、量本利分析法等。

(1) 销售量测算。旅游新产品销售量关系企业占有市场份额的大小，一些旅游企业由于对旅游新产品销售测算不准，导致产生过多而销售不出去或生产过少供不应求。如一些新人造景观开业后旅客出乎意料地稀少；一些含金量很高的新旅游线路推出后出乎意料地"叫好不叫座"；一些高档酒店刚开业却出乎意料地陷入困境。在经营现实中，一些旅游企业为争取投资项目，在可行性报告中往往只描述最佳状况的最佳销售量，而不愿正视最差状况下的最低销售量，结果可行性报告变得不可行。

(2) 量本利分析法。量本利分析法即盈亏分析法，是最简便的测算方法。盈亏分析法又有两种形式，其一是保本点分析法，计算公式为

$$Q = \frac{F}{P-V}$$

其中：Q——保本点销售量；

F——年平均固定成本；

P——单位旅游产品售价；

V——单位旅游产品中包含的变动成本。

其二是目标利润测算法，计算公式为

目标利润=总成本×目标成本利润率

6. 试制

在经过商业分析之后，如果不可行则应果断放弃，以防止损失的增加，如可行，即进入新产品试制阶段。旅游企业在试制阶段的任务是把概念性旅游产品转化成现实旅游产品。

由于旅游产品的特殊性，在本阶段旅游企业对实物性旅游产品和服务产品在试制方面的要求有较大差异。实物产品试制既要考虑需求水平又要考虑在技术上有一定的先进性，服务产品要更多地考虑服务技能所能达到的水平及旅游者兴趣变化的趋势。一些企业在新产品试制成功后，应请各方面人士提出意见和建议，并据此进行改进。如某四星级酒店试营业之前，邀请酒店专家、同行企业代表、旅行社代表、游客代表入住三天，共征询意见900条，酒店根据这些意见进行整改，正式营业后客人较为满意。

7. 市场试销

旅游产品研发出来以后一般不宜大批量生产，而应拿到市场试销。通过试销，旅游企业可进一步了解旅游者偏好，了解旅游者对旅游产品在质量、样式及价格等方面的意见，发现旅游产品设计时所忽略的缺陷。旅游企业根据市场试销搜集来的信息，对旅游新产品加以改进和完善。生产成本不高或对市场很有把握的旅游新产品，也可直接拿到市场销售，以抢占市场先机。如旅游新线路的推出，由于设计研发成本低，一些企业在旅游新线路设计后即投放市场，越过试销这一环节。对于投入大、一时拿不准的旅游新产品，一般还是需要经过市场试销这一环节的。

8. 正式投放市场

经过试销改进后，旅游产品即可全面上市，也就进入了商业化阶段。在旅游新产品刚

投放市场时，一般销售量较小，各种费用较高，往往会造成一定的亏损，这是正常现象，如新酒店一般在开业3至6个月内会现出亏损。旅游营销管理人员此时的任务是把亏损控制在一定的范围内。旅游新产品正式推向市场，选择什么时机也十分重要，特别是对于时令产品来说，对时机的把握尤为关键。

选择适当的地点推出旅游产品也很重要。如一家地处大城市的某酒店推出以野菜为主的新菜系颇受游客欢迎，另一家地处小城镇的酒店也仿效，却很少有人问津。只因地点不同，消费者嗜好也不同。

一些旅游企业在产品试销阶段可邀请名人造势，往往能取得意想不到的成功，具体办法如酒店开业邀请名人下榻、旅游纪念品请名人试用、旅游景点邀请名人试游等。

旅游新产品正式进入市场后，应关注旅游者态度，根据旅游者的要求对旅游产品进行改进，使之逐步完善。

四、旅游产品的开发趋势

1. 升级换代速度加快

一方面，旅游者兴趣变化速度加快，一般的旅游新产品只能引领潮流一至两年甚至短至几个月；另一方面，许多新的投资纷纷投向旅游行业，现有旅游企业又在加快扩张速度，使供求关系发生重大变化，加快了现有产品的"老化"速度，旅游企业之间的竞争进一步趋向白热化。"一招鲜，吃遍天"的时代早已成为历史。这种现状迫使旅游企业不得不加快旅游新产品开发速度，以"新"取胜，即使一些知名度很高的旅游景点也要尽可能推出新产品、新项目，以迎合不断变化着的游客需求。

以游客需求变化为例，从观光型转向参与型再转向度假休闲型，旅游产品的开发也从第一代发展到第二代、第三代。第一代的观光旅游产品是一种低层次的初级旅游产品，以名山胜水、古建古迹等自然和人文旅游资源为凭借，以一般参观游览为主，靠外延式的开发建设来扩张规模，以取得效益，但外延式的扩张会引发一系列问题，如一些企业在景区大建酒店，虽企业效益不错，但却使资源品位下降，由破坏性建设造成了建设性破坏；第二代旅游产品以资源为凭借，以主题观光旅游为主，但有一部分参与性旅游穿插其中，有较为鲜明的主题，有较高的文化品位，如孔子文化之旅等；第三代旅游产品是以度假、休闲、健身、商务、文化、研修等非观光旅游产品为主，由单项参与旅游向双项和多项参与型旅游产品升级，由"线上"的旅游产品转向"点、线、面"结合的综合性旅游产品。

2. 科技含量进一步提高

现代旅游产品开发越来越多地采用高科技手段，如类似于迪斯尼乐园等主题公园采用现代化声、光、电等手段，大大提高了对旅游者的吸引力。不少人文景观也因运用高科技手段而大放异彩，如被高科技灯光点缀得五彩斑斓的陕西秦始皇地宫、北京八达岭"夜长城"等。高科技手段还广泛运用于旅游交通产品的开发，这使旅游者能够获得更为安全、舒适、便捷的旅游体验，如黄山、泰山等著名景点在符合环保要求的前提下开辟了通往山顶的索道，既增加了游览通道，又使游客省去了许多辛劳。

高科技的广泛运用可节省旅游产品开发的成本，如利用计算进行辅助设计既可减少产品设计的工作量又可提高设计质量，还可提高效率；利用高科技手段还可更好地满足游客对旅游服务质量和服务快捷性的需求，如客房结账系统，可使宾客在客房内直接按电视上的菜单提示快速结账，避免前台拥挤而带来的不便，也节约排队时间，不至影响大堂秩序。

3. 特色趋势

为满足游客的个性化需求，旅游企业要在特色上大做文章，标新立异，以"特"取胜。

旅游经营者还可凭借独特的资源开发独特的旅游产品。在特色旅游产品开发过程中，一些地方通过打"文化牌""民俗牌""名人牌"等而大获成功。但也有些地方没名人"抢名人"，缺乏历史文化依据地胡乱"仿古"，以此开发出来的旅游产品，不仅"土"而且俗不可耐；一些旅游企业为摆脱惨淡经营局面，甚至"开发"封建迷信的东西来招徕客人，被有关部门查处；一些旅游企业推出不健康产品来引诱客人消费，受到了舆论的谴责；还有一些人造景点为求"特"，仿照恐怖片设计出体验旅游产品，游客身临其境后饱受惊恐折磨。这些都是旅游新产品开发中应注意避免的问题。

4. 绿色化趋势

自20世纪70年代以来，人们越来越关注环境问题，而"黑色文明"给环境造成巨大压力，使得各国政府相继颁布实施保护环境的"绿色法律"并重视舆论宣传，提倡环保、提倡走可持续发展道路的呼声也日益高涨。绿色舆论监督使破坏环境的行为"人人喊打"，国际环境认证体系(ISO14000)等绿色标准的建立，为绿色旅游产品开发指明了方向；破坏环境的旅游产品越来越受到游客抵制，绿色旅游消费一浪高过一浪，成为绿色旅游产品开发的强大动力。绿色旅游产品方兴未艾，未来必将引领旅游市场消费浪潮。

绿色旅游产品几乎涵盖了旅游消费的所有方面：绿色旅游线路和绿色景点，如生态旅游线路、无污染、纯天然的绿色景点等；绿色旅游交通，如景区为保护环境使用环保专用车；绿色饭店，如绿色客房、绿色餐饮等；绿色旅游商品等。许多旅游企业争相开发绿色旅游产品，以满足游客的绿色消费需求。

📖 项目小结

旅游产品是一个整体概念，作为一种以服务为主的综合性产品，具有自己独特的产品特征：无形性、综合性、依存性、同一性、替代性、外向性。旅游产品的设计者要从游客需求出发，从三个层次上来考虑整体旅游产品的设计：核心层、形式层、附加层。

典型旅游产品经济生命周期需经过投入期、成长期、成熟期、衰退期4个阶段。处于经济生命周期不同阶段的旅游产品会呈现出不同的特点。根据不同的特点，旅游企业在成本策略、质量策略、渠道策略、价格策略、沟通与促销策略方面也应有所不同，每个阶段的营销工作也应有所侧重。

第二次世界大战战后至今，传统旅游产品不仅依然存在并有所丰富和发展，而且为适应旅游者的新需求，又逐渐产生了一些新兴的旅游产品。其中主要有满足旅游者健康需求的康体旅游产品；满足旅游者发展需求的业务旅游产品；满足旅游者享受需求的享受旅游产品和刺激旅游产品等。

旅游产品经济生命周期有越来越短的趋势，新需求、新市场不断涌现，这需要旅游企业不断推陈出新，在旅游产品设计上以"新"取胜。旅游新产品一般分为全新旅游产品、换代新产品、改进新产品、仿制新产品4类。开发旅游新产品应遵循科学的开发程序，即收集创意、筛选创意、形成新产品概念并进行测试、拟定新产品营销计划、商业分析、试制、市场试销、正式投入。

旅游产品组合的技巧包括时间安排的合理性、空间安排的科学性、适应需求的针对性、所选交通工具的便捷性、舒适性和部分旅游产品的参与性5个方面。

复习思考题

1. 旅游产品为什么会存在生命周期现象？应如何来划分旅游产品生命周期的各阶段？旅游产品生命周期现象给了我们哪些启示？

2. 试论述分析旅游产品生命周期各阶段的特点及营销策略。

3. 试论述分析开发旅游新产品的要求和程序。

项目实训

产品策略

一、实训目的

熟悉旅游产品的整体概念、产品市场生命周期、新产品开发、品牌与包装等策略的原理与应用。

二、实训组织

在教师指导下，由学生自由组合成4～6人为一组的研究性学习项目小组，并确定负责人。并经教师确认选择2～3个类型的产品作为研究的样本。

三、实训要求

由小组组织市场调研，针对样本产品的整体概念、市场生命周期等问题收集市场信息、确定所研究产品的整体概念和所处的市场生命周期阶段。根据研究结论，针对该产品的竞争和营销现状提出改进方案。同时，需注意以下问题。

1. 该产品的产品整体概念可以怎样表达？

2. 该产品处于生命周期的什么阶段？

3. 该产品有何进一步开发的机会？

4. 该产品的品牌能否延伸、包装可否进一步调整？

拓展案例分析 | 乌镇旅游品牌建设

当国内大多数景区还停留在山美水美的产品阶段，乌镇已经率先进入"生活在梦里"的旅游品牌建设。随着景区产品同质化的日益严重，在不久的将来，没有品牌差异的景区，将没有市场。景区的品牌建设，是赢得游客的王牌。

乌镇，作为旅游品牌建设的先行者，有漂亮的成功，有惋惜的败笔。

乌镇旅游竞争分析：乌镇，隶属古镇旅游。江南水乡、江南古镇旅游竞争非常激烈，而乌镇开发较晚。

乌镇品牌诉求："生活在梦里的——乌镇"，一句好的广告语，总能给人以无限遐想，形成强有力的品牌吸引。之所以是一个成功的品牌诉求，主要有两个层面。

(1)"梦"。一个梦字带出了千年古镇厚重的历史感、时空感，从"老房子"到"梦"，完成了品牌的情感诉求。

(2)"生活"。国人习惯了来也匆匆去也匆匆的观光旅游，我们似乎无法停留，无法停留就无法体味，所以游客和景区的联系非常单薄，而"生活"，就是希望和游客联系得更紧更深，希望游客不再是"客"，而是生活在此、沉浸在此的主人。我们用景区2.0理论来解析，"生活在梦里的乌镇"寓示了乌镇从观光型(景区1.0)到体验型(景区2.0)的蜕变；从产品诉求(1.0)到情感诉求(2.0)的品牌提升。

乌镇品牌代言：品牌代言人，真的能代言该品牌吗？通常好像不是。我们常常看到某品牌请代言人，主要选择依据是该明星是否当红，而非是否与自己的品牌气质相符合。这是片面追求知名度，而忽略美誉度的短视行为。令人欣喜的是，乌镇，请到了唯一的候选人——刘若英。刘若英的气质，与乌镇江南水乡的气质完美无瑕地契合在一起，我们会在心里说，就是她。请刘若英做代言，乌镇的品牌已经成功了一半。之所以说刘若英是最佳选择，原因有三：①刘若英清新的淡妆，就像江南水乡，给人邻家女孩的感觉，非常亲切。②刘若英在乌镇拍摄了《似水年华》等知名电视剧，传播上能很好地借力。③刘若英的知名度和美誉度，包括代言价格，都是上佳选择。

乌镇品牌营销：与SMG上海文广集团战略合作。"华语强音——新娱乐华语主持人盛典""新娱乐华语主持群星会——乌镇之约"以及我行我秀的活动场地不约而同地在乌镇驻扎，乌镇借力东方卫视，迅速建立了品牌营销平台。传统的广告营销，是景区1.0的做法，2.0的做法是品牌联盟——BD合作，通过与东方卫视的战略合作，乌镇这个千年古镇闪耀着时尚、文化、青春的时代活力，不但完成了品牌借力，也大大丰富了品牌内涵。当然，这里我们也看到了某些方面的不足，未能深入东方卫视的活动环节、未能充分放大场地效应，是一个不小的遗憾。就这个方面来说，乌镇的品牌营销还未达到2.0。

乌镇品牌公关：乌镇与文广、电视节的合作过程中，景区表现过于平淡。比如"群星会"上，未能有效利用台上台下众多的名人资源、活动资源，形成连续的新闻引爆，十分可惜。也许乌镇旅游开发公司，应该在营销、公关活动方面加大策划投入。

乌镇品牌投放：以东方卫视为主的TVC投放，是典型的单向传播的1.0思维。众所周知，网络才是和目标游客有效互动的最佳平台。TVC、报广、BANNER等硬广只是传播的一部分，我们的重心应是建立和游客立体互动的平台，结合Web 2.0工具，让游客参与深度体验，并引导游客将自己的体验加以扩散，形成口碑传播。简单来说，景区2.0的媒介策略就是"让每一个游客都成为我们的媒体"。

乌镇品牌互动：品牌传播基本还是1.0时代的单向传播，还未涉及2.0时代的品牌互动。

乌镇2.0：景区2.0的核心是"游客需求什么"，而不是"景区有什么"，所有的经营活动都围绕游客展开。乌镇应该结合自身资源，开发更多迎合市场需求的旅游体验，增加盈利点，同时增强乌镇品牌的持续支持。

网络，是景区未来的主战场。它不但是品牌营销的主战场，更是旅游渠道的必争之地。

品牌建设，乌镇依靠网络营销后来居上，希望乌镇能够先行并赢得未来。

(资料来源：应宏.乌镇旅游品牌建设案例解析. http://www.cjqjj.com/Article/HTML/501.html，2008-10-09. 有改动)

思考：

1. 乌镇景区在品牌建设上是如何做的？

2. 乌镇应该如何结合自身资源，增强自身品牌的持续支持？

◂学习项目七▸
制定价格策略

知识目标

1. 了解旅游产品的价格概念、形式及其影响因素。
2. 理解旅游产品定价的目标与方法。

技能目标

1. 掌握旅游产品定价策略及适用范围，具有根据市场需求、产品成本和竞争状况正确选择定价方法和价格策略的能力。

2. 重点掌握旅游产品定价目标；成本导向定价法；需求导向定价之价格需求弹性定价法；旅游产品定价策略与技巧

案例成果展示 | 南京运管处公布包车运输成本，推进旅游价格回归 ⊘

　　2013年10月1日，备受各界关注的《中华人民共和国旅游法》实施了，这部旅游法最大的亮点就是保护了旅游者的合法权益，让旅游价格回归正常。

　　这本是件好事，但不少业内人士都表示"压力山大"。因为旅游产业链延伸很长，涉及吃、住、行、游、购、娱等六大环节，涉及国务院二十多个部委，一百一十多个产业。这部法律出台后，会不会对以前不太规范的产业带来冲击，或者说会不会让一些产业洗牌? 一时众说纷纭。

　　南京市公路运输管理处自2012年来，以旅游包车运价变化规律为切入点认真开展调查研究活动，连续两年向社会提供包车运输成本资信，发布行业运输分类指导价格，为引导运输市场向诚信和品牌企业集中作出了有益尝试，为旅游价格回归作出了积极努力，如表7-1和表7-2所示。

表7-1　旅游包车客运平均每公里成本及华东五日游成本

车型分类	33+1+1座		45+1+1座		53+1+1座	
	中级	高一级	中级	高一级	中级	高一级
成本(元/公里)	4.65	4.99	5.34	5.86	6.33	6.68
华东五日游(1300公里)	6045	6487	6942	7618	8229	8684

表7-2　市区包车客运平均每公里成本及三条包车线单趟成本

车型分类	33+1+1座		45+1+1座		53+1+1座	
	中级	高一级	中级	高一级	中级	高一级
成本(元/公里)	8.80	9.70	10.60	11.62	12.81	14.24
市中心至新生圩单趟(40公里)	352	388	424	464.8	512.4	569.6
市中心至江宁开发区单趟(35公里)	308	339.5	371	406.7	448.35	498.4
市中心至高新开发区单趟(40公里)	352	388	424	464.8	512.4	569.6

一、南京旅游包车市场价格乱象

自市场经济体系建立以来，旅游包车市场运营价格基本上是完全放开的，实行市场调节价，由承、托双方根据营运里程、车辆类型、车辆等级等数据协商确定，它不同于公路班车以及公交、出租车、地铁等交通出行方式由物价部门指导定价。

因此，旅游包车市场价格存在许多问题，主要有如下几点。

一是价格竞争激烈。根据2013年第一季度南京市客运企业调查结果：有95%的企业认为包车市场价格竞争激烈，76%的企业认为旅行社等用车单位压价严重，包车价格低于运输成本；50%以上企业认为目前只能保本维持。旅游客运虽然是旅游产业的三大支柱产业之一，但是一直处于行业的下游，没有市场话语权，尤其在市场供大于求的情况下，与旅行社等用车单位的合同价格均低于成本价，多数只能从旅游购物等不正当途径获取成本补偿。可以说，在南京的旅游包车市场中，低价竞争是企业目前最有效的竞争方式，同时也是旅游包车市场推行公车公营的最大障碍之一。

二是市场缺乏有效监管。旅游包车价格市场完全放开，因此在供求矛盾突出的时候会出现企业随意提高或降低包车价格的不正当行为，但是行业管理部门(价格、交通运输部门)在多数情况下没有主动依法查处，而是听之任之，致使多年来没有一起价格不当行为受到处罚；同时，价格、交通运输两个部门也未能及时开展运输价格调研和监测，未能结合车型、运输成本、比价关系、道路运输行业平均利润率、社会承受能力等因素进行综合考虑，未能适时向市场公布包车运营成本，以保持运价水平的合理与稳定，推动旅游包车市场公平竞争、有序发展。

二、主动作为，及时发布成本信息

结合包车价格市场的现状，针对存在的问题，南京市运管处于2012年初开展了"南京市旅游客运、市区包车客运生产量和经营成本结构"课题调研。

首先，确定研究内容和研究对象，以及研究目标。

其次，成立调研组，确定工作人员，主要由行业、企业、协会等不同单位人员参与，成员组成有会计、统计、业务经理、调度、管理、用户等，并根据调研任务明确工作分工。

第三，编写调查提纲，确定调查方式，采取走访企业、旅行社，召开企业座谈会、发放调查表等形式开展，其中调查表根据研究内容和对象进行专项设计，共分成"南京市旅游包车客运市场问卷调查表""南京市市区包车客运市场问卷调查表""南京市旅游、市区包车客运生产量调查表""南京市旅游客运平均每日成本表""南京市市区包车客运平均每日成本表"5种调查表,同时制定填表说明,统一数据采集标准,确保数据的真实、客观和有效。

第四,确定调查样本数量和归类汇总统计方法。其中样本按照企业性质、经营方式、经营规模、专业等分类不同,选取代表样本;每一项成本均按照"去除最高分、最低分,剩余数据求平均值"的方法取值,再进行最后汇总。

第五,确定调研材料反馈修正方法,年度包车客运生产量和经营成本出来后再反馈给现有客运企业和向相关用户单位征求意见,并根据意见由调研组评审后再修正。

最后,在交通网站公布年度包车运输成本资信,向社会、用车单位提供包车分类指导价格。

三、效果明显,促进行业可持续发展

2012年上半年,南京市旅游包车车辆运营成本公布后,受到了客运企业和市场用车单位的一致好评,成为当年度道路客运市场旅游包车、市区包车用车定价的一个基准,对推动行业自律,促进运价水平的合理与稳定作出了努力,也为包车市场规范发展起到积极作用。其效果主要体现为以下几方面。

一是为价格市场管理提供了依据,对一些靠低价营销(低于运输成本),一些随意涨价(市场需求旺盛时期,坐地起价)等扰乱价格市场行为的处罚提供了衡量的依据。

二是为包车市场中发生的用户合同纠纷、事故理赔等问题的解决提供了当事人双方均能认可的包车运输成本参考价格。

三是促进企业进一步加强管理,诚信经营、守法经营、规范经营,共同维护行业价格秩序。

四是促进企业加强日常车辆营运成本等基础管理,降低成本支出,强化成本核算,重点是对企业的机务管理、运务管理、财务管理提出了更高的要求,如车辆的人工成本、车辆折旧费、行车能耗费、车辆保险费、修理费、轮胎消耗费、车辆规费、客运代理费和其他费用均要纳入管理考核中。

五是接受了来自社会、服务对象以及相关部门的监督,为旅游者明明白白消费提供了权威参考,为建立公开、公正、平等竞争的市场秩序提供了信息支撑。

六是强化了行业以市场为导向、满足市场需求、服务经济社会发展的服务意识。

(资料来源:江金凤.南京公布包车运输成本,推进旅游价格回归.运输经理世界,2013)

思考:

1. 旅游产品价格对旅游消费者来说,为什么比较敏感?

2. 如何实现旅游价格回归?

任务一 认识旅游产品价格及其影响因素

任务提出及实施

1. 了解旅游产品价格及其构成要素。

2. 理解影响旅游产品定价的因素。

3. 调查本地旅游企业的价格体系。

学生利用课程教材、学校图书资源、互联网等，分组讨论完成以上任务。

案例引入

横店影视城预订系统中的产品(套餐)价格

一、产品套餐预订提示

1. 套餐所含挂牌三星酒店：影星酒店、旅游大厦；

商务酒店：星河大酒店、影星酒店万盛楼、京华大厦、万豪大酒店、旅游大厦(B标)；

挂牌四星酒店：国际会议中心、国贸大厦；

横店影视城连锁酒店：鑫悦、华尔康居、花木山庄等。

2. 二人安排标准间，三人安排三人间或加床，三人套餐价按(套餐价÷2×3)计算。

3. 成人、老人套餐可免随行13周岁以下儿童门票1套，身高超过1.5米请带户口本，1.2米以下儿童免票。

4. 当日电话预订不能确保有房，如已经确定行程，请尽量提前预订。

5. 平日指周日至周五。

6. 法定节假日执行周六价：常规周六，春节(1月30日—31日，2月4日—5日)，清明(4月5日—6日)，五一(5月3日)，端午(5月31日—6月1日)，中秋(9月6日—7日)，十一(10月5日—6日)。

7. 黄金周：春节(2月1日—3日)，五一(5月1日—2日)，十一(10月1日—4日)。

二、套餐价格表

1. 成人套餐(双人门票+三星住宿)。针对成人套餐，3月15日至4月30日，每人优惠50元。成人套餐价格如表7-3所示。

表7-3 成人套餐价格表

项　　目	溜溜卡套餐	经典卡套餐	横游卡套餐
所含景点	两景点+梦幻谷	三景点+梦幻谷	四景点+梦幻谷
住宿标准	★★★	★★★	★★★
可否携带小孩	√	√	√
市场价	1550元	1690元	1880元
周日至周五价	980元	1130元	1280元
周六价	1080元	1230元	1380元
黄金周价	1480元	1630元	1780元

老人套餐(双人门票+三星住宿)。针对持老年证或男55周岁、女50周岁以上身份证的老人，老人套餐价格如表7-4所示。

表7-4　老人套餐价格表

项　　目	溜溜卡套餐	经典卡套餐	横游卡套餐
所含景点	两景点+梦幻谷	三景点+梦幻谷	四景点+梦幻谷
住宿标准	★★★	★★★	★★★
可否携带小孩	√	√	√
市场价	1550元	1690元	1880元
周日至周五价	630元	710元	780元
周六价	730元	810元	880元
黄金周价	不适用	不适用	不适用

学生套餐(双人门票+三星住宿)。仅限初中及初中以上学生使用，凭全日制院校学生证等有效证件检票(脱产、函授、自考等不能使用)。学生套餐价格如表7-5所示。

表7-5　学生套餐价格表

项　　目	溜溜卡套餐	经典卡套餐	横游卡套餐
所含景点	两景点+梦幻谷	三景点+梦幻谷	四景点+梦幻谷
住宿标准	★★★	★★★	★★★
可否携带小孩	×	×	×
市场价	1550元	1690元	1880元
周日至周五价	620元	690元	760元
周六价	720元	790元	860元
黄金周价	1120元	1190元	1260元

三、说明

1. 以上显示套餐的价格均为入住挂牌三星酒店的价格；

2. 若选择四星酒店(丰景嘉丽大酒店、国贸大厦普标)，价格在此基础上补50元/人；

3. 若选择四星酒店(国际会议中心、国贸大厦豪标)，价格在此基础上补100元/人；

4. 若选择横店影视城其他连锁酒店、商务酒店，价格在此基础上优惠20元/人至65元/人不等。

(资料来源：根据横店影视城官网，http://e.hengdianworld.com/，2014-3-15)

思考：

1. 旅游企业制定产品价格主要依据什么？

2. 横店影视城的套餐价格体系合理吗？

一、旅游价格的构成

旅游价格是旅游者为了满足旅游活动的需要所购买的旅游产品的价格，是旅游产品价值的货币表现形式，它是旅游产品价值、旅游市场的供求和一个国家或地区的币值三者变化的综合反映。在市场经济中，一方面，旅游活动的商品化是必然结果，旅游者食、住、行、游、购、娱等需求必须通过交换活动，通过支付一定的货币量才能获得满足。另一方面，旅游经营者在向旅游者提供旅游产品时，必然要求得到相应的价格补偿，于是在旅游者与旅游经营者之间围绕着旅游产品的交换而产生了一定货币量的收支，这就是旅游价格。从旅游经营者的角度看，旅游价格又表现为向旅游者提供各种产品和服务的收费标准。研究旅游产品的价格构成，首先要区分旅游产品的存在形式。在现实的旅游市场交换中，用于交换的旅游产品主要是以两种形式存在的：一种是单项旅游产品，一种是组合旅游产品或线路旅游产品。

(一) 单项旅游产品的价格构成

单项旅游产品只是旅游者在旅游活动中所要涉及的住宿、餐饮、交通、娱乐、购物等当中的某一项，无论哪一种单项旅游产品，其价格都是由成本和盈利两部分构成的。

1. 成本

成本是生产单位产品所需费用的总和：旅游产品的生产成本包括三部分内容：一部分是提供旅游服务所凭借的旅游接待设施设备、交通运输工具、建筑物以及各种原材料、燃料、能源等的成本；第二部分是旅游企业从业人员的工资，它们是旅游从业人员提供劳务的价值补偿，是活劳动的耗费部分；第三部分是旅游企业的经营管理费用，是企业在生产经营活动中必须支付的一定费用。需要指出的是，旅游产品价格中的生产成本，是指生产同类型旅游产品的社会平均成本。生产同种类型旅游产品的众多企业中，由于各种各样的原因，他们所生产产品的个别劳动耗费是不一样的，导致旅游产品的价值有高有低，但在市场上，价格中的生产成本只是该产品一定时期内的社会平均成本。

2. 盈利

盈利是旅游产品价格扣除成本的剩余部分，是旅游从业人员为社会劳动新创造的价值部分。它包括向政府缴纳的税金、贷款利息、保险费用和旅游产品经营者的利润。税金是纳税人依法向国家纳税的金额，利润则是企业获得的收入中扣除成本、税金、贷款利息及保险费后的余额。一般情况下，利润与价格是成正相关的，价格水平越高，企业所获得的利润就越多。

(二) 线路旅游产品的价格构成

线路旅游产品或组合旅游产品是旅游经营者、特别是旅行社，把多个单项旅游产品组合在一起提供给旅游者的。其价格是由购进成本加上旅行社的自身经营成本和利润构成的。其中，旅行社在组合旅游产品时，用于购买各单项旅游产品的费用之和，称为旅行社的购进成本或代办费。由于这些交通费、餐饮费或住宿费是由旅行社批量代办的，所以旅行社的购进费用总是要比旅游者分别、多次购买后的总费用要低。

无论是单项旅游产品，还是线路旅游产品，其价格构成本质上基本一致，都是成本与盈利之和，只是统计口径和计量部分上有所差别，这种差别在不同类型的旅游价格中也普遍存在。

■ 二、旅游价格的分类

由于旅游产品价格构成的综合复杂性，因而根据不同的划分标准，旅游价格可以分为不同的类型。

(一) 从旅游者购买旅游产品的方式划分

从旅游者购买旅游产品的方式划分，旅游产品价格可分为统包价格、小包价格和单项旅游价格。

统包价格是指旅游者根据自己的需要，一次性购买旅行社推出的某条旅游线路的价格。小包价格是指旅游者通过旅行社购买旅游线路，但旅游者只一次性支付线路产品中的某一部分或几部分，其余部分由旅游者以零星购买的方式支付。在国际旅游中，越来越多的游客趋向选择只含机票和饭店的包价，而游览的门票、导游翻译费等则由旅游者自己视具体情况而定。旅游统包价格和小包价格是旅游者在购买旅游线路产品时发生的价格，反映的主要是旅游者与旅行社之间的一次性交换活动。其价格是由三部分构成的：各单项旅游产品的价格总和、旅行社的盈利和管理费。其特点首先是方便，避免了多次购买的繁琐；其次是优惠，可以享受批量购买带来的折扣。不足在于不能完全适应旅游者的需要。单项价格是旅游者不通过任何中介机构，以零星购买方式购买的旅游产品的价格。旅游者每次购买的，只是旅游活动诸多环节中的某一项或几项旅游产品，如旅游者单独购买的车票的价格、客房的价格、景点门票的价格等。单项价格是由旅游产品经营者的成本和盈利构成的。采用单项价格支付的优点在于灵活，旅游者可以根据自己的喜好和时间安排所要购买的内容。不足在于手续复杂，且价位较高。

(二) 从旅游者活动所涉及的范围划分

从旅游者活动所涉及的范围划分，旅游价格可以划分为国际旅游价格和国内旅游价格。
国内旅游价格是指旅游者在本国国内旅游的价格。具体还可再细分为国内旅游包价和国内旅游单价。

国际旅游价格包括出境旅游价格和入境旅游价格。无论是出境旅游价格还是入境旅游价格，其价格一般包含三部分，即国际交通费用、旅游目的地国家或地区旅游产品的价格、客源国的旅游服务费。在我国，国际旅游价格的标准是针对国际旅游者制定的，国内旅游的价格标准是针对国内居民制定的。目前，无论是在国内机票、火车票、景点门票，还是在饭店的入住支出上，国际旅游价格与国内旅游价格都有很大的差别。这与我国现阶段的经济发展水平和旅游发展状况有关，我国目前还属于发展中国家，旅游的发展也是先国际、后国内、而后才是出境。国内居民的可支配收入没有海外旅游者高，旅游的意识也普遍没有海外旅游者强，这决定了我国国内旅游价格要暂时低于国际旅游价格。

(三) 从旅游者对旅游产品的需求程度划分

旅游价格可以分为基本旅游价格和非基本旅游价格：基本旅游价格是旅游者在活动过程中必不可少的旅游需求部分的价格，主要包括住宿价格、餐饮价格、交通价格、游览价格等，是旅游者必须要进行消费支出的价格。非基本旅游价格是指旅游者在活动过程中可发生也可不发生的旅游需求部分的价格，如向旅游者提供的日用品价格、医疗美容价格、旅游纪念品价格等，旅游者支付与否、支付多少，都不会影响旅游活动的顺利进行。

划分基本旅游价格和非基本旅游价格，对旅行社具有实际的操作意义，可以帮助旅行社在组合线路产品、编排具体游览行程时，明确哪些项目应当包括在内，并计算其价格，哪些项目可以由旅游者自由决定，不必计算其价格，也不必纳入线路旅游产品的价格构成当中。

(四) 从旅游企业的营销角度划分

从旅游企业的营销角度划分，旅游价格可分为两类，即旅游差价和旅游优惠价。

1. 旅游差价

旅游差价是指同种旅游产品，由于在时间、地点、质量、销售环节等方面的差异而引起的价格差额。同其他商品差价一样，旅游差价是产品价值的实现形式，是价值规律作用于价格的具体表现。旅游差价主要又有批零差价、地区差价、季节差价和质量差价4种形式。

(1) 旅游批零差价，是指同种旅游产品批发价格与零售价格之间的差额。任何产品在销售时，每经过一个中间环节都要耗费一定量的劳动，旅游产品也不例外。旅游产品的批零差价一般是发生在旅游批发商和旅游零售商之间：在旅游经济活动中，批发商主要负责推出旅游产品，即设计和编排旅游线路；而旅游零售商则从批发商手中购进旅游产品，再将旅游产品销售给旅游者。在这个过程当中，旅游零售商需要耗费一定的劳动，支出一定的费用，获得一定的利润，缴纳一定的税金，这些都必须计算到旅游产品的零售价中，由此形成了批发与零售之间的价格差额。该差额就是零售商卖给旅游者的旅游产品价格高于零售商从批发商处购得旅游产品价格的部分。

(2) 旅游地区差价，是指同种旅游产品在不同地区销售所形成的价格差额。旅游地区差价的形成主要与不同地区的旅游需求有关，不同地区的旅游需求又与该地的旅游资源状况密切相关。在旅游热点地区，旅游资源一般组合较好、特色鲜明、数量丰富，旅游设施齐全，旅游综合接待能力强，对旅游者具有较大的吸引力，由此导致了旅游产品价格较高；而旅游冷点地区，其整体旅游产品总是存在这样那样的问题，或者是旅游资源缺乏，或者是交通条件不完善，再或者是旅游环境恶劣，如此种种，致使旅游地吸引能力弱，有效需求少，旅游价格也相对较低，因而产生了旅游产品的地区差价。合理地应用旅游地区差价，能够从一定程度上缓解热点和冷点地区的供求矛盾。通过在旅游热点地区实行高价，可以控制进入该区的人数；通过在旅游冷点地区实行低价，可以吸引更多的旅游者前往消费，改变客源国或客源地区的旅游流向，促进各地区旅游业的均衡发展。

(3) 旅游季节差价，是指同种旅游产品在不同的季节销售所形成的价格差额。旅游者的旅游活动受季节影响大，是旅游季节差价产生的主要原因，使旅游产品的销售有了淡季和旺季之分。世界上不同的国家和地区，其气候条件和自然条件并不都很相似，因而出现旅游淡旺季的时间也不一定相同。但是，不管旅游淡旺季的时间出现在什么时候，旅游经营者都要善于应用旅游季节差价，有效地调节旅游供求关系，使淡季不"淡"，旺季也不至于太过拥挤，从而保证旅游企业经营活动的正常进行。

(4) 旅游质量差价，是指同类旅游产品由于质量不同而产生的价格差额。市场上的旅游产品，无论是有形的物质部分，还是无形的劳务部分，由于它们所耗费的劳动量不同，满足旅游者需求的程度不同，因此它们的质量也不相同。反映在价格上，就是旅游质量差价。质优价高、质低价低、按质论价是实行旅游质量差价必须遵循的原则。只有如此，才能维护旅游者的权益，保障旅游生产者和经营者的利益。

2. 旅游优惠价

旅游优惠价是指旅游产品供给者在明码公布的价格基础上，给予产品购买者一定比例的折扣或优惠的价格。旅游优惠价主要有以下几种形式。

(1) 销量优惠，是根据消费者购买旅游产品数量的多少而实行的优惠，具体又可分为累计折扣优惠和非累计折扣优惠。累计折扣优惠是指同一旅游者在规定时间内购买的产品超过确定的基数后，旅游产品的生产者或经营者给予的一定的折扣优惠。非累计折扣优惠是消费者一次性购买量达到规定的要求后即给予的价格折扣。两种形式的优惠，目的都在于建立和巩固旅游企业与客户之间长期的买卖与合作关系，鼓励和刺激旅游者扩大购买量，增加企业利润。

(2) 同业优惠，是指对同行消费者给予一定的价格优惠。如航空公司对旅行社、饭店人员的优惠；旅行社对饭店、航空公司人员的优惠；饭店集团人员入住联号饭店的优惠等。优惠的程度或比例既可自行规定，也可互相商定，目的都是为了互利互惠，促进合作，保证相关企业之间业务活动的顺利进行。

(3) 老客户优惠，指旅游企业对经常对有业务联系的单位及老顾客给予一定的价格折扣。对老客户实行优惠，是旅游企业稳定客源、扩大销售的重要手段。给予旅游消费者一定的价格折扣，目的是为了杜绝旅游经营活动中的拖欠款现象，加快资金周转，减少资金的占用。

三、旅游价格的特点

旅游产品是不同于一般物质产品的特殊产品，这也决定了旅游价格具有不同于一般物质产品价格的特点。

1. 综合性

旅游价格的综合性是由旅游产品的综合性决定的，旅游产品是个综合性的概念，这种综合性体现在两个方面，一方面体现在它是由多种资源(自然资源、历史资源、人文地理资源)、设施和服务构成的组合型产品；另一方面旅游产品的供给方是由众多部门组成的综合体，产品的综合性必然使价格也带有综合性的特点。

2. 季节性

旅游产品与一般商品不同，它不存在独立的生产过程，也不出产具体的物品，因而无法运输，也无法贮存。旅游产品的这种特殊性，决定了旅游价格不可避免地带有季节性的特点。旅游活动是有季节性的，在旅游淡季，游客的数量减少，为使不能贮存的旅游产品销售出去，必须实行季节差价，即淡季降低价格销售，甚至有时可以以低于成本的价格销售，旺季时适当提价以控制无法满足的需求量，由此可见，旅游价格具有非常明显的季节性。

3. 垄断性

旅游产品中的文物、古迹、名胜、风景、风情等价值是很难用投入的劳动量的大小来衡量的。它们不用于一般的商品，不仅不会因为磨损而丧失其价值，相反，随着时间的流逝，其价值反而会越来越高。这是因为创造这种价值的古代劳动，既不可能再生产，又不可能用现代劳动创造出其历史价值，因而在价格上表现为一种垄断。另外，特定旅游产品中特殊的自然条件作为该旅游产品中不可缺少的自然基础，仍具有价格，这也是因为其具有垄断性。所以，旅游产品由于其特殊的历史、社会、自然因素而使其价格具有垄断性的特点。

4. 高弹性

旅游价格具有明显的市场特征，即随着旅游市场的供求变化而变化。同时，由于旅游需求受到诸多不可测因素的影响，旅游者的旅游需求和旅游动机也是千变万化的，而旅游供给又具有一定的稳定性，于是这种供求之间的矛盾就导致旅游产品在不同的时间里价格差异较大，从而反映出旅游价格具有较高的价格弹性的特点。

5. 多重组合性

旅游价格是旅游产品一次性价值与多次性价值相统一的价格。在旅游产品中，某些旅游产品要素的价值是一次性实现的，如餐饮食品、旅游纪念品等商品一旦被售出，其使用权与所有权都同时被售出，即其价值为一次性实现；而某些旅游产品要素的价值则是多次性实现，如旅游景点、旅游交通、饭店客房等均只售出使用权而不出售所有权，其价值可以多次重复地实现，从而形成了旅游价格的多重组合性的特点，并导致旅游产品在不同时间必然有不同的旅游价格。

四、影响旅游产品定价的因素

旅游企业的定价是一项复杂的工作，影响旅游产品定价的因素很多，例如需求状况、竞争形式、政府法令或者整体经济形式，都会影响旅游产品价格的制定。旅游企业在定价时，通常会受到诸多内在与外在因素的影响，如图7-1所示。

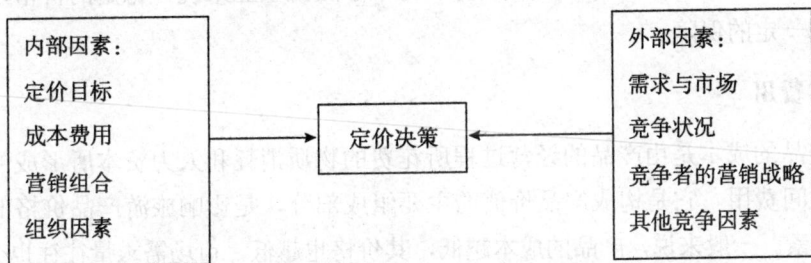

内部因素： 定价目标 成本费用 营销组合 组织因素	→ 定价决策 ←	外部因素： 需求与市场 竞争状况 竞争者的营销战略 其他竞争因素

图7-1　影响定价决策的因素

(一) 内部因素

1. 定价目标

定价目标指旅游企业通过制定及实施价格策略所希望达到的目的。如一个旅游企业目前在市场竞争中处于优势地位，希望保持现有的市场占有率，维持现有的市场格局，则企业就应选择稳定的价格目标，而不是去轻易制定进攻性的价格。旅游企业通常有以下几种定价目标。

(1) 维持经营目标。旅游企业以收入能弥补其经营成本，保证其正常的生产经营活动为目的来制定价格，这样制定的价格一般都处于较低水平。旅游企业往往在遇到生产大量过剩的旅游淡季或市场竞争过度激烈时，会选择这一定价目标。但制定这一目标并不是企业发展的长久之计，如果企业无法使产品增值，必然会导致破产。例如，美国泛美航空公司在其破产前曾尝试大幅度的打折，并对常客给予奖励，但即使如此，公司还是没有吸引到足够的顾客，无法从财务危机中解脱出来，

(2) 当期利润最大化。利润有长期和短期之分，一般企业的总体目标大都应该选择长

期利润最大化，但是定价策略在短期内可以进行调整，只要不影响到长期策略。比如，大多数旅游企业都会在旅游旺季提高产品价格以求得当期利润最大化。当然，需要注意的是，选择这一目标并不是意味着制定高价格，因为有时适当地降低价格会使销售量增加，从而引起收入和利润的增长。

(3) 市场份额最大化。低价格往往是实现旅游企业市场份额最大化这一目标的重要手段，低价格较容易吸引顾客购买，而大量购买产生的规模效应会降低旅游产品的单位成本，这使得旅游企业既能保持具有竞争力的价格，又不会过多地减少预期利润。

(4) 稳定价格目标。满足于目前市场份额和利润的旅游企业，有时采用稳定价格目标来指导定价，这一目标的实质是通过该旅游企业产品的定价来左右整个旅游市场，避免不必要的市场价格波动。为了达到稳定价格的目的，通常由在旅游行业中居于领导地位的旅游企业先制定一个价格，其他旅游企业的价格则与之保持一定的距离或比例。随着旅游市场的逐步规范，现在已有越来越多的旅游企业愿意选择这一定价目标，尤其是那些强调提高产品质量、以非价格竞争代替价格竞争的企业。因为对于大型旅游企业而言，稳定的价格减少了对他们已拥有的市场份额的威胁，对中小旅游企业来说，稳定的价格可以使他们的利润得到一定的保障。

2. 成本费用

旅游产品的成本是由产品的经营过程所花费的物质消耗和人力资本所形成的，包括营业成本和期间费用。它是构成产品价值的主要组成部分，是影响旅游产品价格的最基本、最直接的因素。一般来说，产品的成本越低，其价格也越低，市场需求量往往也会越大。

3. 营销组合

定价是营销组合的要素之一。为了达到公司的营销目标，价格必须要与产品、通路、推广等要素互相配合，以形成一致而有效的营销组合。因此，企业在产品定价时应该考虑营销组合的整体性，倘若产品定位不是以价格为主导依据，那么产品的品质策略、促销策略与分销渠道等，都会对旅游产品的价格造成影响。反过来说，如果以产品价格为主要的定位考量，则该产品的价格便会影响其他营销组合的决策。因此，绝大多数旅游企业都会注重营销组合的整体配合，以制定可行的营销方案。

4. 组织因素

组织因素也是影响价格决策的内在因素之一。重点在于组织内部是由谁来负责决定产品价格。一般而言，规模较小的企业大都是由最高主管来决定产品价格，规模较大的企业则是由专职管理部门或产品部门的主管来研究该产品的定价。以饭店业来说，房价通常由最高主管来决定，但是业务经理和销售人员仍可以在被授权的范围内和顾客进行价格谈判。如果客房需求量大时，房价往往会明显的超出平均水平，而在淡季，房价可能会低于平均水平。所以管理层允许经理人可以针对不同的目标顾客给予弹性价格，但是在财务年度末，整体的收益和住房率必须要达到既定目标。

(二) 外在因素

1. 需求与市场

一个产品所定的每一个价格都可以引导出不同水平的需求，在经济学中，价格和需求量之间的关系称为需求曲线。在正常情况下，需求量和价格呈负相关，也就是价格越高，需求量越少。

2. 竞争状况

企业在定价时必须考虑竞争者可能会有的反应。企业可能面临的竞争状况包括：完全竞争市场、垄断竞争市场、寡头竞争市场以及不完全竞争市场，每一种竞争市场的性质都直接影响该市场中企业的定价决策。

如果企业处于垄断竞争市场，基本上对价格具有完全的控制力。比如某些公共事业，如铁路行业等，对其产品的定价具有完全的主导权。

在寡头竞争的情况下，买方只有少数几家，彼此对其竞争对手的价格及营销策略都有极高的敏感性。例如，国内线的航空市场就属于寡头垄断市场，只要某家航空公司调低价格，新的客源就会蜂拥而至，但其他航空公司往往也会随机跟进调低价格，除非所有航空公司达成调高价格的共识，否则机票的价格一般不容易调高。

在不完全竞争市场中存在许多竞争者，他们提供的产品在品质、特色、服务等方面都具有一定的差异，所以买卖双方的交易价格并非单一的统一价格。国内的旅行社或餐饮市场就是属于此种市场。

完全竞争市场属于一种理想的市场情况，在该市场中竞争者如此之多，并且所提供的产品都是无差异的，所以没有任何一家企业可以影响市场的价格。

3. 竞争者的营销战略

企业在作出定价决策时，往往会考虑竞争者的营销战略，对竞争者的营销活动保持警惕。竞争者的营销战略包括竞争者提供的产品及服务、价格策略、竞争者的反应、竞争者的促销手段等诸多内容。无论是其中哪一项发生变化，都可能对旅游企业的定价策略产生一定的影响。旅游企业要特别注意分析竞争者产品的特性和价格，并且将竞争的价格作为制定自己价格的一个起点。如果企业的产品与竞争者相似，那么旅游企业就必须把自己的价格定得接近于竞争者，否则就会失去顾客。但若企业能够提供更具竞争力和差异化的产品及服务，在定价时就可以偏离竞争者的价格。

4. 其他竞争环境

企业在定价时还必须考虑环境的其他外在因素。例如，经济形式对于高关联的旅游企业的影响非常大，通货膨胀、汇率上升或下降都会影响旅游产品的生产成本。另外，政府或管理部门的法令、法规对定价也有一定的影响。

任务二 掌握旅游产品的定价方法

任务提出及实施

1. 旅游产品价格制定的基本方法有哪些？

2. 为本地某旅游企业旅游产品提出价格制定建议案。

请同学们利用课程教材、学校图书资源、互联网等资源，通过企业调研与社会实践讨论完成以上任务。

案例引入

四季风旅行社银川一日游价格方案

四季风旅行社最近推出银川的镇北堡影视城、贺兰山岩画、拜寺口双塔、西夏王陵一日游与贺兰山岩画、拜寺口双塔、苏峪口国家森林公园一日游两个产品。产品价格分析如下。

为了能够以统一的标准评价这两个类似的旅游产品，作如下的假设：旅游线路一次15人成团，游客在报团时不议价，并且无儿童。

由于是银川一日游，因此报价只包括交通费、门票费、导服费和保险费。以下采用的也许不是最新数据，但并不会影响我们对其价格的分析评价。

交通价格方面参照各大汽车租赁公司价格：15座中巴车(含司机)每天650元。

门票价格方面参照同城网价格：贺兰山岩画54元，西夏王陵50元，拜寺口双塔10元，苏峪口国家森林公园54元。由于镇北部西部影城没有同城价，因此暂按60元计。

导服和保险以各大旅行社一日游标准计：即导服费60元/每天，保险费为10元/每人。

应纳税费方面：由于企业所得税是旅行社每一纳税年度的各项营业收入和营业外收入总额减除(经税务机关核准)准予扣除的各项费用、支出后的余额为应纳税所得额。因此，在这里暂不考虑企业所得税，只计算营业税、城市维护建设税和教育费附加。

四季风旅行社银川一日游价格方案如表7-6所示。

表7-6 四季风旅行社银川一日游价格方案

元

项目 费用 线路	线路一	线路二
交通	15座中巴(包括司机)650元	
门票(同城价)	2610	1770
导服	60	60
保险	150	150
服务成本合计	3470	2630
营业额	850	1540
应纳税费	46.75	84.7

(续表)

费用 项目	线路一	线路二
利润	803.25	1455.3
单位总成本	234.45	180.98
旅行社报价	288	278
单位利润	53.55	97.02

思考:

1. 旅游价格制定主要考虑哪些因素?

2. 该案例中旅行社对两种产品的价格分析存在哪些问题?

应用知识储备

一、旅游价格的制定

(一) 价值理论是基础

旅游产品价格的高低取决于该产品价值量的大小,也就是生产该产品的社会必要劳动时间的多少。劳动生产率高的国家或地区,生产同一旅游产品所必需的劳动耗费少,旅游产品蕴含的价值量比较少,生产过程中的劳动耗费,只要以较低的价格将产品销售出去,就可以得到补偿;而劳动生产率低的国家或地区,情况正好相反,必须通过较高的产品价格才能得到补偿。

(二) 供求关系和市场竞争决定价格

旅游产品无论其价值量大小,都必须拿到市场上进行交换,其价值和使用价值才可能实现。产品在交换的过程中,其价格不可避免地受到供求关系的影响。供大于求时,旅游价格趋于下降,供不应求时,旅游价格趋于上升。上升和下降的幅度要取决于市场的具体竞争状况。

旅游市场上的竞争,既有供给者之间的竞争,也有需求者之间的竞争,还有供给者与需求者之间的竞争。旅游供给者之间的竞争是卖主争夺买主的竞争,会使旅游产品的市场成交价实现在较低的价位上;出现供需双方的竞争时,供给者坚持要以更高的价格将旅游产品卖出,需求者坚持应该以更低的价格买到合适的产品。双方力量的对比最终将决定成交价格是向上倾斜,还是向下倾斜,但是向下倾斜的量不能超过旅游经营者所能接受的最低价格,向上倾斜的量也不能超过旅游消费者所愿付出的最高价格,否则买和卖都无法继续。

(三) 政策调节价格

在市场经济中，价格虽然可以敏感地反映供求关系的变化，反映资源的稀缺度，但是市场机制和价格机制并不能完全解决市场运行中存在的问题。旅游目的地国家为了对市场进行宏观调控，实施其经济发展战略，必然要制定一系列的宏观经济政策，其中也包括价格政策。这些政策和措施作用于旅游市场，最终还要通过市场价格体现出来，对维护市场秩序、保护消费者利益和保障企业经营活动的顺利进行，发挥着积极的指导作用。

二、旅游产品定价的方法

(一) 成本导向定价法

成本导向定价法是指以旅游产品的成本作为主要依据的定价方法。旅游产品种类较多，由于各种产品在成本的计算方法上不同，在以成本为基础核算利润的方法上也不相同，因此，成本导向定价法又可分为以下几种。

1. 成本加成定价法

成本加成定价法是在旅游产品的单位成本上加上一定的毛利计算出单位旅游产品的价格，属企业在盈利点上的定价法，毛利通常要包括产品的营销费用、税金、预期利润等。其计算公式为

$$单位产品价格 = 单位产品成本 \times (1 + 成本利润率)$$

例如：某饭店的一道菜，其成本为12元，饭店确定的成本加成率为30%，则菜肴售价 $= 12 \times (1 + 30\%) = 15.6(元)$。

成本加成法是以成本为主要考虑因素来制定价格的，其优点是计算简单、方便易行；不足在于对旅游市场的其他因素，如竞争对手、需求程度、消费水平等考虑不够，企业不能获得最佳经济效益。该方法主要用来制定旅行社产品、饭店餐饮食品的价格。

2. 目标收益定价法

目标收益定价法是旅游企业根据其总成本及预测出来的总销售量，确定一个目标收益率，计算旅游产品的价格，也属于企业在盈利点上的定价法。

其计算公式为

$$单位产品价格 = 总成本 \div 目标利润 \div 预期销售量$$

目标收益法是饭店常用的定价方法。饭店业中经常使用的定价方法还有千分之一法，它是目标收益定价法的特殊形式和具体应用，主要用来制定饭店的客房价格。

其计算公式为

$$平均每间客房的售价 = 建造成本总额 + 客房间数 \div 1000$$

例如：某饭店有客房200间，饭店总造价是5000万元，则每间客房的价格 $= 50\,000\,000 \div$

200÷1000=250(元)。

饭店之所以采取千分之一法是因为：饭店建筑所需的资金一般占总投资的60%～70%，因此客房的价格就与造价直接相关。人们认为如果客房价格占总造价的千分之一，饭店就可以获利，因而，千分之一法得到了广泛的使用。这一方法的不足在于：它忽略了旅游目的地物价上涨的因素，用以前的建筑费用来计算现在的房价，这是不科学的。

3. 盈亏平衡定价法

盈亏平衡定价法又称保本定价法，指旅游企业根据产品的成本和估计销量计算出产品的价格，使销售收入等于生产总成本。

其计算公式为

单位产品的价格=单位产品的变动成本+固定成本÷估计销售量

例如：某饭店有客房200间，饭店每天应摊销的固定费用为24 000元，预计客房的出租率为60%，每间客房日平均变动成本为70元，不考虑纳税，试确定饭店客房的保本价格。根据计算公式则可得出，每间客房的售价=70+24 000÷200×60%=270(元)。

盈亏平衡定价法是企业对各种定价方案进行比较选择的参考标准，以其他方案制定出来的价格如果高于盈亏平衡价格，企业就有钱赚；如果低于盈亏平衡价格，则亏损。

4. 边际贡献定价法

边际贡献定价法又称变动成本定价法，是旅游企业根据单位产品的变动成本来制定产品的价格，制定出来的价格只要高于单位产品的变动成本，企业就可以继续生产和销售，否则就应该停产、停销。而单位产品的预期收入高于变动成本的部分就是边际贡献。

例如：某一旅游产品的总成本为100元。其中，变动成本为30元，固定成本为70元。现在，产品销售十分困难，企业为了减少亏损只能采用边际贡献定价法来确定产品的价格。那么，产品的价格至少要定在高于30元的水平，如40元。因为，产品的价格如果是40元，企业每售出一单位产品只亏损60元，还有边际贡献10元；产品如果是不销售，企业在每单位产品上就要亏损70元，因此，企业还是要选择继续经营。同理，也可计算出如果产品的定价已经低于30，达到20元，企业就应该停止经营。

可见，边际贡献定价法是企业在特殊时期，不以盈利为目标，希望尽量减少亏损的一种定价方法，是一种企业在亏损点上的定价。

(二) 需求导向定价法

需求导向定价法是企业依据旅游者对旅游产品价值的理解和需求的强度，来制定旅游产品价格的方法。具体又可分为以下两种。

1. 理解价值定价法

价值定价法所指的价值是旅游者理解和认同的旅游产品价值，而非旅游产品的实际价值。尽管每一种旅游产品实际价值的确定，都有其客观的依据，但以此衡量出来的价值量的大小，不一定都为旅游者所认同。因此，旅游企业要正确把握旅游者的消费心理，分析他们的价值观，使企业所制定的价格能够符合旅游者的判断。此外，旅游企业也要积极应用各种营销手段和方法，对旅游者施加影响，使旅游者对产品价值的理解同企业保持一致，以便争取定价的主动性。例如，景区爬山用的一根手杖，旅游者在爬山之前买它的价格和在爬山之后买它的价格，两者之间经常会有几元、甚至更大的差距。价格不同，不是因为手杖的成本和质量有所不同，而是因为爬山前后的旅游者，对手杖的"价值"有不同的理解。

2. 区分需求定价法

需求定价法又称差别定价法，是指同一旅游产品、旅游企业针对不同的旅游需求时间、地点、收入等制定不同的旅游价格。具体做法有：①针对不同旅游消费者的定价。不同的旅游消费者，他们的收入不同，消费水平也不同，针对他们实施不同的产品价格，可以增加企业的销售量。例如，我国许多旅游景区对于内宾和外宾，门票价格会有所不同。②针对不同消费地点的定价。同一旅游产品，如果销售的地理位置不同，经营环境发生改变，旅游产品的价格也可相应作出调整。例如，旅游热点地区的三星级旅游饭店，制定它的客房售价时就可以高出冷点地区的三星级饭店。③针对不同需求时间的定价。即在不同的时间，对同一旅游产品制订不同的价格。例如，淡、旺季明显的旅游景点，景点门票在淡季可以定得低一些，在旺季则可以定得高一些。

(三) 竞争导向定价法

在竞争导向定价法中，竞争是定价要考虑的中心，竞争对手的价格是定价的出发点，而产品的成本、市场需求的强度却不会对企业定价产生直接的影响。具体又可分为以下两种。

1. 率先定价法

率先定价法是一种主动竞争的定价方法，是旅游企业根据市场竞争状况，结合自身实力，率先打破市场原有的价格格局，制定出具有竞争力的产品价格。企业采取率先定价的关键做法是：比较、分析、定位、跟踪。具体来说，即企业首先要把产品的估算价格与市场上的竞争产品价格进行比较，分出高于、低于、一致的三个层次将产品的功能、特色、质量、成本等与竞争产品进行比较，找出优劣；然后，结合企业目标对以上情况进行综合分析，确定出合理的产品价位；最后，还要跟踪竞争产品的价格变化，及时对本企业的价格定位作出调整。

采用率先定价法制定价格是针对竞争对手的知己知彼行为，具有很强的竞争力，往往会引发市场的强烈反应，带来一系列的连锁变化。这些反应和变化都要求率先定价的企业及时去捕捉、判断和应对。因此，采用率先定价法的旅游企业一般要有雄厚的实力，或者在产品上具有竞争对手无法比拟的特色优势，这样，企业才能在自己引发的价格竞争中掌握主动。

2. 随行就市定价法

随行就市定价法是旅游企业根据市场上同类旅游产品的现行价格进行定价。也就是说，本企业制定出来的产品价格要与该类产品的现行价格大致相当，而现行价格通常是本行业的平均价格水平。在有众多同行互相竞争的情况下，企业采取这种定价方法，一方面可以避免价格因为过高或过低而带来的市场压力(过高会失去大量的销售额，过低必须大量增加销售量)。另一方面，企业也可以获得适当的收益。因此，这种价格水平通常易于被各方接受，这种定价方法也易于被中小企业采用。现行价格有时也是控制市场的少数大企业的同类产品的价格。在此情况下，多数中小企业一般是以大企业的产品价格作为自己定价的标准，基本与它保持一致。采取这样的方法，是因为中小企业没有实力利用价格武器主动竞争，而这样做的一个明显的好处是可以规避市场风险。

任务三　制定旅游产品定价策略

任务提出及实施

1. 旅游产品价格制定有哪些基本策略？
2. 分析本地某旅游企业价格制定策略。

请同学们利用课程教材、学校图书资源、互联网等资源，通过企业调研与社会实践讨论完成以上任务。

案例引入

史上最豪华旅游团

2010年4月29日，携程旅行网、台湾易游网、香港"最佳旅行社"永安旅游三方强强联手，首次在两岸三地同时推出顶级旅游团"环游世界60天"，报价50万元。这是国内首次真正意义上的环游世界的旅游，其行程包括大洋洲、南美洲、欧洲、非洲、中东、亚洲、南极洲、北极圈，最具代表性及可看性的13个国家，此次旅行成功攻克了行程规划、组织、预订、协调过程中的复杂难题，安排16段国际航线商务舱、15段区域航线经济舱和2段邮轮包机，以及游艇、直升机、登山火车等全方位海陆空交通服务，参观的景点都是各大洲最具代表性的，入住的都是全世界顶级的酒店，还提供专业的管家和专家式游览、管理服务。"环游世界60天"顶级行程开卖9分钟，确定具有出行意向的报名人数，就已超过了计划的20人。

由于报名情况超过预期，为尽量满足客人需求，主办方增加了机位，名额由计划的20人增加到29人，分为两个团出行。目前这些客人的定金(每人10万元)已经全部交付，主办方开始确认和安排航班、地接等资源，正式启动这个"史上最豪华旅游团"这个项目，紧锣密鼓地准备2011年初的起航。

浙江在线2011年4月21日讯，两岸三地首次共同打造的华人旅游史上的顶级旅游产品——携程旅游、香港永安旅游、台湾易游网合作的"环游世界60天"顶级行程，已经顺利完成在各大洲的游历，最近回到国内。

(资料来源：新浪现代快报，http://www.sina.com.cn，2010-04-20)

思考：
1. 本案例的定价采取什么策略？
2. 试分析该产品的消费群体的特点。

应用知识储备

一、心理定价策略

心理定价策略是旅游企业根据消费者对价格的心理反应特征，制定出对产品销售有利的价格，同时也提高消费者的购买满意度。常见的心理定价策略主要有如下几种。

(一) 尾数定价策略

尾数定价策略是指企业定价时有意保留产品价格的角分尾数，制定一个不同于整数的价格。例如，企业可以把2元的一件产品定价为1.99元或1.95元等。这种定价策略是针对消费者求便宜的心理而制定的。1.99元虽然与2元没有多少差距，但看上去1.99元要便宜得多。另外，对于精明的消费者来说，保留角分，可以让他们认为产品的价格是精确计算出来的，从而增加他们对价格的信任感。尾数定价策略通常适用于价格比较便宜的旅游产品。另外，消费者购物求吉利的心理，是近年来企业采用尾数定价策略的另一原因。如中国人喜欢价格以"8""6"等数字结尾，美国人喜欢以"9"作尾数等。旅游企业可以根据不同民族和地区人们的喜好，灵活确定价格的尾数。

(二) 整数定价策略

整数定价策略是旅游企业有意识地将产品的价格制定成整数，对角分忽略不计。这种策略是针对消费者追求高质量的心理而设计的，适用于价格比较昂贵的产品。如旅游商品中的一些玉器、工艺品以及高星级酒店的客房等。例如租金为500美元一天的豪华套房，其价格就不宜改为495美元。因为，对于质量明显较好的产品，消费者不会在意角、分等零头上的差异。而且，零数的出现反而会让消费者对产品的质量有所怀疑，动摇其购买的决心。

(三) 声望定价策略

声望定价策略是指旅游企业对具有较高知名度和较高信誉度的旅游产品制定高价。这种策略主要是针对消费者显示优越感的心理需求而制定的，适用于那些经营时间比较长、在同行中声望较高、口碑较好的产品。例如，在本地区享有盛誉的老字号饭店，游客选择入住，更多的是要表明自己的地位、显示自己的优越感。因此，饭店管理人员对客房制定高价，是合乎顾客要求的。如果价格下降，反而会让客人无所适从。

(四) 习惯定价策略

习惯定价策略是指某些旅游产品在长期的买卖过程中已经形成了为消费者所默认的价格，旅游企业对这类产品定价时，价格水平应该稳定在消费者的默认值范围内。这种定价策略主要针对的是旅游者在购物上的心理惯性和心理倾向，适用于旅游需求弹性较大、经营时间较长、较稳定的产品。例如长期经营的老饭店，无论是为了应付市场竞争，还是由于经营成本的增加或降低，企业都应按照消费者的习惯价格来定价，而不宜轻易变更，以免引起老顾客的反感和客户转移。若原材料的价格上涨，饭店可压缩规定的服务内容，或适当减少餐饮分量，但不能提高单位产品价格，这样才能继续赢得顾客信任；若原材料价格不变或下降，企业为了扩大销售，一般也不宜采取降价措施，而是要通过增加服务项目，提高服务水平和产品创新等措施，去赢得更多的客户。

二、折扣定价策略

折扣定价策略是旅游企业在产品交易的过程中，保持产品的基本标价不变，通过对实际价格的调整，把一部分利润转让给消费者，鼓励消费者购买，并以此来扩大产品销售量，维持市场占有率。折扣价格策略主要有如下几种。

(一) 数量折扣策略

数量折扣策略指旅游产品的生产经营企业，为了鼓励旅游产品购买者大量购买，根据消费者所购买的数量给予一定的折扣。具体又分如下几种。

1. 累计数量折扣

累计数量折扣是指在一定时间内，旅游产品的购买者的购买总数超过一定数额时，旅游企业按购买总数给予一定的折扣。一般情况下随着旅游者的购买数量增多，折扣随之增大。这种定价策略可以通过鼓励消费者多次重复购买，稳定市场客源。有些情况下，企业对达到数量折扣要求的消费者并不给予低价，而是赠予一定数量的免费产品，这种现象在旅馆业、酒店业中比较多见。

2. 非累计数量折扣

非累计数量折扣是指旅游企业规定旅游产品购买者每次购买达到一定数量或购买多种产品达到一定的金额时所给予的价格折扣。一次性购买数量越多,折扣就越大。采用这种定价策略能刺激旅游者大量购买,增加盈利,同时减少交易次数与时间,节约人力、物力开支,降低企业交易成本。

3. 季节折扣策略

季节折扣策略是指旅游企业在经营过程中,在产品销售淡季给予旅游者一定的价格折扣。旅游产品经营的季节性很强,采用季节性折扣策略可以刺激旅游者的消费欲望,使旅游企业的设施和服务在淡季时能被充分利用,有利于旅游企业的常规经营。在西方国家,很多饭店不仅在旅游淡季时采用打折的降价策略,而且在周末、周初、当空房数增多时也采用折扣降价策略,以吸引家庭度假旅游者。使用季节折扣策略要注意,折扣价格的最低优惠度一般不应低于旅游产品的成本,尤其是变动成本。

4. 同业折扣策略

同业折扣策略又称功能折扣策略或交易折扣策略,是旅游产品生产企业针对各类旅游中间商在市场经营中的不同作用,给予不同的价格折扣。同业折扣策略实际上是生产企业对中间商在市场销售中所发挥的功能,给予一定报酬和奖励,有利于稳定旅游产品的销售渠道。例如,希尔顿酒店公司规定,向旅游批发商只收取净房价,如果旅游批发商代替团队订房,那么公司给予旅游批发商的价格将比一般的团队价格低15%。

同业折扣策略的实施,客观上会降低企业的平均价格水平,如果旅游企业要保证盈利,就要确认因价格下调而带来的销售收入,能够弥补价格下降所直接造成的经济损失。

5. 现金折扣策略

现金折扣又称付款期限折扣,是指旅游企业对现金交易或按期付款的旅游产品购买者给予价格折扣。企业采用这种定价策略,目的是鼓励旅游消费者提前付款,以便尽快收回资金,加速资金周转。此外,给旅游消费者的现金折扣率一般要高于同期银行的贷款利率。

三、招徕定价策略

招徕定价策略是旅游企业有意制定特殊的低价,发挥其促销导向作用,吸引潜在的旅游消费者,从整体上提高企业的销售收入,增加盈利。具体又有如下几种。

(一) 亏损价格策略

采用亏损价格策略的旅游企业会在自己的产品结构中,把某些产品或服务的价格定得很低,甚至亏损,以价格低廉迎合旅游者的"求廉"心理而招徕顾客,借机带动和扩大其他产品的销售。例如，某些旅游购物经销商店，会把店中的几种物品价格定得很低，吸引旅游者前来消费，进而带动对其他产品的销售。这样，即使部分物品是不赚钱的，商店也可以从其他物品的价格和销量中得到补偿并取得盈利。

(二) 特殊价格策略

特殊价格策略是指旅游企业在某些节日和季节或在本地区举行特殊活动的时候，适度降低旅游产品或服务的价格以刺激旅游者，招徕生意，增加销售。这种定价策略往往在旅游淡季时受到企业的重视。一般来说，采用这种策略必须要有相应的广告宣传配合，才可能将这一特殊事件和信息传递给广大的旅游消费者。

四、新产品定价策略

(一) 撇脂定价策略

撇脂定价策略是一种高价格策略，适用于特色鲜明、垄断性强、其他企业在短期内难以仿制或开发的旅游新产品。采用这一策略的旅游企业，应把新产品的价格在可行的范围内制定得尽可能高，以便迅速收回投资，取得丰厚利润。

撇脂定价策略的优点在于：可以使企业迅速收回投资，短期内实现利润最大化；可以为后期降价竞争创造条件，当竞争者涌入市场时，企业则有足够的价位空间来降低价格，掌握竞争的主动权，稳定市场占有率，还可以控制一定的需求量，避免新产品投入市场初期，由于供给能力不足而给经营带来困难。

该策略的不足在于：高价如果不被消费者接受，产品的销路就会受影响，导致投资难以收回；高价厚利容易招致竞争对手增多，加大经营难度。因此，撇脂定价策略一般只能是一种短期策略，不宜长久使用。

(二) 渗透定价策略

渗透定价策略是一种低价格策略，定价的核心是薄利多销，适用于产品刚刚推出急需打开销路，以及产品稳定成长、期望尽快提高市场占有率的情况。

渗透定价策略的优点在于：能够迅速打开新产品的市场销路，增加产品销售量；低价格能够有效阻止竞争者进入市场，保证企业长期地占领市场。不足之处在于：成本利回收周期长；价格变动余地小，难以应付在短期内骤然出现的竞争或需求的较大变化；不利于产品品牌形象的树立。

(三) 满意定价策略

满意定价策略是一种折中策略，价格水平居于撇脂定价策略与渗透定价策略之间，旅游企业一般是按行业平均利润和价格水平来制定价格。这种定价策略兼顾了供给者与需求者双方的利益，既能使企业有稳定的收入，又能使消费者满意，产生稳定的购买者，因而各方面都会满意。但是采用此种策略也有不足之处：由于产品的定价是被动地适应市场，而不是积极主动地参与市场竞争，因此，可能使企业难以灵活地适应瞬息万变的市场状况。

项目小结

价格是旅游营销人员所能控制的最敏感的一个变量，影响旅游产品定价的主要有以下几个方面的因素：定价目标、成本费用、市场特征和需求状况、竞争者的战略以及法律和政策的限制。旅游企业可以根据自身的实际状况，选用持续经营、当期利润最大化、市场份额最大化、稳定市场价格等定价目标。

定价方法是旅游企业制定基本价格的基础，旅游企业的基本定价方法主要有成本导向、需求导向和竞争导向三大类。

旅游企业确定了产品的基础价格后，往往还会在不同时期、不同情况下实行灵活多变的定价策略。本书介绍了以撇脂定价和渗透定价为代表的新产品定价策略；另外还介绍了心理定价策略、折扣定价策略等定价策略。

由于旅游市场环境和旅游企业内部因素在不断地变化，所以企业还必须对已制定的价格策略进行不断地调整。无论旅游企业是降价还是提价，都应当关注竞争者及消费者对企业调价行为的反应，以使价格调整有利于企业的经营。

复习思考题

1. 目前影响中国旅游企业定价的主要因素有哪些？
2. 以成本、需求、竞争为导向的几种定价方法之间有什么区别和联系？
3. 旅游企业应该如何应对竞争者主动挑起的"价格战"？

项目实训

旅游产品定价

一、实训目的
1. 能够熟练应用旅游产品组合策略。
2. 掌握影响旅游产品定价的因素。
3. 熟练掌握旅游产品定价的策略和方法。
二、实训组织
据教学班级学生人数来确定数个小组，每一小组人数以4～5人为宜，小组中要合理分工，并由专人负责期限的制定和提醒，在教师指导下收集资料和数据；以小组为单位进行研讨,在充分讨论基础上,形成小组的报告并展示。

三、实训要求

(一) 认识旅游产品组合策略

1. 收集本市内3~4个旅行社的产品资料并分析这些旅行社的产品组合策略。

2. 根据上文中收集到的资料分析各旅行社相同的线路不同价的原因,并通过这些原因推测各旅行社的定价策略。

(二) 旅游产品策划

1. 选择一条当前的热点线路,收集各旅行社对它进行的设计。

2. 应用学过的原理,对该产品进行微观策划。

拓展案例分析 | 西湖手划船16年来首次提价 船费上调承包费不涨

一、连续报道引起相关部门重视

一直以来,西湖里手划船的价格,都是80元/小时。但是,2013年5月,有关部门通过连日暗访,发现船工的报价有160元、240元、320元、360元……甚至上千元不等。执行16年的收费标准形同虚设,船工漫天要价"超标"两三倍。2013年5月14日,报道见报后,西湖风景名胜区管委会领导对此给予了高度重视,表示会尽快解决手划船调价等问题,根治收费乱象。

第二天,管委会就召开专题会,重拳治理手划船乱象:手划船不明码标价最高罚5000元,酝酿统一管理和售票等措施以杜绝乱收费。

但是,很多船工又向我们诉苦,"手划船和出租车一样,每年都要交一笔不菲的'份子钱'"。每个西湖船工肚里都有一本账——按现行标准收费,一年等于"白忙活"。西湖手划船收费标准,16年不变,但成本却不断上涨,收费标准偏低,船工实在赚不到钱。

二、手划船每小时收费上调70元

连续三天整版大篇幅的报道,目的只是希望十多年积累下来的老大难问题,能早日圆满解决。杭州市物价局也因此出台了调研对策,提出综合治理意见。

现在,事情终于有了新的进展。

杭州市物价局成本调查监审分局,根据游船企业提供的财务资料,对游船运营成本进行了监审。根据成本监审情况,经认真研究并报经市政府同意,自昨天起,对西湖游船收费标准进行合理调整。

手划船原来是80元/小时,调整为现在的150元/小时,上调70元。1小时起租,超出1小时按半小时计费(即75元/半小时):摇橹船原来是120元/小时,现在调整为180元/小时,上调60元。1小时起租,超出1小时按半小时计费(即90元/半小时);休闲船、画舫船统一调整为35元/人次。

三、船费上调但不涨承包费

手划船价格终于上调了，船工们都松了一口气，但是又担心，如果水涨船高，东家也上涨承包金，等于竹篮打水一场空。

为此，浙江省游船协会专门牵头出台了《关于西湖手划船、摇橹船承包费相关意见的决定》(浙游协字[2013]3号)，明确承诺："自手划船、摇橹船票价调整之日起，至下次票价调整日止，所有手划船、摇橹船经营公司，不得因本次调价而调整承包费，票价调整收益让利于船工。"

西湖游船调价后，各游船公司承诺手划船承包金不上涨，真正把调价增加的收入全额让给船工。

另外，浙江省游船协会还将出台诚信服务公约，规范船工收费行为。制定了西湖游船的"诚信服务公约"，并督促落实到位，规范价格行为，维护游客利益。

杭州市物价局监督检查分局，也将会同景区管委会物价局研究制定了计划，开展游船价格执行情况的专项检查，对各类违规行为，将依据《中华人民共和国价格法》和《价格违法行为行政处罚规定》等法律法规严肃查处。

四、市民游客对此反映涨幅有点大

西湖边的手划船和摇橹船，已经按照新的价格，实行收费了。很多市民和游客都觉得，涨价来得有些突然，而且涨幅也比较大。

对此，杭州市物价局表示，西湖手划船租费标准从1998年制定以后，一直保持稳定。但随着各项成本的不断上涨，船工收益减少，平均收入已经低于市城镇单位在岗职工平均工资。受利益机制驱动，船工在实际运营中，出现了乱涨价、不按规定明码标价、服务时间严重缩水等问题，合理调整游船收费标准，有利于规范收费行为，促进游船行业健康发展。

另外，根据《浙江省物价局关于加强游览参观点票价管理的通知》(浙价服[2009]254号)规定：景区内的"交通运输服务价格按照有利于保护资源和环境、方便游客、保本微利的原则制定"。因此，在收费标准难以弥补成本的情况下，合理调整是必要的，也是符合相关旅游价格政策的。龙船、豪华休闲船，不在此次调价范围内。

五、上调首日查处违规12起

昨天，是西湖手划船调价实行的第一天。西湖水域管理就联合物价部门，对西湖手划船、摇橹船的经营情况进行检查。

船工们基本都能按调价后收费标准规范报价，但也发现有个别船工存在未及时填写游客满意登记表、服务缩水、报价不规范等违规行为，当场处理并要求整改12起。

调价前期，西湖水域管理处也提前准备了新的手划船物价牌，总共280块，码头指示牌33块、温馨提示牌和温馨提示单若干，在昨天之前，全部发到每个船工的手里。

但是，手划船调价，并不能彻底解决手划船乱报价、乱收费等问题，该管的，还是要管。接下来，西湖水域管理处会组织全体手划船工培训会议，主要讲解对调价后的明码标价、诚信服务和违法后果等。还要联合物价等部门，加大手划船物价欺诈、强买强卖行为的违法成本，除了对违规船工的处罚，物价、工商部门对违规船工所在责任企业的处罚金额可高达1万元。还会邀请行风监督员明查暗访。如果游客再"挨宰"，可以拨打价格监督电话12358、景区监督电话处87027884进行举报、投诉。

(资料来源：今日早报，http://zj.qq.com/a/20130902/002845.htm，2013-09-02)

思考：

1. 此次涨价是否合理，政府的干预合适吗？

2. 此次涨价会对西湖旅游消费市场会产生什么样的影响？

旅游营销渠道建设

▌知识目标▐

1. 了解并掌握旅游营销渠道的概念、作用与类型等知识。
2. 掌握旅游中间商的选择、维护策略知识。
3. 了解营销渠道选择决策原理。
4. 掌握旅游网络营销的发展趋势。

▌技能目标▐

1. 学会制定旅游企业产品营销渠道策略。
2. 掌握旅游中间商寻找与审查、选择与管理技能。
3. 熟悉旅游中间商的类型并学会如何对中间商进行管理。

案例成果展示 ▏ 黄山通过"旅游三进"拓宽营销渠道 ⊙

一、旅游大发展催生营销创新

"旅游三进"是指旅游营销进社区、进校园、进企业。"旅游三进"提出的背景，是黄山市旅游产品的转型升级和旅游业的大发展。2008年9月，黄山市出台了《关于实施"十大工程"，加快建设现代国际旅游城市的意见》，掀起了黄山市新一轮旅游大发展热潮。温泉、高尔夫、乡村会所、大型多媒体歌舞《徽韵》、新安江夜游、百佳摄影点等一大批新的旅游业态相继诞生或包装推出。与此同时，黄山风景区、西递宏村、屯溪老街等传统精华景区通过升级改造而魅力大增。黄山旅游业初步实现了由过去单一观光型向观光、休闲、度假等复合型转变。黄山的这些新产品、新线路外界知道吗？如何用有效的形式把它们送到客户手中？黄山市提出要创新营销，在做好常规营销的同时，设法把产品直接送进客源地的社区、学校和企业。黄山旅游的"三进"营销理念由此提出。

二、营销理念裂变

黄山"旅游三进"之所以能迅速被市场接受，就在于它强调一个旅游营销理念——"把我们的广告、产品和服务一起直接送到消费者手中"。

黄山市旅游委员会负责人介绍说，以前旅游部门做营销，大都是通过媒体进行宣传。

这一营销样式存在一个缺陷，就是从广告形象宣传，到产品推广，再到游客成行总要经过一段时间才能完成，造成产品流通迟缓。现在推出的"三进"就是取消中间环节，直接深入终端，"四位一体"抓营销，即以主要客源地的大社区、大企业和重点学校为主要目标，将我们的"形象宣传、产品销售、现场收客和售后服务"直接送到消费者手上，大大缩短了产品"流通"的时间。

"旅游三进"不仅缩短了形象宣传和产品销售的距离，缩短了客源地与目的地的距离，同时也可利用与客户接触的机会开展市场调研，收集消费者的意见，为产品和服务的改进提供依据。例如，"三进"中接到一些客人反映，旅行社安排的黄山风景区一日游行程过短，实际游览时间只有半天，感到非常遗憾。"三进"小组迅速将这一信息反馈给黄山风景区管委会和股份公司高层，调查发现，一些旅行社为了安排游客多看景点，增加门票收入，便减少游客在黄山风景区的停留时间，引起游客强烈不满。对此，2010年黄山风景区专门开展了"一日游产品"专项整治行动，精心设计了8条"黄山精华一日游"线路供游客自由选择。

"三进"营销活动模式主要有5个部分。一是举办旅游产品对接会。这主要是针对客源地旅行社和航空公司、铁路等相关部门的营销，除业务洽谈外，也包括策划开通包机、专列、直通车等。二是发展营销代理商。如2009年9月下旬，市旅委与江苏康辉国旅合作，在无锡市设立了首个"黄山旅游专卖店"。三是策划活动及现场收客。这主要是以客源地社区、校园、企业为主要目标的营销活动，有时也会选择其他一些部门开展"三进"活动。其主要形式是联手当地媒体、社区居委会和旅行社，采取"政府搭台、企业唱戏、社区召集、媒体宣传、旅行社收客"的方式策划举办形式多样的旅游活动。四是深化合作结对子。全市的景区、旅行社、农家乐等在开展"旅游三进"营销时，主动与客源市场的社区、学校和企业联系沟通，通过签订合作协议等形式"结对子"，保持和巩固合作交流。据统计，来自"结对子"单位的客人要高于客源地10%以上。五是旅游广告进社区。主要是将旅游广告投放到客源地社区，目前已在上海、南京、杭州三个中心城市分两批投放110块社区广告。

三、直面客户开辟客源

在"三进"中可以捕捉到许多营销战机，这也是常规营销所无法达到的。2010年8月，黄山风景区组织"三进"小组走进"杭州康师傅"企业宣传营销。"你们来得正好，我们企业正在讨论今年的奖励旅游计划呢！你们赶快找我们领导说说去吧。"得知这一消息后，营销团队立即找到该企业相关部门进行联系。经过锲而不舍，连续八次走进该企业开展工作。最终，从9月18日起，"杭州康师傅"分三批组织近一千人到黄山旅游度假。

2011年5月，黄山旅游以产品推介、"旅游三进"和走访洽谈等形式再次赴沪、杭两地开展系列旅游营销宣传活动。其间，除了营销代表对黄山四季风光、旅游产品服务和市场营销政策做了说明外，营销团成员更以"感受黄山，天下无山"为主题，直接走进杭州太子庙社区，开展"旅游三进"活动，市民反响热烈，宣传效果显著。在活动现场设置的咨询台前，人潮涌动。众多市民纷纷前来领取黄山导游图、黄山"旅游三进"折页、西海大峡谷等黄山宣传资料。活动推出的"亲子欢乐行""悠闲假期自驾游""西海大峡谷探险游"等"三进"旅游线路，受到市民青睐。通过"旅游三进"，旅游景区和企业直接将旅游产品、信息、政策送至市民手中，与广大市民实现零距离接触，在宣传推广旅游产品的同时，增进了与普通游客的交流和联系，为今后旅游产品的开发设计和营销宣传提供了更多市场参考信息。

此次系列营销活动，促销团一行还赴上海走访了上海春秋国际旅行社等单位，对其三家门店进行了市场调研，就今年双方战略合作的有关事项进行了跟踪问效，落实了产品设计、广告宣传及市场推广等工作，并就后期共同开展主题营销活动等进行交流探讨。在沪期间，黄山旅游还与上海天山社区、新泾镇、星河世纪城等五家社区的近三十位社区负责人进行了座谈，对黄山旅游概况、产品线路及"旅游三进"活动进行了介绍。各社区负责人对黄山"旅游三进"的形式表示欢迎和支持，表示将努力为景区与社区搭建交流平台，以顺利实现旅游企业与社区居民之间的零距离对接。

四、效果凸显

黄山"旅游三进"直接拉动了游客的增长：2009年，全市游客接待量首次突破2000万人次，在中部主要旅游城市中名列第一，2013年，旅游总接待3732.59万人次。

"旅游三进"大大丰富了黄山旅游营销内涵，使黄山旅游实现了营销整合，初步形成了以"传统媒体营销+现代网络营销+旅游三进营销"为主的综合旅游营销体系。有学者评价说，"旅游三进"将营销的触角深入到底，直接选择重点目标市场的客户做宣传，是一种精细化的营销，这种创新，值得肯定。有业界资深人士说，"旅游三进"改变了传统的营销模式，更强调以客为本的营销理念。它使我们的企业由过去只管卖产品到现在更关心市场需要什么样的产品，使消费者从过去被动地接受旅游信息到现在主动索取旅游资讯，从而增加了对黄山旅游产品的亲切感和认同感。黄山旅游的营销体系更加健全和科学了。

(资料来源：安徽旅游政务网，2010-12-18)

思考：

1. 什么是旅游营销渠道？
2. 黄山的"旅游三进"为何营销效果显著？

任务一 认识旅游营销渠道

任务提出及实施

1. 理解旅游产品营销渠道的基本概念与功能，了解旅游产品分销渠道的特征。
2. 掌握旅游企业营销渠道的结构与类型及发展趋势。

3. 掌握旅游企业如何选择分销渠道。

请同学们在教师的讲解和引导下，学习本任务中的应用知识储备内容，查阅相关资料，以共同讨论等方式完成上述学习任务。

案例引入

上海春秋国旅的营销渠道策略

上海春秋国旅采用了投资全资子公司、选定代理商、设立门市部和在大卖场布点4种渠道铺设经营网络。

1. 全资子公司。春秋国旅在境外投资了7家子公司，分别为春秋国际旅行社美国、英国、泰国、澳洲、德国、中国香港分公司；在境内投资成立了31家子公司，主要分布于省会城市和旅游热点城市。

2. 选定代理商。90年代初，散客旅游市场需求上升趋势逐渐明朗，春秋旅行社在自建分社之余，在各地发展散客代理商，形成了统一日期发团、统一标准接待、统一价格营销、统一优质服务的"散客天天发"工程。为了配合销售代理网络的运作，春秋国旅开发了"春秋广域网"软件，使销售代理商和春秋国旅之间能够做到信息的实时沟通。

3. 设立门市部。旅行社可以兴建门市部是《旅行社管理条例》颁布以后增加的新规定，春秋国旅在上海有50个连锁店门市部。每个全资公司大都有2～10个连锁店门市部。

4. 大卖场布点。为了方便散客消费者，春秋国旅在好又多、华联超市等大卖场布点，销售旅游线路。

(资料来源：根据大型旅行社开展旅游电子商务的成功案例分析——以上海春秋国旅为例改编)

思考：

1. 上海春秋国旅的渠道建设取得哪些竞争优势？

2. 上海春秋国旅与代理商的合作，为什么会取得成功？

3. 你认为旅行社还可以进行什么渠道的建设？

应用知识储备

一、旅游市场营销渠道的概念

旅游市场营销渠道，通常又称旅游产品分销渠道，即旅游产品所有权从旅游生产企业向旅游消费者转移的过程中经过的一切组织或个人所构成的通道。渠道是企业组织利用直接或间接的方式把产品或服务顺利地传递给消费者，以方便其咨询或购买。就观光旅游业来说，销售渠道的目的是方便顾客前往饭店、餐厅以及景点享用其设施与服务。这一概念包括以下三层含义。

(1) 营销渠道是旅游产品所有权转移的通道。旅游产品在从生产者到消费者的流通过程中，至少要将所有权转移一次，而在现代市场经济中往往要通过各种中介机构，产生产品所有权的多次转移。

(2) 营销渠道表明了旅游产品的流通过程。该过程的起点是旅游产品的生产者，终点是旅游消费者，旅游代理商、旅游批发商、旅游零售商及其他中介组织或个人构成了它的中间环节。

(3) 渠道各成员之间相互联系、相互制约，在共同促进旅游产品及其所有权转移的过程中承担各自的营销职能。

二、旅游销售渠道的功能

旅游销售系统具有两大功能。首先，能够拓展远离旅游产品生产者和传递地点以外的销售点的数量；其次，能在旅游产品生产之前实现购买。具体来说，旅游销售渠道的成员应具有以下主要功能。

(1) 提供销售点和便利的顾客可达性。其中包括为临时购买或预订做准备。

(2) 信息功能。一方面，分发宣传册等产品信息以供顾客选择；另一方面，搜集关于市场环境的市场调研和情报信息。

(3) 促销功能。建立与顾客的交流渠道，协助补充旅游产品提供者的促销活动。

(4) 接触功能。搜寻预期购买者并与其沟通，为其提供建议和购买帮助，如提供产品知识。

(5) 匹配功能。适当改变产品以使其符合购买者的需求，包括分类组装和组团等功能。

(6) 协商功能。通过与顾客协商，在价格和产品买卖等其他方面达成共识，从而使产品所有权或使用权发生转移。

(7) 财务功能。接收销售收入并将其转移给旅游产品经营主体。这一过程包括获取和利用资金来弥补渠道工作成本。

(8) 辅助性服务功能。这是指有时需提供的保险、防疫建议和护照办理等辅助性服务。

(9) 反馈功能。接收和协助处理顾客投诉等。

(10) 风险职能。即营销渠道成员、尤其是旅游经销商，承担开展营销活动的有关风险。

三、旅游营销渠道对营销计划的影响

旅游市场经营渠道往往由多个组织或个人构成，并表现为一个相对完整、稳定的体系。该体系运作的好坏，对旅游企业营销计划执行的效果甚至是整个旅游产品的流通过程都有重要的影响。

(1) 营销渠道是旅游企业经营活动得以开展的必要条件。与大多数企业一样，旅游企业的生存和发展有赖于其自身经营活动的循环(见图8-1)。

```
┌──────────────┐              ┌──────────────┐
│   购买原材料   │ ───────────▶│  旅游产品生产   │
└──────────────┘              └──────────────┘
                                     │
                                     ▼
┌──────────────┐  ┌──────────────┐  ┌──────────────┐
│   扩大再生产   │◀─│   获取资金     │◀─│  旅游产品销售   │
└──────────────┘  └──────────────┘  └──────────────┘
```

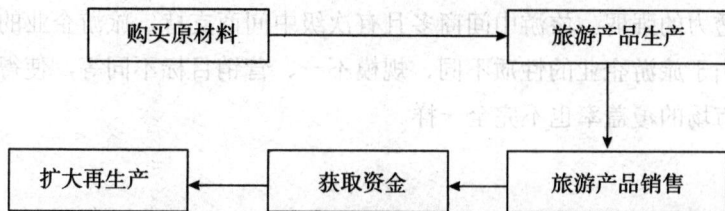

图8-1 旅游企业经营活动循环图

图8-1所示的4个环节中，任何一环出现问题都会直接影响旅游企业的整体经营活动乃至企业的生存和发展。而旅游企业在购买原材料、决定旅游产品生产及获取资金三个方面可控制能力相对较强，对销售环节则可控制因素较少。因为旅游产品的销售状况除了受产品自身能否满足旅游需求影响外，还取决于营销渠道能否及时地完成旅游产品所有权的转移。如果营销渠道不合理或流通不顺，即使旅游产品优质对路，也难以产生价值。

(2) 合理选择营销渠道能增强旅游企业的营销实力，扩大营销效果。在实际经济活动中，仅依靠企业自身的有限力量往往难以取得良好的营销效果，而通过合理选择营销渠道，建立由多个组织或个人构成的"利益共同体"，能联合多家机构的营销力量，为一个共同的营销目标服务。而且，营销渠道一经确立就不会轻易改变，各营销组织在长期合作中密切配合、协调发展，将拓展"利益共同体"营销活动的外延和内涵。

(3) 科学的营销渠道模式有利于旅游企业扩大销售收入，树立市场形象。一方面，合理选择营销渠道可以扩大旅游产品的销售量，加快旅游产品的流通速度，加速资金的周转，从而使旅游企业获得更大的经济效益；另一方面，健全的营销渠道体系能形成单个企业营销活动难以产生的规模效应，从而在更大范围的公众心目中树立旅游企业的整体形象，迅速提高企业的知名度和美誉度。

■ 四、旅游营销渠道的特征

良好的旅游产品销售渠道系统应具有以下特征。

1. 连续性

旅游企业所选择的旅游销售渠道应能够保证旅游产品连续不断地从生产领域，经流通领域，最终进入消费领域。在此期间，旅游经销商应尽可能避免脱节、阻塞和不必要的停滞等现象，否则，不仅中间商要发生损失，旅游企业也会失去良机甚至信誉。连续性明显是良好旅游产品销售渠道的首要特征。例如，在我国连续的几次"五一""十一"假日旅游中出现的由于组团社与地接社承诺的严重脱节而引发的高投诉现象，不仅损害了旅游者的切身利益，而且使旅游市场受到了重创，部分旅游企业的信誉严重受损。

2. 辐射性

旅游销售渠道的辐射性直接影响着旅游企业产品的市场覆盖面和渗透程度。旅游企业选择中间商的多少，以及中间商的辐射和经营能力都将影响旅游企业产品的市场覆盖面的大小和市场渗透力的强弱。旅游中间商多且有次级中间商支持，旅游企业的市场机会就会明显增加。但由于旅游企业的性质不同、规模不一、营销目标不同等，使得即便是同一种旅游产品，对市场的覆盖率也不完全一样。

3. 配套性

旅游产品的组合性，要求旅游销售渠道同时兼有营销活动所需的各种配套功能。旅游中间商除具有买卖交易能力外，还应具有促销、运输、开发市场等配套功能，这样才能保证旅游产品顺利地完成由生产领域、流通领域向消费领域的转移，才能更有针对性地满足多种旅游消费者的需要，实现旅游企业的营销目标。

4. 经济效益理想

旅游企业在选择、确定销售渠道时，应当尽可能以较少的耗费获得较高的收益，实现理想的经济效益。具有良好经济效益状态的旅游营销渠道，应该能够降低旅游产品的流通和营销费用。这要求旅游企业应当谨慎选择适量的中间环节和中间商为交易对象，以便加快企业资金周转次数，提高资金的周转效率，追求旅游营销渠道综合效益的最优化。

■ 五、旅游市场营销渠道的类型

在经营过程中，由于目标市场、旅游产品特点等的不同，旅游企业必须采取相应的营销策略，从而使营销渠道表现出不同的状态或类型。一般来说，可分为以下几种。

(一) 直接渠道和间接渠道

根据旅游企业是否通过中间商进行销售活动，可以把旅游市场营销渠道分为直接渠道和间接渠道。

1. 直接渠道

直接渠道又称零级营销渠道，即旅游企业不经过任何一个中间商，直接将其旅游产品或劳务销售给旅游消费者(见图8-2)。

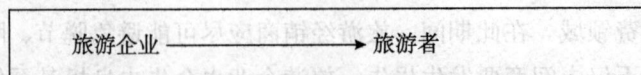

```
┌─────────────────────────────────────────┐
│   旅游企业 ─────────────────▶ 旅游者        │
└─────────────────────────────────────────┘
```

图8-2　直接旅游营销渠道

这种营销渠道适用于时效性较强、直接销售量较大的旅游产品以及消费者购买力相对稳定的情况，如餐饮业多采用直接营销渠道。采用直接渠道，旅游企业可以省去与中间商合作而支出的费用，并能及时获得消费者需求变化等第一手信息，从而有利于旅游企业对营销活动作出相应调整，其不足之处在于，销售渠道结构单一，营销活动缺乏外延与活力，不利于扩大市场份额。

从旅游企业的营销实践中可以看到，直接分销渠道主要包括以下三种形式。

(1) 生产者现场直接向消费者销售其旅游产品。这种方式是旅游企业在现场向前来登门拜访的消费者直接出售其产品的传统方式，其中，旅游企业充当零售商的角色。比如，饭店、旅游景点、餐馆、娱乐场所等旅游企业的等客上门，即依靠自身特色招揽游客，类似这样的销售方式都属于直接分销方式。

(2) 消费者通过网络、电话、直接邮寄等方式预定和购买旅游企业产品的直销方式。随着现代信息技术的迅猛发展，旅游企业分销方式也在不断更新。许多旅游企业开始借助计算机、国际互联网，开设旅游景点、饭店预订等业务，这大大方便了游客的出行，提高了旅游企业的效益。同时，预定渠道的标准化程度已经很高，计算机的储存能力和网络结合起来，可以快速地显现旅游企业的产品数量，并可以在一定范围内进行资源的优化配置。可以预计，通过网络预订旅游产品的旅游消费者将越来越多，因为网络营销符合顾客导向原则，成本低廉、使用便利、沟通充分。同时，互联网的互动性也使企业能更好地满足顾客的个性化需求。

(3) 旅游企业通过自设的营业网点直接向旅游者销售其产品的分销方式。一些规模比较大的、有条件的企业在许多大中城市设立自己的门市部或分销网点，向旅游者直接销售产品。由于这些网点是企业的自控系统，所以原则上这种分销方式还是属于直接销售的范畴。比如，铁路公司在很多目标市场区域设立自己的售票处或订票处，方便游客直接购买；许多旅游饭店在火车站和机场设立出租柜台，直接向游客销售产品。

2. 间接渠道

间接渠道指旅游企业通过不少于一个的中介机构将旅游产品销售给顾客，它是目前旅游产品的主要销售方式。例如：航空公司通过票务中心把机票卖给旅行社，票作为旅行产品的一部分，再由旅行社整合成旅游产品卖给旅游消费者。由于增设了中间环节，营销活动的辐射范围更广，由于分工协作，营销活动深层次的内容也得以发掘，但同时旅游企业对销售活动的控制力相对减弱，信息反馈的及时性和准确性也有所下降。

按中间环节的多少，间接营销渠道又可分为一级渠道、二级渠道、三级渠道等类型，其中，有两个或两个以上中介机构的营销渠道统称为多级营销渠道(见图8-3)。

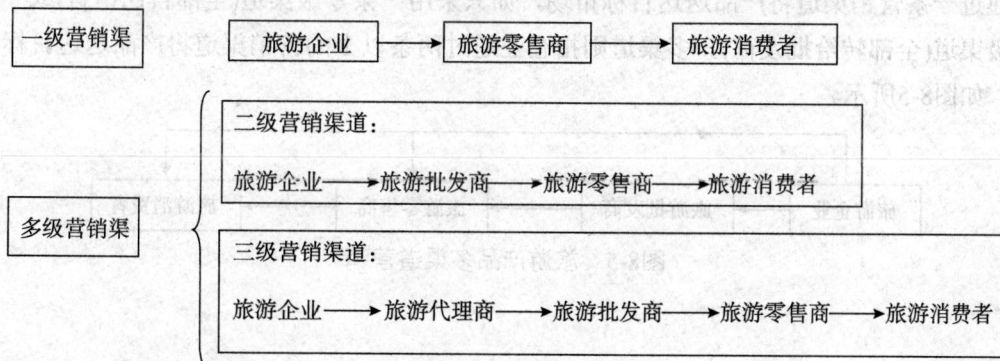

图8-3 间接渠道

(二) 长渠道和短渠道

按旅游产品所有权在转移过程中所经环节的多少,可将营销渠道分为长渠道和短渠道,所经环节越多,渠道会越长,反之则越短。在图8-3中,一级、二级、三级营销渠道中,产品分别经过了两个、三个、四个环节。这里的渠道长短只是一个相对概念,二级营销渠道相对一级营销渠道是长渠道,而相对三级营销渠道则是短渠道。营销渠道短,旅游生产者从事的营销活动多,对渠道的控制能力较强,旅游产品流通快,信息传递及时、清晰;营销渠道长,信息传递慢,生产者对渠道的控制能力较弱,但营销活动的辐射空间更大。

(三) 宽渠道和窄渠道

按营销渠道中每一环节使用同类型中间商的数目,可分为宽渠道和窄渠道。某一环节使用同类型中间商的数目越多,渠道越宽,反之则越窄(见图8-4)。这里所说的渠道的宽窄同样是一个相对的概念。

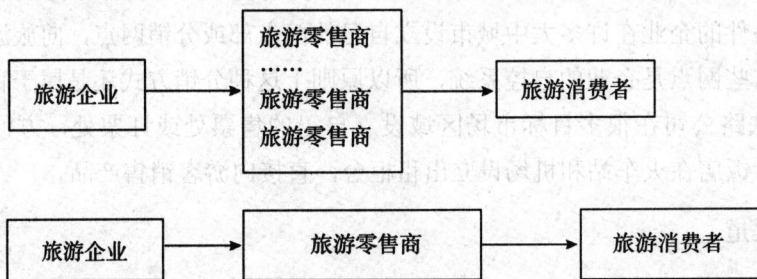

图8-4　宽渠道和窄渠道

宽渠道适用于一般化、大众性的旅游产品,如观光型、度假型旅游产品,而窄渠道一般用于销售专业性较强的旅游产品,如探险旅游、修学旅游等。

(四) 单渠道和多渠道

按旅游企业所采用的渠道类型的多少,可分为单渠道和多渠道。单渠道指旅游企业只通过一条营销渠道将产品送达目标市场,如只采用一条零级渠道(全部自己销售)或一条一级渠道(全部转给批发商)。多渠道则指企业通过两条以上的营销渠道将产品送达目标市场,如图8-5所示。

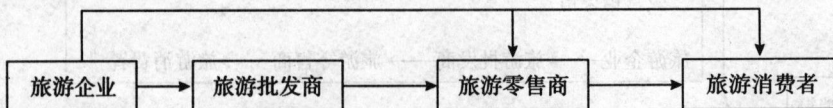

图8-5　旅游产品多渠道营销

任务二　准确选择旅游中间商

任务提出及实施

1. 旅游营销中间商有什么作用？可分成哪些类型？

2. 选择旅游中间商的原则有哪些？不同旅游企业的中间商选择有什么差别？

3. 调研本地旅游企业与中间商的合作方式和关系状况。

请同学们在教师的讲解和引导下，学习本任务中的应用知识储备内容，查阅相关资料，通过市场调研与共同讨论等方式完成上述学习任务。

应用知识储备

■ 一、旅游中间商的概念

旅游中间商是指介于旅游生产者和消费者之间，专门从事旅游产品或服务市场营销，促使交易行为发生，并具有法人资格的中介组织或个人。随着社会分工的不断深化，旅游中间商在市场营销活动中的作用日益明显并呈现出多种类型。旅游产品销售链，如图8-6所示。

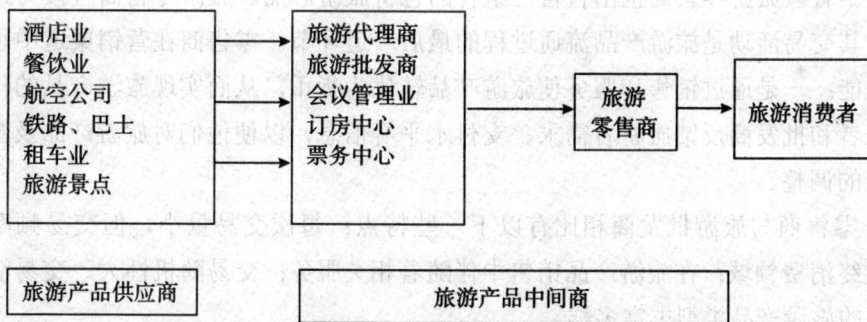

图8-6　旅游产品销售链

■ 二、旅游中间商的类型

按照是否拥有所有权，中间商可以分为经销商和代理商两个主要大类，另外还包括一些其他的中间商。

(一) 旅游经销商

旅游经销商指通过买卖旅游产品，从购进和销出的差价中获取利润的中间商，它与旅游生产者共同承担市场风险。旅游经销商主要分为旅游批发商和旅游零售商两类。

1. 旅游批发商

旅游批发商，即以批量购进和销售旅游产品为主要业务的经销商，其销售对象主要出于转卖、加工或使用等目的，旅游批发商一般从事包价旅游的组织和销售活动，其组合的包价旅游产品主要面对闲暇旅游市场。旅游批发商的业务是将航空公司或其他交通运输企业的产品、住宿、餐饮与旅游目的地旅游企业的地面服务组合成整体性的旅游产品，然后通过旅游零售商销售给旅游者。旅游批发商对旅游度假等旅游目的地的选择具有强有力的影响。在西方国家，旅游批发商又细分为旅游批发商和旅游经销商。前者没有自己的零售系统，必须通过旅游零售商或专业媒介组织将其组合的旅游产品销售给最终消费者。后者拥有自己的零售系统，既可以通过自己的零售系统，又可借助独立的旅游零售商或专业媒介组织将其组合的旅游产品销售给最终消费者。

与零售商相比，旅游批发商有以下5个特点：批量购进，批量销售；交易产品一般不直接进入最终消费领域；交易地域范围广；交易关系较为稳定；多分布在中心城市和地区。

2. 旅游零售商

旅游零售商指直接面对旅游产品的最终消费者从事销售活动的中间商，它们与旅游者的联系最密切。它们代理航空公司、车站、旅游景点、饭店等机票、车票、门票、床位等单项旅游产品的销售，或代理旅游批发商整体旅游产品的销售，并根据销售量提取一定比例的佣金。有些旅游零售商也出售自己组合的包价旅游产品。旅游零售商直接与最终消费者接触，其交易活动是旅游产品流通过程的最后一道环节。零售商在营销渠道中承担着两项重要职能：一是通过销售和服务使旅游产品转化为货币，从而实现旅游产品的价值；二是向生产者和批发商反馈旅游者需求、支付水平等信息，以便他们对旅游产品及营销活动作出相应的调整。

旅游零售商与旅游批发商相比有以下一些特点：每次交易量小，但交易频率高；交易进入最终消费领域；在旅游产品销售中伴随着相关服务；交易随机性大，交易活动较分散；交易的旅游产品类型丰富多样。

(二) 旅游代理商

旅游代理商是指只接受旅游产品生产者或供应者的委托，在一定时间、一定地区内代售其产品的中间商。它是独立的企业，它与旅游产品生产者订立代理协议进行销售，在扣除自己应得的佣金后，将销售收入交还企业。旅游代理商在旅游者选择旅游产品、旅游企业、旅游目的地的决策中起到很大的作用。

旅游代理商有两个主要特点：①它不拥有产品的所有权；②旅游代理商为委托人和消费者提供服务，并从中获取佣金，作为其收入的主要来源。由于不取得产品所有权，旅游代理商承担的风险要比经销商小得多。旅游产品生产企业一般在自己营销能力难以达到的地区，或在新产品投放期、产品销路不太好的情况下才利用代理商寻找营销机会。

(三) 其他旅游中间商

1. 专业媒介者

专业媒介者包括旅游经纪人、奖励旅游公司、会议计划者、协会执行人、公司旅游办公室和旅游咨询者等。旅游经纪人是一种特殊的旅游中间商，它们不拥有旅游产品的所有权，不控制产品的价格和销售条件，并且不参与交易实务，只为双方牵线搭桥，成交后，旅游企业付给其佣金。奖励旅游公司为企业雇员或分销商提供奖励旅游，作为企业对他们工作努力的一种报酬。由于奖励旅游经常在度假旅游区域进行，对度假旅游胜地和一些旅游目的地来说，奖励旅游公司也是一种有效的分销渠道。

2. 饭店销售代表

饭店销售代表负责在某一特定市场区域内销售饭店客房和服务，他们直接收取佣金或佣金加薪金。有时，雇佣饭店销售代表往往要比饭店使用自己的销售人员进行销售更有效率。

3. 饭店联营和电脑预定系统

饭店联营组织是基于其成员的共同利益而联盟组合的一个饭店组织，而市场营销常常是联营形成的原因。它允许组织中成员的所有权和管理独立，同时获得群体营销的优势。电脑预订系统与饭店联营间的界线正日益模糊，因为像SRS、UTELL和SUPRANATIONAL这样的预订服务系统正在向营销活动扩展。其中像UTELL和SUPRANATIONAL就已成为当今全世界五大饭店联合体的成员。UTELL代理来自6500家成员饭店的130万间客房。UTELL视窗能让全世界预订代理商在各自的电脑终端上看到饭店的图像。这一组织向奖励旅游市场、会议计划者、旅游经营商、公司会议组织者、旅行代理商和批发商等进行饭店营销，旅游饭店营销链条提升了旅行代理商和世界市场的接近程度。随着其业务活动的全球化进程加快，饭店联营会成为更强有力的营销工具。

4. 航空预订系统

航空公司为了促销而建立的为旅游中间商准备的产品目录电话预订系统，包括航班目录、饭店企业、租车公司和其他旅游产品等。

5. 网络

网络分销系统的建立有利于消费者通过网络完成咨询和购买。

■ 三、选择旅游中间商的原则

1. 经济的原则

选择旅游中间商必须考虑企业的经济效益，将选择旅游中间商所需要花费的成本与可能带来的销售收入的增长进行比较，以评价对中间商选择的合理性。

2. 控制的原则

旅游企业应能够对旅游中间商实行有效控制。旅游中间商是否稳定，对旅游企业能否维持市场份额、实现长远目标，至关重要。

3. 适应的原则

旅游企业对中间商不可能完全控制，因而旅游企业与中间商应相互适应、协同合作。首先表现为地区性适应，即在某一地区选择中间商，应考虑该地区的消费水平、购买习惯和市场环境，以建立与之相适应的旅游中间商体系；其次表现为时间性适应，即根据旅游产品在市场上不同时期的适销状况，旅游企业采取不同的中间商政策与之相适应；再次表现为对旅游中间商的适应性，即根据各个市场中旅游中间商的不同状况，采取相应的营销渠道策略。总之，旅游企业按照适应的原则，在选择旅游中间商时，应保留适当的弹性，并根据环境和市场的变化，对旅游营销渠道进行适当的调整。

任务三 制定旅游产品营销渠道策略

◉ 任务提出及实施

1. 分析影响制定旅游产品营销渠道策略的因素。
2. 掌握制定旅游企业营销渠道策略的程序。
3. 掌握旅游企业如何选择分销渠道。

请同学们在教师的讲解和引导下，学习本任务中的应用知识储备内容，查阅相关资料，以共同讨论等方式完成上述学习任务。

◉ 应用知识储备

▍一、影响旅游营销渠道决策的主要因素

企业在进行营销渠道决策时，需要全面、综合分析考虑影响渠道的各方面因素，主要包括旅游产品、消费者、旅游企业、旅游中间商、竞争状况以及销售环境。

1. 旅游产品

旅游产品的类型、档次等都会影响营销渠道方案的设计。季节性、时效性强的旅游产

品一般采取短渠道的营销策略，如旅游餐厅、旅游景点等；而对销售面广的旅游产品，由于客源市场庞杂，企业业务量大，往往采用长渠道和多渠道的营销策略。专业性强、档次高的产品，如探险旅游、环球旅游等，市场需求小，营销针对性强，因而多用直接营销渠道；而对于大众化、低档次的旅游产品，则多用间接渠道，以扩大营销活动范围，争取更多客源。

2. 消费者

消费者的人数、购买量及购买频率、地理分布等也会对营销渠道设计产生不同程度的影响。某项旅游产品，若市场需求大且消费者分布广泛，宜使用长渠道、宽渠道，以扩大营销空间；消费者人数多且集中，则宜使用短渠道，以减少销售环节，节约营销费用。若消费者是少量多次购买，交易工作量大，宜利用中间商开展营销活动，以节约因频繁订货而增加的费用；若购买频率低而购买量大，则应尽量利用中间商，使用短营销渠道。

3. 旅游企业

旅游企业在选择营销渠道类型时，还应充分考虑企业的发展目标、规模实力、产品组合及营销能力等因素。从旅游产品组合的角度看，组合面窄、产品单一的企业宜通过批发商进行营销，而产品组合面广、品种多样的企业则可选择较直接的渠道。另外，规模大、资金雄厚的企业选择营销渠道的空间较大，灵活性也更强，而营销能力强的企业则可主要依靠自身力量开展营销活动。

4. 旅游中间商

旅游中间商的企业素质及营销能力对营销活动的效果起着至关重要的作用。如促销专业性强的旅游产品时，必须选择有针对性的、业务能力强的中间商，而对于大众化的旅游产品则宜通过覆盖面广、网点多的中间商进行销售。

5. 竞争状况

旅游企业在选择营销渠道时，还应深入分析市场竞争状况尤其是主要竞争对手的营销渠道体系，以增强竞争力或避免正面冲突。根据实际情况，旅游企业可选择与竞争者相同或相似的营销渠道，以争夺市场份额，或避免与竞争者使用相同渠道，以吸引不同的目标市场。

6. 销售环境

经济状况、政策法规、自然条件等也会影响旅游企业的营销渠道决策。经济不景气时，市场需求不足，旅游企业为节约成本，往往减少渠道环节；经济环境良好时，则可适当增加营销渠道，以扩大供给面。旅游市场营销渠道同样受到国家有关政策法规的约束，如我国规定，国内旅行社只能从事国内旅游业务，而不允许到海外招徕、组织客源。自然环境的影响主要表现为产品的地理区位及可进入性方面。若旅游企业或产品所处区位好，可进入性强，则可采用短渠道的营销策略，反之则宜利用中间商进行销售。

■ 二、旅游市场营销渠道方案的设计

旅游企业在确定了渠道成员的销售水平及中间商的分工后，接下来的工作就是设计具体的营销渠道。它包括两方面的内容，即渠道长度选择和渠道宽度选择。

(一) 营销渠道长度选择

旅游销售渠道长度是指旅游产品从旅游生产者到旅游消费者的路径中所经历的中间环节的多少，经历的中间环节越多，销售渠道越长。只有一个中间环节的渠道，称为短渠道。具有两个或两个以上中间环节的渠道，称为长渠道。

1. 短渠道策略

短渠道策略具有以下优点：由于中间环节少，减少了营销费用，旅游消费者有可能购买到较低价格的旅游产品；加快了旅游企业与消费者之间的信息沟通，可以有效地避免信息的误传、失真等情况的发生；由于渠道短，旅游企业能够较为有效地控制整个渠道的运作。短渠道策略的缺点是：不利于旅游产品的推广和市场营销工作的全面开展；旅游企业对中间商的依赖程度高，一旦旅游企业与中间商产生矛盾，销售渠道将被阻塞。

2. 长渠道策略

在销售渠道中有两个以上的中间商，并在同一环节启用多家同类中间商。长渠道策略具有以下优点：有利于旅游企业建立纵横交错的销售渠道网络系统，并借助于该网络系统大量吸引客源；可以迅速双向传递信息，提高企业经营决策的可靠性和对市场行情变化的灵敏性。其不足之处是：中间环节多，旅游产品直接报价高，降低了市场竞争力；由于将部分或全部旅游产品的权利让渡给旅游中间商，旅游企业将丧失部分对目标市场的控制权和利润；在买方市场条件下，旅游中间商的谈判能力得到加强，导致旅游企业潜在利润的流失；而旅游中间商有其自身独立的经济利益，一旦他们认为无利可图，必将丧失推销的积极性。

一般来说，在实际的营销活动中，旅游企业会同时采用这两种营销渠道。因为，一方面，对近距离市场，企业自身营销能力可以达到，则多用直接渠道；另一方面，绝大多数旅游产品的目标市场都比较庞杂、分散，且有生产与消费异地的特点，因此，仅凭企业自身的营销力量很难建立起足够的营销网点，而借助各种类型中间商的力量，可以使营销活动的辐射空间更为广阔。

(二) 营销渠道宽度选择

营销渠道的长度设定之后，旅游企业还应对每个环节中间商的数量，即渠道覆盖能力进行选择，一般有密集型营销、独家营销和选择型营销三种策略。

1. 密集型营销

密集型营销指旅游企业在营销渠道中选取尽可能多的中间商，以扩大与旅游市场的接触面。该策略的优点是：能够广泛渗透目标市场，方便顾客购买，可更多地吸纳客源，从而有利于扩大销售量和提高市场份额。其不足之处是：渠道费用高，控制难度大，为争夺客源易引发渠道冲突。此外，当客源量过大时有可能导致旅游产品供求失去平衡及服务质量下降等问题的发生，从而影响企业乃至旅游目的地国家和地区的信誉。

通常这种策略适用于客源比较分散以及机票、火车票、大众化观光旅游产品的销售。

在主要目标市场采取密集型营销，效果往往更为明显。如许多海外旅游公司常通过中旅、国旅等大型批发商在我国开展促销。另一方面，旅游企业也要充分考虑这种策略的不足之处，如营销控制力弱、信息反馈缓慢等。

2. 独家营销

独家营销指旅游企业在特定市场上仅选择一家旅游批发商或零售商全面负责销售企业的产品。实施这种策略时，合作双方常需要达成某些限制性条款，即在合同期内，旅游产品生产方不得在旅游产品所在地区内自设销售点或者再委托其他旅游中间商销售其产品；销售方也不得代理销售生产者竞争对手的同类产品。因产销双方利益紧密联系在一起，故利于沟通协调，易于调动中间商的积极性，成本亦比较低。但是若中间商选择不当或中间商信用等发生危机，其销售乏力，都可能引发巨大的市场风险。通常这种策略适用于客源量少以及品牌知名度和美誉度高的豪华型或某些特种旅游产品的销售；也适用于客源量大且合作的旅游中间商自己有较完备的零售系统的情况。

这种营销渠道决策有助于调动中间商的积极性，而且企业对中间商的控制能力较强，在价格、促销、信用和服务等方面也更便于双方合作，其缺点是灵活性较小，不利于大众消费者分散购买。

3. 选择型营销

选择型营销指旅游企业只选择那些素质高、营销能力强的中间商销售其产品。该策略取上述两种策略之长而避其短，有利于企业将主要力量放在主要目标市场上，既利于渠道控制及降低渠道费用，又利于扩大销量，因而得到最广泛应用。选择销售渠道策略适用于各种旅游产品的销售。

这种策略一般更适用于档次高、专业性强的旅游产品，因为它要求中间商有较强的销售能力，并具备相应的专业知识，能给消费者提供具有针对性的服务。选择型营销有助于旅游企业树立鲜明的整体形象，提高知名度和美誉度。

三、渠道选择方案的评估

营销渠道选择的最后环节就是对各备选方案进行评估，以确定最可行、最能满足企业营销目标的方案。评估的标准主要有以下三条。

1. 经济性标准

经济性标准是营销渠道方案评估中最基本、最重要的标准。一般来说，旅游企业增加渠道环节将扩大销售额，但销售成本也相应增加。因而是否增添渠道环节关键看销售额的增量是否大于销售成本的增量。如图8-7所示，当销售水平低于 M 时，旅游企业宜利用中间商进行销售，而当销售水平高于 M 时，则企业自行销售会获利更多。

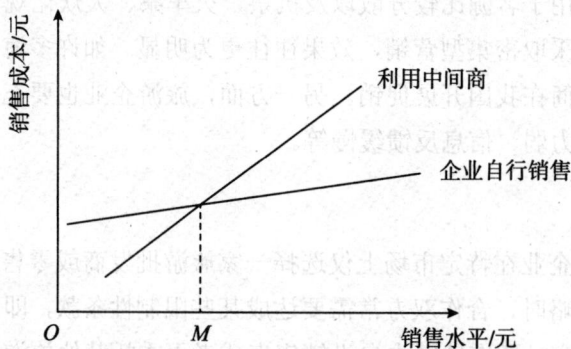

图8-7　选择营销渠道的利益分界点

2. 控制性标准

控制性标准，即以旅游企业对渠道成员的可控制程度为标准。中间商是独立于旅游产品生产者以外而存在的组织，它同样以追求利润最大化为目标，因而中间商与生产者以及同一环节上的中间商之间难免会发生利益上的冲突，从而不利于销售活动的展开。因此，旅游企业在选择营销渠道时应尽量使渠道成员在自身的有效控制范围之内。

3. 适应性标准

适应性标准，即主要根据营销渠道对市场环境的适应程度来选择营销渠道方案。旅游营销渠道的选择是一项预测性的管理活动，而且由于其耗时长、费用高，所以一经确立很难在短时间内做大的改变。因而，旅游企业在评估营销渠道方案时，还要充分考虑各方案对企业发展目标、目标市场变化、社会经济发展等的适应程度和应变能力。

四、旅游市场营销渠道管理

在选择了营销渠道模式和具体的旅游中间商后，旅游企业还必须对营销渠道进行有效管理，以明确旅游中间商的权利和义务，增强企业自身对营销渠道的控制能力，从而最大限度地发挥旅游中间商的销售职能。旅游市场营销渠道管理，即旅游企业在营销渠道建立后，为使营销效果最大化，根据企业自身产品特质及市场环境等变化，对渠道成员进行协调、激励、评价、促进的活动。其主要功能表现为以下4个方面。

1. 协调功能

每个中间商在营销渠道系统中都是相对独立的，他们以追求自身利益为目标，并常常从本企业利益出发作出相应决策，因而与生产者和其他中间商之间难免会发生冲突。通过渠道管理，旅游生产者可有效协调各渠道成员的利益关系及销售行动，从而减少冲突，加强合作。

2. 激励功能

生产者不仅是利用中间商销售产品，也是把产品销售给中间商(代理商除外)，因而必须采取相应措施，激发中间商的购买和销售热情。旅游企业通过给予中间商资金、技术、信息等方面的支持，能最大限度地调动中间商的积极性，从而保证营销渠道的高效运行。

3. 评价功能

对渠道成员的工作业绩进行科学评价是营销渠道管理的一项重要功能。渠道评价的作用主要有三点：对各中间商预期销售指标的完成情况进行考察，以控制企业营销计划的执行；发现营销渠道存在的问题，并采取相应对策；通过渠道评价，寻找理想的旅游中间商，并与之建立长期的合作关系。

4. 促进功能

为了适应市场变化的需要，旅游企业必须随时对部分渠道成员活动甚至整个营销渠道系统进行修正和促进，其主要依据便是上文所说的渠道评估结果。渠道促进可分为三个层次，即增减渠道成员、改变特定市场渠道以及调整市场营销系统。通过渠道促进，旅游企业可以提高整个渠道系统的运行效率和销售水平。

(一) 渠道的合作与冲突

渠道成员的相对独立性决定了他们之间必然存在着一定程度的合作与竞争。

1. 渠道的合作

渠道的合作即渠道各成员结成利益共同体，为了共同的目标而相互补充、相互协作。旅游生产者、批发商和零售商互相创造市场机会，将会促进所有渠道成员的发展，因为由渠道合作所获取的效益和信息要比各成员单独经营所取得的效益和信息要丰富得多，而且，通过渠道合作，旅游企业能把更优质的产品和服务以更快捷的渠道传送给目标市场。

2. 渠道的冲突

营销渠道冲突一般分为横向冲突和纵向冲突。前者指同一营销渠道同一层次渠道成员之间的冲突，如零售商与零售商之间的冲突；后者指同一营销渠道不同层次渠道成员间的冲突，如生产者和批发商、批发商和零售商之间的冲突。渠道冲突是营销运行的不良影响因素，它会损害渠道中几个甚至全部成员的利益。

引起冲突的原因主要有以下4点。

(1) 目标策略不一致。如生产商采取价格渗透策略迅速占领市场，而经销商却以高价保证盈利。

(2) 责、权、利关系不明确。渠道成员间承担的责任、义务等划分不清，也容易引起营销手段、销售方式等的不一致，从而导致冲突。

(3) 信息传递过程中各渠道成员的理解不同。如批发商认为生产者以扩大市场份额为目标，而生产者的初衷是在短期内收回成本。

(4) 相互依赖程度太小。一般来说，渠道成员间相互依赖程度越小，发生冲突的可能性越大。

(二) 渠道的协调

为避免渠道冲突的发生或尽可能减小冲突带来的损害，旅游企业应协调渠道成员的销售目标等行为，发挥营销渠道的合力效应，根据具体情况采取相应的对策。

1. 共同目标法

共同目标法即旅游企业要让所有中间商意识到营销渠道系统是一个不可分割的整体，而自己是这个整体中不可或缺的一员；所有渠道成员有一个共同的目标——实现渠道的最大利润，这一目标由各中间商的分销目标组成，任何一家中间商的消极销售或低水平销售都会影响共同目标的实现。

2. 责权利法

不明确的职责权利以及不合理的利益分配是引起营销渠道冲突的主要原因。渠道成员间的良好合作关系归根结底要靠利益来维系，若某中间商得到的利益与其所拥有的权力或承担的责任不相符，他就会对生产商或其他中间商产生不满。因而，旅游营销渠道各成员必须共同协商，制定科学的责权利方案并以合同的形式确定下来，以约束和协调所有成员的行为。

3. 信息沟通法

由于追求的目标不一致，旅游企业和中间商之间经常因为观点不一而产生冲突，如延期付款或在产品价格上互不相让等。因此，旅游企业必须建立准确、畅通的信息渠道，如成立专门的信息机构，以协调各渠道成员的不同观点和建议，并及时向渠道成员传达有关的市场信息，实现步调一致、信息共享。

4. 互相渗透法

互相渗透法指通过加强渠道成员间的相互合作，提高彼此间的依赖程度，通过增进相互之间的理解，减少渠道冲突。这种方法有助于渠道成员互相认同，并形成共同的价值观念和行为准则。加强人员流通、共同开展促销活动等是较常见的做法。

(三) 渠道成员的激励

旅游中间商是相对独立的企业，它拥有自己的市场和决策体系。在大多数情况下，中间商往往偏向顾客一边，认为自己首先是顾客购买旅游产品的代理人，其次才是生产者或供应商的销售代理人。而且，多数中间商往往不只经销一家企业的产品，他们将所有产品重新组合，并成套销售给顾客，而很少留意单项产品的销售记录。为了使中间商最大可能地为自己服务，旅游生产者需要不断了解渠道成员的需求，并及时采取相应的激励措施。

激励旅游中间商应以适度激励为基本原则，尽量避免过分激励和激励不足，前者可能导致销售量提高、利润下降，后者会影响中间商的销售积极性。一般来说，激励方法可分为两种，即正刺激和负刺激。放宽信用条件、提高销售佣金等为正刺激；惩罚中间商甚至终止合作关系等属于负刺激，使用负刺激时应注意一些措施的运用可能会对其他成员造成消极的影响。对旅游中间商进行正激励主要表现在以下5个方面。

1. 产品支持

一般来说，中间商最关心的问题是产品是否有销路而不是销售哪一种产品，因为价格低廉、适销对路的旅游产品是中间商销售成功的基本条件。旅游生产者应努力向中间商提供质量好、利润大、符合市场需求的产品，以提高他们的销售积极性，同时还要经常征询中间商的意见和建议，不断对产品进行改进。

2. 利润刺激

经销或代理某种旅游产品所能获取的利润是中间商最关心的。在定价时旅游企业必须充分考虑中间商的利益，并针对其财力、信用及订货数量等情况给予相应折扣，以保证中间商能获取期望的利润。

3. 营销活动支持

在中间商进行营销活动时，旅游生产者应主动为其提供人员、技术等方面的支持，甚至为其分担部分广告宣传费用，或根据中间商的销售业绩给予不同形式的奖励，以激发中间商对本企业产品的促销热情。

4. 资金支持

生产企业为中间商提供一定的资金支持，能缓解中间商的资金紧张问题，并增强他们大批量购买、销售本企业产品的信心和决心。旅游企业所提供的资金支持主要有售后付款、分期付款、直接销售补偿等几种形式。

5. 信息支持

旅游企业有必要定期或不定期地与中间商联系，及时和中间商沟通生产、市场等方面的信息，帮助其制定相应策略，使其能有效地安排销售。

(四) 渠道成员的评估

为确保中间商能够及时有效地完成任务，旅游生产者还应随时监督中间商的行为，检查其履行职责的情况，并按一定标准对其进行评估，评价每个旅游中间商的销售业绩。评估营销渠道成员时，旅游生产者通常采用下列7项指标，即销售额(量)、销售增长率、销售范围及扩展情况、产品流通情况、销售过程中对顾客的服务情况、营销中的合作情况和对经销商的投入产出比。其中，销售额(量)、销售范围及扩展以及对经销商的投入产出比三项指标最为重要。

通过对营销渠道成员的检查评估，旅游企业一方面可以鼓励销售量大的中间商继续与本企业开展合作，另一方面能鞭策销售业绩差的中间商，促使他们加大销售力度，同时还将发现营销渠道存在的问题，以便查明原因并及时采取措施补救。

(五) 渠道的促进

市场是纷繁复杂、瞬息万变的，要保持营销渠道的高效性，旅游生产者就必须根据自身销售目标及市场变化情况，不断促进营销渠道。主要有以下三种方式。

1. 增减渠道成员

增减渠道成员即在某一营销渠道中增加或减少一个甚至几个旅游中间商。增减渠道成员并不代表企业利润一定会提高或减少，如当旅游企业取消一个落后的经销商时，由该经销商负责的市场业务可能会被竞争者轻易占领，其他经销商也会因此而产生不安全感，甚至导致销售积极性降低。因此，在决定增加或减少中间商之前，旅游生产者最好先利用整体系统模拟的方法对企业利润变化进行定量分析，然后再作决策。

2. 增减营销渠道

增减营销渠道即旅游企业根据损益平衡分析与投资收益率分析结果，增减某一条或几条营销渠道。当原营销渠道的销售业绩不理想、效益低下而成本又较高时，应考虑停止该渠道；当市场需求扩大、原有渠道无法满足需求时，则应考虑新增营销渠道。

3. 修正整个营销渠道系统

修正整个营销渠道系统指旅游生产者对其所有的营销渠道作出调整，如将直接渠道改为间接渠道，单渠道改为多渠道等。这种决策通常由企业最高管理层制定，它不仅会改变旅游企业的营销渠道构成，还将迫使其改变整体营销战略。旅游生产者实施这类决策的难度很大，需要特别小心谨慎，以尽量减少对销售的不利影响。

■ 五、旅游市场营销渠道的发展趋势

随着各个国家和地区旅游业的不断发展，旅游市场竞争越来越激烈，构建良好的旅游

营销渠道的重要性更加明显。纵观全球旅游业的发展态势，旅游营销渠道正在向集团化、多角化、专业化、现代化、国际化的方向发展。

1. 渠道类型多样化

近几年，除了传统形式的旅游代理商、批发商和零售商外，航空公司、旅游超市、旅游预订系统等形式的中间商及其联盟也迅速发展起来。可以预见，旅游营销渠道体系将呈现出多种经营形式、多种流通渠道、多种经济成分并存和渠道环节减少的"三多一少"的格局。

2. 经营范围多样化

为了扩大总体销售收入，一个旅游中间商往往经营多家旅游生产者提供的旅游产品，有些中间商还从事与旅游相关的业务，如代办交通票据、提供出国咨询等，以实现规模经济效应。

3. 服务功能多样化

现代旅游中间商与消费者的关系不再是单纯的旅游产品的买卖关系，其职能已扩大到储存、托运、咨询、信息等诸多领域。通过为顾客提供多方位的服务，旅游中间商不仅能增加综合收入，而且可以树立良好的整体形象，从而更好地发挥其旅游产品销售代理人的职能。

4. 业务处理现代化

随着科技的进步，大量高新技术成果被广泛地运用于中间商的经营活动中，如开展网上促销、签订电子合同、实现网上预订及支付等。这极大地拓宽了旅游中间商的销售范围和业务能力，成为中间商参与竞争的重要手段。

项目小结

旅游产品的季节性、无形性、生产与消费的异地性等特点，决定了旅游经营与旅游需求之间会不可避免地存在时间、空间上的差异；另外，旅游产品本身也具有脆弱易损性、无形性、不可储存性等特点。这些都要求旅游企业加强旅游销售系统的建设，以便将旅游产品在适当的时间、适当的地点、以适当的方式提供给旅游目标市场，满足旅游消费者的需求，实现企业的市场营销目标。

由于产品体系、目标市场等存在差异，各旅游企业所采取的营销渠道策略不尽相同，营销渠道也表现出不同的类型。旅游产品的分销渠道类型多样，运用方式灵活，是旅游营销中非常重要的一个要素。旅游产品销售渠道的分类方法很多，可以按照有无中间商进行分类；或者按照渠道的长度，即渠道级数来分；还可以按照渠道的宽度进行分类。

旅游产品中间商在分销渠道中起着重要的作用，它能有效地推动商品进入目标市场。根据是否拥有商品所有权，旅游产品中间商可以分为经销商和代理商两大类；按照是否与

消费者直接接触，可分为批发商和零售商。需要说明的是，中间商的类型并不是绝对的，有些中间商是混合的。

旅游产品分销渠道的设计要受顾客特性、市场状况、产品特征、企业特征、渠道成员特征和环境特征的影响。分销渠道设计包括确定分销渠道的原则、建立渠道目标、识别主要的渠道解决方案、评估渠道成员等步骤。旅游企业要对渠道进行动态管理，管理的具体内容包括对中间商的管理、对渠道系统的管理、对渠道冲突的管理以对及分销渠道的调整。

复习思考题

1. 旅游产品销售渠道的功能有哪些？渠道对营销计划有哪些影响？良好的旅游营销渠道应具备哪些特征？
2. 旅游市场营销渠道有哪些类型？请比较它们的优缺点。
3. 分别阐释批发商和零售商的作用与类型。
4. 如何设计和管理旅游企业的分销渠道？
5. 旅游分销渠道宽度不同是由哪些原因造成的？
6. 结合实际谈谈网络技术对旅游分销渠道的影响。
7. 指出供应商和顾客如何受益于间接分销系统？
8. 简述直接分销带给供应商的好处。

项目实训

分销渠道策略

一、训练目的

1. 熟悉、掌握中小企业是如何选择分销渠道模式的。
2. 了解企业现有渠道运行的状况及存在的问题。
3. 了解企业是如何化解渠道矛盾和冲突的。

二、训练组织

在人员组织分工上要合理，视班级人数来确定小组，每一小组人数以5~8人为宜，小组中要合理分工，分别采集不同的资料和数据，但在之前要统一认识、统一口径、基本统一判断标准；讨论要充分，由组长负责最后报告的形成。

三、训练要求

1. 选择学校所在城市，对该城市的不同行业的企业进行分类。小组根据所选行业、调查的目的、内容，统一制作调查问卷。
2. 进行实地调研，对所选择的行业内企业进行走访，了解其渠道选择、渠道运行、渠道管理的状况。
3. 总结走访企业的渠道状况及渠道选择的一般模式。

4. 指出调研企业渠道设计、运行、管理中的问题。

5. 针对渠道运行中存在的问题，提出具体的解决措施。

拓展案例分析 | 世界第一大旅游零售商——Expedia　⊙

在当前的在线旅游零售商市场中，Expedia是一个全球性的主要零售商，有人认为它在世界上排名第一。该公司的网站上介绍了公司发展历史上的一些重要事件。

1. 1996年10月22日——Expedia网站在美国正式开通。在微软这一实力强大的技术开发商的技术支持下，Expedia开始进军在线旅游零售领域，称为该行业的先行者。

2. 1998年11月12日——Expedia的英国网站正式开通。经过几年的筹划准备，一个专门为英国市场量身订做的在线旅游零售网站隆重登场，该网站以微软的MSN为技术支持。

3. 1999年1月、2月——Expedia的销售额已经达到100万英镑，现在正以每月250万英镑的速度增长。

4. 1999年8月——Expedia被评选为欧洲旅游网站第一名。自成立以来，在不到一年的发展时间里，Expedia就被独立分析家Forrester评选为欧洲旅游网站第一名，并进入欧洲电子商务网站前十强。

5. 2000年12月5日——Expedia推出了"Expedia To Go Wap and PDA"(网站与手机和个人掌上电脑的接通服务)。这项服务使得旅游者可以在旅游途中通过PDA和Wap获得所需的旅游信息。

6. 2002年——Expedia获得了多项殊荣，包括新媒介时代最佳在线旅游网站以及网络用户金奖。

Expedia为其客户提供以下多种在线服务。

1. 预定各种旅游联合服务，包括：个人航班、宾馆住宿与汽车租乘；航班与汽车租乘；航班与宾馆住宿；世界各旅游目的地的航班、汽车租乘与宾馆住宿的套餐服务。

2. 旅游保险。

3. 旅游在线信息，包括旅游目的地指南及在线地图。

(资料来源：根据酒店案例——酒水推销的技巧. 一起旅游网，http://www.17u.com/news/shownews_78628_0_n.html，2009-01-19改编)

思考：

1. 除了常规的旅游产品营销渠道之外，还有哪些新兴的销售渠道？

2. 你如何看待旅游产品在线销售这一现象？

实施旅游促销组合策略

▌知识目标▐

1. 掌握旅游促销的基本原理、旅游业的基本促销手段及特点。

2. 了解各种促销手段在旅游目的地和旅游酒店企业促销中的运用。

3. 掌握优化促销组合的基本原则与方法。

▌技能目标▐

1. 掌握人员推销的基本技能，能进行指定旅游企业营销广告宣传设计策划与媒体选择。

2. 使用公共关系战术，掌握销售促进手段。

3. 学会运用各种促销手段，能为旅游企业设计促销方案。

案例成果展示｜杭州西溪又推出"新""非诚勿扰"体验游 ⊙

活动时间：2011年

活动地点：西溪湿地公园内

活动简介：随着"非诚勿扰2"的上映，在国内又重新掀起了一股新"非勿"游的高潮，这为国内影视旅游提供了新的契机。2011年西溪设计"非诚勿扰"游线，并根据电影剧情及拍摄场景安排，设计装饰游线专用摇橹船、电瓶船等交通工具。在电瓶船内安布置"非诚勿扰"电影剧照、花絮等，同时将游船外部及码头进行细致布置，让葛优乘船场景再现。让"秦奋(葛优饰)"乘船场景再现，并结合烟水鱼庄、心源茶楼(西溪"非诚勿扰"茶室)、深潭口等特定影视场景体验。深潭口特定影视场景体验，让游览的旅客，在影像和现实之中感受湿地魅力。整条游线上需要设置游客参与体验结点，形成固定游线产品。

活动推荐线路：周家村码头—(游船)—烟水鱼庄—(步行—深潭口(河渚街广场)

活动价格：西溪景区门票：80元/位；西溪电瓶船票：60元/位

"非诚勿扰2"这部备受期待的爱情电影在三亚进行了两个多月的拍摄，海南戏份占到了全戏的三分之二，堪称"海南制造"。但杭州西溪湿地公园却利用2008年电影"非诚勿扰1"部分外景在西溪拍摄完成后带来的旅游"旧故事"推出了上述产品。

(资料来源：根据西溪湿地公园提供案例改编)

思考:

请同学们分析杭州西溪湿地公园在本产品的促销中借用了什么手段？你认为会成功吗？

任务一　实施人员推销和广告营销

任务提出及实施

请同学们阅读案例和应用知识储备下的内容，讨论并回答下列问题。

1. 人员推销为什么是旅游企业营销成本中最高的一种？

2. 选择某旅游产品，分组在校园内以人员推销的方式对在校大学生或教学单位进行推销。

3. 旅游广告和其他广告相比有哪些特点？在旅游市场营销组合中，广告起什么作用？

4. 试分析学校所在地某著名A级景区选择的广告媒体和媒介是否同该企业的营销要求相一致。

案例引入

酒店餐厅饮料的销售额变动大

心理学上有个名词叫做"沉锚"效应，指的是在人们做决策时，思维往往会被得到的第一信息所左右，第一信息会像沉入海底的锚一样把你的思维固定在某处。以服务行业为例，服务员在推销饮料等产品时，注意不要以"是"与"否"的问句提问，这样问句的答复往往是要或不要。如果以选择性问句提问，这样客人的反应往往是从中作出一个选择。

以前，一家酒店的服务员总是问客人："先生，您喝点什么？"结果在很多时候客人就点最大众化的饮料——雪碧，有的客人则干脆说："不要了"。一段时间下来，饮料的销售额平平。后来，经理要求服务员换一种问法："先生，我们餐厅有椰汁、芒果汁、胡萝卜汁等饮料，您要哪一种？"结果很少有客人再点价格相对较低的雪碧，转而选择价格相对较高的椰汁、芒果汁或胡萝卜汁中的一种。从这以后，饮料的销售额有了明显的增长。

(资料来源：酒店案例——酒水推销的技巧. 一起旅游网，http://www.17u.com/news/shownews_78628_0_n.html，2009-01-19)

思考:

旅游企业营销人员的推销技巧与营销知识、营销态度有什么关系？

应用知识储备

一、旅游促销

(一) 旅游促销概述

1. 旅游促销的定义

旅游促销，即旅游企业为了树立企业或产品形象，激发顾客的购买欲望，将有关旅游企业、旅游地及旅游产品的信息，通过各种宣传、吸引和说服的方式，传递给潜在购买者，促使其了解、信赖并购买自己的旅游产品，以达到扩大销售的目的。

促销具体包括人员推销、广告宣传、公共关系、营业推广等4个方面的组合应用。

2. 促销的作用

促销在旅游营销中的作用很大。成功的促销策略能造就迪斯尼这样的王国，而失败的、短视的促销却会使最好的旅游资源无人问津。旅游促销的作用主要有以下几种。

(1) 刺激旅游需求，扩大旅游产品销售。

(2) 提供信息，沟通供需关系。

(3) 突出特点，强化竞争优势。

(4) 树立良好形象，提高抗风波能力。

3. 旅游促销的类型

根据旅游促销侧重的促销目的，旅游促销有以下三种类型。

(1) 旅游目的地促销：旅游目的地促销侧重于向目标市场或有关公众传递特定旅游目的地的宣传信息，所以又称为目的地形象宣传。

(2) 旅游产品促销：旅游产品促销侧重点在于向目标市场或有关公众传递某种旅游产品的宣传信息。

(3) 目的地旅行社促销：准确地说，目的地旅行社促销属于旅行社的企业名号促销，这类促销是旅行社侧重于目标市场、客户或有关公众传递本企业形象的宣传信息。

(二) 旅游促销决策

1. 旅游促销决策的含义

旅游促销决策是旅游企业或目的地在促销信息源、信息发送方式、发送媒介、信息接收者的类型以及管理和协调整个促销过程等方面所作决策之总和。

2. 旅游促销决策的程序

(1) 确定目标受众；

(2) 确定信息沟通目标；

(3) 设计信息；

(4) 选择信息沟通渠道；

(5) 制定促销预算；

(6) 确定促销组合；

(7) 衡量促销效果。

二、人员推销

(一) 人员推销的含义、特点与作用

1. 旅游人员推销

旅游人员推销是指旅游企业运用推销人员直接与旅游消费者或旅游中间商接触、洽谈、宣传介绍旅游产品或服务，说服推销对象购买旅游产品以达到销售目的的活动过程。

2. 人员推销的特点

(1) 信息传递的双向性。一方面，推销人员必须向旅游消费者宣传介绍旅游产品或服务的质量、功能、用途、价格及售后服务等，为旅游消费者提供有关旅游信息，达到促销目的。另一方面，推销人员还必须通过与旅游消费者交谈，了解他们对旅游企业及所推销旅游产品的态度、意见和要求，不断地收集和反馈信息，为旅游企业的经营决策提供依据。

(2) 推销目的的双重性。人员推销的目的不仅是为了推销旅游产品或服务，还要帮助旅游者解决问题，与顾客建立长期合作关系。因此，它具有推销产品和建立合作关系的双重目的。

(3) 满足需求的多样性。在人员推销活动中，不仅要通过推销产品满足旅游者对产品使用价值的需要，而且要通过宣传介绍产品满足旅游者对产品信息的需求；通过售前、售中、售后服务，满足旅游者对旅游产品购买消费中相关技术和服务方面的需要；通过文明经营，满足旅游者心理和精神上的需要。

(4) 推销过程的灵活性。在人员推销过程中，买卖双方当面洽谈，易于形成一种直接、友好的相互关系。推销人员可以通过交谈和观察，掌握顾客潜在的购买动机，有针对性地介绍旅游产品的性能和特点；还可及时发现顾客心中的疑问，及时解释，解除他们心中的疑虑。

(5) 推销成果的有效性。人员推销过程中推销人员直接将产品推销给顾客，通过面对面的交易，可以使推销人员与顾客之间建立起长期的友好关系，比非人员推销更具有人情

味，从而更容易达成协议。

人员推销的开支比较大，费用比较高，对推销人员的素质要求高，而人员推销的运用也有一定的局限性。

3. 人员推销的作用

(1) 发现并培养新顾客。通过专门人员进行咨询并收集这方面的信息，可以发现最佳的潜在顾客，避免出现无效推销。同时，通过推销人员面对面的沟通与交流，有助于同企业购买决策过程中的关键人物建立起良好的关系。

(2) 传递信息。人员推销有助于把相关旅游产品和服务信息传递给顾客。

(3) 销售产品。包括接近顾客、介绍产品、回答问题及达成交易。

(4) 进行市场调研，搜集市场信息。

(二) 人员推销的方式

1. 登门推销

登门推销是旅游企业销售人员直接到旅游购买者居住、工作的场所进行促销、销售的重要形式。旅游饭店的销售人员拜访政府机关、社会组织、企事业单位的会议组织筹备人员、航空公司、旅行社、游船公司、旅游汽车公司等即属于此类推销。销售人员对代理商、中间商的走访也属于登门推销。登门推销是众多促销方式中花费最高的一种。

2. 电话推销

电话推销是旅游企业销售人员通过电话与旅游购买者进行沟通，从而直接或间接地促进销售的方式。电话在旅游企业人员推销中充当着极为重要的角色。通过电话交谈，销售人员可以发现理想的销售对象，确定销售对象的购买能力和需求偏好。电话推销还可用来进行登门推销的预约，了解有关背景情况，及时答复购买者提出的有关问题，与他们确认有关需求的细节等。

电话推销应重视推销技巧，要有亲和力，要会提问，要用心倾听，要会引导，要会赞美，要有同情心，要能引起共鸣。

3. 营业场所推销

营业场所推销是指旅游企业员工，主要是一线岗位上的员工，通过他们的优质服务、提供给消费者的优质产品及主动灵活、恰到好处的示范讲解，积极向旅游者宣传企业及其产品和服务，宣传产品和服务能够给消费者带来的利益与效用，从而影响并促进消费者购买旅游产品和服务的一种推销方法。

通过企业一线员工的积极主动和富有创造性的推销，可以使已经购买某些旅游产品的顾客增加消费量和消费，使犹豫不决的顾客打消疑虑，放心、安心、开心地消费，促进销售额的提高。

4. 会议推销

会议推销就是利用各种旅游会议向与会人员宣传和介绍各种旅游产品，开展推销活动。在订货会、交易会、展览会等会议上推销旅游产品均属会议推销。这种推销形式接触面广，推销集中，可以同时向多处推销对象推销旅游产品，成交额较大，推销效果较好。近几年来，大量举办的旅游交易会成了众多旅游景区、酒店和旅行社推销其产品的平台。

(三) 人员推销的过程

对推销过程进行阶段性划分，并明确每个阶段的工作重点，以及各阶段的内在联系和转换规律非常重要。推销过程一般分7个阶段，它们相互影响、相互渗透、相互转化，任何一个环节失误都可能导致推销工作前功尽弃。

1. 识别与确认顾客

识别是指推销人员搜索潜在购买者的过程；确认则是指筛选出那些有希望的顾客成为重要客户的过程。

1) 识别顾客的方法

寻找潜在旅游者的最佳方式是推销人员直接与那些最可能成为旅游购买者的个人或组织进行接触，从而发现真正的旅游消费者。通常借助以下方法识别潜在旅游购买者：通过查阅客户档案发现向往旅游的顾客；请现有顾客提供他们所熟悉的客户的名字；利用现有的公共社会名单，如电话簿、商业会所、当地俱乐部和其他组织机构名单。

2) 确认顾客的标准

由于登门推销的成本较高，因此推销人员识别出潜在购买者后，还应将名单进一步压缩，筛选出最有可能成为本企业现实顾客的名单。

旅游企业评估合格旅游购买者的标准如下。

(1) 该潜在顾客是否真正对本企业所提供的旅游产品有现存或潜在的需要或欲望。

(2) 该潜在顾客是否具有购买能力，特别是该潜在顾客是否有权决定购买，这在组织购买时尤为重要。必须了解该客户在采购中心的角色与地位，确定其是否具有采购决策权。

(3) 该潜在顾客是否与本企业的竞争对手订有长期旅游合作协议或旅游安排，如有协议，评估要使其改变合作的困难有多大。

(4) 该潜在顾客可以带来的业务量有多大。

(5) 这些业务可以带来多大的经济收益。

按上述标准，推销人员可以将现有的顾客和潜在的顾客分成：A类，那些可以为旅游企业带来最大业务量或经济收益的个人或组织，他们是推销的重点。B类，那些能够带来一般利益的个人或组织。C类，顾客虽然也能带来一定的利益，但进行登门推销则得不偿失。

2. 做好推销准备

推销人员在推销之前，必须进行充分的准备。

(1) 产品知识。产品知识即关于本企业、本企业产品或服务的特定用途、功能等方面的情况。

(2) 顾客知识。顾客知识即关于潜在顾客的需求偏好、购买力、采购中心人员组成、购买决策者的性格特点等。

(3) 竞争者知识。竞争者知识即竞争者的能力、地位及其产品的特点。

(4) 工作计划。选择接近的方式，拟定推销时间和线路，预测推销中可能发生的一切问题，准备好推销材料，如景区及设施的图片、照片、模型、说明材料、价目表、包价旅游产品介绍材料等。准备就绪后，用电话、信函等形式与准顾客进行事先约见，向访问对象讲明访问的事由、时间、时点等约见内容。

3. 接近顾客

接近顾客是指登门访问，与潜在顾客开始面对面交谈。这一阶段推销人员要注意以下几个问题。

(1) 给顾客一个好印象，并引起顾客的注意。因此，大方的穿着，得体的举止，言谈，自信而友好的态度都是必不可少的。

(2) 检查准备情况，为后面的谈话做好准备。

(3) 要有一个好的心态，友好而且自信。友好——自己与对方是进行利益交换，是互惠互利的交换；自信——确信本企业的产品是能经得起顾客检验的。

4. 介绍与展示产品和服务

介绍展示所销售的产品和服务是推销中的关键一步，推销人员可以按照AIDA模式即争取注意(Attention)、引起兴趣(Interest)、激发欲望(Desire)和采取行动(Action)向购买者介绍所销售的旅游产品和服务。

推销人员也可以通过描述产品的特征(Feature)、优势(Advantages)、利益(Benefits)和价值(Value)(FABV)的方法，向潜在顾客介绍产品。

由于旅游产品具有无形性的特点，使得产品展示往往不如有形产品那样直观，此时需要借助各种视听材料，如小册子、挂图、幻灯片、照片、音响和录音带等。另外，邀请潜在顾客进行考察旅行或参与其他亲临现场的考察也可以弥补产品无形性之不足。例如，许多景区在开拓市场时，往往会邀请旅行社的相关人员进行旅游考察，饭店推销人员也经常邀请会议策划人员亲临饭店考察饭店的接待设施与服务水平。

在介绍和展示产品时，要特别注意倾听对方的发言，以判断顾客的真实意图。

5. 处理异议和问题

推销人员应随时准备处理不同的意见。顾客在听取介绍的过程中，或在推销人员要他们订购时，经常会表现出抵触情绪，如怀疑产品的价值，不愿意中断已经建立的采购关系，对所推销的产品品牌不感兴趣甚至有偏见，对价格、服务、付款条件不满意，或者对推销人员本身言谈举止反感等，这就需要推销人员具有与持不同意见购买者洽谈的语言能力和技巧，通过解释、协商等应对否定意见，但不要争辩。

6. 达成交易

达成交易是指推销人员要求对方采取行动、订货购买的阶段，有经验的推销人员认为，接近和成交是推销过程中两个最困难的步骤，在洽谈、协商过程中，推销人员要随时给予对方能够成交的机会。有些买主不需要全面介绍，介绍过程中发现顾客表现出购买意愿、应立即抓住时机成交。在这个阶段，推销人员还可以提供一些优惠条件，以尽快促成交易。

7. 完成后续工作

如果推销人员希望顾客满意并重复购买，希望他们传播企业的好名声，则必须坚持售后追踪。售后追踪访问调查的直接目的如下。

(1) 了解顾客是否满意已购买的产品；

(2) 发现可能产生的各种问题；

(3) 表现推销人员的诚意和关心；

(4) 使顾客传播企业及产品的好名声，听取顾客的改进建议。

三、旅游广告

(一) 旅游广告概述

1. 旅游广告的含义

广告信息通过各种宣传工具进行传播，其中包括报纸、杂志、电视、广播、张贴广告及直接邮寄等，传递给它所要吸引的观众或听众。广告是传播信息的一种方式，其目的在于推销商品、劳务；影响舆论、博得政治支持，引起刊登广告者所希望的其他反应。广告不同于其他的信息传递形式，它必须由登广告者付给传播信息的媒介人以不定期的报酬。

旅游广告(Travel Advertising)是广告在旅游行业的表现，一般由旅游目的地(国家和地区)或旅游企业进行制作和发布，其目的在于提高旅游产品的影响力和知名度，树立旅游目的地和旅游企业形象，影响旅游者的消费行为，从而促进旅游产品的销售。

2. 旅游广告的特点

(1) 高互动性。旅游产品是具有高度参与性的产品。旅游活动的异地性和跨文化性，以及异地性所带来的陌生感和不安全感，会增加旅游者对目的地相关信息的需求，旅游者迫切希望能够与有过相关体验的其他旅游者进行信息交流。旅游广告应针对这种消费心理，向旅游者提供高互动性的传播与信息交流平台，更好地帮助旅游者作出旅游决策。

(2) 高度立体化。旅游产品的综合性，要求广告提供立体化的信息资源，包括景区、交通、餐饮、住宿、购物等接待设施的相关信息，以及旅游常识、审美鉴赏、历史文化、应变求生等相关知识，帮助旅游者获得更好的经历与体验。

(3) 表现形式多样化。旅游产品生产与销售的时空同一性，使得旅游者无法事先进行试用或体验以了解旅游产品和相关服务的质量与水平，这就要求旅游广告借助各种形象生动的方式传播相关信息，综合运用电视、报纸、杂志、互联网、公益活动等各种广告媒体，全方位、多角度、多层次地进行宣传促销，培养成熟的旅游消费者，进而达到推广旅游产品的目的。

(4) 广告信息个性鲜明。旅游消费是一种体验型的消费，由于受到旅游者、旅游服务人员以及目的地居民之间互动关系的影响，因此，旅游体验受情感因素影响较强。旅游者的消费行为与旅游体验的个性化决定了旅游广告诉求应具有较强的个性化色彩。

3. 旅游广告的分类

(1) 旅游地形象广告。旅游地形象广告主要是针对某一旅游目的地而进行的，具有整体性、系统性、组织化的特点，其宣传并不针对个别具体的旅游产品，而是从宏观的、整体的角度，表现旅游目的地的历史、文化、自然景观、形象口号、城市个性等概念性宣传，塑造旅游地品牌。旅游地形象概念性宣传的发布单位，往往不是单一的旅游企业或几个旅游企业，而是由旅游地的行政管理单位牵头，有计划、分步骤、大规模地进行。

(2) 旅游企业形象广告。旅游地形象广告即由旅游饭店、旅行社、旅游交通公司等各类旅游企业出资的品牌宣传广告。其主要目的是展现企业的服务形象。通过不同的表现形式向消费者展示旅游企业的服务定位和服务水平，塑造企业的品牌形象。

(3) 旅游产品信息广告。旅游产品信息广告在性质上与普通商品的营销广告类似，目的在于告知旅游线路、旅游交通、旅游饭店、旅游纪念品等相关产品信息。旅游企业对此类广告的单次投资额度相对较小，个性化不强，但其发布频率较高，更新快。此类广告多见诸报纸、杂志及宣传单等费用较低的宣传媒介。

(4) 其他广告。除了以上几种类型外，旅游企业还可以对企业的服务内容、范围、方式及产品的销售通过举行短期促销、联合促销、公关活动、现场活动、发布事件新闻信息等方式进行显性或隐性宣传，以这种受众能够感知的方式参与、互动形式，更有效地推动旅游企业的品牌建设和旅游产品的销售。

(二) 旅游广告决策

1. 确定旅游广告目标

确定广告目标的主要依据在于市场营销战略和营销组合的要求，以及营销管理的阶段性特征。按广告目标可以把旅游广告划分为以下三种类型。

(1) 告知广告(Informing)。告知广告主要用于旅游新产品的市场开拓阶段，其目的在于使潜在顾客了解新产品，提高认知度，在市场上唤起初步的需求。

(2) 说服广告(Persuading)。说服广告的目标是使旅游消费者不仅知道企业旅游产品的名称，还要使他们了解、记忆企业产品及企业本身的特点，强化旅游消费者对特定品牌的信任与忠诚。这种广告产品在成长期配合差异性市场策略特别有效。

(3) 提醒广告(Reminding)。提醒广告主要用于产品成熟期后期和衰退期的产品销售，因为这时市场对产品已经相当熟悉，没有必要再详细地介绍产品，只需要经常提醒旅游消费者保持对本旅游地或旅游企业及产品的记忆，或向人们提醒它的销售地点和新的附加利益。

2. 编制广告预算

编制广告预算除了重点考虑企业的销量目标外，还有以下需要重点考虑的因素。

(1) 产品所处的生命周期阶段。新产品通常需要大量的广告预算来唤起消费者的注意和购买。成熟期产品的广告预算通常占销售额的比例会相对小一点。

(2) 竞争与干扰。在一个竞争者如林、广告如海的旅游市场上，要想让本产品在嘈杂的市场中脱颖而出，就需要经常做广告。

(3) 市场份额。占市场份额高的品牌的广告支出比占市场份额低的品牌要高，新建一个市场或从竞争对手那里夺取市场份额，比保持现有份额通常要支出更多的广告费用。

(4) 广告频率。当需要频繁地传递有关产品的信息时，广告预算就要多一些。

(5) 产品差异。如果一种产品在所属产品类别中与其他产品非常接近，就需要靠大量地做广告以突出自己；而当一种产品与竞争者差异很大时，广告就可以用来向消费者说明这些差异。

3. 广告信息选择

针对备选的多种旅游广告信息，企业应根据吸引力、独特性和可信度对其进行评价和筛选。

(1) 吸引力。吸引力是指信息对潜在的旅游消费者而言必须有用或有趣。旅游产品作为消费层次较高的服务产品，其广告信息更需要挖掘和激发人们内心深处的潜在需求和朦胧需求，以增强吸引力。

(2) 独特性。特色是旅游企业的生命，广告信息应能充分表现旅游者感兴趣的旅游目的地的独特个性。

(3) 可信度。由于旅游消费者的异地性和旅游产品的无形性，会使旅游消费者明显感到购买决策的风险，由此更加关注旅游广告的可信度。从一定意义上说，旅游地或旅游企业通过广告出售给旅游消费者的实际上是某种体验的承诺，如果旅游广告提供夸大或虚假的信息，使承诺不能兑现，将会引起旅游消费者更加激烈的反宣传。因此，旅游广告一定要真实可靠，多提供实在的、有价值的信息。

4. 旅游广告媒体决策

不同媒体具有不同的特征，为了达到预期的广告效果，企业应审慎地选择广告媒体。

1) 选择广告媒体类型

(1) 电视。电视是最具影响力的广告媒体，利用电视传播旅游广告信息，具有显著的优势。电视集图像、声音、色彩与动感于一体，形、声、情兼备，可以直接、真实、生动地反映旅游景观的特点与魅力。尤其是具有一定故事性、趣味性、知识性、艺术性的电视广告，能够在短时间内给人留下深刻印象。另外，现在许多电视节目有卫星传送，全球大部分地区均可接收到，利用电视作为旅游广告媒体，可以在大范围内迅速传播。电视广告是旅游地形象宣传的有效表现形式。目前电视旅游广告中最常见的是旅游形象广告，通过片长30～60秒的电视广告片，对旅游目的地进行概括性的形象宣传，从视觉上生动地展现旅游形象和旅游概念。此外，旅游专题片、专题节目、旅游电视杂志等也是比较流行的电视广告形式。这种广告通过节目主持人或参与者的亲身体验，向受众展现旅游地的"食、住、行、游、购、娱"，形象地将游记与旅游文化相结合，模糊了传统电视广告劝服性特点，在一定程度上达到旅游广告的互动效果。

但是电视广告的保存性较差，加上制作、发布费用昂贵，受众市场不明确，因此，在电视广告的制作、投放上，旅游企业应慎重考虑。

(2) 报纸。报纸广告的受众面集中在城市集镇，读者群稳定，主要受众是旅游产品主要的消费者或潜在的消费者。报纸具有消息性、时效性的特点，更新快，传播速度快，更容易获得受众的依赖。报纸广告以文字为表现形式，广告信息容量大，广告费用较低，能够更全面、准确、详细地对旅游产品进行广告宣传，而且还具有一定的保存性。目前的报纸广告主要是旅行社用以发布旅游项目、旅游线路、旅游交通的广告以及旅游行业的通知。

报纸的局限性表现在：一是印刷质量不理想，表现力差，不宜用作旅游景点的展示广告；二是版面较多，内容庞杂，广告分散其间，读者注意力常为数量多而又毫无联系的广告所影响，传播效果不稳定；三是一旦过期，被反复阅读的可能性很小。

(3) 广播。广播信息传播迅速及时，不受场所限制、地理与人口选择性较强，制作过程较简单，播出费用不高。

其主要局限在于，缺乏视觉吸引力，播出速度快不易记忆，表现手法不如电视吸引人，不易加深印象。一般适合于旅游交通和旅游观光销售信息的辅助广告，尤其是地区性旅游信息的发布。

(4) 杂志。杂志针对性强，保存时间长，记录性好，读者层次和类别较为明确，尤其是专业性杂志，读者群比较稳定，对所订阅的杂志认同感较强，由此对刊登的广告也显现出比较高的关心度和依赖度，比较适合旅游目的地、景点和饭店的形象推广。

杂志的刊发间隔时间较长，时效性差，读者层面较狭窄，市场覆盖率低，不适合进行重复性高、时效性强的旅游信息的发布。

(5) 户外广告。户外广告固定设置在街道两旁、立交桥身、候车棚顶，以及车站、码头广告、运动场、地铁等公共场所，是目前常见的一种广告媒体。户外广告画面鲜明醒目，美观简明，容易记忆，展露时间长，地方触及面高，便宜于消费者反复观看，且成本低。同时，旅游企业在户外广告的设置上灵活机动，可以选择适合其宣传的城市，租用最需要的场所，同时可以依据旅客客流的变化或景区季节特色及时更换户外广告。

户外广告的局限性在于，广告传播的信息有限，只能将广告内容中最主要的部分，如旅游区名称、本地特产、购物商厦等加以突出，难以详细说明，广告的宣传范围有限，而且不能自由选择宣传对象。

(6) 直接邮寄媒体。直接邮寄媒体针对的对象明确，选择性好，迅速及时，在同一媒体内没有竞争性宣传，人情味较浓，可以实现个性化传播。

直接邮寄媒体的缺点是可信度较低，传播面相对较窄，使用不当还可能引起接收者的反感。

(7) 互联网媒体。互联网是一种新兴的媒体形式，被称作除了电视、广播和报纸三个传统媒体之外的"第四媒体"。与传统媒体相比，互联网媒体具有许多优势：一是传播范围广，网络媒体传播的广告摆脱了传统媒体的时空限制，将广告信息24小时不间断地传递到世界各地。二是针对性强，企业可以根据IP地址及cookie技术对目标消费者有大致地了解，如居住在哪个地区，偏好哪种类型的产品或生活方式，曾经点击过哪些广告，想深入了解哪方面的广告信息等，这些都会成为企业为消费者"量身定做"广告及促销活动的依据。同时，网络用户多是主动搜寻所需要的广告信息，针对性较强。三是实际、灵活、成本低，在互联网上做广告不但从提交材料到发布广告所需的时间较短，而且费用比较低，成本与其他媒体相比也要低得多。四是交互性强，它与传统媒体最大的不同是信息的互动传播，网络用户可以根据需要来获取他们认为有用的信息，广告主也可随时得到用户的反馈，对信息进行收集分析和细化后，制定自己的行动方案。目前，我国许多的旅游景区、旅行社和饭店都建立了自己的网站，刊登了相关旅游产品的信息，并对组织本身及产品都作了详细介绍，便于游客登录访问。

互联网的主要局限在于受电脑和网络普及的限制。

2) 选择具体媒介工具

具体媒介工具的选择通常根据"每千人成本"和"每个收视点成本"两个指标来计算。每千人成本指广告每达到1000个受众所需要的费用；每个收视点成本指广告获得每一位受众的一次收视所需要的费用。这两个指标都以媒介的触及面、展露频率和影响力为基础。

3) 决定媒体播出时间

从总体上看，许多旅游产品的需求销售都有季节性差异，因此，广告的播放时机选择就显得非常重要。为此，应该要做好两个计划——宏观计划和微观计划。宏观计划是指在哪个季节或月份做广告，而微观计划是指具体到哪个星期和哪一天做广告。可选择以下三种主要的时间安排方法。

(1) 穿插。广告在特定的时间穿插出现。每一时间中的广告出现次数可能相等也可能不等。

(2) 集中。使用这种方法时，广告在某一时间段集中出现，并且其他时间不再出现。

(3) 连续。广告在整个计划时间内连续展开。

5. 旅游广告媒介的选择

不同的广告媒介有不同的特点、不同的作用、不同的受众，因此，在不同的媒介上做广告，其效果也是不一样的。应在分析评价各种媒介的基础上，选择同企业营销要求相一致的广告媒介。

1) 评价媒介的指标

(1) 权威性。媒介越具权威性，广告影响越大。知名度高且受到各界人士重视的媒介权威性也高。从广告媒介策划角度看，当然希望所选用的媒体权威性越高越好，以便给广告带来巨大的影响力。但是一般来说，权威性越高的媒介，收费标准越高。中央级的刊物就比市级刊物权威性高，但收费也高。

(2) 覆盖域。任何一种广告媒介都将在一定的地区范围内发挥影响。超出这一范围，这一广告媒介的影响，将明显减少甚至消失。媒介的覆盖域选择应同目标市场相适应，两者如不相吻合，过大则造成浪费，过小则效果受影响。

(3) 触及率。触及率表示一则广告推出一段时间后，接收到这则广告的人数占覆盖域内总人数的百分比。

(4) 毛感点。毛感点是各项广告推出后，触及人数占总人数比例之和，表示广告的总效果。如在电视节目上推出广告，两次各获得20%的接收比例，在一个电台上推出此广告，三次分别获得15%的总接收比例，那么这则广告的毛感点=$2 \times 20\% + 3 \times 15\%$。

2) 选择媒介应考虑的因素

(1) 配合营销目标来选择媒介是为扩大销售、增加市场占有率，也是为提高产品的知名度等。

(2) 配合目标市场的选择策略。例如，南美国家把钱花在传统的促销方式，如小册子、招贴画等广告方式上，但是这种方式在欧洲却不太起作用，因为人们难以得到这些资料。在欧洲通过无线电广播和其他非传统手段进行宣传，可以收到很好的广告效应。

(3) 迎合产品特点的选择策略不同的媒体在展示、解释、可信度与颜色等方面分别具有不同的说服力。例如，照相机之类的产品，最好通过电视媒体做活生生的实地广告；服装之类的产品，最好在有色彩的媒体上做广告。

6. 旅游广告效果的评价

企业的许多经营活动离不开广告的支持，但广告是需要付费的，广告效果的好坏直接关系企业经营的成败，对广告效果进行评价，努力提高广告效果是企业经营者必须认真对待的问题。

1) 传播效果的测定

(1) 事前测定。事前测定包括如下几种方法。

① 直接评级法。向若干消费者或广告专家小组提供几种不同的广告方案，让他们观看后进行全面评级。此法有助于揭示广告的吸引力，以及它们对消费者的影响，以便剔除不良广告。

② 综合测试法。请消费者观看或聆听一组广告，需要多长时间就用多长时间，然后让他们回忆所有广告及其内容，以测试广告的突出点与易懂易记之处。

③ 实验室测试法。利用仪器来测定消费者对广告的生理反应：脉搏、血压、瞳孔变化以及排汗情况等，这是为了检测广告所引起的注意程度。

(2) 事后测定。事后测定包括以下两种方法。

① 回忆测试法。要求接触过某种媒体广告的人，回忆最近一次广告中所展露的广告产品，以表明广告为人注意和容易记忆的程度。

② 识别测试法。主要统计在特定媒体上曾注意到、见过并进行过联想和深读过广告信息的目标受众的百分比。

2) 促销效果的测定

广告促销效果的测定，是以旅游产品销售量增减幅度作为衡量标准。由于旅游产品销售将受到服务特色、价格、竞争状况等一系列因素的影响，因而，旅游广告的促销效果比传播效果更难获得。测定方法主要有计算广告费用增销率和广告费用占销率两种，具体公式为

广告费用增销率=销售量(额)增长率÷广告费用增长率×100%

上述方法用于测定计划期内广告费用对旅游产品销售量的影响。

广告费用占销率=广告费÷销售量×100%

上述方法用于测定计划期内广告费用对旅游产品销售量的影响。

影响旅游产品销售的因素很多，广告只是其中之一，单纯以销售量的增减来衡量广告促销效果是不全面的。

任务二 建立公共关系和实施营业推广

任务提出及实施

1. 旅游公共关系有什么职能？为什么说这是促销组合当中最省、但后续效果最为明显的？

2. 调查自己所在班级在系部或学院公众中的形象，全班集体尝试针对学院公众组织一次公关活动。

3. 网上或实地调查学校附近某旅游企业的营业推广工具，并评估这些组合工具的效果。

4. 分组进行社会调研，选择某旅游产品，提出一份针对旅游中间商的营业推广活动方案，并分组交流展示。

请同学们在学习本任务的相关知识后，在教师的引导下完成上述任务。

高僧成为中国旅游公关第一人

2003年2月上旬，南岳衡山正在积极申报参加某报主办的评选活动，为了配合这次评选，需要开展一些公关活动造势，以吸引人们的注意力。为此，将2003年2月17日定为"2003中国南岳衡山旅游品牌活动日"，开展以"聘请高僧出任中国南岳衡山首席品牌导游"为主打项目的系列活动。众所周知，导游是由旅游部门认定的，只有省旅游局根据国家旅游局授权才能颁发导游资格证书，而当地政府是无权给导游发证的。策划者在策划创意时采取了巧换概念出奇制胜的策略，将高僧出任的导游定名为"首席品牌导游"，在导游的前面加上了"首席品牌"的修饰语，实质上偷换了概念，打了一个擦边球，与普通导游区别开来，同时又非常新奇。实际上策划的目的根本不是要高僧当什么导游，真正目的是要高僧出任公关大师，通过高僧这一特殊身份来为南岳衡山增添关注度，并为今后长期推广南岳衡山旅游品牌形象进行公关营销。

有了神奇的创意，活动可谓成功了一半。但是，奇特总是跟风险有着天然的联系。活动经报道后，很多媒体提出批评，认为如果南岳的僧人一个个放下经书不读，而去给游客做导游，传统文化的东西被商业气息所污染，影响了景区的宗教氛围；同时对做导游的高僧究竟有没有导游资格提出质疑。

面对这种情况，组织方和策划者迅速作出反应，一方面，对首席品牌导游作出更详细的定义，进行详尽解释；另一方面，争取上级领导亲自参加南岳的活动，向外界讲明上级领导对南岳聘请高僧当导游持肯定态度的客观事实。

"旅游品牌活动日"中策划了中国南岳衡山首席品牌导游向全区人民发表"创建中国旅游知名品牌倡议书"这项内容，让首席品牌导游以第十届全国人大代表和中国南岳衡山首席品牌导游的身份，倡议南岳全区人民要树立品牌意识，以人为本，以游客为本，争做"品牌南岳品牌人"，真正形成"人人都是名山形象，个个都是南岳品牌"，全力打造"品牌南岳"，全面建设"品牌强区"，努力打造全国乃至全球旅游知名品牌。

在此次活动中，受"聘请高僧当导游"吸引的多家网站、媒体的提前批评报道的影响，本来没有被邀请的新闻单位也派出了报道队伍，摆出准备对"聘请高僧当导游"进行深度批评报道的架势。但由于组织方做好了充分的准备，争取到上级领导的支持，将首席品牌导游介绍资料发放给了来采访的每一位记者，并向他们进行详细说明，引导他们从正面报道，因而化解了新闻记者做负面报道的危机，最终，整个活动的新闻报道中没有出现一篇负面报道。一系列的有效公关营销将危机转化成了生机，树立了南岳衡山的良好形象。

据不完全统计，新华网、中国新闻网、人民网等海内外二百多家新闻媒体对此事作了报道或评论，播发新闻稿件三百多篇次，是南岳开展旅游活动新闻报道有史以来最多的一次。

(资料来源：根据南岳高僧出任中国第一位首席品牌导游策划纪实. http://www.emkt.cn/article/112/11266.html，2003-07-14改编)

思考：

谈谈你自己对旅游目的地形象拓展活动的看法，你的身边有哪些形象拓展活动？

应用知识储备

一、建立并完善公共关系

(一) 公共关系的含义与功能

1. 公共关系的含义

从旅游营销学上说，旅游公共关系是指旅游企业为了维持或改善与社会公众的关系，促进公众对企业的认识、理解及支持，达到树立良好的企业形象、促进产品或服务销售目的而开展的一系列活动。

2. 公共关系的作用

(1) 与相关的社会公众建立关系。这些社会公众既包括内部公众，如雇员与其家庭、股东与所有者，也包括外部公众，如旅游者、旅游供应商、旅游中间商、竞争者、金融保险机构、政府部门、当地社区、新闻媒体等。可见，旅游企业营销活动中存在着广泛的社会关系，不局限于与顾客的关系，更不局限于买卖关系。良好的社会关系是旅游企业成功经营的保证之一。

(2) 树立企业形象。企业形象是公众关系的核心。公共关系的首要任务是树立和保持企业的良好形象，争取广大旅游消费者和社会公众的信任和支持。在现代社会经济生活中，企业一旦拥有良好的形象和声誉，就等于拥有了可贵的资源，就能获得社会的广泛支持与合作。否则，就会产生不良后果，使企业面临困境。

(3) 促进产品销售。建立公共关系的最终目的是促进产品的销售，开展广告等其他促销活动的目的在于直接促进产品销售，建立公共关系是通过将旅游企业整体进行推销来促进旅游产品销售的。

(4) 长效的促销方式。公共关系属于一种长效的促销方式，比广告活动的成本少得多，其效果却可能大得多。公共关系的建立尤其在建立旅游消费者对旅游产品和组织本身的信任感方面，有着不可替代的重要作用。

3. 旅游公共关系的职能

(1) 采集信息，监测环境。公共关系是旅游企业的预警系统，它通过各种调查研究方法采集信息、监测环境，反馈舆论，预测趋势、评估效果、帮助企业对复杂、多变的公众环境保持高度的敏感性，维持企业与整个社会环境的动态平衡。

(2) 提供咨询建议，参与决策。公关人员向决策层和管理部门提供公共关系方面的意见和建议，使决策更加科学化、系统化，并照顾到社会公众的利益。

(3) 传播推广，塑造形象。主要体现在两个方面：一是企业运用传播沟通的手段与公众进行双向交流，以获得公众的信任和支持；二是顺时造势，引起舆论。通过策划新闻、公关广告和专题活动等，制造声势，提高企业的知名度和美誉度，为企业创造良好的舆论环境。

(4) 协调沟通，平衡利益。协调是在沟通的基础上，经过调整，达到旅游企业与公众互惠互利的和谐发展。协调的重要作用在于保持企业管理系统的整体平衡，使各个局部能步调一致，以利于发挥总体优势，确保计划的落实和目标的实现。内求团结，外求和谐，是公关协调工作的宗旨。

(5) 教育引导，培养市场。对内传播公关意识，传播公共关系的思想和技巧，进行知识更新，不仅要对每个员工进行教育引导，也要说服企业领导接受公共关系思想。对外部公众进行教育引导，倡导生态旅游、健康旅游等先进理念。

(二) 公共关系的活动

1. 公共关系的内容

(1) 处理与新闻媒介的关系。目标是将反映本企业积极形象的有新闻价值的信息通过新闻媒介传播给目标受众，达到引起人们对其产品及企业本身的注意、认可与赞赏的目的。

(2) 进行企业宣传。企业宣传包括两方面内容：一是产品的宣传，旅游企业可以通过新闻媒介或其他方式，如展览会、报告会、纪念会、节庆活动、有奖竞赛等，将企业的产品展示给公众。二是企业的宣传，也就是通过各种方式使外部公众和企业内部员工了解企业的历史、业绩、优质产品、优秀人物、发展前景，从而达到树立企业形象的目的。

(3) 提供资讯。收集整理各类公众的意见与建议，向管理人员提供有价值的资讯。

(4) 处理投诉。回答和处理顾客的问题、抱怨和投诉。

2. 公关活动模式

(1) 宣传型活动模式。宣传型活动模式利用各种传播媒介和交流方式，进行内外传播，让各类公众了解企业，支持企业，形成有利于企业发展的社会舆论，达到促进企业发展的目的。

(2) 交际活动模式。交际活动模式通过人们的接触，感情上的联络，为旅游企业广结良缘，建立广泛的社会关系网络，形成有利于企业发展的人际环境。其方式是进行团队交往和个人交往。

(3) 服务型活动模式。服务型活动模式以提供优势服务为主要手段，以实际行动获取社会的了解和好评，建立良好的企业形象。

(4) 社会型活动模式。通过举办各种社会性、公益性、赞助性活动，扩大企业的社会影响，提高其社会声誉，赢得公众的支持。

(5) 咨询型活动模式。咨询型活动模式通过信息采集、舆论调查、民意测验等工作，了解社会舆论，为企业决策提供依据。

3. 活动的程序

(1) 进行调查。进行调查包括对旅游企业基本情况和企业形象的调查。前者是公共关系人员必须掌握的，无论是撰写新闻报道、举行记者招待会、制作公关广告、接待公众来访，还是开展其他公关活动，都离不开对企业基本资料的掌握；后者是社会公众对企业的全部看法和评价，是企业行为在公众心目中的反映，分为自我期望形象和实际社会形象，旅游企业可以利用舆论调查、民意测验等方法，调查了解自身在公众心目中的知名度与美誉度。

(2) 收集公众信息。收集公众信息包括对公众的背景资料、知晓度资料(了解公众对本企业品牌、产品服务知晓的情况)、态度资料(弄清公众对本企业的产品、服务、政策、行为持何种态度)和行为资料(要了解公众的需求类型和消费行为)等的收集。

(3) 确定公关目标。在调查的基础上，根据社会对本企业的了解和意见具体确定公共关系目标。目标可以是下面当中的一个或多个：提高企业的知名度和美誉度；公关活动通过媒体的新闻报道引起人们对产品、服务、个人、组织或创意的关注；通过媒体报道来传播信息，公关活动可以增进企业信誉；争取政府支持，协调企业与政府的关系；化解危机，争取有关公众的理解、谅解与支持；参加社会公益活动，增加公众对企业的了解和好感，塑造良好的企业形象。

(4) 界定目标群体。利用合适的工具把相关信息传播给目标群体，这是公共关系成功的关键。有效的公关活动组织者将会非常仔细地识别他们希望影响的群体，然后对相应的目标群体进行细致的分析，研究了解他们的期望和要求，并选择适当的媒介与方式进行沟通。

(5) 确定公关内容。公关人员应随时准备为产品或服务寻找有趣的新闻报道。如果新闻性消息数量不足，公关人员就应提出一些公司能予以资助的有新闻价值的活动事项。公关创意包括主办重大学术会议、邀请知名人士演讲、组织新闻发布会等。每一项活动都会有大量的事情可以报道，而这些报道会分别受到不同群体的关注。

(6) 实施公关计划。对旅游企业而言，开展公关活动存在许多不确定因素，较难控制。为了保证公共关系计划的实现，应注意以几点。

① 坚持计划规定的公共关系目标及实现目标的要求。在实施计划的过程中，一般不能随便改变或放弃目标，也不能轻易变动实现目标的基本步骤，而应当将目标牢牢盯住，一切活动以目标为准则，同时要严格控制工作进度，保证整个计划的实施能按计划规定的基本步骤进行。

② 建立环境监测系统，及时修正计划的具体内容。坚持计划所规定的目标及实现目标的基本步骤，并不等于死抱住计划不放。在计划实施过程中，要经常对客观环境进行监控，及时了解旅游消费者信息，所提供产品的信息，以及销售信息的变化情况，检查、监

督计划的实施。

③ 认真拟定具体活动的实施方案。公共计划实施的负责人应根据公关目标和客观环境的要求，对活动时间的安排、地点的选定、对象的确定、程序的控制、内容的构想、方式的采用，以及人员的分工、费用的开支等进行认真研究，拟定可靠有效的实施方案。

(三) 评价公关效果

根据特定标准，对公共关系计划实施的情况进行评估，并从中发现问题，及时制订计划，进一步提高和完善旅游企业形象。

1. 评估标准

了解信息内容的公众数量；改变观点、态度的公众数量；发生期望行为与重复期望行为的公众数量；对销售与利润的贡献。

2. 评估依据

评估依据主要有以下三种。

(1) 根据大众媒介传播的情况来评估以下几项。一是报道的数量；二是报道的质量；三是新闻传播媒介的影响力。

(2) 根据企业内部资料来评估以下几项。一是旅游企业领导层和管理人员在企业的经营管理过程中，对企业公共关系目标达到程度和效果的评估；二是旅游企业内部员工从不同角度对公关活动或成效的评估；三是旅游企业内部资料，如统计报表、公众来信记录等。

(3) 根据企业外部资料来评估以下几项。一是旅游消费者的信息反馈；二是相关企业的信息反馈；三是社区公众的信息反馈；四是政府的信息反馈。

■ 二、营业推广

(一) 基本特征与作用

营业推广是指旅游企业为了刺激旅游消费者的早期的需求和尽快购买或大量购买旅游产品与服务，而在某一特定时间空间范围内所采取的一系列的优惠促销的措施和手段。

1. 营业推广的基本特征

(1) 非规则性和非周期性。广告、人员推销、公共关系常常以一种常规性的促销活动出现，而典型的销售促进大多用于短期的临时性的促销工作，其着眼点在于解决某些更为具体的促销问题，因而是非规则性的、非周期性的。

(2) 灵活多样性。销售促进方式多种多样，能从不同角度吸引有不同要求的旅游购买者和消费者。

(3) 短期效益比较明显。一般来说，只要促销的方式选择、运用得当，其效果可以很快在经营活动中显示出来，不像广告、公共关系那样需要一个较长的周期。因此，促销最适宜应用于完成短期的具体目标。

2. 营业推广的作用

(1) 有效地加速新产品进入市场的过程。当消费者对刚投放市场的新产品还没有足够的了解和作出积极反应时，通过一些必要的营业推广措施可以在短期内迅速地为新产品开辟道路。

(2) 有效地抵御和击败竞争者的促销活动。当竞争者大规模地发起促销活动时，如不及时采取针锋相对的促销措施，往往会大面积地损失已占有的市场份额。因此，销售是在市场竞争中抵御和反击竞争者的有效武器。

(3) 有效地刺激购买。当顾客在众多的同类旅游产品中进行选择，尚未作出购买决策时，及时的营业推广手段的运用往往可以产生出人意料的效果。

(4) 有效地影响旅游中间商的交易行为。旅游企业在销售产品中与旅游中间商保持良好关系，与之合作是至关重要的。因此，旅游产品生产企业往往以批量折扣、类别顾客折扣、促销竞赛等多种促销方式促使旅游中间商购买更多商品并与企业保持良好合作关系。

(5) 促进企业其他产品的销售。旅游促销活动常常可以带动旅游企业其他产品的销售。例如，饭店对标准间的打折促销活动常常会带动套房与饭店餐饮的销售。

但是值得注意的是，促销的作用是有限的，它能帮助企业实现短期目标，但是不能长期使用。

(二) 营业推广的工具

对于不同的对象，旅游企业应使用不同的促销工具。

1. 针对顾客的营业推广

(1) 价格优惠。价格优惠是短期内刺激顾客购买的有效工具，当价格成为旅游需求的主要影响因素时，降价就能马上收到明显的效果。价格优惠可以用于各种旅游产品、各个目标市场、不同地理区域、不同年龄段，使用范围非常广。然而。使用价格优惠的不良后果是容易演变成价格战。从而导致恶性竞争，所以，最好不要单纯地使用价格优惠。

(2) 优惠券。优惠券是证明顾客可以在特定时间、特定地点以优惠价格购买某种旅游产品或获得价格折让的一种凭证，它可以鼓励客户去尝试购买或重复购买旅游产品，提高销售量。

企业在制作、发放优惠券时，应该注意优惠券的发放要有明确的目标市场、合适的散发方式、明确的期限，并能与广告和其他营业推广方式相配合。

(3) 奖励。奖励是随着旅游产品的购买而提供的额外奖赏，成功的奖赏可以促进消费者的重复购买行为。旅游景点可在淡季时提供一些免费的游览项目；饭店可以提供包含早餐的住宿而不加价或赠送小纪念品；航空公司可向顾客提供免费的接送机服务。但是这些奖励行为都要以顾客的购买行为为基础，即只有在顾客发生了实际的购买行为之后，才能享受这些奖励。

(4) 竞赛、抽奖和游戏。举办竞赛、抽奖和游戏的目的是要吸引旅游者对旅游产品的兴趣。从消费者角度来看，它可以极大地提高消费者对产品的兴趣。竞赛要求参与者凭借一定的知识、技巧和能力，回答一些与旅游产品有关的问题，或者写有关旅游产品的文章等；抽奖只需提供消费者参与的姓名和地址，消费者完全凭借机遇获奖。

(5) 交易展示。交易展示是为了促进销售、宣传产品、引发购买而在一些会所、场馆举办的展览。在交易展示中，旅游企业通常会免费向消费者提供宣传材料、产品介绍、发放礼品，旅游产品的价格往往也比较优惠。交易展示一般被认为是展示企业形象的良好机会，有助于企业吸引消费者的注意，引发购买欲望。

(6) 现场展示。旅游产品的无形性决定了旅游产品无法在现场展示其使用效果，但是企业可以借助一些有形的手段，来表现人们在购买旅游产品后将得到什么样的利益和满足。例如，目前很多饭店推出了示范烹调手艺和现场调制鸡尾酒服务，而旅行社也可以通过播放优美风景录像带的方法来达到促销的目的。

(7) 忠诚顾客活动。旅游企业对忠诚顾客或频繁购买本企业产品的顾客给予奖励。通过类似活动有助于在企业与其主要顾客之间建立长期、互利的关系。

2. 针对旅游中间商的营业推广

(1) 对旅游中间商价格上的折让。旅游产品生产者通常给予旅游中间商价格上的优惠，某些优惠政策甚至已成为行业惯例。例如，饭店经常给予签约旅行社一定比例的价格折扣，航空公司和其他旅游企业也有类似做法。

(2) 给予推广津贴。旅行社在为某条新线路(旅游目的地)带来一定数量的顾客后，在佣金之外还能得到一定比例的补贴。这样做的目的是激励旅游中间商更好地推广新产品。

(3) 提供宣传品。提供宣传品是指向中间商提供用于陈列和展示的广告招贴画、小册子、录像带等宣传资料。

(4) 联合开展广告活动。联合开展广告活动是指旅游产品生产商和旅游中间商联合促销的一种推广方式，通常由旅游生产商提供资料和一定比例的资金(广告津贴)，会同旅游中间商联合制作或由旅游中间商单独制作广告，然后联合发布，这种广告宣传服务于双方。

(5) 举办旅游贸易展览。旅游贸易展览会是旅游业为发达国家实行旅游促销常用的一种方法。旅游贸易展览对于介绍旅游新产品特别有效。它更容易打开市场，吸引和发现潜在顾客，同时有利于展示旅游企业或旅游地形象，测试市场反应，收集竞争对手信息。

(6) 培训活动。开展培训的目的在于向旅游中间商通告信息和传递新知识，以协助旅游中间商更好地完成旅游产品的销售任务。目前这类活动主要有研讨会、招待会等。

3. 针对推销人员的促销

(1) 让利。让利是指根据每人的推销业绩给予额外的物质上的奖励。

(2) 旅行奖励。旅行奖励指对于那些业绩较好的推销人员给予奖励旅游，它更多地考虑了人们较高层次的精神需要。

(3) 销售竞争。销售竞争指通过组织销售竞赛，奖励销售成绩突出的推销人员，以此调动推销人员的积极性。

(三) 营业推广的决策过程

1. 建立营业推广目标

在不同类型的市场上，营业推广目标是各不相同的。针对消费者，目标是鼓励重复购买，吸引新购买者试用，改进和树立品牌形象等；针对旅游中间商，目标是促使旅游中间商购买新产品和提高购买数量，鼓励非季节性购买，建立旅游中间商的品牌忠诚；针对推销人员，目标是鼓励推广新产品，鼓励创造更高的销售业绩等。

2. 选择营业推广工具

在选择营业推广工具时，需考虑以下主要因素。

(1) 市场类型。企业市场和消费者市场的需求特点和购买行为有很大的差异，所选择的工具必须适用于企业所面临的市场类型的特点和相应的要求。

(2) 营业推广目标。特定的促销目标往往对促销工作的选择有着较为明确的要求，从而规定了这种选择的大致范围。

(3) 竞争条件和环境。竞争条件和环境包括企业本身在竞争过程中所具有的实力、条件、优势与劣势及企业竞争者的数量、实力、竞争策略等因素的影响；营业推广预算分配及每种营业推广工具的预算、总的市场营销费用中有多少用于促销，其中又有多少份额用于营业推广，往往也对营业推广工具的选择形成一种硬约束。

此外，统一营业推广目标可以用多种营业推广工具来实现，这是一个工具的比较选择和优化组合的问题，目的是为了实现最优的营业推广效益。

3. 制定营销推广方案

在制定营销推广方案时要注意以下几点。

(1) 比较和确定刺激程度。要使营业推广取得成功，一定程度的刺激是必要的，刺激的程度越高，引起的营业推广反应也越大，但这种销售也存在递减规律。因此，要以以往的促销实践进行分析和总结，并结合新的环境条件，确定适当的刺激程度和相应的开支水平。

(2) 选择营业推广对象。营业推广是面向目标市场上的每一个人还是某类团体，是旅游消费者还是旅游中间商，范围控制在多大，哪些人是主要目标，这种选择的正确与否都会直接影响促销的最终效果。

(3) 选择营业推广的执行途径。在选择营业推广的执行途径时，应全面考虑。比如，选定赠送优惠券方式，那么还必须进一步确定有多少营业现场，有多少经过邮寄，有多少放在杂志、报纸等媒介中，而这些又涉及不同的接受率和费用水平。

(4) 选择营业推广的时机。何时开始发动促销活动、持续多长时间效果最好等，也是值得研究的主要问题，持续时间过短，无法实现重复购买，很多应获取的利益不能实现；持续时间过长，又会引起开支过大和降低刺激购买的效果，并容易使企业产品在顾客心中的身价降低。

4. 确定营业推广预算

在营业推广方案实施后要对其有效性作出总的评价，最常用的方法是比较实施前、实施期间和实施后的销售量和市场份额变化。此外，营销人员也可采用旅游消费者调研来了解事后有多少人能回忆起这项营业推广活动，他们如何看待这项活动，有多少人从中得益，这项活动如何影响后来的品牌选择行为等。促销效果的评估还可以通过变更刺激程度、实施时间、实施地区、借助媒介、面向对象来获得必要的经验数据，以比较、分析得出结论。

任务三 优化促销组合

任务提出及实施

1. 影响旅游促销组合的因素有哪些？
2. 推式营销组合策略和拉式营销组合策略应如何结合？
3. 完成本项目拓展训练。

请同学们在阅读应用知识储备下的内容后，讨论回答上述问题。

案例引入

大连金石滩的综合促销

金石滩是国内知名的国家级旅游度假区，以优美的自然环境、得天独厚的海岸线资源，被称为"大连的后花园"，而这一称号也早已是金石滩的一张响当当的名片。1992年经国务院批准，金石滩成为全国12个国家旅游度假区之一，2011年被评为国家5A级景区，经过三十多年的开发建设，金石滩发展成为具有一定特色和影响力的旅游品牌。2011年接待海内外游客390万人次，同比增长21%，旅游综合收入4.85亿元。

金石滩的成功与其有声有色的促销活动分不开。

1. 利用多种媒介加大宣传力度，提升金石滩品牌影响力。整合金石滩地区的财力资源，从中央到地方的媒体、从平面到网络、从新闻到专题专栏，加大金石滩度假区的形象宣传。充分利用在中央电视台黄金时间及在平面媒体投放硬性广告、在沈大高速公路等处投放金石滩形象广告、利用节庆影响力加大报道、加强政务和咨询网站建设等资源进行充分宣传，产生了巨大的宣传效果。据不完全统计，2011年在本地的报刊、杂志、电视、电台、网络等媒体资源上宣传金石滩达到六百七十余次。

2. 金石滩非常注重与各方力量合作，抓住机会，举办大型节庆活动带动销售。金石滩举办的"快轨金石旅游"系列活动，影响巨大，以至于每到周末，到金石滩赏石、观海、登山、游泳，成了一些市民的习惯。其推出的快轨套票、免费午餐等也有很大的吸引力。在举办各项活动时，金石滩非常注重自我宣传，金石发展公司与大连晚报社合作，推出"华文溢彩金石滩"游记大奖赛活动，征集以金石滩的自然和人文景观为主题背景的游记作品，活动时间长(9个月)，评比方式巧妙(分为周评、月评、年评)，活动影响大(大连晚报社负责征集稿件，每周一次在《大连晚报·大旅游》专刊上刊登不少于两篇优秀作品)，奖励方式与金石滩旅游相关(包括金石滩旅游套票、金石滩一日游、金石滩—水上人间两日游等)。在2004中国国内旅游交易会上，金石滩旅游度假区以促销沙滩文化节为主，现场发放沙滩节资料万余份，交换名片五百余张。此外，还有香港艺人和大陆一线明星组成的豪华阵容将出演以金石滩为题材的现代青春偶像剧——《金石滩的爱情童话》。

3. 开展系列旅游促销活动，开拓客源市场、招徕游客。本着政府搭台、区域联动、合力促销的原则，组织金石滩旅游集团、发现王国、金石唐风温泉、金石狩猎俱乐部等主要单位，形成合力，加大市场营销资金投入力度，增加主题宣传和产品促销广告的覆盖面，在东北及环渤海重点目标客源城市建立了多渠道营销网络。金石滩促销万里行已经走过了15个年头，走计30万里路，经过全国150个城市。2013年，巡展活动途经辽宁、吉林和黑龙江三个省份，以哈大高铁的运行和提速为契机，将促销和推介活动的重点放在高铁沿线城市沈阳、铁岭和哈尔滨。由于东北地区是金石滩旅游度假区的传统客源区，每年来自东北的游客占游客总数的70%，在"五一"黄金周之前夕，为挖掘潜在游客，度假区深入到三四线城市盘锦市、大庆市和吉林市做旅游巡展以及产品推介，不仅对度假区的形象进行全面展示，还把优惠券、旅游礼包等送到外地市民手中，直接招揽旅客，拉动旅游消费。

4. 公关宣传活动层出不穷。2003年，金石滩推出许多优惠活动，如优惠月、六一儿童免费参观等，并由此获得媒体宣传机会。"非典"期间，汽车公司、旅行社联合金石滩旅游发展公司组织了一场免费"乘坐奔驰大巴，畅游金石风光"的一日游大型公益活动，凡从事抗非典一线工作的医务工作者及其直系亲属、2002年至今市级以上劳模、"五一"劳动奖章获得者及其直系亲属、公安战线干警及其直系亲属、2003年参加高考的高中应届毕业生都可报名参加。

2013年，由金石滩度假区管委会牵头联合区内各家旅游企业以及高校，在保持以往旅游推介会的集中推介基础上，发展直接面向市民的广场公关方式，这两种宣传方式的结合更为直接，受众更加广泛。参与旅游资源整合的企业包括大连金石滩旅游集团、金石国际会议中心、唐风温泉等7家旅游项目，以及大商商业中心、保亿丽景山等4家辖区地产项目。除了与当地的媒体、旅行社和自驾游协会进行产品交流之外，在盘锦、沈阳、铁岭、哈尔滨和大庆5个城市的大商商业广场进行金石滩旅游礼包的派送，特别是在哈尔滨和大庆两个城市，除了派发礼包，还在广场上进行文艺演出，吸引了大批当地市民，气氛热烈，场面十分火爆。

5. 组织系列旅游节庆活动，扩大金石滩的品牌感召力。2011年，通过协助大连国际马拉松组委会成功举办"第25届'金石滩杯'大连国际马拉松赛暨2011年全国马拉松冠军赛"、2011大连国际沙滩文化节、第十届中国国际冬泳邀请赛暨第十八届全国冬泳锦标赛、第十届大连国际冬泳节、开展"踏青健身、鹊桥会""汽车露营大会"等休闲活动，大大地提升了金石滩品牌对游客的吸引力。

6. 金石滩的旅游主题定位顺应市场需求，既注重对外促销，也重视市民市场。2003年4月，金石滩国家旅游度假区首次采用越野车队出征的新式旅游促销形式，全年出征三次，分赴山东、河南、河北及京津、东北等地，行程万里，采用新闻发布、过市"招摇"、广场促销和登门拜访等形式开展逐城逐市地毯式促销，取得了丰硕的成果，万里征程带回游客十万余人。2004年又开展了新一轮"金石滩旅游促销万里行"，开赴山东烟台、济南，河南郑州、开封、洛阳，河北保定、石家庄及天津等地宣传促销金石滩乃至大连旅游，沿途推广形象，并销售旅游套票。与此同时，金石滩根据统计发现，度假区2003年接待的两百多万游客中，有半数以上是本市市民，而以家庭为单位的游客已超过全年游客总数的15%，这一现象表明，自助式、小团队、个性化的"家庭游"正在逐步代替大规模团队式旅游成为市场主体。为了顺应这种发展趋势，金石滩将2004旅游主题定位为"健身休闲游度假年"，在大型节庆活动中，也将"家庭型""市民化"活动作为主体。

(资料来源：大连天健网，http://travel.runsky.com/2013-05/06/content_4659348.htm，2013-05-06)

思考：
1. 金石滩旅游度假区在促销过程中运用了哪些促销工具？
2. 分析金石滩旅游度假区选择这些促销工具的原因。

应用知识储备

一、旅游促销组合概述

1. 促销组合的含义

促销组合(Promotion Mix)，即根据目标市场、企业自身的条件要求，有计划、有目的地将人员推销、广告、公共关系、营业推广等促销手段有机地组织起来，形成系统化的整体，在不同环境下把各种促销方式有机搭配和统筹运用，使企业获得最佳的营销效益。

2. 促销手段的特点

人员推销、广告、公共关系、营业推广4类基本的促销手段各有自己的特点与成本。

企业在进行促销组合决策时一定要了解这些特性。

推销人员可与顾客面对面地进行交谈，或通过电话、网络、信函等方式进行互动。除了完成一定的销售额外，还有其他一些重要的目的，如通过面对面接触建立个人关系，与消费者进行情感交流，深入了解消费者的需求，对消费者的问题作出及时的回应等。

广告的形式多种多样，作为促销组合的一个组成部分，要对它所具有的独特性质作出无所不包的概括是极困难的。但它的一些特质也是很明显的，如公开展示、普及性、非人格化等。须知，广告不会像公司的销售代表那样有强制性，观众不会感到有义务去注意或作出反应，广告对观众只能进行独白而不是对话。

公共关系是企业通过有计划的长期努力，影响团体与公众对企业及产品的态度，从而使企业与其他团体及公众取得良好的协调，使企业能适应它的环境。良好的公共关系可以达到维护和提高企业声望，获得社会信任的目的，从而间接促进产品的销售。

营业推广是由一系列短期诱导性、强刺激的战术促销方式所组成的。它一般只作为人员推销和广告的补充方式。特点是刺激性强、吸引力大，与人员推销和广告相比，营业推广不是连续进行的，只是一些短期性、临时性的能够使顾客迅速产生购买行为的措施。

■ 二、影响促销组合的因素

在选择采取哪一种或几种促销方式时，要确定合理的促销策略，实现促销手段的最佳结合，必须注意把握影响促销策略的各种因素。

1. 促销目标

促销目标是影响促销组合决策的首要因素。不同的旅游企业或旅游目的地，同一旅游企业或旅游目的地在不同时期、不同市场环境下，都有其特定的促销目标。而每种促销工具——人员推销、广告、销售促进和公共关系都有其各自独立的特性、优势与成本。因此，企业必须根据具体的促销目标选择合适的促销工具组合。

2. 产品及市场类型

对于不同类型的旅游产品，消费者在信息需求、购买方式等方面是不同的，需要采用不同的促销方式。一般说来，对于人们熟悉的价格比较低的产品，可确定以广告为主、其他为辅的促销组合，而对于顾客不熟悉且复杂的价格昂贵的产品，则以人员推销为主、其他手段为辅。如客房、餐饮、娱乐等产品，可以广告促销为主；而会议、宴会、大型活动则以人员推销为主。旅游生产企业会对旅游中间商市场多采用以人员推销为主的促销组合，而对最终旅游者的促销则主要采用广告和旅游促销方式。经营消费品的公司一般都把大部分资金用于广告。其次是销售促进、人员推销和公共关系，一般来说，人员推销着重于昂贵的、有风险的旅游产品，以及少数大买主市场。

3. 产品生命周期

在旅游产品不同的生命周期阶段，旅游企业的营销目标及重点不同，因此，促销方式也不尽相同。在导入期，要让潜在的旅游者了解新产品，可利用广告与公共关系，同时配合使用销售促进和人员推销，鼓励消费者尝试新产品；在成长期，要继续利用广告和公司宣传来扩大产品和旅游企业或目的地的知名度，同时用人员推销来降低促销成本，促销活动则可以减少，因为这时所需的刺激已较少了；在成熟期，竞争激烈，相对广告而言，销售促进又逐渐起着重要作用，同时应注意在运用广告及时介绍产品的改进或新的旅游产品；在衰退期，销售促进的作用更为重要，此时需配合少量的广告来保持顾客的记忆。

4. 企业的运营状况

当公司不景气时，这些公司总是探索以一种促销工具取代另一种促销工具的方法，以获得更高的效益。许多公司已经用广告、直接邮寄和电话访问取代了某些现场的销售活动。有的公司增加了与广告有关的销售费用，以达到更快的销售。促销工具的可替代性，解释了为什么在单个营销部门中营销职能需要加以协调。

当一种工具促进另一种工具时，应考虑设计促销组合，而设计促销组合就更为复杂。如各种销售促进活动，总需要广告的配合，以告知公众。许多因素影响着市场营销者对促销工具的选择。促销预算的大小直接影响促销手段的选择。预算少，就不能使用费用高的促销手段。而预算开支的多少要视旅游企业的实际资金能力和市场营销目标而定。对于一些小型旅游企业，如小旅行社则多采用人员推销方式，小型饭店则多采用销售促进方式。

三、促销预算

一般用4种方法来决定促销的总预算。

1. 量力而行法

企业为自身设定一个它们认为能支付得起的促销预算。这种决定促销预算的方法完全忽略了促销对销售业绩的影响，导致了每年不确定的促销预算，给长期计划造成困难。这种方法可能会造成广告超支，结果是投入不起。

2. 销售百分比法

促销预算设定为目前销售额或预算销售额的一定百分比。它能促使管理人员考虑促销支出、销售价格和单位利润的关系。这种方法可能会实现竞争稳态，因为竞争对手也可能将其收入的相同百分比用于促销支出。

销售百分比法虽然有其优点，但并不合理，它错误地把销售视为促销的原因而不是结果。预算是以可提供的资金而不是以营销机会为基础的，在需要增加促销投入以扭转销售额颓势的时候，这一方法可能会成为阻碍。由于这一方法的运用会因每年的销售额而变化，因此，增加了长期计划的困难程度。

3. 竞争均势法

让自身的促销费用与竞争对手保持相当。他们观察竞争对手的广告，或是从出版物和商业协会那里得到估算的整个行业的促销支出水平，从而以行业平均的支出水平为基础来制定预算。

4. 目标任务法

目标任务法是最符合逻辑的预算制定法，用这种方法企业可以通过以下方式来制定预算：明确特定目标；明确为实现这一目标所必须完成的任务；估算完成任务的成本，这些成本的总和就是预期的促销预算。

目标任务法促使管理人员认清他们对费用和促销结果的预期。由于很难确定为实现特定目标的具体任务，这种方法应用起来也是最困难的，即使很困难，管理人员也必须考虑这些问题。这一方法可以帮助企业以他们所要实现的目标为基础来制定预算。

■ 四、促销组合的基本策略

1. 锥形突破

锥形突破是一种很奏效的非均衡快速突破策略，是指旅游企业或旅游目的地将自身的多种旅游产品排列成锥形阵容，而以唯我独有、最具吸引力的拳头产品为锥尖挤占市场，然后分阶段地层层推出丰富多彩的旅游产品，进一步巩固目标市场。

2. 推拉策略

推的策略要求使用销售队伍和商业促销，通过销售渠道推出产品，生产商采取积极措施把产品推销给批发商，批发商采取积极措施把产品推销给零售商，零售商采取积极措施推销给消费者。拉的策略要求在广告和公关宣传方面使用较多的费用，诱发消费者的需求，如果这一策略是有效的，消费者就会向零售商购买这一产品，零售商就会向批发商购买这一产品，批发商就会向制造商购买这一产品。

各公司对推拉战略有着不同的偏好。当今社会发展中，最现实且最有效的做法并不是"推动"策略，或者"拉引"策略，而应该是前拉后推，推拉结合。

3. 创造需求

创造需求策略是旅游企业根据自身的优势或特点，在原来旅游市场需求的基础上，举办一些独具特色的旅游项目或活动，诱发和创造旅游需求，引导现实和潜在的旅游者购买本企业的旅游产品，旅游淡季和知名度不是很高的旅游目的地或企业较适用于此策略。

项目小结

1. 促销在旅游企业营销中有着重要的作用，从促销的实质来看，其发挥的作用是实现企业与顾客的信息沟通，为企业与顾客的交换创造条件。促销组合即广告、销售促进、公共关系与宣传、人员推销的组合。

2. 广告决策是营销传播整合的重要组成部分，广告策划必须和企业的整体营销传播策划相配合。本章从制定广告目标开始，就广告的预算、选择广告信息、广告媒体决策到广告效果评价较为系统地介绍了广告决策的相关内容。

3. 人员推销是企业通过派出销售人员与一个或一个以上可能的购买者交谈，作口头陈述与实物展示，以推销商品，促进和扩大销售。

4. 营业推广是企业运用各种短期诱因，鼓励购买或销售企业产品或服务的促销活动。本章着重分析了销售促进的目标和销售促进的主要决策。

5. 公共关系是指企业有计划和持续地应用沟通手段，争取企业公众的谅解、协助和支持，从而建立和维护企业形象的活动。

复习思考题

1. 名词解释：产品线、价格组合、通知性广告、服务型公关活动模式

2. 旅游企业的营业推广手段有哪些？分别适合什么旅游产品的促销？

3. 在旅游市场营销组合中，广告起什么作用？公共关系有什么职能？

4. 推式营销组合策略和拉式营销组合策略有何不同？

5. 在旅游产品发展的不同生命周期阶段，如何进行促销组合？

项目实训

促销策略实战训练

一、实训目的

1. 掌握广告创意、写作技巧。

2. 掌握推销技巧，为顾客创造价值，促成交易。

3. 掌握常用营业推广、公共关系的基本操作。

二、实训组织

1. 地点：教室、实训室、模拟公司实验室。

2. 课时：4。

3. 组织形式：在教师指导下，学生分为若干模拟公司业务部门，设部门经理一人，先带领团队进行广告创作(可以自选主题，亦可教师指定主题)，并撰写广告文案；然后各组成员间进行角色(顾客或推销人员)模拟，演练推销过程，熟悉推销技巧。

三、实训内容

1. 广告创意训练

(1) 广告创意方法训练。

(2) 广告主题创意训练。

(3) 广告结构创意训练。

2. 推销人员技能训练

(1) 向顾客推销自己：微笑、赞美顾客、注重礼仪、注重形象、倾听顾客说话。

(2) 向顾客推销利益：适合性、兼容性、耐久性、安全性、舒适性、简便性、流行性、效用性、美观性、经济性；FABE推销法，F代表特征，A代表由这一特征所产生的优点，B代表这一优点能带给顾客的利益或效益，E代表证据(技术报告、顾客来信、报刊文章、照片、示范等)。

(3) 向顾客推销产品：介绍产品、化解顾客异议、诱导顾客成交。

(4) 向顾客推销服务：倾听、及时、感谢。

3. 熟悉新闻发布会组织

(1) 确定会议主题。

(2) 选择会议主持人和发言人。

(3) 准备发言稿和报道提纲。

(4) 选择会议地点和会议的举办时间。

(5) 选择邀请记者的范围。

(6) 组织参观和宴请的准备。

(7) 制定会议费用预算。

拓展案例分析 | 来大堡礁，这里有全世界最好的工作 ⊙

2009年，在北半球一片阴沉和寒冷的时候，这里的热带岛屿阳光明媚，有一份惬意的工作正等着你。是的，这就是"全世界最好的工作"。

Sapient公司是澳大利亚昆士兰州旅游局的长期合作伙伴，每年都承担昆士兰旅游的推广项目。2008年初，公司接到推广大堡礁岛屿旅游项目时，有点为难。"全世界最好的工作"的设计师、Sapient公司澳大利亚全国管理总监——迈克尔·布拉纳觉得需要一个能迅速吸引人们注意和打动消费者内心的全新策略方案。Sapient的团队决定从消费者心理入手。"而成为一个当地居民，是体验文化的最好方式"布拉纳强调。布拉纳团队总结出一句话的营销策略："感受大堡礁，生活在这里。"

第一：团队经过进一步讨论，决定引入"工作"这个概念。

2009年初，正值金融风暴席卷全球，企业大量裁员、失业率居高不下，人心惶惶。所以，谁能够拥有一份稳定、高薪的工作，绝对是一件令人羡慕的事情。基于以上两点考虑，布拉纳团队的想法有了一次飞跃：让人们想象，能生活在大堡礁——不仅仅是旅游，而是拥有一份每小时1400澳元超高待遇的工作，而且工作环境又惬意，工作内容又轻松。"这该会有多么大的吸引力啊！谁能不为这份工作心动呢？"

第二：请你们帮我讲故事。

这些想法成熟后，布拉纳团队开始为世人讲述这样一个美丽的故事：在北半球一片阴沉和寒冷的时候，这里的热带岛屿阳光明媚，有一份惬意的工作正等着你。是的，这是"全世界最好的工作"。招聘的流程很漫长，这是布拉纳团队特意设计的，因为这样，世界各大媒体就会有充分时间持续报道。广告投放也非常简单。他们仅在澳大利亚旅游主要客源国，如美国、欧盟、新西兰、新加坡、马来西亚、印度、中国、日本和韩国等，发放一些分类职位广告、职位列表和小型的横幅，引导人们登录网站。另外，布拉纳的团队还利用网络的交互性，比如YouTube、Twitter、社交网站等，使活动影响力不断延伸。经过一年的运作，"全世界最好的工作"的受众达到30亿，几乎占了全球总人口的一半；收到来自202个国家(和地区)近3.5万份申请视频。全球每个国家(或地区)都至少有一人发了申请；招聘网站的点击量超过800万，平均停留时间是8.25分钟；谷歌搜索词条"世界上最好的工作+岛"，可搜到4万多条新闻链接和23万多个博客页面。

招聘活动结束的当天，昆士兰州州长安娜·布莱由衷地赞叹道："全世界最好的工作'不仅是一份令人赞叹的工作，也是史上最成功的旅游营销战略！"这一事件已被路透社在内的知名媒体评为2009年堪称经典的网络营销案例。有数据显示，澳大利亚昆士兰州旅游局以170万美元的低成本，收获价值1.1亿美元的全球宣传效应，成功进行了一次超值的旅游营销。

(资料来源：根据看守大堡礁 世上最好的工作和最好的营销. 经理人网，http://www.sina.com.cn，2009-08-03改编)

思考：

本·绍索尔赢得了"世界上最好的工作"——澳大利亚大堡礁护岛人，这件地球人都知道的热闹事看上去已经平息。目前，营销界最为关心的是昆士兰旅游局如何延续大堡礁之后的营销，把轰动效应一波一波延续下去，让经典案例有个完美收官。

请同学们利用对本项目的学习，试着帮助昆士兰旅游局制定澳大利亚大堡礁今后的促销策略。

学习项目十
旅游景区营销策划

模块二
专业旅游市场营销策划

学习项目十
旅游景区营销策划

知识目标

1. 理解旅游景区、景区产品的内涵。
2. 掌握景区营销策划方案的写作方法。
3. 掌握景区营销的策划程序。

技能目标

1. 能对旅游景区进行营销分析。
2. 能对旅游景区进行营销策划。
3. 能撰写景区营销策划方案。

案例成果展示 | "学子湿地游，体验生态路"活动方案 ⊙

一、方案背景

2008年，随着暑期的临近，平时由于学习紧张而不能出游的学生成为这一时段主要的旅游主体、中小学生，由于他们年龄小，独自出游父母不放心，而难得的暑期又为他们的出游提供了大好的时机；故而家庭游越来越成为近来旅游的一个主要方式，通过出游，让孩子感受父母亲的疼爱，让全家人同享天伦之乐，不仅有助于提高家庭生活的品质，也让孩子能够增长知识，开阔眼界，旅游也有助于个人的身心健康。为更好地让更多的家庭和暑期里的中小学生感受西溪湿地的美景、陶冶情操、提高生态意识和生态文明素质、了解生态文明知识，同时为配合国家林业局、教育部、共青团中央在全国联合开展的"倡导绿色生活、共建生态文明"活动，西溪湿地决定策划2008年"万名学生畅游杭州西溪湿地，体验生态路"活动产品，以下简称"学生湿地游，体验生态路"。

二、"学生湿地游，体验生态路"产品目标市场

目标市场为长三角地区的家庭和中小学生。

三、"学生湿地游，体验生态路"产品内容

产品内容要在观光的基础上突出知识性、体验性、娱乐性，让整个家庭和中小学生感受湿地保护和生态环保的重要性，体现绿色生活和湿地生态文明，主要分为以下几部分。

1. 了解湿地生态功能，提高环保意识，主要内容是参观湿地保护馆、船游西溪湿地。

2. 体验西溪民风民俗，感受西溪渔家之乐，主要内容是参观西溪人家、西溪蚕桑馆。

3. 参与传统工艺制作，学习西溪手工文化，主要内容是参观豆腐作坊、酒作坊、糕点作坊、花篮作坊，学习制作糕点、小花篮，了解豆腐、酒、糕点、花篮的整个制作过程，增长知识，提高学生的动手能力。

4. 参观湿地植物园，认识湿地植物。

四、"学生湿地游，体验生态路"活动线路安排

各旅行社和学校组织以及个人根据自身行程自由安排。

五、"学生湿地游，体验生态路"产品活动优惠价格政策

"暑期学生湿地游"产品活动目标市场为家庭旅游市场和中小学生市场，对此，从2008年7月1日～8月31日，我们推出以下优惠价格。

1. 旅行社组织的团队成员(包含中小学生或小孩)10人以上，其中成人门票优惠价40元/人，车船票优惠价35元/人；中小学生凭学生证、2008年度中考证或2008年度高考证给予免门票，车船票优惠价格35元/人；1.4米(含1.4米)以下的小孩给予免门票，其他按园区现行规定执行。

2. 中小学生个人，凭学生证、2008年度中考证或2008年度高考证给予免门票，其他按园区现行规定执行。

六、"学生湿地游，体验生态路"产品促销

为吸引更多的家庭和中小学生来我园区旅游，激励旅行社推荐该活动产品，我们实行以下促销计划。

1. 在目前合作的报纸媒体发布该活动产品广告和软文，借活动促销提升景区形象，增加销售额，媒体广告预算见表10-1。

表10-1 媒体预算

媒体名称	发布规格	发布尺寸/cm	金额/元	次数	小计/元
宁波晚报	彩色	6*23	3720	2	7440
金陵晚报	彩色	7*23	3000	2	6000
常州晚报	彩色	6*24.8	3000	2	6000
上海新民晚报	彩色	通栏	10 000	2	20 000
总计			19 720	8	39 440
备注	南京、无锡、苏州、合肥可以根据此前签订的广告发布合同进行调节，以节省费用				

2. 向目前主要的合作旅行社进行促销，拓展销售渠道。

3. 利用客户数据库，通过网络向他们发送我们的产品信息，激发他们推荐该产品。

4. 为达到较好的效果，建议给每个团队的中的小孩和中小学生每人赠送西溪小花篮一个。

七、"学生湿地游，体验生态路"活动需要的部门配合

1. 客户服务部应重点加强湿地生态保护和传统手工文化知识方面的培训，以便更好地为游客讲解。

2. 请景区管理部做好糕点作坊与小花篮作坊场地的布置，以便为中小学生、儿童提供一个宽松的学习和体验环境。

(资料来源：根据杭州西溪湿地公园提供方案改编)

思考：

1. 为什么西溪湿地公园要策划这次营销活动？

2. 如何评估景区营销策划活动绩效？

任务一 认识景区营销策划

任务提出及实施

1. 理解旅游景区营销管理的内涵。

2. 掌握并分析影响旅游景区营销因素的方法。

请同学们在教师的讲解和引导下，学习任务中的应用知识储备下的内容，通过阅读教材、查阅资料、旅游企业实地调研与师生共同讨论等方式完成上述学习任务。

案例引入

"大唐芙蓉园"的多样化营销策划

位于西安曲江新区的大唐芙蓉园自开业以来，始终稳坐陕西省最高接待量的头把交椅，丰富的大唐文化内涵和多元化的营销策划是其成功的根本保证。

一、大型活动聚集目光

美景如画，唐韵十足的大唐芙蓉园让中国的盛唐文化走进了现实，12个主题园区成为大唐文化的真实写照。开业以来，在这些园区中，大唐芙蓉园推出了多项活动，每次都让人兴奋不已。

芙蓉湖畔，音乐、彩灯和烟花将大唐芙蓉园渲染得无比缤纷多姿，随着大型梦幻诗乐舞剧——《梦回大唐》的演出、全球最大水幕电影《大唐追梦》的放映、西安国际唐人文化周的举行，再一次将世人的目光聚集在一起。为期一周的唐文化节将唐时的民风、民俗展现得淋漓尽致，西安这座古城也在盛会的映衬下显得欲发精神。

2005年的7月份，兼具激情、狂欢、流行、时尚元素的、为期一个月的流行音乐节隆重登场。流行音乐节上，人们喜爱的明星纷纷登台献唱，只要花30元钱，即可进园参观。2006年7月，大唐芙蓉园流行音乐节又如期登场，因为有了流行音乐节的陪伴，西安人的夏天也清爽了许多。

大唐芙蓉园不仅策划出了一个又一个点亮旅游市场的精品活动，而且还走出陕西、走出国门，对中国优秀文化进行宣扬，大型诗乐舞剧《梦回大唐》在美丽的新加坡滨海艺术中心举行，其梦幻与诗意般的表演征服了新加坡观众的心。

二、名人效应拉动市场

2006年6月7日，在首届丝绸之路论坛上，西安大唐芙蓉园迎来了参加丝绸之路投资论坛的中外嘉宾。同在6月份，香港天皇巨星谭咏麟、"靖哥哥"黄日华、"唐僧"罗家英以及陈百祥等巨星组成的香港明星足球队下榻大唐芙蓉园芳林苑酒店。2005年11月5日，第十二届杨凌农高会招待会在大唐芙蓉园御宴宫举行，国家副主席曾庆红、全国人大常委会副委员长许嘉璐、日本前首相村山富市、泰国副总理兼商务部部长颂奇及科技部、农业部等相关部委的领导齐聚园中。随后，曾庆红副主席一行，在大唐芙蓉园总经理刘兵的陪同下参观了芙蓉园。2005年10月21日，大唐芙蓉园又成功举行了国际古遗址理事会第15届大会闭幕式。世界的眼球全部聚焦在这座唐代宫苑，这座宫苑让古文化与当代文明相融合，为西安增辉。

"芙蓉美景，大唐圣境"八个大字，是连战在参观完芙蓉园后留下的墨宝；"芙蓉仙子芙蓉园，汉唐子孙汉唐心"，是宋楚瑜在首访大陆时在这里留下的笔墨；而在开园庆典中，中央电视台著名当红主持人朱军、文清和英语主持人方静联袂主持，宋祖英、张也、屠洪刚、杨丽萍、女子十二乐坊等明星大腕也悉数到场，明星大腕之多，阵容之庞大，节目之丰富，无不彰显着大唐芙蓉园的魅力。不管是现在还是以前，大唐芙蓉园无时无刻不在利用时机。它在吸引名人来园参观的同时，也将所有媒体的目光聚集在这里，因此，频频出现在报端的大唐芙蓉园也进一步将她的名字烙在了人们的心里。

三、不忘节假日回报游客

从2006年6月1日起，大唐芙蓉园特别推出了入园年卡"芙蓉卡"，只需要150元就可以全年无限制入园，一经推出，便在社会上形成一阵不小的轰动，发售第一天，千余张卡被广大市民抢购一空；"三八"妇女节当天，大唐芙蓉园不但推出"美丽到永远"主题活动，而且精心打造的"大唐婚典"也在当天隆重上演，为广大女性朋友献上了一份温馨的厚礼。为庆祝大唐芙蓉园开园一周年，御宴宫推出了"用餐送门票"活动；狗年春节，大唐芙蓉园在除夕之夜推出了属狗的人进园免费，并可免费享用年夜饭；情人节的时候，又为情人们推出了"烛光晚餐"优惠活动，让相爱的男女免费入园参观等。只要是有节日，大唐芙蓉园肯定会为不同的人群送去意想不到的惊喜。

在大唐芙蓉园举办的这些活动中，既有满足高档次人群需要的内容，又有适合大众消费的项目，不管是老人或者小孩，男性或者女士，只要有节假日，均能在这里找到自己的欢乐。

(资料来源：根据大唐芙蓉园体验营销的分析与改进方案改编)

思考：

1.什么是旅游景区营销策划？

2. 做好旅游景区营销策划有什么意义？

应用知识储备

一、旅游景区营销策划的概念

1. 景区与景区营销

旅游景区是指具有吸引国内外旅游消费者前往游览的明确的区域场所，能够满足旅游消费者游览观光、消遣娱乐、康体健身、求知教育等旅游需求，具备相应的旅游服务设施并提供相应旅游服务项目的独立管理区，它是旅游业的核心要素，是旅游产品的主体部分。

旅游景区的构成要素分为资源要素和非资源要素两类，前者是旅游景区的基础和存在的基本条件，它包括旅游吸引物(即旅游活动的客体)、旅游设施与旅游设备和旅游服务，后者主要由旅游消费者(旅游活动的主体)、原居住民(当地居民)和当地政府或社区组成，是景区发展的主要推动力和决定性要素。

旅游景区的市场营销是景区以消费者需求为出发点，有计划地组织各项经营活动，为消费者提供满意的商品或服务而实现景区目标的过程。这里的消费者不仅指广大的旅游者和潜在的旅游者，还包括旅游中间商。

2. 景区营销策划

景区营销策划是景区根据旅游策划客体的资源状况和旅游市场信息，借助科学技术手段，对景区旅游策划客体的整体发展或局部工作和事件进行谋划和设计，制定和选择切实可行的行动方案，并付诸实施，以实现景区旅游资源的优化配置和旅游市场供需均衡的创造性运筹过程及其结果。

二、景区营销策划的目的

营销策划的主要目的是针对内部资源环境和外部资源环境的变化，谋划最佳达标途径和方式，求得景区在市场竞争中的地位和效益。不同阶段的具体目的和要求如下。

1. 景区开张伊始

针对景区的营销对象和市场机会，分析、研究需要哪些适销对路的产品和服务，迅速进入市场。

2. 景区茁壮成长

围绕景区的市场目标及营销绩效，确定景区投入的经营资源和能力(种类、规模、质量及组合构成),促进有效发展。

3. 景区参与竞争

根据营销环境的预期分析和市场态势,发现、利用景区外部的有利因素及可借助的条件,使景区在市场竞争中立于不败之地。

4. 景区可持续发展

理论分析与实践经验相结合,充分发挥景区的竞争优势或相对优势,努力实现市场利益的最大化和经营风险的最小化,确保景区长久、稳定和持续地发展。

5. 景区遭受挫折

由于市场行情发生变化,原有的营销方案已经不适应变化后的市场,需要修改或重新制定新的营销策略,确保景区能够及时规避风险。

三、景区营销策划的原则

1. 信息性原则

信息是商贸的眼睛和决策的依据,景区营销策划活动是在掌握大量有效信息的基础上进行的。市场营销信息帮助营销策划人员作出正确的营销策划方案,保证营销策划活动得以正常运行,是创新的来源和变革的基础,占有大量的市场信息是景区营销策划成功的保证。

2. 系统性原则

景区营销策划是一个系统工程,其系统性表现为:一是营销策划工作是景区全部经营活动的一部分,营销策划工作的完成有赖于景区其他部门的支持和合作;二是进行营销策划时要系统地分析诸多因素间的相互影响,并将这些因素中的有利一面最大限度地综合起来加以利用;三是营销策划的最终实施是以营销策略的组合为手段,营销的最终成功需要一套系统的"组合拳"。

3. 权变性原则

所谓权变性原则就是随机应变,营销策划要及时准确地掌握策划对象、策划资源和策划环境条件的变化状况,随时调整和修正策划方案。营销环境是景区不可控制的因素,景区营销策划及其行动方案必须适应这些变化。权变性原则要求策划者增强动态意识和应变观念,了解对象信息及其变化规律,准确把握变化并对经营策划案进行及时调整。具有营销策划的动态意识和应变观念,了解对象信息及变化规律,准确把握变化并对营销策划案进行及时调整。

4. 可操作性原则

景区营销策划是要用于指导营销活动的，其指导性涉及营销活动中每一个人的工作及与环境关系的处理。不能操作的方案创意没有任何价值。可操作性要求策划者对策划方案进行可行性分析和可操作性实验。

5. 创新性原则

创新性表现为营销策划应有其独特创意和鲜明特色，这不仅要求策划的内容、方案、技术创意新，表现手法也要新。创新是营销策划工作的核心，只有具有特色的营销策划活动才能引人注意，只有给人留下深刻印象，营销活动才容易取得成功。

6. 效益性原则

景区的根本目标是盈利，景区不能实现利润就失去了其存在的价值。作为景区经营管理手段和工具的营销策划、更应体现出效益性原则，因为对营销策划优劣的评价往往是根据景区获利的多少来决定的。

7. 综合考虑原则

现代科学的发展导致各学科的渗透、交叉和相互影响，各学科间的相互作用越来越强，学科本身的某些复杂问题单靠其自身已经无法解决，要求营销策划者不仅要客观地看待周边的问题，还应用普遍联系的、发展变化的以及辩证的观点去看待问题。

四、景区营销策划的特点

1. 景区营销策划是一种充满创新思维的实践活动

策划本身就是需要通过实践活动获取最佳成果的智慧或智慧创造行为。为了解决景区现存的经营问题，为了实现景区既定的营销目标，景区的营销策划就必须从新的视角，用系统的、动态的、辨证的、发散的思维来策划景区现有的各类资源，使其在未来的生产经营中产生最大的经济效益，从而使景区具备核心竞争力，因此，整个过程必须要有创新的思维。景区营销策划主要包括4方面的内容：创新思维路线的选择、景区经营理念的设计、资源的整合和市场营销操作过程的监理。

2. 营销策划是一项营销系统工程

营销策划的主要任务是帮助景区在复杂纷乱的环境中用系统的方法来考查、分析景区经营活动中存在的优劣势状态、指出产、供、销之间的辨证的因果关系。

3. 营销策划是一个动态发展过程

营销策划需要从发展的、权变的角度处理问题。随着知识经济和科学技术的日益发展，产品的寿命周期越来越短，人们的需求变化越来越大。因此，营销策划的内容方案、步骤都需要权变，即"与时俱进"。即需要根据现代系统、权变及创新三大管理策划理论及思想对营销系统中的各个方面、各个层次，进行各项轻、重、缓、急的战略谋划。

五、景区营销策划的构成要素

1. 主体与客体

在一般情况下，市场战略规划的实施主体是景区的营销部门或销售公司，个别情况下，也可由景区最高经营层直接负责，而年度计划和具体营销方案则由销售、市场或广告等直接从事营销活动的部门执行。

2. 业务领域与范围

规划或方案中的市场活动涉及哪些领域，业务活动辐射哪些国家和地区，也是营销策划内容的构成要素。相对而言，战略性规划涉及的产业领域和区域范围比较笼统，对环境条件的确定性不高，而战术性营销方案则需明确界定具体的业务领域和区域范围，对所处环境条件具有较高的确定性。

3. 目标市场及对象

规划或计划方案中的产品、服务内容以哪些消费群体作为主要的营销对象，这是营销策划的另一要素。战略规划所涉及的目标市场可多可少，划分标准较粗，但作为具体计划或方案，对不同目标市场需要严格界定和具体区分。就战略规划而言，各目标市场的开发、拓展有先有后，形成战略实施中的阶段性对象。就具体计划或方案而言，营销活动必须针对确定的目标群体并体现即期的经营绩效。

4. 营销策划工具

在市场战略规划中，营销工具以产品规划、价格方针、分销模式和景区形象等战略性营销手段为主。在营销计划和具体方案中，营销工具表现为产品定位、定价策略、分销渠道、广告设计和品牌策略等战术性营销手段。

5. 经营资源与能力

景区开发营销手段的功能需要经营资源和能力的支撑，其中战术性营销手段直接依赖经营资源和竞争优势，战略性营销手段同景的综合经营能力、管理效率和景区的核心能力密不可分。因此，在营销策划中，景区不仅需要利用现有资源、能力和竞争优势，而且还应注重资源发掘、能力培养和竞争优势的提升，将景区的经营资源、能力及竞争优势作为营销策划中的动态要素加以有效运用。

6.外部资源条件与机遇

实现市场目标主要依靠景区自身的经营资源和能力,但在营销过程中,外部资源和其他景区的经营能力也是景区可借助的条件。在战略规划中,景区应当借助战略同盟开拓市场。在战术方案中,景区应充分利用各种流通中介组织扩大分销业务。除了与景区有直接业务联系的厂商外,各种非盈利组织的资源、能力也可作为营销策划的构成要素。营销策划的任务之一,是尽可能地利用外部条件,抓住机遇弥补本景区资源、能力方面的某些缺陷。

任务二 实施旅游景区营销策划

任务提出及实施

1. 网上查阅当地或国内其他旅游景区营销策划方案,分析其框架与内容,列出其必须包含的部分。

2. 以就读大学所在省市知名景区为对象,以小组为单位完成××景区营销策划一份。

请同学们在教师的讲解和引导下,学习本任务中的应用知识储备内容,查阅相关资料,通过市场调研与共同讨论等方式完成上述学习任务。

案例引入

云花溪谷旅游项目营销策划建议书

一、项目现状分析

1.项目现状

云花溪谷旅游资源优势明显,是以山、水、林为特色,以休闲、度假、养生为主要定位的景区生态旅游风景区;现景区主题形象清晰;市场营销尚未进行……

2.旅游形象现状

该地对旅游形象还比较模糊,旅游形象认知度低,对其今后的旅游发展很不利。所以,为更顺利地运营此项目,开发前的营销宣传是必不可少的。

二、景区市场竞争分析

保定区域景区现有的客源市场以一日游游客为主,目前市内的新兴景点较多,旅游受到各地主管部门的空前重视,各景区都在采取各种手段招徕客源,市场竞争激烈。

目前阜平县整体旅游形象的对外宣传促销力度相对较小。

阜平等地的一些区域旅行社只在"五一"、"十一"游客较集中的时间段推行景区线路,景区内客源尚未形成规模。

附近区域市场,有五岳寨、驼梁、五台山、天生桥、神仙山、城南庄等一些知名的景点。

按经济效益和影响力来看，五台山无疑是附近区域旅游市场的老大，它占据着高端旅游市场。而五岳寨、驼梁等则稳稳抓住中层消费，也兼顾高端市场。剩下的则各自争夺平时的中低消费旅游市场。

三、旅游市场战略

根据公司发展战略，现对云花溪谷进行第二阶段为期10年的市场发展战略分析。

1. 市场分类(按照地域划分)

第一阶段营销发展战略(5年期)

当地市场：保定市、石家庄、山西五台山附近区域市场，以旅游观光、周末休闲度假为主要目的。

第二阶段营销发展战略(5年期)

本地市场：继续稳固保定市以旅游观光、周末休闲度假为主要目的的市场。

省内市场：以周边的保定、石家庄、唐山、张家口等邻近地市为主的市场，省外市场：主要以北京、天津等地为市场。

2. 核心客源市场

以阜平为核心向外放射300公里的半径——保定、石家庄、山西、北京、天津、唐山、张家口等，其中，以保定、石家庄、山西、北京、天津比较重要，在此将其列入核心客源市场。

3. 旅游市场定位

从市场开发顺序来看：第一阶段开发保定市区、石家庄、山西五台山附件区域等收入较高的市场，利用当地客源维持景区旅游收入。第二阶段开发北京、天津、唐山、张家口等邻近市场，提高云花溪谷的旅游知名度。

四、价格策略

1. 旅行社价格

给旅行社预留较大的利润空间，可以促使他们给景区带来更多的团队游客。

2. 团队价格

景区对单位团体给予门票优惠，优惠门票价格应介于散客门票价和旅行社优惠价之间。

3. 季节性调节

根据季节性特点制定淡旺季两种票价。

4. 促销价格：根据时令特点，在细分客源市场的基础上有针对性地推出一些市场促销价格。

五、销售渠道与销售网络建设

1. 旅行社

对旅行社除提供门票、住宿、餐饮方面的优惠外，还要有针对性地在各客源市场培养几个重点合作伙伴，与其建立长期、稳定的合作关系，以其为龙头联合其他旅行社为景区输送客源。

2. 人员促销与办事处协助

景区可以在旅游旺季在客源城市设立办事处或者派驻办事员，以协助将各旅行社不足以成团的游客拼合成团发往景区。

3. 直销

与交通部门合作在旅游旺季开通景区旅游专线车以方便散客到达。

六、宣传促销策略

1. 与上级旅游部门建立良好的合作关系

景区要积极参加上级旅游部门组织的对外宣传活动，争取进入到省旅游局的对外宣传画册中，争取在阜平、保定旅游局的对外宣传画册中占据重要篇幅，争取更多的省级和地市级大型旅游或节事活动在景区举办。

2. 参加旅游交易会和客源市场的大型庆典活动

通过民俗歌舞表演、景点推介会等充分对外展示自己的形象。

3. 重视新闻宣传，加大广告力度

在第一阶段，景区主要以保定、石家庄、山西五台山附近为主；第二阶段延伸到北京、天津等区域。

4. 积极开展各方面的公关活动

5. 充分利用网络宣传手段

6. 大型活动拉动

7. 大型旅游节事活动策划

(资料来源：http://dlw814.blog.163.com/blog/static/526391392010724570817/老段经典个案，2010-08-24)

思考：

1. 本案例中是如何对目标市场进行分类的？

2. 对案例中的销售渠道与销售网络建设，你还有什么好的建议？

应用知识储备

■ 一、景区营销策划的程序

1. 情景分析

景区首先要分析环境中的各种宏观力量(经济、政治、法律、社会、文化、技术)和微观力量(景区、竞争者、分销商和供应商等)。景区可以进行SWOT分析，但对这种分析方法应该做一些修改，修改后成为TOWS分析(威胁Threats、机会Opportunities、劣势Weaknesses、优势Strengths)，原因是分析思维的顺序应该由外而内，而不是由内而外。SWOT分析方法可能会赋予内部因素不应有的重要性，误导景区根据自身的优势来选择性地认识外部威胁和机会。这个步骤还包括查找景区各部门面临的主要问题。

2. 确定目标

对于情景分析中确认的那些最好的机会，景区要对其进行排序，然后由此出发，定义目标市场、设立目标和完成时间表。景区还需要为利益相关者、景区的声誉、技术等有关方面设立目标。

3. 制定战略

任何目标都有许多达成途径，战略的任务就是选择最有效的行动方式来完成目标。

4. 实施战术

战略充分展开成细节，包括4P和各部门人员的时间表和任务。

5. 作出预算

景区为达到其目标所计划的行为和活动需要的成本。

6. 实施控制

景区必须设立检查时间和措施，及时发现计划完成情况。如果计划进度滞后，景区必须更正目标、战略或者采取各种行动来扭转这种局面。

二、景区营销策划的方法

营销策划是对营销活动的设计与计划，而营销活动是景区的市场开拓活动，它贯穿于景区经营管理过程。因此，凡是涉及市场开拓的景区经营活动都是营销策划的内容。

1. 点子方法

从现代营销角度来说，点子是指有丰富市场经验的营销策划人员经过深思熟虑，为营销方案的具体实施所想出的主意与方法。

2. 创意方法

创意是指在市场调研前提下，以市场策略为依据，经过独特的心智训练后，有意识地运用新的方法组合旧的要素的过程。

3. 谋略方法

谋略是关于某项事物、事情的决策和领导实施方案。

■知识链接

营销策划人员的基本素质与能力

1. 营销策划人员需要掌握综合知识和技能，包括经济学、行为科学、数学、统计学、心理学、社会学、生态学、商标学、广告和法律等学科。

　　2. 营销策划人员必须有丰富的阅历和营销经验，对景区在营销各个环节出现的问题能作出准确的判断。

　　3. 营销策划人员要有敏锐的洞察力，能把握市场上存在的各种机会和规避市场上存在的风险。

　　4. 营销策划人员要有系统的思维能力，能用综合的知识去解决复杂的问题。

　　5. 营销策划人员要有狂热的工作热情，把策划当成自己生命中的一部分，才能有强烈的动机和兴趣把工作做到极致。

　　(资料来源：http://wiki.mbalib.com/wiki/%E8%90%A5%E9%94%80%E7%AD%96%E5%88%92)

三、旅游景区营销策划书的体例

　　市场营销策划建立在一般市场营销的基础上，其实际操作性更强。随着市场竞争日益激烈，好的营销策划更成为景区创名牌、迎战市场的决胜利器。旅游营销策划是市场营销策划在旅游行业营销中的应用，而景区营销策划更体现营销策划的落地操作性。

　　景区营销策划要求对景区进行综合分析，提出有针对性的、可行的市场营销方案。

　　如何编制旅游营销策划书呢？

(一) 营销策划书编制的原则

　　为了提高策划书撰写的准确性与科学性，应首先把握其编制的几个主要原则。

1. 逻辑思维原则

　　策划的目的在于解决景区营销中的问题，按照逻辑性思维的构思来编制策划书。首先是设定情况，交代策划背景，分析产品市场现状，再把策划的中心目的全盘托出；其次是进行具体策划内容的详细阐述；最后是明确提出解决问题的对策。

2. 简洁朴实原则

　　要注意突出重点，抓住景区营销中所要解决的核心问题，深入分析，提出具有可行性的相应对策，要求针对性强，具有实际操作的指导意义。

3. 可操作原则

　　编制的策划书是要用于指导营销活动的，其指导性涉及营销活动中的每个人的工作及对各环节关系的处理。因此，其可操作性非常重要。不能操作的方案创意再好也无任何价值，因其不易于操作，也必然要耗费大量人、财、物力，管理复杂、显效低。

4. 创意新颖原则

　　要求策划的"点子"(创意)新、内容新、表现手法也要新，给人以全新的感受。新颖的创意是策划书的核心。

(二) 营销策划书的基本内容

从营销策划活动的一般规律来看，有些要素是共同的。

我们可以共同探讨营销策划书的一些基本内容及编制格式。

1. 封面

策划书的封面可提供以下信息。

(1) 策划书的名称。

(2) 被策划的客户。

(3) 策划机构或策划人的名称。

(4) 策划完成日期及本策划适用的时间段。因为营销策划具有一定时间性，不同时间段市场的状况不同，营销执行的效果也不一样。

2. 正文

策划书的正文部分主要包括以下内容。

(1) 策划目的。要对本营销策划所要达到的目标、宗旨树立明确的观点，作为执行本策划的动力或强调其执行的意义所在，以要求全员统一思想，协调行动，共同努力保证策划高质量地完成。

(2) 分析当前的营销环境。主要指对景区产品现实市场及潜在市场状况所进行的分析。

(3) 对景区市场的影响因素进行分析。主要是对影响产品的不可控因素进行分析，如宏观环境、政治环境、居民经济条件、消费者收入水平、消费结构的变化、消费心理等。

(4) 市场机会与问题分析。策划方案，是对市场机会的把握和策略的运用，因此，分析市场机会，就成了营销策划的关键。只要找准了市场机会，策划就成功了一半。具体可以针对产品目前的营销现状、产品质量、产品价格、销售渠道、促销方式等进行优、劣势分析。

(5) 营销目标。营销目标是在前面目的任务基础上所要实现的具体目标，即营销策划方案的执行期间，经济效益目标达到：总销售量为×××万件，预计毛利×××万元，市场占有率实现××。

(6) 营销战略(具体行销方案)。主要包括营销宗旨、产品策略、价格策略、销售渠道策略、促销策略(重点)等。

(7) 策划方案各项费用预算。整个营销策划方案推进过程中的费用投入，包括营销过程中的总费用、阶段费用、项目费用等，其原则是以较少投入获得最优效果。

(8) 方案调整。这一部分是作为策划方案的补充部分，在方案执行中都可能出现与现实情况不相适应的地方，因此方案贯彻必须随时根据市场的反馈及时对方案进行调整。

任务三 景区营销组合策划

📖 任务提出及实施

1. 领会旅游景区营销组合的内涵。

2. 掌握制定旅游景区营销组合策略的方法。

请同学们在教师的讲解和引导下,学习任务中的应用知识储备下的内容,通过阅读教材、查阅资料、进行旅游景区实地调研与师生共同讨论等方式完成上述学习任务。

📖 应用知识储备

■ 一、产品开发策略

景区产品是旅游景区一切经营活动的主体。旅游景区在确定市场营销组合策略时,首先面临的问题是景区能够提供什么样的景区产品或服务去满足旅游市场的需要。正确的景区产品决策是旅游景区生存和发展的关键。

景区是一种产品,既然是产品,就必然要有"卖点",尤其是在产品同质化时期,而产品的"卖点",又必须是独特的。

(一) 改造老产品

改造老产品,即对原有景区产品不进行重大改革,只对它进行局部形式上的改进,这是景区吸引游客、保持和拓展市场的一种重要手段。例如,"仙境之旅"伴随着蓬莱的旅游一直走到今天,多年的习惯形成的"仙境之旅"使游客只注重游览蓬莱阁,即使是包括在门票价格之内的天横山、博物馆、影院等景点都不参观,造成了景点资源的浪费,削弱了本可以产生的巨大综合效应;同时也形成了蓬莱旅游格局仅局限在海边,不能把旅游引向纵深腹地的局面。因此,不如将"仙境之旅"改为"寻仙足迹游",把"仙人脚""九顶会仙山""蓬莱阁"等旅游吸引物引向内地(农村),不仅可以发展"寻仙游",还有利于带动农村的自然风光游、民俗风情游等,以促进蓬莱市整体旅游发展大格局的形成。

(二) 换代产品

换代产品,在现有产品基础上进行较大改革后生产的产品。例如,某景区原来经营纯观光产品,这是第一代产品,其特征是"参观式"。现在游客要求增加文化内涵,因而第二代产品将纯观光旅游改成文化观光旅游,参观式和参与式结合。而第三代产品除了考虑对资源的全面利用外,其重要特征是以"参与式"为主,特种旅游产品(如冒险)、专题旅游产品(如赛马)都必须亲身参与,得到体验。像"美国的荒野体验"融真(动物)、假(人造树林)、虚(电影特技)于一体，创造了"在广阔的户外漫步"的后现代旋律。杭州的宋城主题公园，通过对《清明上河图》的再现，通过对宋文化的真实演绎，满足了游客"给我一天，还你千年"的体验，因而获得极大的成功。

(三) 完全创新的产品

完全创新的产品指景区以前从未生产和销售过的新产品，如新开发的景点。因为投资和风险较大，开发周期长，这些全新产品是不可能经常出现的。

除了耗费资金改造更新、引进新项目之外，旅游区更应该致力于实现产品的多元化，因为很多旅游景区开发和管理单位已经认识到，一成不变的产品是不能长久维持市场兴旺的，需要在开业以后再作"二次开发"。但大多数的管理单位还没有认识到，同样一个旅游景区，应当对市场提供不同的产品。就像一个饭店不能用同一个菜谱来招待所有的客人一样，旅游景区也不能用同一个宣传口号、同一个导游词来招徕、接待各种层次的客人。例如，有的景区可以对老年人宣传自己的观光疗养，对年轻人宣传自己的新奇探险，对中年人宣传自己的度假设施，对学生宣传自己的科学知识等。

■ 二、门票价格策略

门票价格策略是市场营销策略中最难确定的因素。定价是为了促进销售、获取利润，这就要求景区既要考虑成本(材料、工资、促销费用等)的补偿，又要考虑旅游者对价格的承受能力，从而使价格策略具有买卖双向决策的特征。景区定价应从兼顾景区、旅行社和游客各方利益的角度考虑，确保买卖双方实现双赢，最大限度地获得旅行社各方的支持。

景区门票价格是否适当，往往直接关系产品在市场竞争中的地位。针对景区的目标市场，其价格的制定可以从以下几个方面入手。

(一) 景点的资源评定价值

价值是价格的基础，是景点门票价格内在决定的根本因素，因此，景点门票价格根据价值等级实行分等定价，使价值高的景点门票价格与价值低的景点门票拉开距离，使资源得到优化配置。如北京市将景点价值划分为历史文化价值、审美价值、科研价值、生态价值、适度满意度价值、市场价值6个方面。

(二) 价格要考虑居民消费水平和心理承受能力，有利于增加社会效益

对与居民日常生活关系密切的城市公园、纪念馆、博物馆和展览馆等门票价格应按照充分体现公益性的原则核定。同时，对学生、现役军人、老年人、残疾人，要实行优惠票价。针对旅游的季节性特点实行旅游差价策略，平衡供求关系，保证进一步增加游客量。如淡季降价，或价格不变而增加产品和服务，丰富内容，以此刺激需求，扩大销售。

(三) 价格要促进资源的保护与利用，有利于可持续发展

实行门票价格策略主要是针对保护性开放的重要文物古迹、大型博物馆、重要风景名胜区和自然保护区等，门票价格应按照有利于景点保护和适度开放的原则核定。

(四) 价格要合理补偿环境建设价值

我国旅游业开发与发展属于政府主导型模式，在这一模式下，政府需要进行大量投资来改善旅游交通、电力、通信条件，加强旅游资源和环境的保护，因此，景区门票价格构成中可适当包含政府投资回报构成。比如，我国一些大景区门票价格中有的含有资源保护费、宣传促销费、机场建设费等。

(五) 景区开发和管理成本

补偿景点开发和管理成本是维持景区正常运营的保障。

(六) 与景区周边知名景点联合

以制作联票、发放赠票等方式扩大市场份额，同时适度让利，促进销售。

只有充分了解市场，能够对市场作出灵敏反应的价格策略，才能起到促进销售、获取利润的作用。

■ 三、销售渠道策略

销售渠道的建立，使信息传递更畅通，并将对节省营销成本、扩大知名度、开拓客源市场起到积极作用，从而给予景区持续发展的后劲。景区的销售渠道可分为直接销售渠道和间接销售渠道。

(一) 直接销售渠道

直接销售渠道主要是指由游客自己直接来到景区景点，购买门票，然后进入景区游览。这种购买方式主要是针对一些散客，如自助游客以及景区附近的近距离游客。

(二) 间接销售渠道

景区产品的间接销售主要有几下几种情况。

1. 通过旅行社中介或旅游代理商中介销售

任何一个景区产品的推介力度都与旅行社有着密切的联系，景区产品的销售依赖于旅行社或旅游代理商。景区产品基本上是由他们组织的包价旅游买去的，产品销售模式是：

景区产品—旅行社或旅游代理商—游客。旅游景区按旅行社或旅游代理商的业务量对其给予不同力度的优惠折扣，并将因此节省游客因排队购票而浪费的游览时间。

2. 旅游信息中心销售景区产品

这种销售方式是由于景区为宣传产品、扩大客源、方便和吸引游客而设置了销售网点。游客从中心购买产品常常可以享受折扣优惠。

在选用景区产品的间接销售渠道时应注意这样一个问题，即景区销售推力的强劲是由景区给旅行社、代理商等渠道组成者所享受利润空间的大小来决定的。给谁的利润大，谁就有动力推动景区旅游。因而，景区可采取如下一些应对措施，来强化渠道推力。

价格折扣，包括消费总额的现金折扣、游客数量折扣、淡季折扣，其目的是为了刺激以旅行社为主体的渠道组成者以提高其推动景区消费的积极性。

设立专项奖，如最佳合作奖、冷点温点地区市场开拓奖、景区特别贡献奖等。

赠予收益期权，对一些为景区发展作出特别贡献的渠道组成者，给予一定的收益分配权。

广告合作与支持，与目标地旅行社签订广告支持协议，共打广告、共同策划。

给予特别礼遇，对一些为景区营销作出过特别贡献的渠道组成者，给予高规格的接待安排，甚至可以安排他们进入公司发展，组成制定战略的顾问团队。

一些知名的大旅游景区如黄山、泰山、峨眉山、庐山，如果仅仅依靠旅行社、中间商的推动是远远不够的，应以形象营销、品质营销为主，而对于一些三、四线景点，确有发展潜力，但地处偏僻交通不便，无法被更多的人认识，这样的一些景区应该给予中间商、旅行社更大的门票折扣、收入折扣，刺激中间商、旅行社组团前去游览，然后，通过日积月累的口碑传播树立品牌形象，在品牌辐射能量的积累达到一定程度后，再辅之以形象宣传。如黄山市的翡翠谷景点，基本沿用此营销组合。

四、促销策略

在旅游促销中用来传递信息的手段是多种多样的，景区可使用的促销工具主要有以下几种。

(一) 印刷品

因为许多景区产品是无形的，而对无形的产品只能通过语言、文字或图像来进行描述，所以，发放宣传手册等印刷品就成为一种重要的促销工具。

印刷品的设计、内容、规格的大小以及发放情况，是发放景区印刷品收效的关键。在利用印刷品进行促销时应注意以下几点。

(1) 所有的印刷品要用景区目标市场通用的语言文字印刷。

(2) 要注意景区目标市场所在的国家或地区的禁忌，印刷品的内容、形式、色彩绝对不能犯忌，要投其所好。

(3) 对印刷品的大小和规格要有所选择，大小合适的印刷品便于游客拿在手中并随身携带。例如，将A4纸对折两下后的大小是景区宣传册普遍采用的规格。

(4) 印刷品的设计要多利用图像符号，文字叙述要简短、有趣。

(5) 印刷品的内容应该能够为潜在游客提供他们需要的信息，比如景区包含的设施及其位置，同时还应该有恰当的评论以促使他们产生访问景区的意愿。

(6) 及时销毁过时的印刷品，否则会造成游客信息混乱。

(二) 广告

一般情况下，报刊是景区的主要广告媒体，包括当地和地区的报纸、杂志。相对而言，景区较少利用广播和广告牌做广告。成功的广告宣传取决于恰当的广告内容在恰当的时间登在恰当的媒体上。我国大多数旅游景区用于广告宣传的费用向来是短缺的。

由于大部分景区产品不是大众市场产品，属于特定市场产品，因而景区通常不需要使用昂贵的大众市场媒体。有针对性的目标广告战略通常与景区关系更密切。设定目标可采用多种形式。

(三) 新闻与公关

新闻与公关能够在媒体上给景区提供免费的报道，但需要景区为媒体提供值得报道的新闻形式的信息。

(四) 赞助

景区可以通过赞助某些活动、人或组织，使景区在人们的心目中留下一个好的形象，让人们了解景区景点。

(五) 促销

促销是景区在淡季或特殊时期为增加业务量而暂时提供的优惠或折扣。如某野生动物园在"六·一"儿童节前后，推出"两位成人可免费带一位14周岁以下孩子入园"的促销活动，吸引了很多家庭前来。

景区常把广告、公关、促销、人员推销4种营销手段加以组合运用，根据不同的细分市场特征、营销目标，选择和组合这4种促销方式，以取长补短，制定出适合的促销策略。对于一些一、二线知名景区而言，应更多地运用广告和公关这两种手段，因其具有传播速度快和宣传面宽，能迅速提高景点知名度和美誉度的特点。对一些不太知名的区域性三、四线景区而言，则应更多地运用推销和促销以及与大景点捆绑销售、借"景"生"情"等手段。

任务四 策划与组织旅游景区节事活动

任务提出及实施

1. 了解旅游景区节事活动的作用。
2. 掌握旅游景区节事活动策划的基本程序与方法。

请同学们在教师的讲解和引导下，学习任务中的应用知识储备内容，通过阅读教材、查阅资料、进行旅游景区实地调研与师生共同讨论等方式完成上述学习任务。

应用知识储备

一、景区节事活动的含义及作用

节事活动既是一种旅游吸引物，也是提高景区知名度的一种重要手段。所谓节事是节日与事件的统称。最通用的对节事的定义是：有主题的公众庆典。景区组织与开展节事活动主要是为了创造以各种节日、盛事的庆祝和举办而形成的核心吸引力。

景区的节事活动，是促销策略的关键环节。根据景区的产品主题文化，通过详细的策划组织，不仅可以推销策略的关键环节，还可以提高旅游景区的文化品位，提升旅游景区的知名度，获得涉及面广、影响程度深的形象推广效益。景区节事活动的举办具有广泛的意义。

(一) 提高游客的参与感，形成良好的口碑效应

景区绝大多数的节事活动都是以动态、开放的项目来展示的，可以使游客亲身参与和体验，从而丰富旅游者经历，使其旅游活动更有意义，增强旅游者的旅游价值认同感。同时，景区开展节事活动，也会注意改善旅游景区的软、硬环境，使旅游者在旅游景区玩得更加愉快和投入。这样，节事活动不仅吸引了更多的旅游者，同时也在旅游者中建立了良好的口碑，达到了旅游者对景区的自然传播效果。

(二) 培育景区新的经济增长点，尽力延长景区的生命周期

为了延长景区的生命周期，景区应大力丰富和设计完善表现手法，给游客带来更多层面、更大程度的满足，激发游客的重游率和到访率。在景区建设已大致确定的情况下，景区内节事活动的创新与提升即成为十分重要的旅游推广的手段，成为推动景区健康持续发展的新的突破点。

(三) 完善产品结构，延长游客活动时间

随着旅游休闲娱乐选择偏好日趋多元化，一个景区经营要想获得成功，要想在激烈的市场竞争中处于优势，必须有一个合理的产品结构。同时，景区的经营因为具有明显的季节性特点，为协调淡旺季之间的供求关系，景区也应该开发出完善合理的产品结构。节事活动的组织就是一个很好的方式可以弥补景区产品结构单一所带来的不足，而且丰富的节事活动也可延长游客的停留时间，为景区实现"多日游概念景区"的发展模式打下良好的基础。

(四) 塑造景区形象，扩大景区知名度

举办节事活动不仅能大大增强旅游吸引力，使原来那些静止与固定的旅游吸引物(如景区的自然和人文景观)变得生气勃勃，营造良好而浓厚的旅游氛围，同时又能作为很好的催化剂促使旅游景区将各种要素加以组织、协作和发展，促进旅游景区形象的塑造。而且，节事活动因其暂时性和短暂性，可以将高质量的产品、服务、娱乐、背景、人力等众多因素围绕某一主题组织和整合，集中大众媒体的传播报道，迅速提升旅游景区的知名度和美誉度。

■ 二、景区节事活动策划

20世纪80年代中期以来，旅游节事活动在全国各地，特别是在经济发达的沿海省份的广大地区悄然兴起。既有潍坊国际风筝节、大连国际服装节、青岛啤酒节、哈尔滨冰灯节、洛阳牡丹节等传统知名品牌节事活动的久盛不衰，也有钱塘江观潮节、曲阜国际孔子文化节、连云港西游记文化旅游节、盱眙龙虾节、淮扬菜美食文化节、绍兴乌篷船风情旅游节、舟山国际沙雕节、临海江南长城节、鞍山秧歌节、宁波象山开鱼节、聊城蔡伦造纸节、烟台长岛渔家乐节、宁海平阳武术节、德清莫干山登山节、嵊泗全国帆船比赛节、仙居漂流节等各类新创节事活动的如火如荼、方兴未艾。据有关资料显示，通过对广东、浙江、山东、江苏、辽宁5省份所辖的75个以地级市为主的省辖市(其中含南京、宁波等几个副省级城市)，以及浙江、山东、江苏三省的196个县(市)的专题调研，在被调研的省辖市中，62个城市有自己的经济性节事，办节率为83%；在被调研的196个县(市)中，有145个县(市)定期举办经济性节事，办节率为74%。仅2002年一年，全部被调研的271个市、县是一地多节。各种形式、各种风格的旅游节庆活动掀起了一个又一个旅游高潮，极大地促进了各地及相关行业的快速发展，并形成了独具特色的"旅游节庆经济"。

我国知名的旅游景区几乎都有自己的节事活动，如黄山国际旅游节、西湖烟花节、桂林山水文化节、泰山国际登山节等。一些实力较小的旅游景区由于不具备独立举办大型活动的号召力和影响力，也往往借助区域旅游节事活动，以区域的典型主题活动作为载体，承办活动的开幕式、闭幕式或某一项特色活动，如南京中山陵风景区就承办了南京国际梅花节的开幕式。

节事活动既是一种旅游吸引物，也是提高景区知名度的一种重要手段。但是在红火的节事活动背后，还存在着许多缺陷和不足：一是策划思路还不够宽，资源挖掘和整合力度不够。二是节事活动的定位重叠。举办节事活动要有一个合适的坐标，应当对自身进行准确定位，节事活动的定位应与景区的定位相吻合。目前国内许多景区举办或承办的节事活动缺乏个性，大多跟风而上，未能从战略定位的角度来考虑。于是，美食节、旅游节、服装节、文化节千篇一律，泛滥成灾，根本起不到塑造、传播景区形象的作用，毫无生命力可言。三是节事活动的活动设置雷同，缺乏创新性。许多景区举办的节事活动一般持续几天甚至十几天，由许多活动板块组成，但活动往往缺乏新意，设置雷同。无非就是开(闭)幕式、歌舞表演。四是节事活动的可持续性不强。许多景区在举办节事活动之前未进行有针对性的调研，对节庆设置是否体现景区特色、景区硬件和软件设施是否到位等方面很少下工夫研究，节事活动过后，也极少认真做总结，大多是报喜不报忧。此举自然不利于来年工作的改进，结果节事活动往往夭折，起不到公关的效果。

三、景区节事活动组织

节事活动应推行市场操作，加强管理，防止出错。一般来说，节事活动的组织包括以下几个步骤。

(1) 列举已经举办过和正在举办的节事活动事件，列出名称、类型、规模、组织者、季节、经费、主要活动、人数、影响、效果等；

(2) 对节事活动进行分类和比较，找出优势和不足；

(3) 确定可能的节事事件组织者；

(4) 分析市场，比较周边地区及类似景区举办的旅游节事活动；

(5) 确立主题、时间、地点、人员安排、规模及举办单位、协办单位或承办单位；

(6) 制定政策，吸引游客和赞助商；

(7) 制订行动计划，编写实施方案；

(8) 组织评估和论证。

项目小结

旅游景区是旅游业发展的基础，也是旅游业发展的主体。大致包括认识旅游景区、旅游景区产品、旅游景区产品组合因素，科学进行旅游景区营销，以目标顾客为中心，对旅游产品的构思、定价、促销和分销进行计划和实施，满足旅游者需求和实现景区经营目标。景区要想持续发展应注意对景区品牌的塑造和维护。

旅游景区营销策划程序包括：景区市场营销环境分析、景区市场调查与预测、景区目标市场选择和定位、市场营销策略的制定、景区市场营销控制与管理，掌握并科学制定旅游营销策划方案是进行旅游营销的前提。旅游景区营销策划要略需要确定完备的景区产品营销组合、正确地选择和确定客源市场、科学地给旅游景区产品进行定位、大视野拓展旅游景区市场等。

📖复习思考题

    1. 结合实例分析旅游景区营销策划的程序与体例。

    2. 谈谈你对旅游景区营销策略的思考。

📖项目实训

旅游景区营销策划

一、实训目的

1. 树立旅游景区营销策划理念。

2. 掌握旅游景区营销策划流程、体例。

3. 树立旅游景区品牌经营意识，做好品牌建设与塑造。

二、实训组织

据教学班级学生人数来确定数个小组，每小组人数以5～8人为宜，小组中合理分工。在教师指导下统一认识、统一口径、基本统一判断标准；而后进行选题并分别采集不同的资料和数据，并以小组为单位组织研讨，在充分讨论的基础上，形成小组的策划方案。

三、实训要求

(一) 综合认识旅游景区营销策划

1. 认识旅游景区产品内涵。

2. 认识旅游景区营销策划。

3. 明确旅游景区营销策划有哪些具体流程？策划人员需要具备哪些素质、能力？

(二) 旅游景区营销策划流程

1. 结合地区旅游景区发展现状况，对一个具体旅游景区进行调查，按照策划流程进行基本分析。

2. 应用所学策划理论知识，完成所调研景区的旅游营销策划方案。同时对品牌建设提出系列建议。

拓展案例分析 | 海口冯小刚电影公社试水销售新模式

2014年元旦期间，海南的旅游景区中杀出一匹"黑马"。它开业仅4天，接待游客达5.4万人次，夺得小长假海口景区接客量之冠。更令业内人士称奇的是，它并未完工便已赚足人气，这个景区就是海口观澜湖华谊冯小刚电影公社。

一、亲自体验穿越　置身民国那些景儿

2013年12月31日中午，在观澜湖度假区中，一些自驾车自发地组成了车队，因为大家都在寻找同一个目的地——冯小刚电影公社。

尽管电影公社并未完工，但丝毫不影响游客前往的兴致。其门前停满了小轿车，想要等个车位还需费些工夫。进入公社，老上海滩的歌曲仿佛从留声机中穿越至此，在空中悠悠飘荡，一座仿民国时期的钟楼已经吸引着无数游客掏出了相机猛按快门。

满是民国范儿的街区上，时不时有真人扮演的铜像，还有穿着民国服饰的学生、撑着油纸伞的姑娘、风度翩翩的长袍公子、拿着警棍四处巡逻的警察从你身边不经意地走过。若不是附近其他游客的身影，你可能真的以为是穿越到了民国。

据了解，此次电影公社免费对外开放的是核心区中基本建成的"1942风情街"。这条取材于冯小刚电影《温故1942》中的街道建筑原型，共有96栋经典的民国建筑，还原了40年代陪都重庆的建筑风貌。这条街区中96栋建筑没有一栋是相同的，其中，有二十多栋完全按照老照片复原了当年的历史建筑，包括曾为蒋介石官邸的云岫楼、西山钟楼、重庆国泰戏院、融光大戏院等每一栋建筑背后都有一个故事。

街区中，众多的海南本地小吃、咖啡、旅游工艺品等商家均已进驻，为市民游客提供服务。尽管每家商铺经营的业态不同，但他们都别出心裁地打出自己的民国味儿，老照片、老招牌、老式的茶几和座椅。即便是一些海南游客十分熟悉的品牌小吃，也在这里演变出了不同的味道，给游客带来了新的体验。

据了解，冯小刚电影公社预计将在2014年年底全景呈献。届时公社将呈现上世纪整整百年间，不同时空转换的中国旧城市街区风情，完整展现20世纪中国城市街区建筑的演变。

二、旅游联姻文化 新业态释放岛内市场

对于冯小刚电影公社的一炮走红，海口观澜湖旅游度假区副总经理周长新坦言有点意外。"说实话，项目本身并没有完全建成，业态也并不完善，若不是配合欢乐节海口分会场，我们是没有想过在这个时候开放的。"周长新告诉记者，他们曾经预计每天的接待人次在五六千左右，而现实中每天过万人的业绩给足了观澜湖惊喜。而冯小刚电影公社的火热也带动了周边景区和农家乐。

分析火爆的原因，周长新称是因为景区注入了较强的文化内涵，将文化和旅游紧密地结合在了一起。借助于冯小刚名人效应和《私人订制》的热播，也助推了未完工的冯小刚电影《公社创造奇迹》。

据统计，4天里冯小刚电影公社共接待自驾游12 825辆次，这意味着5.4万人次的游客中绝大多数是自驾前往。

对此，海南省旅游协会秘书长王健生嗅到了其中的市场变化——岛内游客市场潜力的释放！"长期以来省内旅游景区都盯着岛外市场，而忽视了岛内市场。这次冯小刚电影公社的成功创办，有力地证明了岛内市场的旺盛。"王健生说，这不得不令业内人士重新重视起短程游的开发。

"市场亟待新的旅游产品来释放。"王健生说，省内业内人士应该反思为何承载着数百年历史的骑楼老街在这次的比拼中输给了未完工的冯小刚电影公社。"缺乏足够的吸引力恐怕是主因。"王健生说，相比对于骑楼老街同色粉刷的类似造型，冯小刚电影公社却拿出了96栋完全不同的建筑，而且每个建筑后面都有自己的故事，"新业态的注入和主题的个性化吸引了大批岛内游客尝鲜。"王健生说道。

三、开放式景区　试水旅游销售新模式

"要不要门票？"许多游客在去冯小刚电影公社前都会有这样的疑问。而令游客欣慰的是这里是一个开放式的景区。

"在大多数景区都依赖门票收入的时候，突然间出现一个完全开放式的景区销售新模式，确实令人眼前一亮。"王健生注意到，公社内的每个商铺都是独一无二的一种消费业态，有利于刺激游客消费。王健生称，很多传统旅游目的地无法跟上旅游散客时代的发展步伐，当一个开放式的、互动性的、个性化的文化旅游新载体出现，必然会引来人气。

周长新告诉记者，即便冯小刚电影公社项目完工，也不会向游客收取门票。"这个项目中有完善的商业，需要旺盛的人气，无论从游客的角度还是商家的利益，我们都不会用门票来设定门槛。"周长新透露，项目招商的门槛是所有的商家商品必须跟项目内涵一致，具有文化感和历史感。"我们会加快项目建设进度，不让游客失望，相信电影公社的火爆也将一直延续。"周长新说道。

海口市旅游委负责人表示，这次"首秀"是琼北旅游发展的一个重要节点。一直以来，缺乏有强大吸引力的旅游目的地是琼北旅游经济圈发展的重要制约因素。电影公社项目的落户，不但填补了海南电影主题旅游项目的空白，还将对海南旅游业态的丰富和升级起到重要的作用。项目将进一步优化海南全岛旅游资源分布，改变"南重北轻"格局，凸显海口在国际旅游岛中的核心引领作用，同时，也有助于琼北旅游突破瓶颈，实现长足发展。

(资料来源：海南日报，2014-01-08)

思考：
讨论分析冯小刚电影公社在海南国际旅游岛一炮而红的原因。

►学习项目十一►
旅行社营销策划

▌知识目标▐

1. 掌握旅行社营销的概念、特点及在整体旅游市场营销中的地位与作用。

2. 把握旅行社营销目标及选择原则与方法，了解旅游产品的特征、设计原理、开发方法与策划规律。

3. 了解影响旅行社旅游产品定价的因素，理解旅游产品的定价方法；了解旅行社营销渠道的特点、供应商的类型与选择的原理。

4. 了解影响旅行社促销组合的因素，理解产品促销策略制定的原理。

▌技能目标▐

1. 科学分析旅行社旅游消费者的购买行为，营销目标市场的选择方法。

2. 掌握旅行社旅游产品的开发设计操作步骤与市场定位。

3. 掌握旅行社旅游产品的定价策略，营销渠道的选择方法；掌握促销的基本类型及操作。

4. 掌握旅行社旅游产品的定价策略与技巧，制定旅行社的销售渠道策略；掌握旅游产品的促销组合策略。

案例成果展示 | 春秋国旅的电子商务之路

一、发展历程

1998年底申请注册China-sss.com域名，1999年上半年正式建立网站，2000年下半年起，春秋航空旅游网开始尝试电子商务运作模式，成立专门部门操作网上业务。网站以旅游包装产品的订购为主，兼营宾馆和机票的预订业务，2004年5月，春秋航空旅游网尝试推出新型旅游预订模式——旅游电子票，即专门开辟出部分旅游线路，以"网上支付即可享受30至500元优惠"的做法来吸引游客网上订购旅游。2005年7月11日，春秋航空旅游网(www.china-sss.com)与春秋航空旅游网航空网(www.air-spring.com)合二为一，成立春秋航空旅游网，并对外统一使用域名：www.china-sss.com。

二、新型预订方式

春秋旅游电子票在形式上与门市旅游预订和航空电子客票相区别，具体来说，它并不是票，而是一种新型的旅游预订方式，即将现在传统模式中从下订单、到付款、再到签合同等过程全部都在网上一站搞定。省心、省时、方便快捷是它最大的特点，这些优点使它成了工作繁忙的消费阶层所钟爱的时尚购票方式。

不过在网上签订的合同仅仅是游客的意向合同，春秋会在支付成功后两个小时内处理确认，随后派出自己的快递人员登门补签具体的合同，具体商榷游客的个性化要求。随后的拿票及何时出发等事宜还需要电话联系。毕竟，签合同需要甲乙双方的面对面洽谈商榷，更何况旅游又是一个极大涉及个性化需求的事情，所以，在目前还做不到完全的无纸化。但是，整个过程，不需要游客怎样"出动"，而是在网上签订意向合同后，就稳坐家中，等待专人服务到家。

为吸引顾客，春秋又加大了旅游电子票的优惠额度，比如以前在网上预订，游客可享受十几块至几十块钱的优惠，而现在，旅游电子票可以把国内长线旅游线路的优惠额度提升至300元，短线的1～2日游也能优惠30元左右，价格较高的出境旅游的线路将最多能优惠500元。这样的价格与平时的门市销售相比，是颇具诱惑力的。

三、春秋航空旅游网核心优势

1. 网站的功能，包括宣传推广和预订两部分。主要目标市场以观光和度假游客为主。

2. 主营业务。线路预订则是春秋航空旅游网的主营业务。

3. 营销的投入低。规模优势、品牌知名度和美誉度以及顾客忠诚度都转化成了春秋航空旅游网的品牌优势，同时也为网站节省了大量的线上及线下的营销支出。

4. 对市场规模的依赖程度低。依托传统的旅行社资源，春秋航空旅游网以线路为主营业务。作为组合旅游产品，旅游线路的平均价格要大于酒店的平均定价，因此单位产品实现的盈利要大于酒店预订的单位盈利。

四、春秋旅游网的盈利模式分析

1. 线路预订代理费。这是春秋旅游网的主要盈利来源，它是在春秋国旅的组团盈利中形成的，通过春秋国旅以盈利返还的形式获得。

2. 酒店预订代理费。顾客可以有两种支付方式，一种是预付的方式，由春秋国旅来向目的地酒店预订，另一种就是前台支付的方式。相应网站也有两种盈利渠道，前者是春秋国旅以盈利返还的方式获得，后者则是以目的地酒店盈利返还的形式实现。

3. 机票预订代理费。这也通过春秋国旅的订票差价以盈利返还的形式实现的。

4. 春秋国旅提供的发展资金。网站本身也是春秋国旅的一个营销渠道和宣传窗口，有相当数量的网民在浏览了网站的信息后选择了到春秋国旅的各旅行社进行实地交易，因此，作为对网站盈利漏损的补偿和对未来发展的支持，春秋国旅总社会向网站提供一定数量的发展资金。

(资料来源：根据大型旅行社开展旅游电子商务的成功案例分析——以上海春秋国旅为例改编)

思考：

1. 你认为线上旅游营销未来会取代线下旅游营销吗？

2. 春秋国旅的电子营销模式给了我们怎样的启示？

任务一 认识旅行社营销

任务提出及实施

1. 分析未来旅行社在旅游业中的地位与作用。

2. 旅行社的产品与营销有什么特点？

3. 掌握旅行社的产品设计、产品开发原则与程序。

请同学们在教师的讲解和引导下，学习本任务中的应用知识储备下的内容，查阅相关资料，通过市场调研与共同讨论等方式完成上述学习任务。

案例引入

老年游客需要什么

某旅行社在重阳节前一个星期组织了一个赴北京的老年旅游团，且根据老年人的特点，专门安排了一个"老年人保健养生"的主题讲座，但没想到，这个讲座并未受到老年人的欢迎。很多老年人向导游提出，讲座要占用一个下午的游览时间，与其听讲座，还不如在北京多逛两个景点；还有些老年人索性自己结伴去景点游玩了，以行动表现出对安排讲座的不满，进而导致听讲座的老年人很少，此次旅游计划行程未能取得预期的效果。

旅游团完成计划旅游行程回到客源地后，该旅行社细致地总结并针对老年团友进行专访调研，发现有些团友在该市老年大学已学过类似课程，还有些团友也都听过类似的讲座，虽然旅行社请的是北京著名专家做讲座，但由于讲座内容无法引起老年游客的兴趣，同时，由于时间关系，旅行社的计划行程中只能舍弃某些受老年人欢迎的景点，于是很多老年人自然就感觉与其浪费一下午听讲座，还不如去玩两个自己感兴趣的景点。

上述事件让旅行社很尴尬，其原因就在于没有对目标市场进行充分的调查研究，而是通过主观臆测行事，造成经营失误，此事件说明做好市场调查与预测、把握特定客户的需求是非常重要的。该旅行社后来针对老年团友提出的意见对产品进行了重新设计，又推出了系列老年旅游产品，受到了该地区老年旅游者的欢迎。

(资料来源：根据杭州西溪国家湿地公园提供资料改编)

思考：

1. 老年旅游者是否真的不需要健康讲座？

2. 旅行社在开发老年旅游市场时，还应该注意什么？

3. 旅行社后来推出的老年旅游路线，你认为应该是怎样的？

█ 一、旅行社营销的概念

(一) 认识旅行社

旅行社是指从事招徕、组织、接待旅游者等活动，为旅游者提供相关旅游服务，开展国内旅游业务、入境旅游业务或者出境旅游业务的企业。

旅行社主要为旅游者代办出境、入境和签证手续，招徕、接待旅游者，为旅游者安排食、宿、交通、游览等服务，业务涉及市场调研与产品设计、产品促销、旅游咨询服务、产品销售、旅游服务的采购、旅游接待和售后服务等。服务性、营利性、中介性是它的三大特点。

(二) 旅行社的地位和作用

目前，旅行社在旅游业运营与组织过程中仍起到核心和不可替代的作用。

首先，旅行社是聚集旅游服务供应部门的中心，因为旅游者进行旅游活动，需要各种旅游服务，如交通、住宿、餐饮、景点游览、娱乐、购物等，旅行社从不同的旅游服务供应部门或企业采购各种旅游服务产品以满足游客所需。其次，旅行社是连接旅游者和旅游服务供应部门的纽带，一方面，旅游者通过向旅行社咨询，才能了解旅游目的地的各种旅游服务供应部门或企业的产品，部分游客只有向旅行社购买经过打包后的旅游产品，并在旅行社的直接或间接服务下才能实现旅游活动；另一方面，旅游服务供应部门或企业需要通过旅行社作为主要营销渠道，实现在旅游客源市场上的销售。

(三) 旅行社营销

旅行社在充分了解旅游消费者需求的基础上，对其产品、服务和经营理念的构思、预测、开发、定价、促销、分销及售后服务的计划和执行过程就是旅行社营销。

旅行社业的产品主要是旅游线路，具有无形性、服务性等特点，这些特点决定了旅行社的营销是一种服务营销，因此，旅行社的经营管理者应树立服务营销观念，在经营管理过程中，采用服务营销策略，以提供符合目标市场顾客主要需求的产品，提高旅游者的满意度和信任度。

(四) 旅行社产品及其形态

旅行社产品是旅行社为满足旅游者的需要而提供的各种旅游服务及相关物质条件的总和。旅行社销售的旅游线路中的食、住、行、游、购、娱等各个部分均可成为独立销售的产品。旅行社产品的形态通常有6种。

1. 单项服务

单项服务也称零星代办业务或委托代办业务。旅行社根据旅游者的具体要求提供各种有偿服务。如导游服务、交通集散地接送服务、代办交通票据和文娱票据服务、代订酒店客房服务、代办签证服务、代客联系参观游览项目服务、代办保险服务等。

2. 包价旅游

包价旅游有团体包价旅游和散客包价旅游两种。包价旅游一般针对10人以上的团体。主要内容有：依照规定提供酒店客房、一日三餐、固定的旅游用车、导游服务、交通集散地的交通服务、游览门票、文娱活动入场券、全陪服务等。旅游者参加团体包价旅游的好处是省钱、省心。"省钱"是指旅游者可以从旅行社获得优惠价格，而且由于可预知旅游费用，旅游成本较易控制。"省心"是指旅游活动由旅行社统一安排，旅游消费者可在熟悉的氛围中，在导游的陪同下享受自己的旅程，有安全感。

3. 半包价旅游

半包价旅游是指在全包价旅游的基础上，扣除中晚餐费用的一种包价形式。这种产品的形态可以降低产品直观价格，增强产品竞争力，同时也可以方便部分客人。

4. 小包价旅游

小包价旅游的名称是针对团体综合包价提出的，外国旅游者称之为可选择性旅游。对旅游者来说，小包价旅游具有经济实惠、机动灵活、舒适安宁等多种优势。我国参加小包价旅游的国内消费者一般有以下特点：对导游的要求高；希望有一个较为宽松休闲的游程安排，而不是走马观花；希望在吃、住、行方面有比较好的条件；希望三五人独立成团，不喜欢参加大规模的旅游团队。

5. 自由包价旅游

自由包价旅游又称零星包价旅游，是指所有旅行时间由游客自己支配的旅游包价形式。

6. 组合旅游

组合旅游是指旅游者分别从不同的地方来到旅游目的地，然后由当地事先确定的旅行社组织活动的一种旅游产品形式。组合旅游的特点是追求异质文化、开拓眼界、增长知识。

(五) 旅行社产品的特征

旅行社产品具有以下特征。

1. 综合性

一是产品内容的综合性。除了单项旅游服务产品外，绝大多数的旅行社产品都包含着住宿、交通、饮食、游览、娱乐、购物等多方面的服务内容，是一种由多个单项旅游服务项目共同构成的产品。二是产品生产的综合性。构成旅行社产品的各个单项服务内容，都是由不同旅游企业及相关企业和部门所生产的，其中任何一项服务内容的供给不利，都会影响旅游者对该产品的评价和选择。

2. 易变性

旅行社提供旅游的过程和旅游者旅游实现的过程涉及众多的部门和众多的因素，这些部门和因素中任何一个发生变化，都会直接或间接地影响旅行社产品生产和消费的顺利实现。此外，由于旅游活动涉及人与自然、人与社会和人与人之间的诸多关系，其中任何一项关系发生变化，都会引起旅游需求的变化，并由此影响旅行社产品的生产和消费。

3. 预约性

所有的旅行社产品都必须提前预订，即旅游者或者旅游中间商必须事先同旅行社签订旅游合同或者旅游协议。旅行社按照已经签订的旅游合同或者旅游协议上的要求，向相关的旅游企业或部门预约所需的各种单项旅游服务项目，其中多数单项旅游服务项目可以在旅游活动实际发生时再购买。

4. 高接触性

高接触性指购买和消费旅行社产品的绝大多数旅游者都自始至终参与旅行社提供的旅游服务的全过程，从而使作为产品生产者的旅行社及其相关人员与旅游者始终保持着较高程度的接触。不仅旅行社的导游员在旅游过程中经常与旅游者密切接触，而且旅行社的其他相关人员与旅游者的接触频率也高于许多其他旅游产品生产企业人员。

■ 二、旅行社产品设计

(一) 影响旅行社产品设计的因素

1. 资源赋予

资源赋予指一个国家或地区拥有的旅游资源的状况。与旅行社产品开发密切相关的资源因素主要有自然资源、人文资源、社会资源和人力资源。

旅游资源开发一定要突出资源的吸引力，以市场需求为导向，开发与保护并重，有计划、有组织地进行，使资源开发走上循环经济的良性之路。

2. 设施配置

设施配置指与旅游者旅游生活密切相关的服务设施和服务网络的配套情况。主要包括食、住、行、游、购、娱6个方面，它是旅游者实现旅游目的的媒介，是旅游者旅游活动的重要组成部分。

3. 旅游需求

旅游需求指旅游消费者在一定时间内以一定的价格愿意购买旅游产品的数量。旅游需求不仅与人们的消费水平有直接的关系，而且也反映出旅游消费者的兴趣。因此，从某种意义上讲，旅游需求决定着旅行社产品的开发方向。

4. 行业竞争

旅行社在选择产品开发方向之前必须将本身的各方面条件与竞争者加以比较，这样才能辨别竞争的优势与劣势所在。在选择新产品开发之前，需要了解竞争者的有关信息，如明确企业的竞争者、明确竞争者的策略、明确竞争者的优势等。

(二) 旅行社产品设计的原则

1. 独特性原则

独特性原则要求旅游产品应尽可能保持自然和历史形成的原始风貌；尽量选择利用带有"最"字的旅游资源项目，以突出自己的优越性，实现"人无我有，人有我优"，如香港迪斯尼乐园；同时还要努力反映当地的文化特点。

2. 经济性原则

所谓经济性原则，是指以同等数量的消耗，获得相对较高的效益，或以相对低的消耗，获得同等的效益。这就要求旅行社加强成本控制，降低各种消耗。例如，通过充分发挥协作网络的作用，降低采购价格，这样既可以降低旅行社产品的直观价格，便于产品销售，又能保证旅行社的最大利润。旅行社产品的总体结构应尽可能保证旅行社的接待能力与实际接待量之间的均衡，减少因接待能力闲置而造成的经济损失。

3. 市场性原则

市场性原则具体体现在根据市场需求变化状况设计旅游线路。对于大众旅游者来说，以下需求具有代表性和稳定性：去未曾到过的地方，增长见闻；从日常的紧张生活中求得短暂的解脱；尽量有效地利用时间而又不太劳累；尽量有效地利用预算，购买廉价而又新奇的东西。

4. 丰富性原则

丰富性原则，是指旅游线路一般应突出某个主题，要针对不同性质的旅游团确定不同的主题，如"草原风光旅游""中国名酒考察旅游"等，并围绕主题安排丰富多彩的旅游项目。在同一线路的旅游活动中，应力求形成一个高潮，加深旅游者的印象，达到宣传目的。同时，旅游活动的内容切忌重复。

5. 合理性原则

合理的日程安排有助于增加旅游线路的吸引力。安排旅游线路一定要注意劳逸结合、科学多样。旅游线路的走向如何、怎样停顿，关系旅游的效果。旅游线路设计必须做到旅速游缓、择点适量、错落有致、渐入佳境、避免重复。

(三) 旅行社产品的开发程序

旅行社产品的开发要经过分析构思、筛选方案、试产试销、投放市场、检查评价等相关步骤后方能确定。

1. 分析构思阶段

分析构思阶段包括构思创意和调查分析。创意来自于对旅游者的需求进行调研；从竞争对手的产品中获得启发，从其他相关的信息中得到启示等。调查则指调查新产品的发展前途、销售市场、竞争态势、内部条件和研究国家对旅游业的相关政策与法律等。

2. 方案筛选阶段

方案筛选就是指旅行社专业技术人员根据直观的经验判断，剔除那些与旅行社发展目标、业务专长和接待能力等明显不符或不具备可行性的想法，缩小有效构思的范围。

旅行社专业技术人员在进行方案筛选时，要尽量避免一些问题的出现。一是误舍，即对某种优等构思创意方案的潜在经济价值估计不足而予以舍弃，从而丧失良机；二是误用，即对某种一般甚至较差的方案潜在的经济价值估计过高，而予以采用，招致损失。

3. 试销阶段

产品设计方案确定后，要着手进行试验性销售。目的是检验市场经营组合策略的优劣，了解产品销路，以便及时发现问题、解决问题。

试销阶段要特别注意以下事项：试销的规模要适中；提供的产品要保证质量；充分估计各种可能，有备无患；经试销证明的确没销路的产品，切忌勉强投入市场。

4. 投放市场阶段

如果试销后发现该旅游产品受到目标市场的欢迎，且盈利前景看好，接下来应该大量投放目标市场，并配以大量的广告宣传与促销措施。各旅行社可根据自身能力确定本年度的广告预算额，但一般来说，广告费用为上年度总收入的20%左右。

5. 检查评估阶段

检查评估阶段需要做如下工作。

(1) 盈亏平衡分析。分析该产品的销售总收入与总成本(固定成本：房屋租金、办公用品、员工津贴等；变动成本：网络费、电话费、宣传推广费、邮资与运费、保险费等)的情况，以确定产品的盈亏情况。

(2) 填写评价表。根据分析结果，填写评价表。

经检查评估后，如果发现产品盈利前景较好、销售增长率较高、综合评价较好的话，建议继续推进，否则，要对该产品进行更新改造或取消。

(四) 旅行社产品开发的趋势

1. 升级换代速度加快

一方面，旅游者兴趣变化速度快，一般的旅游新产品只能引领潮流1~2年，甚至更短至几个月；另一方面，许多新的投资纷纷涌向旅游行业，现有旅游企业又在加快扩张速度，使供求关系发生重大变化，加快了现有产品的"老化"速度，旅游企业之间竞争进一步趋向白热化，"一招鲜，吃遍天"的时代早已成为历史。这种现状迫使旅游企业不得不加快旅游新产品开发的速度，以"新"取胜，即使一些知名度很高的旅游景点也要尽可能推出新产品、新项目，以迎合变化着的游客需求。

2. 科技含量进一步提高

旅游产品的开发，越来越多地采用高科技手段，大大提高了对旅游者的吸引力。高科技的广泛运用可节省旅游产品开发的成本。

3. 特色化趋势

为满足游客的个性化需求，一些旅游企业在特色上大做文章，标新立异，以"特"取胜，很受旅游者欢迎。

4. 绿色化趋势

绿色旅游产品几乎涵盖了旅游消费的所有方面：绿色旅游线路和绿色景点，如生态旅游线路，无污染、纯天然的绿色景点等；绿色旅游交通，如景区为保护环境使用环保专用车；绿色饭店，如绿色客房、绿色餐饮等；绿色旅游商品等，许多旅游企业争相开发绿色旅游产品，以满足客人的绿色消费需求。

任务二　制定旅行社产品的价格

📖 任务提出及实施

1. 旅行社产品的价格由什么构成？
2. 旅行社产品的价格制定有哪些方法？
3. 调查影响本地旅行社定价的因素。

请同学们在教师的讲解和引导下，学习本任务中的应用知识储备内容，查阅相关资料，通过市场调研与共同讨论等方式完成上述学习任务。

应用知识储备

一、旅行社产品的价格构成

旅行社产品的价格，从游客的购买方式上看，可分为单项服务价、全包价和部分包价，游客可根据需要，选择不同的购买方式。

包价旅游主要包括如下费用。

1. 综合服务费

综合服务费的构成含餐饮费、基本汽车费、杂费、翻译导游费、领队减免费、全程陪同费、接团手续费和宣传费。

2. 住宿费

游客可以根据本人意愿，预订高、中、低各档次饭店，旅行社按照与饭店签订的协议价格向游客收费。

3. 交通费

交通费即客源地至目的地、目的地与客源地之间的飞机、火车、轮船、内河及古运河船和汽车客票价格。

4. 专项附加费

专项附加费即汽车超公里费、游江游湖费、特殊游览门票费、风味餐费、专业活动费、责任保险费、不可预见费等。

二、影响旅行社产品定价的因素

旅行社进行产品定价时，通常受到诸多因素的影响，主要分为旅行社内部因素、旅行社外部因素两大类。

(一) 旅行社内部因素

1. 旅游产品成本

旅游产品成本是影响其价格的最基本、最直接的因素，决定了产品的最低价格，是旅行社制定销售价格的直接依据。产品的成本越低，其价格也越低，市场需求量也就越大。

2. 利润

利润，指旅行社销售旅游产品获得的收入减去旅行社生产和销售这些产品付出的各项成本费用所得的差额，是旅行社经营的财务成果。

3. 品牌特色

旅游产品的差异化程度越高，排斥新竞争者的进入壁垒就越高，竞争优势就越强。旅行社一旦拥有强势品牌，游客对旅行社及其产品的认知度就会极大提高，从而使旅行社拥有独特的销售市场。因此，旅行社的品牌化经营将有利于产品实施高价的定价策略，为占有更大的市场提供有效保障。

(二) 旅行社外部因素

1. 市场需求

市场需求是旅游产品价格变化的一个很敏感的杠杆。当旅游市场上对某种产品的需求量增加时，旅行社可适当提高该产品的价格，形成卖方市场，赚取更多利润；反之，当该产品的需求量下降时，旅行社应适当降低价格，形成买方市场，避免产品滞销。

2. 同行业竞争

在旅游产品市场中，绝大多数旅行社都生产和销售同类产品，产品特色、价格相近，致使该产品没有抢占市场的优势，各个旅行社通过打价格战来吸引游客，于是，削价竞争成了旅游产品市场的主流竞争方式。长期削价竞争易形成恶性竞争，对实力较弱的旅行社易造成重创。

3. 季节

旅游旺季时，旅行社通常会保持其产品价格不变或微微上调；旅游淡季则往往适当降低该产品价格，以吸引更多的游客。由于多数景区、景点的淡季门票价格会有很大回落，这促使旅行社相应下调其旅游产品的价格。

4. 汇率

两种货币之间的比价发生变化，会对旅行社产品价格产生一定影响。汇率变化主要影响入境旅游和出境旅游产品。

■ 三、旅行社产品的定价策略

旅行社旅游产品的定价讲究策略，除了成本、利润和税项外，还要根据定价目标、旅游市场的变化、季节的转换、销售的对象、产品的特色等因素，研究游客的消费心理，结合旅行社实际，做到计价准确，收费合理。

(一) 明确旅行社产品的定价目标

1. 维持生存目标

当旅行社面临竞争态势异常恶劣、客源大减、资金周转不灵、产品卖不出去等困难时，为避免破产倒闭，渡过经营危机，应以保本价格甚至亏本价格出售产品，以争取客源维持营业，并努力争取研制新产品的时机，重新占领市场。这种定价目标往往只作为特定时期的过渡性目标，一旦旅行社经营出现转机，它将很快被其他定价目标所取代。

2. 当期利润最大化目标

这种目标通常是侧重于短期内得到最大利润。以此为目标的前提条件是：旅行社及其产品在市场上居领先地位，而其他竞争对手力量不强；旅行社产品在市场上供不应求。旅行社可采取扩大销售量和提高价格的策略来实现这一目标。但利润最大化并不意味着价格最高。这一目标可能会影响市场占有率，为竞争者提供机会。所以，旅行社采用这一目标应慎重，必须有长远的经营战略。

3. 预期收益目标

往往以获得一定的销售利润为目标来进行产品定价，即成本加成定价法，但可能会会忽略市场需求、竞争状况等其他因素。所以，这一定价目标更适用于一些资产庞大、竞争力强大的大型旅行社，因为这些旅行社价格决策受弱小竞争者的影响较小。

4. 扩大市场占有率目标

扩大市场占有率目标，也叫销售导向目标。一般产品价格的高低与市场占有率成反比例关系。所以，对于新创立或不满足自己所占市场份额的旅行社，一般可采取将自己产品定价低于主要竞争对手同类产品价格的方法，实行市场渗透，以取得更大的市场占有率。这是放弃眼前利益获得长远利益的一种战略。

5. 应付或防止竞争目标

旅行社以有影响力的竞争对手的价格为基础，再根据自身的条件对自己的产品进行定价。在一个竞争激烈的旅游产品市场中，若本旅行社实力较弱，一般价格应定低些。只有具备特别优越的条件，如在资产雄厚、产品质量优异、服务水平很高等条件下，才可能把价格定得高一些。

6. 树立或维持良好形象目标

良好的形象与产品销售、市场占有率、竞争能力等密切相关，这些又会通过价格表现出来，旅行社良好的企业形象会给旅行社带来可观的利润。所以旅行社为建立或保持良好的企业形象，产品价格的制定就要符合企业形象的要求。

(二) 分析旅行社产品的价格构成

旅行社产品的价格，是旅游活动中按照实际情况收取的各种费用的总和，包括"食住行游购娱"各个环节的各项费用。主要是由成本、利润和税金三部分组成的。大部分为代收代付费用，其中，成本的构成要素主要有：大交通费、车费、房费、餐费、景点门票费、导游费、附加费、不可预见费、保险费等。

(三) 分步骤定价

1. 收集有关信息

充分收集有关产品供求、竞争状况、经济变化等方面的资料和信息，并对此加以分析、判断、处理，进而为制定合理的价格提供依据。

2. 选择定价目标

要从全局考虑，有所侧重，综合决策。

3. 估算产品成本

旅行社最常用的定价方法是成本加成法，即

$$旅行社产品价格=代收代付+成本加成×(1+税率)$$

其中，旅行社成本费用主要包括营业成本、营业费用、管理费用、财务费用。代收代付主要包括房费、餐费、交通费、文娱费、行李托运费、票务费、门票费、专业活动费、签证费、陪同费、劳务费、宣传费、保险费和机场税等。

4. 了解产品特色

首先要了解自己旅行社产品特色在哪，才知道旅行社产品具备哪些优势，从而为产品合理定价奠定基础。

5. 分析竞争状况

可以从媒体广告、旅行社同行、客人等处充分了解竞争对手的产品价格、质量、竞争能力等情况，作为定价参考。

6. 测定市场需求

可以采用不同预测方式和调查方式来了解市场对旅行社产品的需求状况，并对需求的价格弹性进行分析，测定目标市场的需求数量及需求强度，分析旅游者对价格的接受度，以作为制定合适价格的参考。

7. 选定定价法

根据自己的产品情况，选定最有利于实现定价目标的定价方法，最终确定产品的售价。

8. 确定最后价格

除考虑旅行社产品的成本构成、产品特色、市场需求状况和竞争对手类似产品价格等因素外，还要考虑它是否符合国家相关的政策法令，是否符合消费者心理。根据环境的不同，运用合适的定价，让价格更具吸引力，随着时间的推移和市场竞争环境的变化，还要对定价进行不断的修整，以实现定价目标，提高产品的竞争力。

(四) 重视旅行社产品的定价程序

旅行社根据客户要求的行程进行核算时，行程需求往往很分散，有很多还隐藏在字里行间，容易被忽略。如果能按照"计价表"中的内容逐一核对，就不容易漏项。一些计调人员对计价的内容和项目已经很熟悉，甚至认为可以"倒背如流"，用不用"计价表"都无关紧要。这往往使人大意，对越熟悉的东西，越容易忘记和忽略。计价中不可漏项，一定要反复审阅行程，逐项进行核对，最好能由具体报价人员和业务主管双向审核，确保万无一失后，再报出，以防止差错。错误的价格一经报出无法更改，如果更改即出尔反尔，会影响公司的信誉和与其他公司的业务合作。

另外，不要拒绝像"计价表"(见表11-1)这类的工具，它是旅游从业人员的经验和智慧的结晶，学会利用它，可使自己的工作事半功倍。

表11-1　旅游产品费用计价表

人数：　　　　　　线路：　　　　　　旅游团团号：

景点	房价	其他各项附加费明细							
		城市	门票	超公里	河湖	文艺	风味	其他	小计
		城市A							
		城市B							
		城市C							
		各地附加费合计							
		房费合计							
		交通合计							
		保险费		签证费		不可预见费		综合费	
		成本价						总报价	
		减免人数及费用						全团总费	

■ 四、旅行社产品的定价方法

(一) 成本导向定价法

以旅游产品单位成本为基本依据，再加上预期利润确定产品的价格。它不考虑市场需求方面的因素，简单易行，是目前旅行社最基本、最常用的一种定价方法，主要包括以下三种。

1. 成本加成定价法

成本加成定价法指在单位产品成本的基础上加上一定比例的预期利润作为产品价格(成本中包含了税金),这是一种最简单的定价方法。

计算公式为

$$单位产品价格=单位产品成本×(1+成本利润率)$$

这种方法单从旅行社的利益出发进行定价,忽视了市场需求多变的现实。成本利润率只是一个估计数,缺乏科学性,会导致旅行社在市场上缺乏竞争力。

2. 目标利润定价法

目标利润定价法也叫"投资回收定价法",指旅行社根据其总成本及预测出来的总销售确定一个目标利润总额,来计算产品的价格。计算公式为

$$单位产品价格=总成本+目标利润总量÷预期销售总量$$

式中总成本为固定成本与变动成本之和。

这种方法的优点在于可以保证旅行社实现既定的目标利润,在预定期限内回收资金。但是,由于此方法是以预计销售量来推算产品价格的,忽略了价格对销售量的直接影响,计算出来的产品价格往往难以确保预测的销售量的实现,只有经营垄断性产品或具有很高市场占有率的旅行社才有可能凭借其垄断力量采取此方法定价。

3. 边际贡献定价法

边际贡献定价法又叫"变动成本定价法",指旅行社在产品定价时,只计算变动成本,而不计算固定成本。这种方法主要用于同类旅行社产品供过于求、市场竞争激烈、客源不足的情况下。计算公式为

$$单位产品价格=单位产品变动成本+单位产品边际贡献$$

例如,某旅行社在旅游淡季推出三日游团体包价旅游产品,该产品成本总计570元/人。其中固定成本均为20元/人;变动成本为550元/人,包括两早(10元/人/餐)五正(20元/人/餐),餐费共计120元/人,门票费共300元/人,房费100元/人,交通费30元/人。由于是在淡季,若旅行社仍以570元的价格进行销售,则很难吸引大量游客,如果旅行社将价格降至变动成本为550元/人,则边际贡献为零,旅行社为保本状态。

这种定价方法的优点在于,能够保障旅行社在市场环境不利的情况下以较低价格吸引客源,保住市场份额,维持旅行社生存。但会在一定程度上使旅行社蒙受利润损失,又由于产品的变动成本不是一成不变的,这也迫使产品的价格不断地被重新计算。

(二) 需求导向定价法

需求导向定价法是以市场需求为核心,根据游客对旅游产品价值的认知程度来定价的一种方法。具体可分为如下两种。

1. 理解价值定价法

理解价值定价法也称"认知价值"，这种方法是根据游客对旅游产品的主观印象来评判，而非旅游产品的实际价值。常用的营销方法有：搞好产品的市场定位、突出产品特征、加深游客对产品的印象等。

2. 需求差别定价法

需求差别定价法指旅行社针对游客对旅游产品的购买力不同，产品的种类、数量、时间、地点的不同等因素，采取不同价格。这种定价方法，通常为同一产品在同一市场上制定两个或两个以上的价格，强调的是适应游客不同特性的需求，而把成本补偿放在次要地位。

3. 逆向定价

逆向定价指旅行社首先对旅游市场需求、同行业的同类产品的售价、整个市场竞争环境等方面进行调查，先确定产品价格，再根据产品的内容和成本对价格作相应调整。这种方法不以实际成本为主要依据，而以市场需求为定价出发点，既能与竞争对手价格保持同步，又能为游客所接受。这种定价方法的缺点是：容易造成产品质量下降，从而导致在市场上缺乏吸引力。

(三) 竞争导向定价法

竞争导向定价法是为了应付市场竞争而采取的特殊定价方法，以竞争对手的价格为其定价的出发点和参考标准。

1. 随行就市定价法

随行就市定价法指旅行社根据本行业同类产品的平均价格来制定本旅行社产品价格的方法。这种方法为大多数旅行社所采用，利用市场的平均价格获得平均收益，避免了对手间竞争带来的损失。

2. 率先定价法

率先定价法也叫"主动竞争定价法"，旅行社根据市场竞争状况、自身旅行社实力，率先打破市场原有的价格，自行制定价格，在同行中处于"价格领袖"地位。采用率先定价法的旅行社一般要有雄厚实力，或者在产品上具有竞争对手无法比拟的优势。

总体来看，随行就市法属于稳妥型定价方法，可以减少风险，利于与竞争对手和平共处。而差异定价法属于进攻型定价方法，定价低于对手可以提高市场占有率，高的话则可以树立旅行社的品牌形象。

任务三　制定旅行社销售渠道策略

任务提出及实施

1. 分析旅行社的营销渠道与其他旅游企业有何不同？
2. 旅行社营销渠道策略的制定有什么原则？
3. 调研本地某大型旅行社制定并实施某营销渠道策略后的得与失，并提出改进建议。

请同学们在教师的讲解和引导下，学习本任务中的应用知识储备下的内容，查阅相关资料，通过市场调研与共同讨论等方式完成上述学习任务。

应用知识储备

一、认识旅行社销售渠道

(一) 旅行社销售渠道

旅行社销售渠道是指旅行社生产出来的产品，在适当的时间、地点，以适当的价格提供给游客，其产品所经历的各个中间环节连接起来的通道。

(二) 旅行社销售渠道的类型

旅行社产品销售渠道类型与前述的普通旅游产品营销渠道一致，分为直接销售渠道和间接销售渠道两种。

与直接销售渠道相比，间接销售渠道由于增设了中间环节及扩大了合作者队伍，因而使得旅行社销售活动的辐射范围增大；又由于分工协作，销售活动深层次的内容也得以发展，这是有利的一面。但是，此种渠道销售也有不利的一面。旅行社在经营间接销售渠道中，对销售活动的控制力减弱，难以控制产品的最终售价；费用结算相对较慢，容易延缓旅行社资金周转的速度；同时，旅行社需支付中间商一笔佣金，也增加了旅行社的成本。

二、旅行社营销中间商的选择

(一) 旅游中间商的类型

中间商是指介于旅行社与旅游消费者之间，从事转售旅行社产品，具有法人资格的经济组织或个人，如旅游经纪人、旅游代理商、旅游经销商、旅游批发商、旅游零售商等。

由于旅游中间商在旅游市场销售中的作用不同，其类型也多样化。根据旅游商的业务方式，大体上可分为旅游批发商和旅游零售商两大类。根据旅游中间商是否拥有所有权，又可将其划分为经销商和代理商，旅游批发商和零售商都属于经销商。

(二) 选择旅游中间商的标准

1. 应具有良好的旅行社信誉和声誉

良好的旅行社信誉是旅行社与中间商合作的基础。

2. 要求目标市场一致

旅行社在选择旅游中间商时，要关注中间商的目标群体是否与旅行社的目标市场相一致。旅行社应优先选择那些位于旅游客源比较集中的地区或比邻地区的旅游中间商。

3. 应具有较强的销售能力

销售旅行社产品是旅游中间商的工作核心。衡量旅游中间商的销售能力，旅行社可以从其经营策略、分销能力、经济实力等方面来考察。

4. 适当地控制中间商数量与规模

旅行社在同一地区选择中间商，应数量适当、规模适当。

(三) 旅游中间商的管理

1. 建立中间商档案

中间商档案可包括不同内容，可详细、可简单，但要包括中间商的基本信息。中间商档案信息的备案在旅行社与中间商合作过程中起着决定作用。

2. 中间商的激励

旅行社应不断采取相应的激励措施，最大限度地发挥中间商的销售职能。一般来说，激励方法有正刺激和负刺激两种。正刺激通常有如下几种方式：利润刺激、资金支持、信息支持。如果中间商达不到对制造商的合作与支持要求，可提出如中止合作、延迟发货、减少折扣等负激励，但这些手段一般应慎用，因为其负作用极大，甚至使日后的合作关系破裂。

3. 中间商的协调

为保证销售渠道畅通，旅行社应尽量使各中间商结成利益共同体，并协调各中间商以合作为主，这样，双方所获得的信息和效益要大得多。

销售渠道的冲突，会发生在零售商与零售商、旅行社与批发商、或批发商与零售商之间。为了将冲突带来的损失降到最低，协调好中间商的经营，旅行社可依据具体情况采取适当措施，通常可采用如下几种方式：共同目标法、互相渗透法、责权利法。

4. 中间商的调整

市场变化迅速，经常令旅行社应接不暇。旅行社应当不断调整中间商队伍，可采用增减中间商数量、增减销售渠道等手段，确保销售渠道的畅通。

三、旅行社销售渠道策略

旅行社在销售活动中，都同时采用直接和间接销售渠道。近距离的目标市场，旅行社多采用直接销售渠道。而庞杂、分散的目标市场，旅行社多采用间接销售渠道，借助各类型中间商的力量，扩大旅行社销售活动的辐射空间。间接销售渠道通常采用以下三种销售策略。

(一) 专营性销售策略

专营性销售策略是指在特定旅游市场只选择一家中间商的销售战略。这种策略的优点，是能有效调动中间商的积极性，利益、信誉的捆绑便于旅行社对中间商进行控制。但这种策略也存在缺点，如灵活性较小、不利于游客分散购买。中间商选择不当或中间商经营失误，将会给该地区的旅游市场造成重大损失。

(二) 广泛性销售策略

广泛性销售策略是指旅行社在销售渠道中尽可能多地选取中间商，扩大市场销售面。这种策略通常适用于开拓新市场之初，便于寻找、确定长期的合作伙伴。这种策略的优点，是可吸纳更多客源，渗透目标市场。其缺点，是中间商过于分散，控制难度大，信息反馈缓慢，还可能引发中间商争夺客源的冲突。

(三) 选择性销售策略

选择性销售策略是指在一定市场中，旅行社从众多中间商中，只选择那些素质高、销售能力强、能给游客提供针对性服务的中间商作为合作伙伴。这种策略适用于档次高、专业性强的旅游产品。这种策略的优点是：有利于旅行社将主要力量放在主要目标市场上，可以有效扩大销量，同时中间商的减少可降低渠道费用。其缺点是：对于中间商的选择要格外慎重，选择不当会极大地影响该市场的产品销售。

四、旅游网络营销策略

(一) 旅游网络营销的优点

(1) 旅游网络营销可以超越时间和空间的限制进行信息交换，跨越时空达成交易。

(2) 互联网的多媒体功能使旅游网络营销集中，图、文、声兼备的各种媒体的传播形式创造出可视的虚拟环境，立体化地传播旅游信息。

(3) 旅游网络营销具有高度的整合性，可以将旅游产品生产、售价、渠道、促销、市场调研、咨询、交易、结算、投诉等所有旅游事务整合办理、"一网打尽"。

(4) 旅游网络营销具有无与伦比的高效率，信息量最大、精确度最高、更新最快、传递也最迅捷。

(5) 旅游网络营销最具经济性，省去租金、水电、人工成本等大笔费用，节约印刷费与邮递成本，大大降低了运营损耗。

旅游网络营销特点突出，优势明显，目前我国旅游网络营销业务迅速发展，旅游网络营销系统在不断完善。

(二) 旅游网络营销组合策略

旅游网络营销以IT技术手段为基础，驱动旅行社营销发生彻底的变革。它集传媒与交易场所于一身，利用国际互联网进行旅游营销活动，因而赋予旅游营销以崭新的内涵。有鉴于此，旅行社的旅游网络营销应推行下列营销组合策略。

1. 推行旅游产品形象

传统旅游产品的特点是"购买在先，消费在后"，游客在购买前是触摸不到旅游产品实体的，而通过网络营销进行的旅游产品形象策略，可以充分利用旅游网络的多媒体功能，将旅游产品的虚拟形象立体化、仿真化地在旅游网站上展示出来，使游客在网络空间中看到旅游产品的形象，认识旅游产品的价值，甚至可以通过虚拟网络旅游感受旅游产品的魅力，强化旅游产品形象在游客心目中的定位。

2. 旅游产品价格公示

旅行社应充分利用旅游网络的媒体功能和互动功能，将旅行社的各种旅游产品和产品价格组合列表公示，使游客在旅游网络空间中同时看到大量同类旅游产品的价格，认识旅游产品价格的合理所在，并通过互动调价拿到自己满意的购买价格。

3. 建立旅游网络化直销渠道

旅游网络销售，使旅行社得以将旅游产品的虚拟化形象、虚拟化消费、旅游咨询、旅游订购集中展示，在跨时空的状态下让游客与旅游产品销售商甚至旅游产品生产者坐在一起进行交易，形成全新的直接销售渠道。通过网络销售，旅行社、旅游产品生产旅行社、产品零售商取得了越来越大的市场主动权，但同时，旅游中间商、代理商的地位也受到了巨大冲击，应当及时研究新的应对策略。

4. 强化旅游促销

旅游网络促销策略，就是要充分发挥互联网互动式的传播功能，借助丰富的网络传播方式，进行旅行社和旅游产品以及旅游目的地形象的促销宣传。其主要做法有：网络广告促销、虚拟网游促销、开展网络公关等。

任务四 旅行社的促销策划

任务提出及实施

1. 旅行社的促销策划应注意哪些事项?
2. 分析影响旅行社促销活动的因素。
3. 为本地某旅行社进行一次促销活动策划。

请同学们在教师的讲解和引导下,学习本任务中的应用知识储备下的内容,查阅相关资料,通过市场调研与共同讨论等方式完成上述学习任务。

案例引入

春秋国旅战略携手快钱布局在线旅游大局

在线旅游已经是大势所趋。据统计,2011年在线旅游市场规模达2000亿元,国内各大旅游大亨也纷纷布局旅游电子商务。近日,上海春秋国际旅行社(集团)有限公司与国内领先的信息化金融提供商快钱达成战略合作,接入包括人民币网关支付、信用卡无卡支付、IVR语音支付在内的综合电子支付解决方案,全面满足用户多样化的支付需求,带来全新支付体验,同时在现有基础之上帮助企业拓宽了多种销售渠道。春秋国旅负责人指出,通过快钱专业高效的流动资金管理解决方案,春秋国旅有望实现高效的电子收款,提升财务管理能力,实现其加速发展。

春秋国旅是春秋航空的母公司,成立于1981年,目前已拥有四千余名办工职员和导游,年营业收入过百亿元,业务涉及旅游、航空、酒店预订、机票、会议、展览、商务等领域。自1994年起,春秋国旅蝉联国家旅游局排名的国内旅游全国第一,境内外拥有41个全资分公司、100余个全资门店、4000多家旅游代理,总平均客座率99%,是国内连锁经营、最多全资公司、最具规模的旅游批发商和包机批发商。

作为旅游行业的航母,春秋国旅尤为重视合作伙伴的资质、解决方案的成熟度、产品全面性及创新性。而作为国内领先的信息化金融服务提供商,快钱公司是支付行业仅有的两家央行"全牌照"业务获得者,业务许可涵盖了互联网支付、移动电话支付、固定电话支付、银行卡收单等线上线下6大支付类型。此次,快钱凭借专业高效的流动资金管理解决方案最终与春秋国旅携手,其始终坚持的独立化平台和全面解决方案还将给双方今后合作带来更为广阔的空间。

本次合作,春秋国旅引入的快钱公司的全面支付解决方案恰好深度契合了春秋国旅在业务拓展过程中面临的业务覆盖范围广、渠道模式线上线下交错、用户的支付需求日趋多元化和个性化的问题。这些问题的出现,在财务端对春秋国旅的财务管理水平提出了更高的要求。选择与快钱公司结成深入的共赢合作,正是以期借助快钱专业高效的流动资金管理解决方案,通过人民币网关支付、信用卡无卡支付、IVR语音支付等创新产品,满足用户多样支付需求，帮助春秋国旅提升支付成功率；同时实现资金流和信息流的匹配，实现电子化对账，快速归集资金，提高春秋国旅财务的管理效率，满足春秋国旅业务发展的深层需求。

(资料来源：飞象网，http://www.cctime.com/html/2012-6-28/2012628141302424.htm，2012-6-28)

思考：
春秋旅行社为什么要与快钱公司合作？

应用知识储备

一、认识旅行社促销

(一) 旅行社促销

旅行社通过一定的手段与游客进行沟通，帮助游客来认识旅游产品或服务带来的利益，从而引起游客的注意、唤起游客的兴趣、激发游客的购买欲望，进而促进游客产生购买行为。

(二) 促销的作用

1. 提供信息，加强沟通

将旅行社提供的产品和服务的信息传递给消费者，以达到扩大销售的目的。特别是旅游产品和服务，由于具有无形性和异地消费的特点，使得游客在购买之前，无法通过实体形态来感知旅游产品，因此，旅游产品的促销相比其他商品就显得更加重要。

2. 塑造产品形象，提高旅行社声望

通过精心设计的促销活动，可以大幅度提升旅行社的声誉，美化旅行社的形象，在公众心目中树立起良好的口碑。通过促销活动，旅行社可以突出和放大自己的产品及服务与对手的不同之处，强化竞争优势，促使消费者形成对旅行社产品及服务的购买欲望和偏好，从而巩固和扩大其产品的市场份额。

3. 创造需求，刺激消费

促销活动通过各种形式向游客广泛介绍其产品的信息，不仅能够提高游客对产品的认知程度，诱发其产生需求和购买欲望，还能强化游客对产品的印象，刺激需求，创造新的需求。

二、旅行社促销的基本类型

(一) 旅游广告

相对于旅行社自身来说，旅游广告媒体可分为两大类：一类是付费租用的大众传播媒体，主要包括电视、广播、报纸、杂志四大媒体，以及户外广告、直邮广告媒体；另一类是旅行社自行制作的媒体，如自制宣传物、宣传品，及开通旅行社的网站。主要广告媒体及其特点的比较，如表11-2所示。

表11-2　主要广告媒体及其特点的比较

广告媒体	优　点	缺　点
电视	视听并存、图文并茂、富有感染力；传播范围广、速度快、效率高	费用高、时间短；干扰较大；观众选择性差，设计制作难度较大
广播	信息传播及时、灵活、传播面广、广告费用较低	缺乏视觉吸引力，听众记忆起来相对较难，不如电视，容易引人入胜
报纸	传播面广、可信度高、可选择性较强；费用较低；读者可反复查阅	内容较杂，易分散读者的注意力；彩色版面少、表现力较弱；浏览性读者多，广告不易被人记住，不利于保存
杂志	印刷精美，可图文并茂，适用于形象广告；阅读率高，保存期长；便于针对阅读者目标市场选择	广告周期长，发行量较少，价格偏高
户外广告	灵活、醒目、展示时间长	广告信息接收对象选择性差；内容局限性大，难以表现创新
直邮广告	目标顾客针对性强；十分灵活，受时空条件限制最少	人员、时间、经济投入相对较高，使用不当容易引起收件人反感
网络	灵活及时，便于更新和补充；覆盖范围广；多媒体的信息发布，易于复制，费用较低，并能与网络预订结合	对目标受众缺乏选择；可信度受影响；被动地等待搜索；受计算机和网络普及程度的影响

对旅游广告媒体类型的选择主要应考虑以下4个方面的因素：目标消费群体的媒体视听习惯；旅游产品的特点；广告信息的特点；成本费用。

(二) 旅游公共关系

1. 旅游公共关系的定义

旅游公共关系指旅行社为了取得旅行社内部及社会大众的信任与支持，为自身的发展创造最佳的社会关系环境，在分析和处理自身面临的各种内部和外部关系时，所采取的一系列决策和行为。

2. 旅游公共关系的作用

旅游公共关系对于塑造旅行社富有魅力的公众形象,提高旅行社的知名度与美誉度,以增强其市场竞争力具有重要的作用,具体表现为以下几个方面:美化旅行社形象,提高旅行社信誉;有利于选择与确定旅行社和产品的市场定位;协调旅行社内外关系,增强旅行社凝聚力。

3. 旅游公共关系的促销方式

旅行社常用的公共关系促销方式主要有新闻报道,特别活动,赞助、支持公益活动和旅行社内部的公关活动4种。

旅行社通过以上公关活动,可使旅行社与社会公众联系密切,提高旅行社的知名度,为旅行社创造良好的市场形象,从而影响旅游者的购买行为。旅行社应根据自身的不同情况、不同时期的促销目标来开展各项卓有成效的公关促销活动。

(三) 旅游营业推广

1. 旅游营业推广

旅游营业推广,指旅行社在某一特定时期与空间范围内,通过刺激和鼓励交易双方,并促使旅游者尽快购买或大量购买旅游产品及服务而采取的一系列促销措施和手段。从这一定义中不难看出,旅游营业推广强调的是在特定的时间、空间范围内,采用一系列的促销工具,对供需双方进行刺激与激励,其直接效果是使旅游者产生立即购买或大量购买的行为。

2. 旅游营业推广的作用

旅游营业推广的作用表现在以下4个方面:促使消费者试用产品;劝诱试用者再次购买;增加消费;对抗竞争。

3. 旅游营业推广的任务

旅游营业推广的具体任务分为以下三类。

(1) 针对消费者的任务。其目的是使已有购买意愿的消费者尽快作出购买决定,鼓励现有消费者大量购买本旅行社的产品,吸引更多的潜在消费者实现购买,争夺竞争对手产品的市场等。常采用的推广方式有:举办或参加国际旅游展览会或博览会,赠送各类宣传品等。

(2) 针对中间商的任务。其目的是调动中间商的积极性,鼓励中间商大量购进并出售本旅行社的产品。常采用的推广方式有:编发宣传品、开展销售竞赛、让价折扣、邀请参加国际旅游展览会或博览会等。

(3) 针对本旅行社的推销人员的任务。其目的是鼓励推销人员多成交及开拓更多的潜在市场。常采用的推广方式有:奖金激励、开展推销竞赛、组织奖励旅游等。

4. 旅游营业推广的方法

旅游营业推广的方法主要有以下几种。

(1) 赠送产品。赠送产品是指免费向旅游消费者和旅游中间商提供旅游产品，邀请旅游消费者和旅游中间商到旅游目的地进行免费旅游活动。

(2) 赠送优惠券。向消费者赠送优惠券，消费者持优惠券购买产品，可享受优惠价格。

(3) 赠送礼品。赠送礼品是指对购买者赠送礼品，如旅行社对所组织的旅行团成员赠送手提包、小钱袋、袖珍半导体收音机等礼品。

(4) 销售折扣。销售折扣是指对消费者和中间商所购买和推销的产品给予一定的折扣。

(5) 津贴或补贴。津贴或补贴方面的奖励主要是针对旅游中间商的。旅行社为刺激和鼓励中间商对产品加大推销力度，从而增加产品销量，而对旅游中间商的广告、宣传费用等给予一定的津贴或补贴。津贴有广告津贴、宣传册津贴、陈列窗津贴等。

(6) 产品展销。产品展销是旅行社开展营业推广的一个重要方式。不论是国内的还是国际的产品展销会，都是直接接触诸多旅游中间商和广大消费者的好机会。旅游产品展销可以将各种促销手段集于展销厅或展销台，其往往是美术、摄影、书法、图表、出版物、音像、手工艺品等的综合体现。

(7) 编发宣传品。编发宣传品的主要目的是向旅游者提供有关本旅行社及其产品的详尽情况，使他们相信本旅行社的旅游产品优于竞争者。

(8) 组织销售竞赛。组织销售竞赛主要适用于旅游中间商及本旅行社的推销人员。一般由旅行社发起，通过有奖问答或设立销售额奖等形式，激发他们销售本旅行社产品的兴趣和积极性。对于获奖者，旅行社将给予一定的物质和精神奖励，如免费旅游、提高折扣和佣金等。由于这种方法能有效地激发销售人员的积极性，因而被大多数旅行社定期或不定期地采用。

(四) 直接营销

直接营销是近年来在旅行社迅速发展起来的一种促销方式。主要形式有以下三种。

1. 人员推销

人员推销是指旅行社通过委派销售人员，直接上门向旅游者推销产品。这是一种比较传统的直接营销方式。

2. 直接邮寄

直接邮寄是近年来普及的一种新的直接营销方式。它是指旅行社通过直接向旅行者寄送产品目录或宣传品来推销产品。

3. 电话营销

电话营销包括向内和向外两种方式：向内，是指旅行社通过公布"800"等免费电话，吸引旅游者使用电话查询或预订产品；向外，是指旅行社销售人员通过电话劝说旅游者购买其产品。

(五) 现场传播

现场传播是指旅行社通过营业场所的布局、宣传品的陈列与内部装饰等向旅游者传播产品信息，增强旅游者购买的信心，促使旅游购买行为的发生。

三、旅游促销组合策略

所谓旅游促销组合，是指旅行社有目的、有计划地将人员推销、广告、公共关系、营业推广等促销手段，进行灵活选择、有机组合和综合运用，形成整体的促销攻势。由于各种促销手段都有其利弊，因此在整个促销过程中，旅行社必须根据自己的营销目标和所处的营销环境，灵活地选择、搭配各种促销手段，制定旅游促销组合策略，提高促销的整体效果。

(一) 影响促销组合的因素

1. 旅游产品的性质和特点

不同性质、不同特点的旅游产品，其购买者和购买需求各不相同，采取的促销方式也应有所差异。

2. 旅游产品市场生命周期

旅游产品在不同的生命周期阶段，需要采取不同的促销组合。产品生命周期与促销组合的关系，如表11-3所示。

表11-3　产品生命周期与促销组合关系

产品生命周期	促销目标	促销组合	产　品
投放期	旅游中间商、旅游者了解产品	以广告宣传为主，其余手段为辅	张家界景区
成长期	提高市场占有率，获得旅游者信任	以广告人员推销为主	少林寺旅游区
成熟期	稳定客源，吸引潜在客源，提高市场占有率	更新广告，以广告宣传和人员推销为主	桂林漓江旅游区

3. 市场特征

不同的旅游市场，由于其规模、类型、消费者数量及分布情况各不相同，因此应采取不同的促销组合。

4. 旅行社规模

旅行社规模是指旅行社的规模、资金和市场覆盖率。旅行社规模的差别决定了促销组合的差别。

5. 促销费用

各种促销方法所花费用不等。旅行社制定促销策略时，应根据自己的财力、各种促销方法的费用及效果等综合考虑，以求用尽可能少的促销费用取得尽可能大的促销效果。

除了上述几个因素外，旅行社声誉及知名度、竞争状况、市场营销组合水平等，都会影响旅行社的促销组合策略的制定。因此，旅行社在促销前，应该对所有因素统筹考虑，对各种促销方式灵活选择和组合。

(二) 旅游促销组合策略的制定

1. 推式策略

推式策略着眼于积极地上门把本地或本旅行社旅游产品直接推向目标市场，也就是指"推着"旅游产品沿着分销渠道最终到达消费者手中。用这一思维来指导渠道成员的营销活动，表现为：在销售渠道中，每一个环节都对下一个环节主动出击，强化顾客的购买动机，说服顾客迅速采取购买行动。这种策略显然是以人员推销为主，辅之以上门营业推广活动、公关活动等。

2. 拉式策略

拉式策略立足于直接激发最终购买者对购买本旅行社旅游产品的兴趣和愿望，促使其主动向旅行社或其他中间环节寻求点名服务，最终达到把旅游者逆向吸引到本旅游企业身边来的目的。拉式策略重视的是对旅游者的促销，尽力使更多的旅游消费者产生旅游需求，以旅游者的购买行为作为拉动，促使旅游中间商一层一层求购，最后实现旅游产品的成功销售。这种策略是以广告宣传和营业推广为主，辅之以公关活动等。

旅游产品生产者在确定促销策略时，是选择推式策略、还是选择拉式策略，这要视具体情况和条件而定。

3. 锥形透射策略

锥形透射策略是指旅行社将其所有产品排成锥形，把认为最有吸引力的唯我独有的拳头产品作为锥尖，让锥尖先打入市场空隙，再层层推进，带动其他产品辐射到邻近市场区域。这种利用锥尖产品的知名度和影响力进行促销的策略，是一种以较少的促销经费获得较多促销成果的积极有效的策略。这种策略可以采用以人员推销、营业推广为主，辅之以广告宣传的促销组合策略。

在选用上述三种策略时，关键是要考虑哪一种策略更能以较低成本获得客源，同时有利于树立旅行社长期的市场形象。

🔲 **项目小结**

1. 旅行社在充分了解旅游消费者需求的基础上，对其产品、服务和经营理念的构思、预测、开发、定价、促销、分销及售后服务的计划和执行的过程就是旅行社营销。旅行社的营销是一种服务营销。

2. 从产品的生产者角度看，旅行社产品是旅行社为满足旅游者的需要而提供的各种旅游服务及相关物质条件的总和，产品的形态通常有6种，具有综合性、易变性、预约性、高接触性等特点。旅行社产品的开发要经过分析构思、方案筛选、试产试销、投放市场、检查评估等相关步骤后方能确定。

3. 旅行社可推出的产品价格分为单项服务价、全包价和部分包价几类，游客可根据需要，选择不同的购买方式。包价旅游主要包括综合服务费、住宿费、交通费、专项附加费4个部分。旅行社进行产品定价时，通常受到诸多因素的影响，主要有旅行社内部因素、旅行社外部因素两大类。旅行社产品的定价策略选择包含有心理定价策略、折让定价策略、新产品定价策略。成本导向定价、需求导向定价、竞争导向定价是旅行社产品的主要定价法。

4. 旅行社应选择具有良好的旅行社信誉和声誉、目标市场一致、具有较强的销售能力的中间商，并适当控制中间商数量与规模，通过建立档案、激励、协调、调整等方式来管理中间商。旅游网络营销特点突出，优势明显，目前我国旅游网络营销业务迅速发展，旅游网络营销系统在不断完善。旅行社的网络营销要将推行旅游产品形象、旅游产品价格公示、建立旅游网络化直销渠道和强化旅游促销组合起来。

5. 促销能起到提供信息，加强沟通；塑造产品形象，提高旅行社声望；创造需求，刺激消费的作用。旅行社促销的基本类型包括旅游广告、旅游公共关系、旅游营业推广、直接营销、现场传播等。旅行社应有目的、有计划地将人员推销、广告、公共关系、营业推广等促销手段，进行灵活选择、有机组合和综合运用，形成整体的促销攻势。主要有推式策略、拉式策略、锥形透射策略三种。

复习思考题

1. 目前，旅行社的作用和地位怎样？旅行社营销的意义有哪些？
2. 旅行社产品有什么特点？
3. 旅行社产品的开发与设计程序要注意什么原则？
4. 旅行社营销的内容包括哪些？旅行社间接营销渠道的优缺点有哪些？
5. 旅行社促销的方式哪些？如何进行促销组合的策略选择与制定？
6. 旅行社进行网络营销的优势体现在哪些方面？

项目实训

拜访客户

一、实训目的

通过实训使学生掌握拜访客户的流程和关键控制点。要求学生能够撰写访客计划书、访问客户、与客户沟通，并填写客户拜访记录。

二、实训要求

1. 做好充分的准备工作，对背景客户和背景旅行社要有详细的了解。

2. 实训拜访环节，要具备应有的礼貌礼仪、较好的沟通方式、较强的谈判能力。

3. 态度认真、勤于动手、勤于观察、勤于思考。

三、准备工作

1. 知识准备。知识准备包括拜访流程、礼仪礼貌、推销手段和技巧、沟通技巧、谈判技巧等。

2. 资料准备。以当地一家旅行社和学生所在学校为背景单位并收集相关资料。

3. 人员准备。每组选派两位同学，分别扮演旅行社销售人员和所在学校的工会主席。

四、实训任务与过程

1. 确定要拜访的对象客户。旅行社销售人员或许会面临众多客户，有散客、有中间商客户、有单位团体客户等。不同时期，不同客户的重要性呈现差异性。销售人员应根据旅行社经营情况和自身销售情况，同时根据客户的方便时间，妥善安排客户的拜访顺序，在正确的时间拜访正确的客户。

2. 向客户提出拜访申请。电话联系客户，礼貌地提出拜访申请，征得同意后，与客户确定拜访的时间、地点和主要内容。

3. 研究客户。研究包括客户的需求情况、消费能力、可能的旅游意愿、客户爱好、性格特征、团体客户关键代表的个人习惯等。只有对客户有充分的研究和了解，才能确保面对面沟通的顺利进行。

4. 准备拜访资料。根据客户需求，准备好包括旅行社宣传册、销售人员名片、产品介绍等资料。条件允许，准备拜访礼物。

5. 撰写访客计划书。访客计划书的内容包括客户地址、电话、客户类型、访问动机、面谈时间、所需求的产品、销售预测等。

6. 拜访客户。按约定的时间、地点拜访客户。拜访过程中，应根据顾客需求礼貌地介绍产品，帮助客户设计旅游方案，尽力达成销售目的。

7. 填写客户拜访记录。包括拜访的简要过程、获得的客户最新信息、销售进展以及未来跟进的建议等。

拓展案例分析 | 西安多家旅行社欲掘金 "伦敦后奥运" 市场⊙

一、伦敦奥运游在中国市场遇冷

2012年7月28日，第30届夏季奥林匹克运动会在伦敦举行。奥运会前，曾有许多机构预测英国零售业以及旅游业将迎来黄金季节，但事后的结果却与此大相径庭。英国官方2012年11月份公布的统计数据显示，英国8月份零售业销量与7月份相比还下滑了0.2%，奥运会期间，英国接待的海外游客总数达300万人，同比下降5%。

伦敦奥运对旅游的促进作用不明显，主要是受"欧债危机"和东道主英国经济萎缩不振的影响。同时，极富消费能力的中国旅游市场——响应不足也是一个重要的因素。就中国市场而言，虽然伦敦奥运会在如火如荼地举行着，但英国旅游市场却似乎并未吸引到更多的中国游客，原因在于中国旅客认为伦敦当地城市交通情况及接待能力等方面有限，中英距离遥远，机票、酒店价格较高，前往伦敦进行"奥运游"的成本远比欧美要大得多。伦敦奥运期间，中国市场的欧洲游遇冷。

二、掘金"后奥运游"

然而，不少现实的中国游客会选择在奥运会之后前往英国旅游，他们认为，与其扎堆在奥运会期间去英国"受累和受困"，不如现在事后去体验旅游。一些嗅觉灵敏又具有商业头脑的中国旅行社，正在悄悄酝酿一股"后奥运游"活动，开始开发一些"后奥运主题游"产品，如"伦敦写真摄影游""英超球赛团"等，意欲掘金"后奥运"市场。特别是西安大部分旅行社及部分旅游网站，将视线瞄准奥运会后的英国旅游市场，针对"后奥运游"推出大量团线，开发"后奥运"市场。

在多种因素作用下，目前已有大量游客报名"后奥运"英国游。游客胡先生表示，不凑奥运会的热闹，希望奥运会结束后机票、酒店价格降下来，再去英国旅游，来个"后奥运游"。不少旅行社也针对"后奥运"时期做好准备，着手开发和"后奥运"相关的系列产品。

携程网推出了"后奥运英国全景＋自由伦敦10日舒适团"等以"后奥运"为主题的产品，行程中有两天自由时间，让游客自行感受奥运盛会后的伦敦城市风情。此外，"伦敦写真摄影""英超球赛"等新产品的上市也受到市场的关注，有旅行社推出的"英国10日团队游"加入了"伦敦拍摄写真"的可选项：有摄影师、化妆师全天一对一服务，每对成人8800元。这对想要去英国旅游的情侣来说有一定吸引力，价格和国内拍摄婚纱照或情侣写真差不多，但场地选择则更有纪念意义。

三、"后奥运游"，成为一个新的期待点

"从历史上看，'奥运经济'对举办城市的旅游业都有很大的刺激作用。北京的鸟巢、水立方就非常成功，北京奥运会结束后，它们作为一个旅游项目，对于很多游客来说，弥补了没有亲临奥运会现场观看比赛的遗憾。"西安曲江国际旅游有限公司项目推广部策划总监汤莉告诉记者。

有人非常看好"后奥运"的商机，他们认为，"在相当长的时间内，伦敦奥运会将提升英国的国家形象以及伦敦的城市形象，这种旅游效应通常会在奥运会结束后才逐渐显现。这也是之后旅行社进行宣传的一个重要噱头"。

"不管怎么说，对于高端团，一小部分专门定制VIP行程的游客还是会选择欧洲。现在，西安市场以散客团居多。伦敦奥运会结束后，不论是高端团或者散客团应该会首选伦敦，这将是下半年的一个亮点。"杨波如是说。

业内专家表示，即使是"后奥运游"产品，大多也是建立在常规英国游的基础上的，伦敦的奥运场馆、奥运城市建设等并不能成为真正吸引西安游客的卖点，反而一些深度游和特色游，在"物美价廉"的基础上，才真正对西安游客的胃口。

多家旅行社表示，目前，"后奥运"欧洲游8月下旬出发的团大部分已售罄。此外，从8月1日起，多家航空公司决定下调国际航线燃油附加费，下调幅度从几美元到十几美元不等，业内人士认为，虽然燃油附加费占到整个出行成本的比例不大，但是对于正处于暑假期间的出境游市场来说，仍然是个利好消息。

(资料来源：根据首个伦敦奥运旅游团启程　旅行社掘金后奥运市场. http://go.huanqiu.com/news/2012-07/2998663. html，2012-07-27改编)

思考：
西安市旅行社开发伦敦奥运会后游的市场分析是否正确？

旅游饭店营销策划

知识目标

1. 熟练掌握饭店市场营销的概念。
2. 熟练掌握现代饭店市场营销管理的新观念。
3. 了解市场机会的概念。
4. 掌握饭店产品的概念、构成、创新。

技能目标

1. 熟练掌握饭店市场机会分析的方法。
2. 掌握饭店市场细分与目标市场选择的依据与方法。
3. 掌握饭店产品定位的步骤与方法。
4. 熟练掌握饭店的全员营销的方法。

案例成果展示 | 香格里拉推出民生联名信用卡

2012年11月25日，香格里拉饭店集团、中国民生银行在马来西亚香格里拉的莎利雅度假饭店举办了以"美好人生环宇荣耀"为主题的联名卡首发典礼，庆祝双方共同倾力打造的"民生香格里拉联名信用卡"全球首发。该联名卡是国内首张顶级豪华饭店联名信用卡。

香格里拉饭店集团与中国民生银行的此次合作，完全凭借双方多年来在高端市场的深耕细作所沉淀下来的品牌号召力和客户群基础，以客为尊的服务理念及经验积累，旨在为高端商务旅客群体提供舒适惬意、尊崇备至的五星级商旅服务。

"民生香格里拉联名信用卡"的卡面主体有香格里拉贵宾金环会的金环标志以及象征民生文化的竹叶构成，卡面简洁大气，高雅深邃，充分体现持卡者的地位高贵。在卡上列印贵宾金环会会员卡号，使信用卡和贵宾金环会会员卡二卡合一。该卡分为标准白金、豪华白金两个级别，以满足不同商旅客群的用卡需求。

1. 专享饭店尊贵、贴心礼遇。在香格里拉集团旗下饭店持联名卡消费，无论是客房入住还是饭店内享用美食佳酿，均可享受周末饭店"住二天送一天"和用餐最高8折优惠等尊贵礼遇。非贵宾金环会会员开卡即可拥有香格里拉贵宾金环会黄金级别会籍。

2. 轻松赚取更多贵宾金环会奖励积分。持卡刷卡消费，可加速累积积分。有效刷卡消费将按照标准白金卡120：1和豪华白金卡60：1的比例自动累积贵宾金环会奖励积分；联名卡持卡人在香格里拉集团旗下饭店消费，不但可享受双倍积分，同时作为贵宾金环会会员，以合资格房价入住或在饭店内进行餐饮、"气"Spa消费，还可享受贵宾金环会奖励积分。

3. 最全面的全球机场贵宾服务。豪华白金卡持卡人可以在国内25个城市28家民生银行专属的机场贵宾厅候机休息，享受不限舱位等级，专人协(代)办登机手续、更换登机牌、行李托运、登记提醒、远机位摆渡以及专用的安检登机通道等服务。

4. 高级别的高尔夫礼遇。豪华白金卡持卡人可以在国内百余家专属高尔夫球场和练习场享受全年多次免费打球的礼遇，还有机会参加专为贵宾客户举办的三十余场高尔夫全国邀请赛。

5. 最尊贵的全球管家和国际救援服务。民生香格里拉美国运通白金信用卡的持卡人还可在全球范围内尽享商务、社交、旅游、购物、餐饮、家居等方面的个性化管家服务，以及专业高效的紧急医疗、旅行救援、安全转运等国际救援服务。

此外，另为白金卡持卡人倾情赠予更多精彩丰富的高端增值服务，专属贵宾就医通道、包含体检齿科在内的健康服务、国际顶级品牌提供的优质美容美体服务、优质网球场馆消费礼遇、专业私人律师法律服务，也为持卡人及其同行配偶和子女提供周全的保险计划，更有便捷道路的救援服务。

(资料来源：华商财经，http://finance.hsw.cn，2012-11-30)

思考：

1. 香格里拉饭店集团为何要采取高端营销策略？

2. 这种策略实施为何要依靠中国民生银行？

任务一　认识旅游饭店营销

任务提出及实施

1. 了解饭店营销的内涵。

2. 了解饭店营销的特征。

3. 分析营销工作在饭店中的作用。

请同学们通过教师的讲解和引导，学习应用知识储备下的内容，自行查阅相关资料，通过讨论等方式完成上述学习任务。

案例引入

这样服务饭店客人

一天中午,一个游客和几个朋友到一家很不错的饭店去吃饭。该饭店的装修、设施都很不错,硬件条件比较上档次。入座以后,他们问服务员该饭店有什么特色菜。服务员说:"菜单上都是特色菜,你们可以看菜单。"他们又问,冷菜有什么特色品种。服务员说有三黄鸡、鱼子鱼泡。而这两道菜偏偏就是菜单上最贵的两道冷菜。在点热菜的时候,客人又问有什么特色菜,服务员又说菜单上有新推的特色菜。然后她又介绍,饭店有长江野生八鱼,288元一斤;回鱼,128元一斤。还说了一声:不贵。

点完菜以后,服务员问客人:要什么酒水。

客人:你们有本地产的啤酒吗?

服务员:我们只供应百威和燕京。

客人:那就先来一箱百威。

服务员:不好意思,你们多拿了我们这里不退,你们到底要几瓶?

客人:先来12瓶。

服务员乐了:12瓶不就是一箱吗!

客人也乐了。酒来了。

服务员:你们要的啤酒来了,需要打开吗?

客人:如果不打开,啤酒能喝到吗?

服务员:那当然喝不到了。

客人:那当然打开了。

思考:

1. 饭店服务人员两次让客人自己去看菜单说明什么?

2. 服务员与客人之间这样的问答会引起什么后果?

应用知识储备

一、旅游饭店及其营销

饭店是以住宿、餐饮、娱乐、健身、购物、商务等设施为凭借,为客人提供吃、住、行、游、购、娱等多功能服务的现代化综合性服务企业。具备4要素:一是以建筑物为核心组成的接待设施。二是必须能够提供住宿服务,同时也可以提供客人需要的其他服务。三是服务对象非常广泛,但主要是外出的旅游者。四是它是一个以盈利为目的的商业性组织。

　　饭店营销是指饭店通过进行市场调研，了解宾客需求，开发和提供相应产品及其相应价值的交换活动，使消费者的需求得到满足，并促使饭店获得最大的社会与经济效益的经营管理过程。

　　营销是一种持续不断、有步骤进行的活动。饭店营销人员在此过程中通过研究饭店市场的供求变化，分析、预测顾客需求，有针对性地设计产品和提供服务，建立并维护与消费者的良好关系。

二、饭店产品的营销特征

　　饭店的产品是有形设施和无形服务的结合，它不是单纯以物质形态表现出来的无形产品，作为销售这些特殊的饭店产品的市场营销，有综合性、无形性、时效性、易波动性的特点。

(一) 综合性

　　(1) 顾客对饭店的需求除了宿、食等基本要求外，还包括购物、娱乐、信息交流、商务活动等综合需求。

　　(2) 现代饭店营销与饭店各部门的员工密切相关，只要有一个员工的服务使宾客不满意，就会产生"100-1=0(全员营销)"的效果。

(二) 无形性

　　(1) 服务是饭店的主要产品，饭店所有的产品都伴随着服务出售，顾客对饭店产品质量的评价，取决于顾客对由服务支配的饭店产品产生的主观感受。

　　(2) 饭店产品被顾客购买后，只是在一定时间和空间拥有使用权，而无法占有他们。这就要求饭店在营销"无形的服务"时，应巧妙地提供各种有形的证据来吸引宾客的注意力，让宾客眼见为实。这些有形的证据包括设施设备、人员形象、环境布置等。饭店应借助于良好的品牌形象建立品牌认知、品牌偏爱和品牌忠诚，使品牌成为宾客购买的吸引物。

(三) 时效性

　　时效性，即饭店产品的不可贮存性。所以，饭店在提供产品时，要掌握恰当的时机，提高产品的时间效用，在恰当的时间里提供恰当的产品，尽量实现产品的使用价值并减少损失率。在开展营销活动时，可以通过协调供给与需求关系来减少饭店产品的"报废率"；采用分时计价的方式增加饭店产品的价格弹性；采用不同的计量单位以适应不同的消费需求；增加饭店的服务方式以灵活调整饭店人手和场地的相对固定性。

(四) 易波动性

旅游消费受季节性、节日分布和闲暇时间影响，波动很大，形成淡季、旺季。同时受政治、经济、社会及自然因素变动的影响明显。

饭店营销应根据特点，有效组织相应市场的营销，以追求社会与经济效益。

三、饭店营销部职责与营销人员任务

(一) 营销部职责

(1) 开展市场调研工作。包括调研饭店的宏观形势与微观环境特征，收集竞争对手的产品、价格和营销策略信息，分析饭店消费者的消费变化特点，预测和分析客源市场的规模和特征，定期向决策层提交本地饭店供需市场发展趋势报告等。

(2) 制定市场营销计划，确定饭店的目标市场，并计划组织整个销售推广活动。其中包括：①有计划、有组织地对潜在客户和重点客户进行销售访问，向客户介绍和推销饭店产品，征询客户对饭店的意见和建议，争取达成交易，签订销售合同。②制定饭店的广告促销计划，包括饭店各类对内对外宣传品和促销活动宣传资料，选择媒体，设计广告宣传平面。③与饭店其他相关部门一起策划特别促销活动，如美食节、情人节、圣诞节、春节以及其他主题促销活动并组织实施。④制定饭店客房的标准价格、组合产品价格、长包房价格、特殊活动的促销价格、折扣政策、价格的调整、预订金和协议价格的支付方式等政策性事物。⑤根据市场状况和宾客意见，指导饭店餐饮改进、调整，开发新产品和提升服务质量水平。

(3) 开展对外公共关系活动。负责与新闻界、地方政府、职能部门的联系，组织和安排各种店内外大型活动，与饭店高层一起处理各种突发性事件，并收集有关饭店形象方面的信息，为管理者提供决策，以树立和维护饭店的良好形象，为饭店创造和保持"人和"的经营环境。

(4) 负责日常的销售工作，处理业务往来函件、传真、电话和来访，回答客人关于饭店产品、价格、优惠等相关事宜。

(5) 负责各类会议、宴会、旅行团队的接洽工作。

(6) 饭店营销管理工作。负责对各部门的营销目标与任务分解，负责饭店营销绩效的评估，负责营销计划执行情况的分析，以及各部门促销活动的政策性、可行性的监督工作。

(二) 营销人员任务

(1) 根据酒店市场销售计划，按照客源构成的比例要求，完成商社客户、旅游团队和散客的销售任务，完成销售指标。

(2) 与客户保持密切的业务联系，按照不同的季节、不同市场情况提出不同的销售价格。

(3) 分析客户心理，了解客户对酒店设施的要求和各方面的需求，有针对性地进行销售，向公关营销部经理提供客户信息。

(4) 积极地参加酒店举办的各种促销活动。

(5) 利用公关技巧和销售技巧，广交各界人士，扩大酒店影响。开展有计划的销售活动，撰写销售报告，为每个客户建立档案，并有计划地发展新客户。

四、饭店营销观念的创新

营销观念的落后在很大程度上影响着营销方式、营销手段等方面的创新和进步，将决定饭店营销的最终效果。传统的饭店营销是以标准化、规模化、模式化和层次化为特点的，而在以互联网为代表的信息化时代，饭店营销要追求的是差异化、个性化、网络化和速度化。这种经济和技术发展必然要求饭店管理者要有一种全新的营销观念，以有效应对总体上供大于求的瞬息万变的市场。

(一) 从满足市场需求的观念向引导市场需求、刺激市场需求、创造市场需求的观念转变

目前，饭店业的营销观念基本上是以适应市场需求为主，即看到市场上某种产品比较受客人欢迎，为了满足市场的需求，就研究生产某种产品并把它推向市场。一味地适应需求导致饭店与饭店之间的竞争更加直接，也更加激烈。为了改变这种局面，饭店要深入研究市场需求，了解和把握"上帝"没有意识到的其他的潜在需求，把盲目的"我跟市场走"，转变为"我来引领市场"，由"有什么就卖什么"转变到"客人需要什么就卖什么"。

饭店要从创造市场需求的角度出发，开发出新产品，就需要把居民们节日消费的需求给激发出来，使原来的餐饮淡季变成了餐饮旺季。如目前在大中城市，居民要想在中秋或除夕到较好的饭店或餐馆用餐，都需要提前预订，有的甚至要提前一个多月或甚至几个月才能预订上。由此可见，创造市场需求的观念对整个饭店业的经营具有十分重要的意义。

(二) 从封闭与独立的营销观念向开放与合作的营销观念转变

随着信息技术的发展，以网络为基础的信息高速公路将彻底打破国与国、地区与地区以及部门、行业、企业之间的封闭与隔阂，实现信息的共享及自由传输，从而形成一个崭新的、开放的社会结构。在这种形势下，企业如果不紧跟时代的步伐，不善于与有关的行为主体进行交流与合作，其结果必然是自我淘汰。这就需要企业与供应商、中间商、顾客、竞争对手等各方进行合作，实现信息共享，以更好地满足顾客需求。

囿于"商场如战场""同行是冤家"等传统观念，目前饭店的营销更多地表现为"单

兵作战"，即单个饭店或饭店集团更加着眼于采取各种有效的方法和手段，力求在竞争中击败对手，以赢得更大的市场份额。事实上，由于市场需求的日趋多元化和个性化，个体在市场中的影响力越来越弱，而且有些市场需求仅靠单个企业自身内部的力量是难以达到的。对于各种供应商，饭店若是采取压价政策，虽然能降低饭店自身的经营成本，但却使得饭店与很多方面的关系不稳定，随时都有破裂的危险。因此，封闭、独立的营销观念越来越受到市场的挑战。营销管理者应该走出饭店内部，与航空公司、银行、旅行社、商品供应商、顾客以及其他饭店密切合作，建立营销同盟，开展合作营销。通过资源共享，提高产品投放市场的效率，获得理想的收益。

(三) 从单一的功能营销观念向功能与绿色、服务等相结合的营销观念转变

所谓功能营销，是指营销人员在拓展市场的过程中，重点强调产品功能的多样化和完善程度，以满足客人对于产品功能性的要求。目前，多数饭店营销人员基本上持有较为单一的功能营销观念，当他们面对市场时，总是向客人介绍有多少间客房、多少个餐厅、有几个会议室、多少种娱乐设施，以及各种设施设备的档次等。实际上，这些都是为满足客人的住、吃、玩、开会等直接功能而设置的。有了这些设施设备，说明客人可以在饭店进行这些最基本的活动。

事实上，除这些直接功能需求外，客人还有很多其他潜在的需求，如细致的服务、崇高心理的满足、安静的环境、充满文化气息的氛围等。当客人比较看重这些需求时，单一的功能营销对他们来说效果就不会很明显，而需要在营销时强调饭店产品在环保、服务等方面的附加价值。因此，当有形的设施设备等质量差异日益缩小时，饭店营销过程中要把绿色、服务等作为产品整体概念中的延伸产品，为饭店形成新的"卖点"，因为他们不仅可以改善客人生活质量，也可以为饭店树立新的市场形象。

任务二 实施饭店全员营销

任务提出及实施

1. 了解饭店内部营销的内涵。
2. 掌握做好饭店内部营销的方法。

请同学们通过教师讲解来学习本任务应用知识储备下的内容，请大家利用图书馆、网络搜集资料，共同讨论完成上述内容。

案例引入

细微之处想周到

一日夜班，某饭店大堂里比较安静。将近凌晨一点，来了一位刚下飞机、面带倦容的客人。服务员快捷周到地为客人办理了入住手续，客人临走时问道："小姐，请问您们这儿可以预订机票吗？"

"可以啊！商务中心已经下班了，但我可以帮助您，请问您需要订什么时间的机票？""早晨8：30去北京的机票！"

"对不起，8：30可能在时间上会很仓促，即使商务中心能够以最快的速度将机票取到，您去机场也需要半个小时，况且您今晚的休息也会受到影响，如果可以的话，是否延迟您需要的航班时间？当然，如果您必须要8：30的航班，我可以让保安立即去办理。"

客人看着服务员满脸真诚的微笑，不假思索地说："那也行，最迟订10点左右的飞机，希望能有9点多的航班。"

服务员再与客人确认了是否本人的机票，请客人填写了一张预订单，同时关切地告诉客人："请您回房好好休息，我会让总机小姐在航班起飞前一小时十五分叫醒您！祝您做个好梦！"客人抿嘴一笑，表示感谢。

客人走后，服务员将信息输入电脑，做好了剩下的工作。忽然想起预订机票需要押金，而此时再与客人联系，很可能会打扰客人的休息，一番考虑之后，服务员将客人的内容记录在交接本上，以便备忘。

早晨7：30分，商务中心小巩上班，总台服务员把该客人预订机票一事简单扼要地告诉她，并说忘了向客人收押金了。小巩说她会处理好余下的事，同时总机的叫醒服务也由她来担当。

小巩先向航班预订处联系了机票，9：30有飞往北京的机票，小巩要求预留。大约8：00左右，小巩往客人房间拨电话："先生，早上好！晚上休息得好吗？"在与客人简单的交流之后，待客人渐渐清醒过来，小巩追问客人预订的机票9：30是否可以，并希望客人来交一下押金，或让礼宾到房间去取。同时小巩告诉客人在他整理物品和享用早餐的时间里，机票完全可以送达，余下一小时时间足够去机场。

客人没有因为小巩的打扰而抱怨，反而感谢饭店服务的无微不至。礼宾部员工前去取了订票押金。接下来发生的一切，就如小巩预先安排的一样。客人很高兴地离去，临走时还带走了一张饭店名片，他说以后预订房间时用得着。

思考：

1. 为什么说服务是营销的主体与载体？

2. 小巩通过什么方式进行营销？

应用知识储备

一、全员营销

饭店全员营销是指旅游饭店的各部门员工都参与到营销策划中并从直接与顾客或潜在顾客接触、洽谈中了解客户需求并达到客户满意，进而进行的促进销售的活动。

在现代饭店的经营管理中，良好的全员营销能使得饭店形成全方位、多角度的产品销售局面，并在这个过程中不断获取并积累客户需求信息，达到效益稳定并快速增长的目的。

(一) 树立全员营销意识

饭店营销应重视内部各部门之间分工与合作过程的管理，而许多员工错误地认为营销只是销售部的工作，实际上，营销是一种观念，是一个由各部门协作、全体员工共同参与的活动，而非某一个人的具体的销售行为。同时，部门之间的有效分工与合作是营销活动能够实现的根本保证。

(二) 做好本职工作

饭店外部营销主要是饭店营销部的对外销售工作，而内部营销则是饭店内所有部门的一项共同职责。内外营销是相辅相成的，我们把宾客请进来的同时，还要把宾客留下来，进而培养其成为忠实宾客。市场营销的观念要深入到每位员工的心中，使其认识到：通过为宾客提供优质的服务，竭尽所能地留住宾客是自己的本职工作。

(三) 推荐饭店产品

利用一切工作机会向宾客推荐合适的饭店产品。饭店员工由于直接与客人接触，工作中常有许多营销的机会。员工要善于利用各种机会向宾客推荐饭店的各种产品和服务，如某饭店大堂副理在与宾客聊天中得知其朋友将要来本地，希望找一家有电脑出租的饭店，大堂副理告诉这位宾客，本饭店的商务客房配备电脑，可为宾客提供宽带上网服务。

(四) 了解产品信息

员工向宾客宣传饭店产品的前提是要准确了解饭店产品的信息。当宾客需要某项服务或某件产品时，他会向任一位他所遇见的员工咨询，所以，员工不能以我不知道为理由加以拒绝，更不能以不是岗位员工为借口加以推脱。饭店员工所掌握的不应只是局限于本部门或本岗位的专业知识技能，还应具备饭店服务与管理所需的全方位的知识和能力，以便全面满足宾客的需求。因此，饭店员工要在恰当的时间、恰当的地点把恰当的东西推销给恰当的人，做好饭店的"服务式推销"。

饭店的全员营销是全体员工共同努力的结果。争取回头客是饭店营销的主要目的，回头客是争出来的——饭店要争声誉、争特色、争质量、争吸引力。作为饭店的管理者，在实际工作中，不要只重技能而轻视理念，理念是先导，我们要树立全员营销的理念。

(五) 树立全局观念

全员营销还要求每位员工都应具有全局的观念，凡事都应从大局出发，从全局考虑问题。员工不仅代表自己，更重要的是代表饭店的形象，员工的言行举止都会影响宾客对饭店的评价，所以，注重自身形象也是全员营销意识的体现。员工在向宾客宣传饭店产品时，不只是要推荐本部门的产品，还应根据宾客的需要，利用各种机会推荐饭店其他部门的产品，以提高饭店的综合效益。

二、内部营销

(一) 内部营销的含义

内部营销是通过提供满足员工需要的工作产品来吸引、发展、激励和保持高素质的员工。内部营销的核心问题就在于通过提升内部员工的满意度来是提升顾客的满意度。但是任何一个企业，要提升员工的满意度，必须投入一定的成本，所以，在当前，内部营销的适用具有一定的局限性，这种营销方式更加适合服务行业。因为服务行业员工的行为对经营效果会带来直接的影响，而这种重要的行为往往又是难以监督的。因此，利用内部营销提升员工的服务水平成为当前许多服务行业的首选。

(二) 内部营销的方法

1. 人力资源营销

人力资源部门在饭店内部开展的营销活动主要是以增加员工满意度，提高员工工作积极性，降低人员流失率为主。它包括现阶段人力资源部门所使用的一些管理工具。比如绩效考核，福利待遇以及员工职业生涯规划等。HR们应该把新员工当成顾客来对待，把企业的经营理念、文化、制度销售给他们，而不是进行说教式的或者强硬的灌输。只有这样，员工才更容易理解和接受企业的经营理念、文化，同时也就能把公司文化、理念、服务带到顾客那里去，增加产品的附加值，使产品能更好地销售出去，让顾客买到的不只是产品本身，而且暗含着企业的文化、理念及服务。

2. 培训

各个部门要定期制订培训计划，对本部门员工进行行之有效的实战性和科学的培训。人力资源部要对营业部门的培训进行检查，并填写培训记录，以便给营业部门的培训作指导依据。

行政人事部也要在饭店日常的经营培训中，总结并逐步建立起一套先进的培训体制和培训资料，以便使饭店员工的个体素质有所提高，为饭店整体企业文化的建设奠定基础，对饭店产品销售中所蕴涵的内在价值进行塑造。使得饭店各部门员工把部门之间的合作精神与客户服务意识深植大脑。

3. 头脑风暴

使各部门员工积极参与到饭店营销策划的制订中来，集思广益，并对优秀的富有建设性的意见给予采纳和奖励，以资鼓励。

4. 全方位促销

所谓"全方位促销"就是每一个部门都有促销任务，营销部和各个一线部门对饭店的整体业绩要求进行业绩细分。其积极的一面是能够增强各个部门的市场意识。但此过程中需要注意的问题是：要防止本部门将基本职能淡化。避免这个问题的办法是：明确各个部门的职责与权限。

5. 全员销售以及奖励政策

饭店是典型的"课层制"企业，必须有严格的管理基础，有相应的管理模式，这样才能有效地运转，配套规范化的服务才保得住。所以，在全员销售之前必须让每个员工知道自己该项工作怎么干。否则所有员工都不清楚自己的本职工作，这样发展下去企业内部会乱，更谈不上外部竞争力。饭店员工本身也是种资源，员工有各种各样的社会关系，员工通过社会关系给饭店增加收入，这是好事，应该鼓励，企业应建立适当的奖励制度，可以在成熟的时候分配适当的业绩给个人。

6. 销售部的权限制定和奖励制度

就饭店方面而言，为达到更理想的人员推销的效果，必须先确立对营销人员的授权制度和激励机制。要促使营销人员独立开展工作，就要建立健全授权制度，赋予他们在特定条件下对价格有独立处置、"先斩后奏"的权力。通常情况下，饭店的价格政策总会有一定的局限性，许多潜在的顾客就经常由于价格规定中的部分条款无法接受而转投他店，在这种时候处于营销一线的销售员是最了解情况的，也同样清醒地知道做少许的让步，只会给饭店带来利润，而为了不适合市场形势的条文坚持不必要的原则只会使饭店的路子越来越窄。

另一种不容忽视的情况就是营销的激励机制，对于销售员的工作的评价与激励只能用市场经济的办法来实现，而不能过分地采用行政手段。认识到员工为此付出了更多的劳动和投入，饭店管理层应该对此予以充分的肯定和奖励，对那些成绩斐然、兢兢业业的员工应予以适当的物质和精神奖励，并将此形成长期性的制度。加强人员推销，是在现有条件下使企业摆脱困境的最佳途径。

(三) 内部营销的应用

饭店作为当前旅游业的中坚力量,利用内部营销来提升自身的管理水平已经成为一种趋势。可以从以下几个方面对内部营销加以应用。

1. 将内部营销的理念贯穿于企业的管理活动中

内部营销不是一种具体的管理职能,不是通过某一个部门、某一项工作就能实现的,它必须通过饭店内部的各项管理活动来达成。饭店必须将内部营销上升到战略管理的高度。饭店内部营销的主要对象就是饭店的服务人员,这项工作的开展就是将员工当作内部顾客,通过一定的方式和手段来创造员工在工作中的满足感。这种满足感的实现并不是管理者一时兴起就能够实现的,它必须通过在工作中长期的潜移默化中加以实现,是一种应该长期坚持的战略指导思想。

2. 内部营销活动的实施

要做好内部营销工作,必须紧紧抓住员工。首先,饭店应全方位地了解所有员工的目标与需求,因为任何一种满足感的创造必须是从需求出发,这是最有效的方式。饭店可以根据员工的贡献程度将员工分为"核心员工"和"非核心员工"两部分。内部营销工作的开展,应集中在"核心员工"的身上。其次,做好内部营销的设计组合。在核心员工内部,不同的岗位的员工仍然存在着需求上的差异,这就要求饭店对营销组合进行灵活地调整。饭店在对员工需求进行了解的基础上对岗位的营销组合进行调整,可以创造出更有吸引力的工作岗位。

3. 为内部营销工作的开展创造良好的外部环境

创造一个良好的外部环境能够更加有效地促进内部营销工作的开展,主要包括文化环境以及内部交流环境两个方面。文化环境,要求饭店应该为员工创造一个具有正确价值规划的氛围,这个氛围的存在,能够有效地影响员工的行为,端正他们的工作态度。内部营销虽然提升了员工的主体地位,但是让他们在内心树立服务顾客的理念才是最终的目的。而内部交流环境,是因为饭店本身就是一个需要信息快速传递的地方,部门之间、员工之间都必须保证相应工作信息的顺畅传递,这是饭店能够有效运转的一个重要前提。所以,建立一个和谐有效的沟通渠道、创造良好的沟通氛围对于企业来说意义重大。

4. 实施奖励和表扬机制

内部营销的奖励和表扬机制是建立在顾客满意基础上的,即将从顾客那里收集来的信息准确及时地传递给员工,不同的信息反馈会改变员工今后的态度和行为表现。饭店的管理者会把顾客服务的评测结果通知员工。此外,对那些在顾客中具有较好服务口碑的员工给予表扬和精神(物质)奖励无疑会对员工的服务质量提高产生积极的作用。以服务为导向,建立内部营销所倡导的奖励和表扬机制,目的是鼓励员工树立顾客服务意识,并对他们所作出的努力给予支持和奖励。

5. 在员工中加强"促销"工作

研究表明，在内部营销的9个维度中(包括内部市场研究、内部市场细分、产品、价格、分销、促销、人员、有形证据和内部营销管理)，"促销"与"内部营销管理"的相关程度是最高的，诸如举办各种评比活动以提高员工对服务质量的重视，通过企业性整体活动以增进员工间的沟通互动，对各分店店面进行严格的业绩评定给予优秀店面奖励来提高整个网点员工的工作绩效等。

(四) 内部营销效果评估

内部营销作为一种新的管理理念，在实施过程中不可能尽善尽美，这就需要在实施过程中对其效果予以评估。

1. 员工满意度

内部营销的直接目标就是让员工满意从而满足顾客需求。因此，员工的满意度是最直接的评测标准，这也涉及员工对工作性质、报酬、福利和奖惩公平感的态度。内部营销实施得是否得当可以从员工工作的满意度觉察出来。

2. 顾客投诉率

顾客作为服务的对象对服务质量的感受自然也就成为衡量员工服务的一个标准。一定程度上，顾客的投诉率就成了一个客观性的指标。一定时期内，一个饭店所接待的客人的投诉比率较高时，很明显地反映出顾客对饭店服务质量的不满，间接反映出员工的满意度并不理想，多少也能从顾客投诉率窥探出营销运作的不畅。管理人员和营销人员一旦面临这种情况就要倍加关注，切忌对顾客投诉避而不见。面对顾客投诉，可以从以下两方面采取措施。一方面，要积极应对顾客投诉事件，及时了解投诉的具体情况；另一方面，从自身组织内部找原因，组织人员深入探讨所反映出来的涉及内部营销工作的背景因素。

3. 员工流失率

员工流失率指标最能反映出雇员对饭店的满意程度。虽然员工流失率具有较高的评估价值，但在具体使用过程中，应该注意将数据在同行业进行横向对比和纵向对比。

4. 常客比率

常客比率高就意味着饭店与顾客之间建立了一种满意度到忠诚度的良性的平等互利的商业关系。正是由于员工的努力，在服务接触中，为不同的顾客提供个性化服务，从而使得顾客得以保持。常客比率可以利用一段时间所服务的顾客人数当中的回头客的占比率来加以反映。因此，这个指标也间接地反映了员工的满意度，同时也从一方面揭示了内部营销的效果。

营销的目标是追求顾客满意，而达到顾客满意是通过员工实现的。如果自己的员工不满意，就不能够保证顾客长久的满意。因此，还要强调内部营销与外部营销的结合。只有依靠完善的制度、灵活的机制和科学的管理，为不同的岗位设定不同的目标，才能实现内部营销的最大化。

任务三　理顺顾客关系

任务提出及实施

1. 理解顾客关系的含义。
2. 掌握顾客关系实施的步骤。
3. 掌握处理投诉的精髓。

请同学们在教师的讲解和引导下学习任务中的应用知识储备下的内容，从图书馆、网络等处查阅相关资料，通过讨论等方式完成上述学习任务。

案例引入

东方饭店的成功之道

于先生因公务经常到泰国出差，并下榻在东方饭店，第一次入住时，良好的饭店环境和服务就给他留下了深刻的印象。当他第二次入住时，几个细节更使他对饭店的好感迅速升级。

那天早上，在他走出房门准备去餐厅时，楼层服务生恭敬地问道："于先生是要用早餐吗？"于先生很奇怪，反问："你怎么知道我姓于？"服务生说："我们饭店规定，晚上要背熟所有客人的姓名。"这令于先生大吃一惊，因为他频繁往返于世界各地，入住过无数高级饭店，但这种情况还是第一次碰到。

于先生高兴地乘电梯到餐厅所在的楼层，刚刚走出电梯门，餐厅的服务生说："于先生，里边请。"于先生更加疑惑，因为服务生并没有看到他的房卡，就问："你知道我姓于？"服务生答："上面电话刚刚下来，说您已经下楼了。"如此高的效率让于先生再次大吃一惊。

于先生刚进餐厅，服务小姐微笑着说："于先生还要老位置吗？"于先生的惊讶再次升级，心想"尽管我不是第一次在这里吃饭，但最近的一次也有一年多了，难道这里的服务小姐的记忆力那么好？"看到于先生惊讶的目光，服务小姐主动解释说："我刚刚查过电脑记录资料，您去年的8月8日在靠近第二个窗口的位子用过早餐。"于先生听后兴奋地说："老位子，老位子！"小姐接着问："老菜单，一个三明治，一杯咖啡，一只鸡蛋？"现在于先生已经不再惊讶了，"老菜单，就要老菜单！"于先生已经兴奋到了极点。

后来，由于业务调整的原因，于先生有三年的时间没有再到泰国去。在于先生生日当天，饭店寄来贺卡，里面还附了一封短信，内容是：亲爱的于先生，您已经有三年的时间没有来过我们这里了，我们全体人员都非常想念您，希望能再次见到您。今天是您的生日，祝您生日快乐。于先生当时激动得热泪盈眶，发誓如果再去泰国，绝对不会到任何其他的饭店，一定要住在东方饭店，而且要说服所有朋友也像他一样选择东方饭店。于先生看了一下信封，上面贴着一枚6元的邮票。6元钱就这样买到了一颗心。

(资料来源：http://wenku.baidu.com/view/4492e6cf941ea76e58fa04a7.html)

思考：

1. 客户关系管理的优点有哪些？
2. 分析东方饭店成功的秘诀。

应用知识储备·

一、客户关系管理的含义

客户关系管理(Customer Relationship Management，CRM)指的是从公司的战略和竞争力角度出发，通过对企业业务流程中客户关系的交互式管理，提升客户的满意度和可感知价值，建立长期的客户关系，拓展企业附着于客户关系网络的无形资产基础，为相关的业务流程提供有效的决策信息，提高业务流程的效率和整合程度，从而为公司获取有利的市场定位和持续的竞争优势提供保证。

二、客户关系管理的重要性

(1) 客户关系管理是现代饭店资源的重要组成部分。客户关系管理是饭店经营管理的核心内容，良好的客户关系是饭店求得生存与发展的重要资源。饭店要想实现令顾客的客户服务与饭店内部统一的管理，就需要有一套完整的客户关系管理的理论与技术手段来实现内部的统一管理，提高客户满意度，改善客户关系，从而提高饭店的综合竞争力。

(2) 饭店经营的特点，决定饭店必须要有良好的客户关系。美国饭店管理先驱斯塔特勒说过一句话："饭店所出售的东西只是一个，就是服务。"也就是说，饭店要有良好的客户关系，首先必须在经营管理观念上树立"宾客至上，服务第一"的理念，使饭店的一切活动都以客户的利益和要求为导向。

(3) 饭店业的市场竞争，也决定了饭店要有良好的客户关系。随着市场经济的建立和发展，饭店业的市场竞争日益激烈。饭店业市场从过去的"卖方市场"转变为今天"买方市场"，在经营管理上，各饭店都在千方百计地争取客源，扩大客源。饭店竞争实质上已经上升为客户服务质量的竞争。

三、饭店客户关系管理的具体实施步骤

饭店客户关系管理贯穿于饭店整个经营管理的全过程。饭店具体可以在5个方面采取措施：客户区分、发展客户关系、维护客户关系、提升客户关系和不可忽视的标准化服务。通过客户关系管理，最终达到"客户满意、饭店盈利"的"双赢"目标。

(一) 客户区分

对于饭店来讲，客户可以认为是饭店提供产品和服务的对象。表12-1反映了饭店客户的基本类型。

表12-1 饭店客户的基本类型

饭店客户的类型	特　点	关 系 纽 带
潜在客户	并未入住，可能会选择入住饭店的客户	以顾客注意力为基础
机会客户	曾经入住饭店，并有可能再次入住饭店的客户	以促销为基础
长期客户	长期入住饭店，并形成了选择偏好，有长期合作关系的客户	以感情为基础

通过对客户进行区分，饭店可以对市场进行系统地分析，从而制订市场计划，对潜在客户进行开发，发掘新的细分市场。

(二) 发展客户关系

对于潜在客户，一是充分发挥媒体的作用，通过提供全面、及时的饭店信息，争取他们成为饭店的新客户；二是以同客户沟通为重点，通过广告、专题促销、渠道代理等手段接近潜在客户，努力转变客户的购买状态。三是饭店建立专门的服务咨询中心，为客户解答疑难，提升服务质量，从而得到新的客户；四是通过口碑效应，促进潜在客户转化为现实的客户。

对于机会客户，要从与顾客打交道的每个环节中开发客户关系，对于饭店与机会客户之间的关系，除了应该以合理的价格、优质的服务、便捷的交通、优良的设施、独特的环境等优势因素吸引客人外，还可以采用许多创新的方法吸引机会客户成为长期客户。

(三) 维护客户关系

饭店业里，80%的利润由20%的客户创造。这就要求饭店要维护好与顾客的关系。这对饭店来说也是大有裨益的。一方面，企业节省了开发新顾客所需的广告和促销费用，另一方面，随着顾客对企业产品信任度的增加，顾客对相关产品的购买率也会随着提高。饭店需维护好顾客，因为供需双方是处在一条供应链上的两头，是互相依存的关系，只有互利互惠才能求得共同发展。

1. 提升客户关系

饭店产品不仅需要有终端消费者，而且也需要有中间代理商。在传统观念里，饭店并不把"中间客户"当成自己真正的客户，饭店往往忽视"中间商"的利益和要求，饭店和中间商之间即使有关系存在，也是暂时的、脆弱的、不平衡的。现在，已经有越来越多的饭店用对待"客户"的态度和方法来处理与中间商的关系，并取得了良好的效果。旅行社是饭店产品最主要的中间商，企事业单位、政府部门以及民间组织机构是饭店产品最基本的中间商，新兴的客房预订中心正逐渐成为饭店所关注的中间商。实际上，饭店客户是一个庞杂而多层次的群体，实行客户关系管理显得非常重要，通过客户关系管理，饭店就能与客户之间建立起良好的合作关系，从而提升客户价值。

2. 标准化服务——容易遗忘的客户关系管理要素

实施客户关系管理，主要应研究如何对特定客户、提供个性化服务。许多饭店可能个性化服务做得很好，令客人很惊喜，但是基础服务，即标准化服务就做的不是很理想，而且饭店往往忽视对标准化服务的管理，于是，有的时候我们可以看见一种奇怪的现象，客人在对基本服务不满意的情况下，也很难记住饭店所带给他的惊喜。比如，客人一进房间，发现饭店已经根据他的喜好准备好茶叶，客人非常惊喜，但是当他躺倒床上时，却发现床垫有一个很大的坑，这样刚才的惊喜也被一扫而空了。所以那些热衷于实施客户关系管理的管理者，在努力向顾客提供个性化服务的同时，要先做好标准化服务，免得本末倒置，得不偿失。

四、处理客户投诉的技巧

在饭店，由于工作中出现差错和缺点，或者是由于服务人员与客户之间产生误会，也有可能是遇上过于挑剔的客人，总会出现顾客投诉的情况。能否很好地平息客户的不满，是能否建立良好客户关系的重要一环，饭店管理人员需要掌握一些处理客人投诉的技巧。

1. 注意倾听

投诉者总是有话要讲，把内心的意见和不满倾诉出来，也许声音比较大、语速快、甚至大发雷霆，但作为饭店人员，必须做到诚恳耐心地倾听，如果反驳，只能是火上浇油。在倾听的同时应该使顾客明白目前他是最重要的。

2. 保持冷静

面对客人的满腹牢骚和怒气，饭店人员需要做的是沉住气，保持冷静，切不可与客人争吵。只有自己心平气和才能使暴怒的投诉者趋于平静。最好通过一些小的细节使顾客坐下来。

3. 诚恳致歉

听完客人投诉后要向客人道歉，使客人平静下来。客人激动或气愤时几乎什么话都听不进去，此时着急作解释将不利于问题的解决，应以致歉为先。

4.明确答复

如果客人的投诉是合理的，应当即表明处理态度，在职权范围内立即与有关部门取得联系。倘若问题不能马上得到解决，应把将要采取的措施告知客户，并告知大致的处理时间。

客户投诉的处理不可掉以轻心，解决好这一问题，不仅能让顾客满意而归，还能够提高顾客对饭店的满意度。

所以，客户关系管理不仅要实施，而且越早行动越好，可以说，实施客户关系管理，能够使饭店在竞争激烈的市场环境中获得持续稳定的发展，CRM是饭店获得良好发展的必由之路。

任务四 实施饭店营销策略

任务提出及实施

1. 了解饭店营销策略的内涵。
2. 掌握体验营销、关系营销和绿色营销策略。

请同学们在教师的讲解和引导下，学习任务中的应用知识储备下的内容，查阅相关资料，通过讨论等方式完成上述学习任务。

案例引入

万豪国际集团用别人的钱赚钱

万豪国际集团是全球首屈一指的饭店集团。目前在全球64个国家和地区经营着2600多家饭店、拥有49万间客房。但它在其中拥有的产权还不到0.3%。

靠金字招牌打天下，万豪经营的饭店中一半属于特许经营，另一半则提供管理。万豪的利润来自于收取的管理费。在饭店老板眼中，万豪是个难对付的合作伙伴，它的管理费是业内最高的：特许经营的饭店，每年要将收入的5%~6%交给万豪；直接管理的饭店，万豪收取营业收入的65%，而饭店所有者到手的还不到29%。尽管如此，许多饭店老板还是愿意"忍气吞声"，因为他们知道万豪绝对是块金字招牌。约翰·格里斯瓦尔德对此体会颇深，他拥有136家饭店，其中70家由万豪经营。去年，他在新奥尔良一家有487间客房的饭店挂上了万豪的牌子，几周之后，饭店入住率翻了一番。"根本没做什么改动，客人就涌上门来。"饭店业权威统计显示，如果将万豪标志放在饭店入口，它的销售额就会增加13%；万豪饭店每间客房的平均利润是69美元，而业内平均水平只有49美元。正因为万豪品牌具备这种点石成金的本领，55%与万豪签约的饭店老板表示，如果再盖一家新饭店，还会请万豪来管理。

牢记客人喜好。万豪旗下的饭店也许档次有区别，但服务都是一流的。这与万豪的创始人威拉德·玛里奥特对服务质量一丝不苟的追求分不开。1985年他在弥留之际说的最后一句话，就是抱怨当天晚上吃的玉米不大好，"必须给饭店买点儿好的玉米回来"。从2003年起，万豪推出一套名为"为您效劳"的电脑注册系统，将客户的哪怕是最细微的要求都记录在数据库中。比如顾客喜欢海绵枕头或者忍受不了街道上的嘈杂，该系统都会记录在案，当你下次入住万豪旗下任何一家饭店时，店方就会替你准备一套无可挑剔的房间。一名万豪的常客讲述他的经历："我在西雅图一家万豪饭店里吃早餐，吩咐侍者把鸡蛋煮得嫩一些，此后，无论在纽约还是在华盛顿的万豪饭店，每当我点煮鸡蛋，侍者都会问，'是不是要煮得嫩一些？'"。

(资料来源：名牌饭店的故事：用别人的饭店赚钱，http://www.fkdhotel.com/，2005-11-17)

思考：

1. 万豪国际集团的营销战略有什么特点？
2. 万豪国际集团的品牌营销为什么会成功？

应用知识储备

一、饭店体验营销策略

体验从本质上说是指人们用一种个人化的方式来度过一段时间，并从中获得过程中呈现出的一系列可回忆的事件。一项服务被赋予个性化和定制化之后，变得值得记忆，就成了一种体验。体验营销是伴随着体验经济而产生的一种崭新的营销方式，它所强调的是，要站在顾客的角度去体验消费者的购买理念、购买程序、购买心理和购买的原动力，使交易成为记忆是体验营销的关键。因此，体验营销要给顾客造成一种幻觉，即感到整个企业都是为他服务的，他受到了特殊对待。由于顾客与企业的交流发生在产品和服务的消费过程中、售后的服务跟进中、用户的社会交往以及活动中，所以体验存在于企业与顾客接触的所有时刻。也正是基于此，惠普公司提出了"全面顾客体验"，它列出了"100个接触要点"，力图通过规范每一个交流，创造出全面激发顾客兴趣的体验。

从营销的角度看，体验从产品就开始了，只不过这种体验是一种静态的体验。饭店产品形成的环节比较多，客人要消费饭店产品，就必须亲身参与，这就给客人创造良好体验提供了基础。因此，饭店开展体验营销具有先天的优势，如果加以精心设计和操作，每一个环节都可以成为客人难以忘怀的体验经历。在体验营销实践过程中，饭店可以采取以下策略，给客人带去美的享受。

(一) 感官式营销策略

感官式营销策略，即通过视觉、听觉、触觉与嗅觉，让客人建立感官上的体验，引发客人的购买动机和增加饭店产品的附加值。比如，武昌火车站附近有一家宾馆叫嘉叶，将亚马逊热带原始森林搬入了宾馆，整个宾馆的餐厅都被茂密的森林、淙淙的瀑布环绕，造型古朴的假山点缀其间，连餐桌、餐凳也是石头的。其间，还24小时播放着热带原始森林自然的音乐。试想，客人在这种环境下就餐，吃什么就并不重要了，重要的是体验消费环境。还有的饭店餐厅，一些菜肴通过器皿燃烧发出的声音，对客人的听觉产生触动，或让厨师当面表演精湛的技能如切烤鸭、拉面等，从而给客人留下深刻印象。

(二) 情感式营销策略

情感式营销策略，即在营销过程中，要触动客人的内心情感，创造情感体验。当然，这种情感既可以是温和、柔情的，也可以是欢乐、自豪的，甚至是强烈的、激动的。情感式营销需要真正了解什么刺激可以引起某种情绪，以及能使客人自然地受到感染，并融入到这种情景中来。比如，有的饭店融入了一些怀旧主题，如北大荒、建设兵团、知青等，这对有这种经历的客人来说，就是一种很好的情感拉动。而在四川的九寨沟天堂饭店的楼门前，竖了一大块木板，名为"天堂留言"，每个客人都可以用旁边备好的笔和纸写上自己的想法，粘到木板上，寄托情感，这也无疑会拉近客人与饭店的情感距离，并形成一种值得回忆的体验。

(三) 思考式营销策略

思考式营销策略，即启发人们的智力，创造性地让客人获得认识和解决问题的体验，它运用惊奇、计谋和诱惑，引发客人产生统一或各异的想法。例如，一家绿色饭店就可以在饭店的客房内放置一本有关绿色概念的小册子，介绍绿色饭店的标准以及绿色设备与普通设备的差异等，让客人在住店期间对饭店有更深入的了解，同时也使客人获得了更多的有关"绿色"的知识。另外，在饭店餐厅，也可以通过服务员对菜肴原材料及做法的介绍，让客人了解更多的有关营养和保健方面的知识，从而更加重视自己的身体健康。当然，饭店也可以根据自身的客源特点，举办一些适合客人需求的专业知识讲座，以取得客人对饭店的认可与支持。

(四) 行动式营销策略

行动式营销策略，即通过偶像、角色，如影视歌星或著名运动明星来激发相应的客户群体，使其生活形态发生改变，从而实现产品的销售。一些饭店可以借助名人开展一些活动，或请合适的名人作为形象代言人，以提升饭店的知名度。另外，饭店也可以冠名一些带有公益性质的事业或活动，通过一些特殊群体的体验来传达饭店的声音。比如，山东有一家饭店作为主办单位在全市中学生中开展"我的母亲"征文比赛，获得比赛前6名的中学生及他们的父母都将受到邀请，到该饭店免费用餐一次，优胜者本人还会得到饭店赠送的精美文具用品。这项活动影响大、深入人心，使得当地人人一说到该饭店，就自然而然与尊敬母亲、热爱母亲联系起来。

当然，以上体验营销策略在实践中并不是独立存在的，而是相互交织在一起的。而且不论采取什么策略，都需要饭店在产品中附加体验，并通过服务来传递，要知道，没有体验的服务是不会给客人留下深刻印象的。从体验营销的角度来看，饭店品牌就是客人对饭店产品或服务的总体体验。

二、饭店关系营销策略

关系营销是识别、建立、维护和巩固饭店与顾客及其他利益相关方的关系的营销活动，其实质是在买卖关系的基础上发展良好的关系，以保证交易关系能够持续不断地发生并得到巩固。关系营销的核心是建立和发展同相关个人与组织的兼顾双方利益的长期联系。

(一) 关系营销的中心——顾客忠诚

顾客关系营销是关系营销的核心和归宿。与交易营销相比，关系营销更关注的是如何提高顾客满意度，如何保持顾客，培育顾客忠诚度。

建立顾客的忠诚度，即提高回头率是饭店重要的营销目标。因为只有忠诚的顾客才会重复购买。美国有一项调查表明：1位满意的顾客会引发8笔潜在的生意，其中至少有1笔成交；而1位不满意的顾客则会影响25个人的购买意向。大量的研究也表明，忠诚的顾客能给服务性企业带来巨大的经济效益。美国学者雷环赫德和塞斯研究后发现，顾客回头率每上升5%，利润相应可以提高5%～12%。这是因为：首先，相对于普通顾客来说，经常惠顾的顾客对价格的敏感程度较低，消费能力更强。其次，增加忠诚的顾客有助于节约饭店的营销费用，因为忠诚的顾客平均会向10个人进行有利的口头宣传。再次，忠诚的顾客具有高度的"参与意识"，是饭店的"兼职咨询顾问"，愿意为饭店提供各类重要信息。

(二) 顾客关系营销的层次

根据美国康乃尔大学饭店业研究中心的研究，决定客人忠诚度的有4个因素：价值、利益、(可控制的)支出和(对饭店/品牌的)信任，其中关键的是"利益"和"信任"。因此关系营销必须为顾客制定增值策略，提供特殊的优待。如建立常客档案，实施常客计划，为常客提供更加个性化的服务等。根据特殊优待给顾客创造不同的价值，市场营销学教授贝瑞和帕拉苏曼把关系营销分为一级关系营销、二级关系营销和三级关系营销三个层次。

(1) 一级关系营销。一级关系营销又被称作频繁市场营销或频率市场营销，是最低层次的关系营销。它维持顾客关系的主要手段是利用价格刺激增加目标市场顾客的财务利益。即采取顾客分级的方式，对忠诚度越高的顾客，做越多的投资，让他们享受特殊的优惠和更多的好处。通过制定一些对那些频繁购买以及稳定数量进行购买的顾客给予财务奖励的营销计划，以促使顾客重复购买并保持顾客忠诚。如万豪、香格里拉就与一些航空公司开发了"里程项目"计划，住在其旗下的饭店可以得到航空公司相应的里程积累。还有的饭店集团如希尔顿、喜来登等，实施常客计划或成立常客俱乐部，对常客或大客户在价格上给予更多的折扣和优惠。一级关系营销的另一种常用形式是对不满意的顾客承诺给予合理的财务补偿或退款的特权。当然，优惠、积分等方式可以建立起顾客对饭店产品的偏好，但也很容易被竞争对手模仿。

(2) 二级关系营销。二级关系营销就是在增加目标顾客财务利益的同时，也增加他们的社会利益。在这种情况下，营销在建立关系方面优于价格刺激，饭店员工可以通过了解单个顾客的需要和愿望，不断充实顾客信息资料，并使服务个性化和人格化，来增加饭店与顾客的社会联系。因而，二级关系营销把人与人之间的营销和企业与人之间的营销结合起来。如服务时尽量称呼客人姓名，逢年过节或顾客生日时送一些卡片之类的小礼物或电话问候，以及与顾客共享一些私人信息等，这些都会增加顾客入住同一饭店的可能性。当然，饭店应建立完善的回访机制，与顾客建立持续对话的通道，妥善处理顾客投诉，及时发现饭店服务中的差错和不足，改进服务质量，这也是二级关系营销中非常重要的内容。

(3) 三级关系营销。三级关系营销就是增加与顾客的结构纽带，并同时附加财务利益和社会利益。结构性联系要求在营销中与顾客建立稳定、便利的联系方式，如许多国际饭店集团就设立了800免费咨询与预订电话。要更加关心顾客的内心，即饭店提供的服务对顾客的价值，是不能通过其他来源得到的。比如，北京王府饭店规定，凡入住王府饭店20次以上，就列入"王府常客"名单，并可享受下列特殊待遇：拥有一套烫金名字的个人信封、信纸、火柴，一件合身定制的专用浴衣，浴衣上用金线绣着客人的名字，客人离店时收起，下次来店入住时，客房部会取出为客人挂好。只要可能，饭店会尽量安排客人中意的同一间客房。

三级关系营销还有一种方式，就是根据自身客源结构的特点，通过顾客组织化的形式，建立特殊的团队，并为这个团队提供特别的服务，使顾客感觉饭店销售的不仅仅是一种产品，还是一种生活方式。如上海和平饭店的"金融家俱乐部"，上海某饭店的"建筑师之家"，北京某饭店的"企业家俱乐部"等，饭店为专业会员免费定期提供专业论坛、洽谈会、优惠卡、经营信息资料、饭店产品介绍并相应组织一些文体活动等，这些举动都深受顾客欢迎。

(三) 关系营销的基础

首先，必须建立顾客数据库，这是关系营销的"硬件"基础。没有客户资料，连顾客都不知道在哪里，也就根本谈不上关系营销。目前在美国，已有80%的公司建立了自己的市场营销数据库，这个数字如果具体到服务行业，比例还要高。如果饭店在每位顾客消费时，通过数据库，建立起详细的顾客档案，包括顾客的消费时间、消费频率、偏好等一系列特征，饭店就可借此准确找到自己的目标顾客群，降低营销成本，提高营销效率。另外，饭店还可以通过数据库营销，经常保持与顾客的沟通和联系，强化顾客与饭店密切的社会性关系，并预测顾客需求，提供更加个性化的服务。

其次，实施关系营销，还必须强化"软件"，即员工的素质。直接频繁面对顾客的员工，作为最直接、对顾客影响最大的"品牌接触点"，必须经过严格的专业培训和对其加以标准化管理，使其具备较高的专业素质和服务水平。因为，如果一个顾客第一次接触饭店就不满意，那么很可能这是第一次，也是最后一次。

■ 三、绿色营销策略

绿色营销是指企业在充分满足消费需求、争取适度利润和发展水平的同时，注重生态平衡，减少环境污染，保护和节约自然资源，维护人类社会长远利益及其长远发展，将环境保护视为企业生存与发展的条件和机会的一种新型营销观念和活动。绿色营销具有绿色性、外部经济性、系统性和累积性等特点，生态环境友好和社会环境友好的属性是绿色营销的本质特征。

(一) 绿色营销的必要性

1. 绿色需求日益旺盛

随着科技的发展、工业的日益发达，人们只注重经济发展而忽略了生态平衡，人类的生存环境越来越差。加之传媒技术的迅猛发展，政府和有关部门的高度关注和大力宣传更加深了消费者的绿色意识。环保、绿色已经成为影响消费者购买决策的重要参数。

2. 绿色营销空间广阔

饭店是一个高消费场所，需要耗费大量资源，产生大量废弃物。高星级饭店每天每间客房产生的垃圾平均达1.5斤，每位客人每餐产生的垃圾平均达近1公斤，布草一日一换，不仅降低了物品的使用寿命，而且洗涤剂的大量使用还容易造成水体污染。这些都引起了国家和政府的高度重视，使其在制定有关法律法规及政策时正在向这方面倾斜。

3. 实施绿色营销节约成本

饭店在实施绿色营销中很重视对已有的绿色技术的充分利用，绿色产品的开发、采用，因为这样做既能节约能源，减少环境污染，还可降低饭店的经营成本。

4. 实现饭店可持续发展

我国饭店业的发展过程很同质化，顾客并不会对某家饭店留有深刻印象。而实施绿色营销，为顾客提供以绿色环保、健康舒适为主题的特色服务，必将给顾客带来耳目一新的感觉，这不仅迎合了客人追求新奇的心理，而且很容易获得顾客的好感，从而提升了客人的满意度和忠诚度。

(二) 饭店开展绿色营销的策略

1. 开发和提供饭店绿色产品

饭店应认清目前的绿色消费趋势，积极开发和提供绿色产品。饭店在客房中应选取无污染、低能耗的绿色装饰材料，日用品方面，在不降低饭店设施和服务标准的前提下应把一次性消耗品换为可反复使用或者调剂使用的物品；绿色餐厅应向顾客提供无公害、无污染、安全、新鲜的蔬菜瓜果和肉类食品，烹饪时要用天然色素而非化学合成剂；绿色服务方面，服务员在客人点餐时要提醒客人点菜不要过量，提倡将剩菜等打包带走。

2. 加强绿色沟通和宣传

虽然部分顾客已有绿色消费的意识，但仍有许多顾客的绿色消费意识淡薄。饭店应对绿色营销多加宣传，把环保的理念贯穿于饭店的整体宣传活动中。在满足顾客需求的同时对顾客的行为加以引导。同时在饭店内部对员工进行绿色营销的宣传，加强饭店的内部营销，增加饭店服务人员的绿色服务意识。

3. 制定长期战略规划

绿色营销是一个长期的过程，且在前期需投入大量的人力、物力、财力来开发绿色产品，收益要在后期才会有所显现。饭店要认清绿色营销的巨大市场潜力和良好前景，制定一个长期的绿色营销战略规划，使资源得到合理地规划和配置。

📖 项目小结

旅游活动包括吃住行游购娱6个部分，饭店在其中占据了相当大的一部分。饭店市场营销是为了满足客户的合理要求，为使饭店营利而进行的一系列销售、经营活动。饭店营销有自己特征，饭店营销部的作用也显得与众不同。

关系营销将饭店产品和服务链中的各方，包括最前端的供货商到最终消费者，看作价值创造的整体，强调各方的合作及价值的共同创造，大大扩展了市场营销的范围。内部营销是关系营销得以开展的前提条件，其直接目的是通过取悦员工来吸引、发展、激励和保持高素质的员工；根本目的则是通过高素质员工为顾客提供的高品质服务，为良好的饭店与顾客关系打下坚实的基础，最终提高顾客满意度和忠诚度。

现在社会提倡低碳环保，因此，如何采用低碳方式来营销自己的饭店也是各饭店所要面临的重要课题。

📖 复习思考题

1. 饭店营销的特点有哪些？
2. 饭店营销部的作用是什么？
3. 什么叫做饭店客户关系管理？

4. 饭店客户关系管理的实施步骤有哪些？

5. 为什么绿色营销方式对于饭店来说很重要？

项目实训

认识饭店营销

一、实训目的

1. 建立饭店营销的基本概念。

2. 了解饭店营销部的运作。

二、实训组织

根据教学班级学生人数来确定数个小组，每一小组人数以4～5人为宜，小组中要合理分工。在教师指导下参观某一饭店的市场营销部并听取专业人士的讲座。以小组为单位组织研讨饭店营销部的运作格局，在充分讨论基础上，形成小组的报告。

三、实训要求

1. 了解饭店营销部的架构。

2. 了解饭店营销部的日常业务范围。

3. 了解饭店营销部的客户关系管理模式。

4. 了解饭店营销部人员的要求。

拓展案例分析 | 龙柏饭店婚宴组合策划书

一、任务概述

龙柏饭店是一个优雅浪漫的都市森林花园，拥有世外桃源般意境的婚宴酒店，配有众多风格的婚宴厅。它位于上海西郊，它本身的存在仿佛就是都市中的森林花园，徜徉其中恍若置身于世外桃源。芳草的清香让你褪下一身尘世渲染，饭店的大草坪是举行室外证婚仪式的理想场所，在这片清新自然的土地上，可以寻觅法国的浪漫、日耳曼的严谨、地中海的热情以及东方的古韵。

为了充分利用饭店现有资源，进一步拓展经营市场，饭店拟开发婚宴组合产品。婚宴市场的需求量足以成为饭店的又一个经营热点，预计能给饭店新增15%的销售收入。

二、市场分析

据不完全统计，目前上海四、五星级饭店餐饮生意中30%的营业额来自婚宴。龙柏饭店之所以对婚宴客人有吸引力，主要有如下一些优势。

(1) 拥有16年婚礼服务经验，温馨周到的服务让来者感到宾至如归。

(2) 饭店环境优美，"够派头"、上档次。

(3) 有客房，可供客人闹新房。

(4) 配套服务内容多，节省了客人的精力。

如今，人们对婚礼很看重。新人们采购化妆品、服装、床上用品等大多喜欢到东方商厦、巴黎春天、华亭伊势丹，往往是手拎大大小小的包装袋满载而归。而到大卖场去买家电、家用消费品，品种多、花色多，价格又比商店里便宜，很实惠。

到婚庆公司买喜糖也成了上海的一大时尚。沪上五十多家婚庆公司、喜糖超市生意普遍兴旺。据玫瑰婚典喜糖公司反映，一天的喜糖销售能达到一万多元，不少年轻人看中的是婚庆公司的喜糖品种多、包装新、口味新，新人还可以根据自己的需要定做喜糖，时髦又有个性。

结婚定要风风光光地拍套结婚照。维纳斯淮海店每天要接待10对新人，结婚照的价格从3000元到上万元不等。

结婚要有鲜花、名车相伴，据沪上一家租车公司统计，每月出租凯迪拉克、林肯、宝马、别克这样的名车达三十辆次，尽管其租金不菲。

总之，新人们的心理是：一辈子一次，该隆重些。但他们很忙，不想为此花费太多的精力。显然，婚宴市场的需求，饭店大多给予了满足。在占饭店餐饮营收30%的喜筵中，大多价格在一千多元，如果婚宴策划得更有些情调、内容更丰富些、服务更周到些，相信有一部分客人愿意出更高的价格来购买产品。

上海五星级饭店中，花园饭店的婚宴起价每桌为1888元，他们有别于一般的饭店婚宴。这一层次顾客的需求尚未被完全满足。

三、饭店环境、设施和服务项目概况

饭店位于虹桥路2419号。虹桥路是上海西区的一条重要通道，周围集中了世贸商城、国际贸易中心、国际展览中心、友谊商城等高级商展、商住场所。

此外，这里也是上海最主要的高级住宅区、外籍居住中心区，如古北新区、龙柏花苑、锦江经纬、皇朝别墅等。

虹桥路是高档的象征。

饭店的面积是其他任何竞争对手所不可企及的，拥有上海商务饭店中最大的花园，环境如森林般自然、安静、怡人，品种达上百种之多的花卉，把园地装扮得分外娇艳。园内神奇地缀着几块湖面，你可以在她的旁边欣赏倒影或是垂钓，偶尔在你不经意时，会有小鸟过来与你对话，给人一种"世外桃源"的感觉。

饭店的客房掩隐在树林之中。客房内有电视、小酒吧、电话、电热水瓶、吹风机等，可享受免费送报、擦鞋等服务。其中电视可以接收七国语言的电视频道，也可通过电视同步获知即时航班信息。

四季厅是宴会厅，可容纳250人同时用餐，供应中式菜点。营业时间为上午11：00至晚上11：00。

茉莉厅装潢华丽，可组织100人的宴请。营业时间为上午11点至晚上10点。

莲花厅是一个点菜厅，有餐位150个，以经营上海菜为主。营业时间为7：00至21：00。

沙逊花园餐厅是一个西餐厅，由德国厨师主理。营业时间为7：00至24：00。

此外，饭店还提供野外烧烤，可供近千人举办野外冷餐会。

饭店的综合部是沪上设施最好、项目最齐全的综合部。拥有室外标准网球场、室内标准游泳池、壁球、桌球、保龄球、健身房等数十个健身娱乐项目。

四、婚宴目标顾客

饭店的主要客源市场来自外籍职员、社会名流、外资商社、银行及证券机构等，这些客人层次高、消费额大，对饭店产品服务质量要求高，对环境也比较挑剔。所以，婚宴客人的层次也要高些。

根据饭店的特色，通过设计独特的婚宴包价，将目标市场定位在月收入3000元以上的白领阶层是可能的。

每桌筵席的最低价为"1588+15%服务费"。

五、竞争对手情况

这一目标市场的主要竞争者是花园饭店的"花园婚典"。

花园饭店推出的主题是：锦绣婚宴在花园。一年举行四次婚宴发布会，请有关婚宴公司协助，展示婚宴模拟程序。

(1) 主要产品：1888元/桌，2880元/桌，3280元/桌。

(2) 主要享受项目：每桌精美菜单，主桌精美鲜花，嘉宾签名册，新娘换衣室1间，婚宴当晚免费停车券2张，婚礼程序策划，提供红地毯、音响、音乐、灯光，提供婚礼附属商品服务。

(3) 凡惠顾8桌以上可享有：新婚当晚蜜月标准房1间，新人次日玫瑰餐厅早餐，新房内鲜花1盆，新娘手捧花制成的卡贝艺术画1幅。

(4) 凡惠顾12桌以上可享有：新婚当晚蜜月标准房1间，新人次日玫瑰餐厅早餐，新房内鲜花1盆，新娘手捧花制成的卡贝艺术画1幅，新人午夜喜点，新婚次日饭店专车送新人(限市区内)。

(5) 凡惠顾20桌以上可享有：新婚当晚蜜月标准房1间，新人次日玫瑰餐厅早餐，新房内鲜花1盆，新娘手捧花制成的卡贝艺术画1幅，新人午夜喜点，新婚次日饭店专车送新人(限市区内)，玫瑰餐厅周末自助餐券2张。

六、婚宴产品组合方案

根据上述分析，龙柏饭店应利用独特的资源优势，设计出竞争对手所没有、所无法模仿的产品，出奇制胜。

1. 婚礼形式

(1)中西式婚礼仪式：在美丽的花园草坪上，缕缕阳光，小鸟嬉闹；乐队在演奏着欢快的乐曲；迎宾小姐、先生穿着中式(或西式)盛装，按中式(或西式)程序欢迎新人们；绿色的草坪，嫣红的地毯，专业的服务，让您倍感与众不同的温馨爱恋，纯洁的纱裙飘拂在草原浪漫的微风里；让新人们记住这花、这天、这气氛、这日子。

(饭店提供迎宾小姐、先生和经验丰富的司仪，代请乐队。)

(2) 焰火晚会(价格视婚宴规模商议)：当筵席结束后，夜色中星星闪闪，灯光点点的花园里，喜庆的焰火在空中盛放；人们拥着新人，这样的情景，使婚宴进入高潮。

(饭店位于内环线之外，允许放焰火，这是一个有利条件。)

(3) 浪漫同心结仪式：在花园里，有许多高大的树木，新人们可以把心爱的物品挂上树；佳偶天赐，眷属终成；爱的坚定与永恒在此同心留驻。

(饭店提供精心设计的升降台。)

(4) 水上婚礼(价格视婚宴规模商议)：饭店的室内游泳池宽敞、气派，在蓝色的水波上搭建舞台，上铺红毯，婚礼仪式就在这里举行；蓝色是永恒的，爱情是蓝色的。

(饭店布置)

(5) 花好月圆宴：经典欧陆风尚的花园自助餐(每人200元起)；上海滩唯一的户外草地餐厅；让人生中最美的一首真挚的诗篇永存。

2. 婚宴产品组合

A. 龙凤呈祥宴 (每席1588+15%服务费)

凡惠顾10席以上，可获赠以下项目。

(1) 蜜月房一晚(或提供豪华行政房一晚，补差价800元)。

(2) 客房内精美鲜花篮和鲜果篮各一份。

(3) 次日沙逊花园西餐厅欧式自助早餐两份。

(4) 婚宴中雪碧、可乐、青啤畅饮(限时2小时)。

(5) 提供主桌鲜花布置。

(6) 提供音响设备。

(7) 提供大巴士一辆接送客人(30公里内)。

(8) 提供来宾泊车车位。

B. 玫瑰双人行 (每席1888+15%服务费)

凡惠顾10席以上，在获赠(1)~(8)项基础上再增加或升级获得其他优惠。

(9) 第(1)项中蜜月房升级为豪华行政房。

(10) 第(3)项升级为次日早餐送房服务。

(11) 提供隆重婚礼仪式(视当日天气而定)。

(12) 提供迎宾花门1个。

(13) 提供香槟塔。

(14) 主桌赠送张裕大香槟1瓶。

(15) 赠送三层喜庆蛋糕1只。

(16) 嘉宾签名册1本。

(17) 举行浪漫同心结仪式(视当日天气而定)。

(18) 制作婚礼VCD(像带由新人提供)。

C. 豪华连理宴 (每席2388+15%服务费)

凡惠顾10席以上，在获赠(1)~(18)项基础上再增加或升级获得其他优惠。

(19) 第(9)项中蜜月豪华行政房两晚。

(20) 入住期间，综合部所有项目(美容、按摩除外)免费开放(限新婚夫妇)。

(21) 每桌赠送鲜橙汁两桶。

(22) 主桌赠送龙凤立雕1座。

(23) 每桌赠送王朝干红1瓶。

(24) 主桌赠送进口香槟1瓶。

(25) 赠送天然精美押花1幅。

D. 宝贵同心宴 (每桌2888+15%服务费)

凡惠顾10席以上，在获赠(1)~(25)项基础上再增加或升级获得其他优惠。

(26) 第(19)项中蜜月豪华行政房升级为豪华套房两晚。

(27) 提供婚宴前花园婚礼仪式的迎宾饮料(雪碧、可乐、锦碧矿泉水、青啤)。

(28) 每桌赠送王朝干红两瓶。

(29) 赠送量身订做的主题漫画、饭店婚房布置。

(30) 奉送价值1000元的龙柏消费券。

七、广告策划

1. 广告创意和策略

主题：龙柏——您的爱情伊甸园

广告突出表现以下要素。

(1) 强调森林花园特色。

(2) 自然之美。

(3) 花园别墅前铺着红地毯，伸向绿色的草地深处。这是典型的东方色彩，烘托喜庆气氛。

(4) 蓝色的湖面，亭轩楼阁，曲桥漏水，象征爱的永恒。

(5) 白领、著名球星等的婚礼。

(6) 树上挂着同心结纪念品。

(7) 阳光从窗口进入婚房，桌上是精美的早餐。

广告采取以下策略。

(1) 让顾客知晓龙柏的婚宴产品：各媒体发广告(2012年3月开始)；策划球星的婚宴(2012年5月)。

(2) 加深对龙柏婚宴产品的印象：电视台密集广告(2012年9月，每天有30秒，连续一月)；与电视台"爱情牵手"专栏合作办一次节目，地点在龙柏花园。

(3) 提示顾客：2013年开始每月一次广告，每季一次形象推广活动。

2. 媒体策略

(1)《上海新娘》杂志

《上海新娘》是一本面向沪上婚宴市场的杂志，针对性很强。作2013年5月至2014年5月的全年广告。

内容：龙柏婚宴形象、龙柏婚宴产品、新人在龙柏婚宴的专访。

费用预算：RMB37 800。

(2)《That's Shanghai》《Shanghai Talket》

这两份刊物面向在沪外籍人士和白领阶层，而这些读者是饭店婚宴的重要客人，他们对浪漫婚宴的向往及消费能力，决定了他们会在阅读刊物的休闲阶段，有兴致看龙柏的婚宴广告。因此要作全年广告。

内容：龙柏的婚礼形象、完善的健身设施、自然之美。

费用预算：RMB53 000。

(3)《申江服务导报》《新闻报》

这是沪上多数年轻人喜欢的两份报，一份以休闲为主，一份以经济信息为主。

内容：婚宴产品。

费用预算：RMB70 000。

八、营业推广活动

时间	活动内容	邀请对象	费用预算/元
5月	著名球星婚宴(婚礼仪式、同心结仪式等)	由新人确定入内的新闻界人士(征得新人同意)	新人支付筵席成本，其余费用由饭店负责。(约2000)
6月	龙柏游园会观赏、游戏、抽奖等	沪上白领阶层(向沪上有影响的30家公司发请柬)	30 000
8月	游泳比赛	与沪上有影响的50家公司合作	20 000
9月	龙柏室外音乐会	在沪境外人士电视台爱情俱乐部专栏嘉宾	10 000
10月	龙柏啤酒节	境内、外青年	售票
	赏月晚会	情侣们	售票
	焰火晚会	情侣们	售票
11月	桂花节《森林野餐》	情侣们	售票
	爱情相约	由红娘公司选择	
	联谊活动	100对寻觅者	10 000
12月	圣诞节晚会圣诞大餐水上芭蕾	情侣对优惠6折	15 000

(资料来源：http://www.hunlimama.com/hotel/2978.html)

思考：

1. 龙柏饭店的婚宴产品组合有什么特点？
2. 针对营销措施还可进行哪些改进？

旅游交通营销策划

1. 掌握旅游交通市场的含义。
2. 认识旅游交通市场观念的演变。
3. 理解旅游交通市场营销的作用和意义。
4. 了解旅游交通市场营销的基本内容。

1. 能运用市场营销观念对旅游交通企业的营销理念进行研判。
2. 能总结不同旅游交通企业市场营销的特点。
3. 能对指定企业的旅游市场(规模、容量、客源)进行调研分析。
4. 能分析某旅游企业营销的基本内容。

案例成果展示 | 中国邮轮旅游时代的到来

邮轮拥有豪华客房、餐厅、酒吧、夜总会、电影院、商店、图书馆、泳池、健身房等设施，被称为"海上流动度假村"。邮轮旅游集旅游业、航运业和休闲产业于一体，将传统的航运业与现代服务业有机结合，既能使旅游变得浪漫，使人们兴奋、放松，还能满足人们对神秘海洋及异域风情的向往。

自2000年以来，即使在国际金融危机最厉害时期，国际邮轮游客数量保持持续增长趋势，游客已从2000年的721.4万人次增加到2011年的1632.4万人次，年均增长7.7%。北美一直是世界邮轮产业中心，但市场明显趋于饱和，其游轮游客占世界的份额也从2000年的90.7%下降到2011年的68.7%。欧洲市场正在稳步发展。而亚洲地区经济的快速发展及庞大的人口规模为邮轮市场提供了充足的潜在客源，因而，亚洲是正在快速发展的新兴市场。2000—2011年，北美游客年均增长5.0%，欧洲及亚洲的其他市场年均增长则高达20.3%。

国际邮轮船舶的大型化、邮轮产业的规模化将进一步推进邮轮旅游的大众化趋势，邮轮游客仍将持续较快增长。国际邮轮协会预测，2015年、2020年全球邮轮乘客将分别达到2500万人次、3000万人次。

　　近年来，随着我国综合交通运输体系的不断完善，高速铁路、高速公路、民航等运输方式的快速发展，以及陆岛、海湾间跨海设施(大桥、隧道)等的建设，水运逐渐失去了单纯的旅客运输功能，水上旅客运输徘徊不前。与此同时，邮轮旅游却以独特、新颖的形式，引起了越来越多人的参与，邮轮旅游正成为我国新兴的旅游休闲度假方式。皇家加勒比、歌诗达、丽星等国际邮轮公司相继开辟了由我国港口出发的东北亚和东南亚等航线，上海、天津、厦门、三亚等港已建有专业化邮轮码头，部分旅客还到欧美、东南亚等地参与邮轮旅游。据中国交通运输协会邮轮游艇分会统计，2011年中国内地接待国内外邮轮游客50.5万人次，其中，从我国沿海城市出发的出入境邮轮游客达25.2万人次。

　　我国发展邮轮产业具有优势：一是拥有众多的中产阶层。邮轮旅客属于典型的中产阶层，2011年我国人均GDP已达5432美元，长三角、珠三角和环渤海湾的多个沿海城市已经超过1万美元，达到"上中等"发达国家水平，有更多的人进入了中产阶层行列，有能力参与邮轮消费；二是海洋旅游资源丰富。我国海域辽阔，跨越热带、亚热带，往东是浩瀚的太平洋，往南是广阔的南海水域。南海和太平洋水质优良，阳光充足，有大片的珊瑚，特别适合发展邮轮旅游。我国历史悠久，沿海城市历史名胜古迹众多，海上丝绸之路等对游客来讲很是神秘；三是国家政策的支持。近年来，政府陆续出台了多个支持我国邮轮产业发展的意见及办法。国务院《关于加快发展旅游业的意见》、国家发改委《促进我国邮轮业发展的指导意见》、国家旅游局《关于进一步促进旅游业发展的意见》、交通运输部《关于外国籍邮轮在华特许开展多点挂靠业务的通知》、公安部《邮轮出入境边防检查管理办法》以及国务院《推进海南国际旅游岛建设发展若干意见》均表现出对邮轮产业发展的支持。

　　国际海上旅客运输的发展方向是海上休闲旅客运输，邮轮是其最主要的方式。发展邮轮产业是建设"海洋强国"的重要部分，是转变经济发展方式、促进消费在交通运输领域的具体体现，也是旅游业实现转型升级的重要方面。加快以休闲娱乐为主的邮轮产业的发展，是我国水上旅客运输的发展方向。

(资料来源：中国邮轮旅游时代到来将成未来竞争热点. http://www.chinaports.org，2012-12-20改编)

思考：

1. 中国邮轮旅游业的发展为何如此迅速？

2. 目前中国的邮轮母港有哪些？

任务一　认识旅游交通市场营销

任务提出及实施

1. 列出现代旅游交通的组成体系和体系内各种交通系统的功能特点。

2. 分组在本地找不同的旅游交通企业进行调研，找出影响旅游交通市场营销的外部环境因素及内部制约因素。

请同学们在老师指导下，通过对应用知识储备下内容的学习、讨论与市场调查，完成上述学习任务。

📖 案例引入

京城家庭爱上租车旅游

进入暑期以来，北京某旅游汽车出租公司的租车量平均上升20%左右，房车旅游也颇受欢迎。北京银建汽车租赁公司的董事长杨先生说，七月的租车量较六月上升了25%以上，估计这个月还会上升，中档车比较受欢迎，捷达、普桑、赛欧等200元左右一天的车租得很火，一般以家庭租车为主，占到了60%。租车时长以三天为最多，客户租车多用于周末全家旅游。对于老少三代这样的大家庭，最喜爱的车型是金杯等8座、10座的车。

同时，房车租赁及房车旅游也颇受欢迎，一般也以家庭为主，选择京郊、坝上等短途的比较多。某网站和某房车租赁公司一周前推出的"房车载着的爱恋——浪漫七夕·平谷寻缘"活动，准备8月18日至8月19日开着房车在平谷西峪水库周边住宿游览，"每人的费用是298元(包括房车费用、过往路桥费、保险费用、早餐、厨房用调料、小奖品)，我们只能接收66名参与者，但目前已有近百个有意向的报名者了，没想到这么多人感兴趣，房车旅游比住宾馆自在，大家交流也方便，非常受年轻人喜爱。"主办方工作人员王小姐说。

(资料来源：根据京城家庭爱上租车旅游. 客运站，http://www.keyunzhan.com/knews-210670/改编)

问题： 房车旅游为何如此受欢迎？

📖 应用知识储备

■ 一、旅游交通概述

(一) 旅游交通的概念

对于旅游交通的概念，目前在理论界尚未有统一的说法。本教材认为，旅游交通是指交通企业按约定为旅游者在旅行游览过程中提供所需交通运输服务而产生的一系列社会经济活动与现象的总称。

它的含义有三点。一是旅游交通属于交通运输的范畴，是旅游者为完成旅游目的而使用的各种硬件设施与服务。二是旅游交通硬件设施包括旅游交通路线、旅游交通运输工具和旅游交通港站三部分。三是旅游交通是连接客源地和目的地之间的纽带，对旅游者而言，影响着旅游决策和目的地的选择；对经营者而言，关系其经济利益的实现。

(二) 现代旅游交通的构成

现代主要的交通系统有航空运输、海洋运输、铁路运输、汽车及私人交通。

1. 航空运输系统

航空业的出现标志着人们旅游方式的变革，它的速度和可达范围使人们的时间和金钱的效用都大大提高，使全球范围旅游的大众化成为可能。

航空运输系统最大的优点就是高速，可以节省大量的时间。当然，它也有一些不利的方面，如价格较昂贵，人们对飞行的恐惧心理、可进入性有限——只能到达有机场的地区等。另一个问题是，去机场和从机场到驻地都需要较长的时间，有时甚至超出了空中飞行的时间。因此，机场的可进入性便成为重要的竞争因素。

2. 海洋运输系统

载人船在很早以前就成为一种交通工具，但游船的出现却是近代的事情。它与其他交通运输形式的不同点在于它并不仅仅提供"点对点"的空间转移，与此同时还提供一种乘船观光的游览经历，这些优势是其他运输工具所不具备的。比如，世界上著名的"伊丽莎白女王号"、新加坡的"处女星号"豪华邮轮等已成为豪华享受的标志。

自20世纪末以来，世界邮轮旅游一直保持平均每年8%的增长速度，成为全球旅游市场发展最为迅速的一个板块。2012年，全球共有约3500万游客参加了邮轮旅游。中国的邮轮旅游市场更加引人注目，而高速增长的中国经济是中国邮轮旅游产业快速发展的强大动力。中国邮轮市场越来越受到国内外旅游业界的重视，预计未来中国邮轮旅游将产生爆发式发展。

3. 铁路运输系统

运载量大、灵活便利是铁路交通最大的特点。

整个交通运输的发展变化对铁路交通的地位和作用有着重要的影响。20世纪60年代以前，铁路交通一直占据着重要的地位。但是随着航空和公路交通的发展，本来由铁路交通承担的运输任务，逐步被航空和公路交通所取代，铁路交通出现萎缩，直到20世纪80年代末，高速火车的出现才使铁路交通出现了新的转机。现在已研制出时速300公里的高速火车，运行速度是汽车的2至3倍，花费不足航空的一半，在时间和价格上对旅客都产生很大吸引力，可以预计，今后铁路交通还会进入新的发展时期。

4. 汽车及私人交通系统

为城际非商务旅行提供服务是固定班次的公共汽车的主要任务。长途汽车尤其是包车，已经是包价旅游的重要组成部分，短途旅游车则成为目的地内游客流动和一日游的重要交通工具。

私家车成为国内旅游、一日游、休闲娱乐及欧盟内部跨国旅游的主要交通工具。在我国，随着私家车的普及，自驾游已成为一种新的旅游时尚。

(三) 旅游交通在旅游业中的地位和作用

1. 旅游交通既是旅游的必要条件，有时又是旅游活动的组成部分

旅游者要从居住地到达旅游目的地实现空间转移以满足自己的游览需求，就必须要借助旅游交通。旅游交通的发展在一定程度上制约着旅游者活动的空间范围和旅游业发展的规模大小。旅游者的空间转移，不仅有距离长短的问题，而且有耗时多少的问题，因而，旅游者的活动范围及旅游业的发展程度，一方面取决于旅游交通的发展规模，同时还取决于旅游交通发展的先进程度。

一般来讲，旅游交通只是旅游者前往旅游目的地的物质手段，但在某些情况下，旅游交通又构成了旅游活动的一部分。

2. 旅游交通是旅游目的地发展动力的重要构成因素之一

旅游目的地的发展与交通方式的演变和发展有密切关系。旅游目的地的发展在某种程度上取决于交通的便利与否及交通价格是否便宜，旅游交通的供给状况对旅游需求起着强烈的引导作用。

经营者通过有效的营销和促销，充分利用现代交通工具资源，有可能改变人们对出游目的地的选择，甚至会开辟出新的旅游线路。如果通过新的规模经济或技术创新以及成本控制等手段降低交通成本，价格低廉的交通供给势必会对需求起到引导和推动作用，并最终促进目的地旅游业的发展。

3. 旅游交通的运载能力是构成旅游生产力的重要内容

旅游生产力在某种程度上可理解为某一地区的综合的旅游接待能力，它由旅游景点及景区的承载能力、旅行社和酒店的接待能力、旅游交通的运输能力等要素组成。要想使旅游综合接待能力达到较高水平，不仅要提高其各构成要素的能力，而且最重要的是必须使要素间保持一定的比例，并且彼此相互协调配合。假如出现比例失调，某个因素接待能力过高或过低都会使旅游中的各要素不能充分发挥综合效力。旅游交通作为旅游综合接待能力的一个有机组成部分，其发展规模和水平要与旅行社、饭店等的接待能力相协调，只有这样，才能保证旅游业的顺利发展。否则，即使旅行社和饭店接待能力较强，但由于旅游交通发展的制约，不能提供足够的运输能力，那么整个旅游业的发展也会遇到困难。

二、旅游交通市场营销

(一) 旅游交通市场营销概述

旅游交通市场营销，是指根据市场需求，结合企业优势，确定目标市场，通过开发、经营适销对路的旅游交通产品，最终满足特定目标市场需求的一系列社会经济活动。它是一个从市场需求出发，进行旅游交通运输生产，然后到满足市场需求为终止的系统工程。这一系统工程，随着旅游交通市场需求的变化，在形式和内容上不断更新，因而呈现为一个循环往复、持续发展的过程。

(二) 影响旅游交通营销的外部环境因素

1. 交通工具技术

旅游交通生产商之间的激烈竞争促使交通工具在外形、承载容量、速度、续航里程、能源消耗、噪音及舒适度等方面不断得到发展与完善。每一次工业革命带来的技术变革都在不断推动着交通工具技术的现代化，而交通工具的每一次改进都会给企业的获利能力和顾客的选择带来重大的积极影响。

交通工具技术的开发对旅游市场的意义体现最为明显的是公共交通领域，随着私人轿车拥有量的不断增加及交通工具舒适度性、可靠性和效率的不断提高，旅游交通工具技术的不断进步使其在各种形式的旅游市场的发展中都显得十分重要。事实上，短期休闲度假游、自助式住宿及短途一日游等在很大程度上都依赖于汽车旅行。因此，那些对私人交通工具产生影响的技术也日益成为旅游经营商开展营销活动时所必须考虑的问题。

2. 信息网络技术

以计算机网络技术的广泛应用为标志的信息技术的发展使交通运输业尤其是客运企业得到了良好的发展契机，并且为之提供了有效的应对不断增长的业务量的技术支持。目前，受民航领域的影响，其他交通领域在订票、取消预订、出票、开收据、路线选择及报价等领域中都出现了由计算机来处理的新型业务办理方式。这些业务在办理过程中可生成大量关于顾客特征的数据，这些数据对旅游企业的营销计划的制订具有非常重要的意义。

与此同时，信息技术的出现和发展还改变了旅游业的分销过程。这种分销过程的发展有许多是被交通业的发展带动起来的，它们对成本—收益的更高追求不仅体现在日常经营中，而且同样体现在对营销的实施及控制中。其中，网络的出现使航空公司、饭店及汽车租赁等企业的预订系统能够连接起来，旅游产品各要素间新型的营销合作也因此变得极为便利了。

3. 政府规制政策

在20世纪的很长一段时间里，在大部分国家，国际和国内客运交通系统的经营活动都受到严格的管理和控制。尤其在民航领域、机场准入、国家间飞行、飞越国家领空的许可等方面都需政府间协商，而这些协议内容包括：准许哪些航空公司飞行哪些航线、允许多大动力及许可价格的范围和种类等详细内容。掌握这些决策权的政府部门，实际上都是直接插手营销决策，并取代市场力量发挥作用。

4. 其他外部因素

首先，燃料价格的高低会带来交通运营商经营成本的变化。

其次，经济增长或衰退是影响交通企业运营商所承运的商务或休闲旅游市场总量的主要因素。尤其是休闲旅游更容易受到外汇汇率变动的影响。

第三，政治经济因素对市场需求也会产生巨大影响。这种影响在2008年的经济衰退中尤为明显。

(三) 旅游交通营销的内部制约因素

1. 资本投入与固定成本

首先，现代交通客运业的重要特点就是高投入与高固定成本。购买并维护交通工具和设备、建立与维护线路网络及雇佣操作人员所必需的投资很高。航空业投入尤其高昂，轮船、铁路或公共汽车与长途客车运营的成本结构也具有相同的特点。

其次，交通客运业经营任何服务的承付成本或固定成本都很高，而变动成本则较低。对于航空公司，燃料成本和降落费用是变动成本，因为如果没有飞机就不会发生这些费用。而在实际经营中，只要决定在特定时间经营特定航线，所有主要成本都会"固定"下来，因为无论卖出多少座位，它们都要照常发生。虽然满座的飞机比空机耗费的燃料多，但用座位、公里来比较，其差别就显得微乎其微。从营销的角度看，一旦决定提供一项服务，每卖出一个座位就意味着多获得了占售票收入90%以上的收益。这些收益或者用于补偿已承付的固定成本，或者在达到盈亏平衡点后代表毛利的获得。鉴于以上原因，交通企业在进行营销时应特别重视对座位的边际销售。

2. 上座率、收益率与设施利用频率

由于客运交通具有高投入和高固定成本的特征，因此，对于营销管理者而言有三个衡量经营效率的指标显得尤为重要，它们是上座率、收益率和设施利用频率。

上座率，亦称座位利用率(Load Factors)，是评价交通运输企业经营效果最重要的指标之一。在其他条件不变的情况下，上座率的高低直接影响经营收益的多少。在实际运营中，除了通过各种营销手段提高上座率外，许多企业还大量采用"超额预订"手段，以尽量地减少因取消预订、预订未到等造成的损失。

收益率(Yield)，是指由座位利用率乘以实际平均价格得出的收入系数。计算公式为

$$Y = \sum L \cdot P$$

式中，Y代表收益额；L代表座位利用率；P代表实际平均价格。客运营销人员在进行营销时必须同时考虑这两个指标，不能只追求座位利用率，因为如果实际平均价格过低，座位利用率再高也不能保证有很好的收益。

设施利用频率(Fleet Utilization)。正如任何投资巨大的生产形式一样，设备利用的频率越高，其收益与已发生的固定成本相比，业绩就越好。高利用频率的获得一方面在于通过高效率的维护及路线安排以尽量缩短运输工具的周转时间；更重要的一点在于，创造足够的需求为提高飞行频率提供条件。

在每一次交通工具运行时保持一定的上座率，并将全年的设施利用频率维持在较高但又不失经济的水平，是制定所有交通营销策略的基础和思维逻辑的出发点。

任务二　制定旅游交通营销的战略和策略

任务提出及实施

1. 旅游交通企业的战略营销和策略营销有何联系和不同之处？

2. 调研学院所在地旅游公路交通中心(站)的客源市场情况，并分组写出报告。

3. 分组调研分析某成功旅游交通企业的产品组合与营销策略，并以课件形式在班上同师生交流。

请同学们听完老师对知识储备下内容的讲解后完成以上任务。

案例引入

长沙至韩国包机开通后的效果

2005年以前，韩国客人需经过北京、上海、西安等城市辗转才能到达张家界。2006年，张家界、湖南长沙——首尔的旅游包机开通了，减少了韩国旅游者路途的疲倦和再三转乘飞机的烦恼。此举本来是为了进一步拓展韩国入境旅游，可是，结果却出人预料，不但没有达到目的还起了反作用，成了张家界韩国旅客入境游人数下滑的主要原因之一。

为什么会这样呢？经过分析，发现在没有开通长沙飞韩国的包机之前，韩国人来张家界大都是从上海、北京、成都等地周转过来的。包机开通后，方便了两地人民的沟通与交流，将周转带给游客的烦恼省去，但却从另一方面缩短了旅行商的利益链条。从韩国组团社方面来看，2004年到张家界旅游是79万韩币/人，2005年是69万韩币/人，今年则只有49万韩币/人。包机使得价格下降许多，致使以前推张家界的韩国组团社大大减少，由30多家减为现在的5至6家。很多不走长沙包机的旅行社组织客源时，旅游价格为69万韩币/人，多出长沙包机20万韩币/人，韩国旅游者会产生一种被欺骗的感觉，这样一来，不经长沙包机而从其他地方周转到张家界的旅行社在组团时就会有很大压力。然而选择走长沙包机，则无利润甚者还会赔本，如此一来，很多旅行社就选择了放弃。现在，韩国组团社只有5至6家旅行社在推张家界旅游，其影响力大大降低，韩国市场游客数量下滑也就成了情理之中的事了。

(资料来源：根据渠道制胜：景区渠道营销的应用与创新. http://www.ctnews.com.cn/lybgb/2009-07/10/content_648466.htm改编)

思考：

长沙至韩国包机开通后韩国市场游客数量为何下降？

应用知识储备

一、旅游交通营销战略

(一) 旅游交通市场细分

随着旅游业的迅速发展，旅游交通市场也在迅速扩大，市场需求的类型千变万化，因此，任何旅游交通企业都不可能独自占有整个旅游交通市场，而只能占有或分享个别或部分子市场。市场细分，就是根据一定的标准将旅游交通运输整体市场分割成若干个具有不同需求特征的子市场，以便确定企业所要满足和占有的具体目标市场。

1. 市场细分

在旅游交通运输市场上，由于潜在旅游者的旅游动机、旅游消费水平、旅游交通消费习惯与要求、地理环境、年龄、职业、性别等的不同，其旅游交通需求也存在着明显的差异。根据需求的差异性，把旅游交通运输整体市场分解为相对独立的若干子市场。由于各个子市场的消费者数量适中、地理分布集中、需求特征相同或相近，从而使企业有可能根据自身的能力和优势，确定本企业商品生产和交换的目标市场。

2. 市场细分的依据

进行市场细分必须以市场需求而不是以产品为依据。因此，市场细分的基本标准应该包括如下几点。

(1) 依据旅游交通客源状况。即依据客源地旅游者产出人数、目的地旅游者接待人数、旅游者使用各种交通方式的比例、人数等细分市场。

(2) 依据游客的旅游交通动机。即依据游客出游的需求及目的，分为快速性旅行、游览性旅行、享受性旅行、猎奇性旅行、经济性旅行等旅游交通市场。

(3) 依据游客的旅游交通消费水平。即依据游客人均旅游消费水平、旅游交通价格要求、旅游交通服务规格和档次等细分市场。

(4) 依据游客的旅游交通消费习惯。即依据游客旅游活动的季节性、旅游活动的区域性、旅游活动的组织方式(团体、散客、家庭等)等分为不同的市场。

(5) 依据游客的地理环境。即依据游客惯常居住的环境划分为国际(近、中、远距离)、国内(近、中、远距离)、本地(含本省、本市、本县等)和平原、山区、沙漠、内河沿岸、沿海以及热带、亚热带、温带、寒带等市场。

在实际的市场细分过程中，并不一定同时使用以上所有的市场细分基本标准，也不仅仅局限于这些标准，企业一般要根据市场需求的特点与变化趋势，结合本企业的实际情况，决定具体的细分标准。在选择细分标准时应该注意几个问题。

一是细分标准必须具有可操作性，即该标准应足以区分各市场需求的差异；

二是具有实用性，即运用该标准所划分的子市场应该是企业能够占有或分享，并能够获取经济效益的子市场；

三是具有延伸性，即该标准应能够确定重点市场、一般市场、近期市场、中期市场和远期市场，以便企业有组织、有计划地进行市场的开发和经营。

(二) 旅游交通目标市场的选择

1. 选择目标市场的过程

选择目标市场的过程，实际上就是为旅游交通企业运输服务的生产和交换确定市场定位的过程。企业必须以市场细分结果为基础，并根据企业的运输生产能力和优势，决定企业的目标市场。企业的目标市场，可以是一个，也可以是多个。多个目标市场可以是同等重要的，也可以是有主有次的；有的是近期目标市场，有的是中期目标市场，有的是远期目标市场；有时既有现实目标市场，又有潜在目标市场。

2. 选择目标市场的条件

所有目标市场都必须具备以下部分或全部条件。

(1) 充沛的需求量。充沛的需求量是指具有企业正常生产和经营所必需的、足够的需求量，能够保证企业旅游交通产品供求关系的相对平衡。

(2) 可观的经济效益。可观的经济效益是指具有较高的消费水平和旅游交通支付能力，从而使企业能够通过顺利的商品交换实现可观的经济效益。

(3) 理想的市场环境。理想的市场环境是指市场上的全部或部分需求尚未得到满足或充分满足，从而使企业在没有竞争或竞争不太激烈的条件下可以顺利进入并占有、分享该市场。

(4) 良好的发展前景。良好的发展前景是指具有稳定的政治、社会和经济环境，客源产出比较稳定，有进一步发展的潜力。

(三) 旅游交通市场战略决策

市场营销战略，是指企业为保证企业经营的全局和长远发展而制定的有决定性的市场营销规划和安排。它包括企业营销的长远目标、分期目标、任务及其相应的营销策略。

1. 市场营销战略目标

市场营销战略目标，是指企业为实现战略目标所要进行和完成的基本工作。一般用定量指标和定性指标两种方式表达。前者是指企业在特定经营活动期间最终将要达到的客流量、客运周转量、营业额、利润额和职工收入与福利等数量化指标；后者则是企业最终达到什么样的产业规模和树立何种企业形象。

2. 市场营销战略任务

为了实现既定的市场营销战略目标，企业就要规定企业在各个经营时期的任务。企业的战略任务，同样包括定量和定性两种，从纵向上又可分为企业的总任务和各个生产部门的具体任务；从横向上可以分为管理任务、组织任务、销售任务、运输生产任务、运输服务任务、促销宣传任务、财务任务、监督检查任务等；从时间上可以分为近期、中期和远期任务。

(四) 旅游交通市场营销战略的内容

1. 建立良好的企业市场形象

在当今行政管制越来越宽松的旅游市场环境中，旅游交通营销的战略重点应放在如何站在顾客角度来审视企业的优势，并且将这些优势在一定情况下转化为企业形象或企业定位。而这种形象或定位对顾客具有长远的吸引力，并可以通过各种媒体形式和宣传渠道传递给目标细分市场。

当企业正处于保本座位利用率两侧高度敏感的边际运营区时，很少量市场份额的失去就可能使企业的经营由盈利变为亏损。忠诚度低的潜在顾客往往就可能受不同企业的正面或负面形象的影响而改变其选择。因此，这种形象的威力是巨大的，企业必须对企业广告予以高度重视。

2. 创造并不断提高顾客的忠诚度

根据统计分布中的"80/20"原理，少量的常客所带来的收益在企业整个收益中可能占很高的比例，大量的一次性顾客所创造的收益往往低于前者。

例如，在一些线路上，仅占顾客总数20%的人却可能带来整个收入的80%，原因在于他们支付了较高的票价并经常旅行。对这些顾客需要认真加以培养开发。战略之一就是对企业的回头客提供奖励。

在铁路和公路的固定往返线路上，传统的季票已经实行多年，竞争使各航空公司不断地创造出多种形式来保持顾客忠诚度，如全球广泛运用的常客奖励方案。找出对于企业非常重要的小部分顾客并给予嘉奖的做法并不局限于交通业，这在饭店业营销中也极为普遍，而且也主要是针对商务旅游者。

3. 加强与其他部门的合作

越来越多地将注意力从业内向业外转移是近年来一些交通企业进行营销活动的一个趋势，它们从作为交通工具、线路和终点站企业的传统角色转向与整体旅游产品中其他产品要素的经营者进行联盟的合作者。并且，这些联盟的范围比较广泛，下至与住宿供应商和景点的有限联盟，上至与旅游经营商或批发商等营销组织的全国联盟。

在休闲旅游领域，这种战略联盟的典型代表是包机公司与旅游经营商的联盟，如不列颠航空公司与汤姆逊假日联盟、空中旅游国际航空公司与空中旅游的联盟。在后者的联盟中，包机公司在整个旅游产品中起着极其重要的功能性作用，产品营销则主要由旅游经营商负责，而不是由交通企业负责。在我国，民航、铁路等与旅行社、饭店之间的联盟也正在逐步开展，尤其在"五一""十一"、春节等旅游黄金周期间增加的旅游包机、旅游专列等，对于保证旅游高峰期的交通供应起了很好的调剂作用。

交通与旅游产品其他要素之间，特别是与目的地企业之间的更紧密的联盟在本世纪得到了长足的发展。例如，在英法之间的跨海峡旅游中，大部分轮渡公司已经与住宿企业和宿营地经营商建立起了业务联系，这些联盟大都提供短期包价旅游，交通则成为整个旅游产品的一部分。

4. 促成同类企业之间的合作

国际航空公司之间的战略联盟是近五年来交通业最显著的发展之一，结成这种联盟的目的在于促进航空公司"核心业务"的发展。联盟的建立可以开发和提升全球计算机网络与预订系统；联盟提供了在座位利用率和收益方面获得重要的边际增量的途径；同时，联盟还有助于分摊营销费用，并帮助企业在激烈竞争的市场中获得竞争优势；此外，联盟还可以实现经营成本的规模经济，如共同承担设备管理维修费用等。

二、旅游交通营销策略

现代旅游交通市场营销策略多种多样，归纳起来可以分为4类。

(一) 旅游交通产品策略

旅游交通产品，是指旅游交通企业在特定时间、沿特定线路为旅游者及其行李物品提供的空间位移服务。与有形的工农业产品不同，它具有无形性和产品生产与消费的同步性。从市场营销的角度来看，企业能否满足市场需求，在很大程度上取决于该企业能否提供市场所需要的旅游交通运输产品。因此，制定和贯彻正确、有效的产品策略，通过提供适销对路的产品满足市场需求，就成为企业实现市场营销目标的关键。

1. 产品的生命周期与营销策略

任何一种旅游交通产品，都有其市场生命周期，也就是说，它必然要经历一个由进入市场到退出市场的过程。产品的生命周期依据其销售额和利润额的变化，可分为介绍期、成长期、成熟期和衰退期4个阶段。旅游交通运输产品在生命周期的各个阶段有着不同的特点和规律性，这就要求企业采取与产品生命周期各阶段特征相适应的、灵活的营销策略，使产品在有限的生命周期内创造尽可能多的社会和经济效益。

1) 介绍期

在介绍期内，旅游交通产品一般处于试营运阶段，从供给方面来看，具有运输能力小、生产成本高、服务质量不稳定、知名度低等特征；从需求方面来看，具有需求量小、客源不稳定、对产品不熟悉等特征；从市场经营方面来看，存在着客运量和周转量小、营业额少、利润微薄甚至亏损、市场竞争微弱等特征。

为此，旅游交通企业必须采取有效的营销策略，迅速提高运输能力和服务质量，增加和稳定客源，在扩大客运和周转量的同时增加销售额和利润额，尽量缩短介绍期的时间，使产品早日进入成长期。

这一阶段可供选择的营销策略主要有以下几种。

(1) 高格调策略。高格调策略又称双高策略，是指通过较高的促销投入和较高的价格，使市场上的潜在客源及时了解和购买产品，从而使企业迅速占领市场，并在介绍期获取一定的营业利润。这种策略适合经济实力雄厚的企业在客源潜力巨大的市场条件下使用。

(2) 低格调策略。低格调策略又称双低策略，是指采取较低的促销投入和较低的定价措施，使市场上的潜在客源逐步了解和购买产品，并尽量降低产品的生产与经营成本，从而保证企业在介绍期内保持微利经营的局面。这种策略适合小型企业在潜在客源比较分散的市场条件下采用。

(3) 全面渗透策略。全面渗透策略又称密集式渗透策略，是指通过较高的促销投入和较低的价格，使市场上的绝大多数潜在客源及时了解和购买产品，不惜亏本地迅速、全面占领市场，缩短介绍期的时间，以求尽早进入成长期。这种策略适合大、中型企业在激烈竞争的市场条件下采用。

(4) 局部渗透策略。局部渗透策略又称选择性渗透策略，是指通过较低的促销投入和较高的价格，使市场上迫切需要该产品又不太计较价格高低的部分潜在客源能够比较方便地购买、使用这种产品，从而占领局部市场。这种策略适合中、小型企业在潜在客源较少、竞争微弱的市场条件下使用。

2) 成长期

在成长期内，旅游交通产品一般处于扩大再生产的高峰阶段，从供给方面来看，具有运输能力持续增强、生产成本不断下降、服务质量日益稳定、知名度迅速提高等特征；从需求方面来看，具有需求量急剧上升、客源继续扩大和稳定、客源市场对产品的认识和熟悉程度不断提高等特征，从市场经营方面来看，存在着客运量和周转量增长较快、营业额和利润额持续增长、市场竞争日益激烈等特征。

这一阶段，旅游交通企业应及时转换营销策略，迅速提高运输能力和完善运输管理与服务，不断拓宽客源渠道，加大促销力度，调整产品价格，保持竞争优势，在扩大客运和周转量的同时增加销售和利润额。这一阶段可供选择的营销策略主要有如下几个。

(1) 强攻型策略。为了满足急剧增长的市场需求和增加企业的经济效益，企业集中人力、财力和物力，增加和改进旅游交通运输设施和服务，使产品质量不断完善、销售量不断增加、利润率不断提高，这就是所谓的强攻型营销策略。在介绍期已投入较大促销费用和已拥有充足客源的企业，往往采取这种策略。

(2) 攻心型策略。集中人力、财力和物力，重点营建网络化市场分销渠道，进行大规模市场促销活动，提高产品的市场知名度，确立名牌地位，并积极开拓新市场，使产品拥有相对稳定、供不应求的供需环境，从而达到刺激潜在消费者购买欲望、促成旅游交通购买与消费行为、加速旅游交通产品交换进程的营销目的。在介绍期重点进行产品开发并拥有高质量产品的企业或实行全面渗透策略的企业，多采用这种策略。

(3) 封销型策略。通过降低价格或实行价格优惠等措施，保持和增强产品的竞争力，扩大市场占有份额，防止其他企业介入市场，形成相对的垄断或买方市场局面，为企业产品生产与交换创造良好的市场条件。在介绍期实行高格调策略或局部渗透策略的企业，一般会转而采取这种市场营销策略。

3) 成熟期

在成熟期内，旅游交通产品处于收获的黄金季节。总的来看，供给量、需求量、销售额、利润额都达到最高峰，而生产成本降到最低点。但是，该阶段同类产品和替代产品大量出现，市场竞争达到白炽化程度，名牌产品具有明显的竞争优势。成熟期期末，市场需求开始萎缩，产品开始老化，销售额和利润额呈逐渐下降趋势。

有鉴于此，旅游交通企业应根据各自产品的特点和市场需求的变化，采取不同的营销策略，不失时机地提高客运量和客运周转量，实现最佳的经济效益。这一时期可供选择的营销策略主要有如下几个。

(1) 进攻型策略。生产和经营效益较好的企业，一般会借助产品质量优势或名牌优势，全面出击，继续扩大市场占有份额，并延长成熟期的时间，通过增加客运量和客运周转量，提高经营利润。

(2) 防守型策略。生产和经营效益一般、经济实力有限的企业，一般会采取价格、分销渠道、促销宣传等措施，维持已占有的市场份额。同时，通过成本控制，降低成本，保持较高的经营利润。

(3) 撤退型策略。生产经营不利或处于市场竞争劣势的企业，应急流勇退，以避免进一步亏损。与此同时，应把人力、财力和物力集中于投入新产品的开发与研制，开辟新市场，以谋求在其他产品的生产和经营领域获得成功。

4) 衰退期

在衰退期内，旅游交通产品一般处于更新换代阶段，具有产品供给量过剩，需求量减少，高额维修和折旧费用导致生产成本升高，客运量、周转量、营业额和利润额持续下降，市场竞争逐渐减弱等特征。

此时，旅游交通企业必须采取有效的营销策略，尽量延缓产品的生命周期，或以新产品替代老产品，或干脆退出市场。这一阶段可供选择的营销策略主要有如下几个。

(1) 固守型策略。这一阶段许多企业在激烈的市场竞争中被淘汰，为幸存企业维持生产和经营提供了可能性和现实性。因此，生产规模大、产品质量好、市场占有率高的企业，一般采取固守型策略，维持正常生产和经营，延长产品的生命周期，以获取更多的经济效益。

(2) 转移型策略。由于市场需求的萎缩，许多企业根据企业长远发展的需要，着手开发与研制新产品，以取代老产品，从而满足市场需求转移的需要。这包括对老产品进行改造，增加新的附加功能；放弃部分需求不足的老产品，集中人力、财力和物力提高其他尚能适应市场需求的部分老产品的质量；更新老产品，提供新的替代产品等。

(3) 放弃型策略。产品老化、经营效益不佳的企业，应实行关、停、并、转措施，放弃现有产品市场，另谋出路。在企业严重亏损、资不抵债的情况下，应按照国家有关规定实行破产保护。在企业亏损，难以继续经营的情况下，应及时停产，进行内部调整，重新制定企业产品营销目标，或与其他企业合并，谋求新的发展途径。在产品已经衰老、经济效益持续下降、但企业仍拥有一定经济实力的情况下，应实行转产，开辟新的产品生产经营领域。

2. 产品组合与营销策略

旅游交通需求的多样性，决定了企业旅游交通运输产品的多样性。多种产品以及同一产品的不同规格有机结合，便构成了产品组合。产品组合的三大要素是产品线的广度、深度和相关度。产品线是指产品系列。产品线的广度，是指产品系列(或产品线)的种类。产品线的深度，是指同一产品系列内部规格的种类。产品线的相关度，是指各个产品系列之间的关联程度。

在具体的生产和经营活动中，旅游交通运输企业可以根据市场需求和企业自身条件的变化，灵活运用以下产品组合策略。

1) 单线策略

单线策略是指以目标市场的部分客源为服务对象，集中力量生产和经营单一产品系列，以便提供规格齐全、质量上乘的产品，并通过较高的价格获取利润。其优点是投资少，营销目标明确，有利于提高产品质量和旅游交通运输生产的舒适性、游览性、专业化程度等。其缺点是市场占有份额小，容易受市场危机的冲击，对市场需求的季节性和区域性变化适应能力较差等。

2) 多线密集策略

多线密集策略是指以目标市场的全部客源为服务对象，生产和经营多种系列产品，以便满足各个客源层的多种需求，通过提高客运量和客运周转量来增加赢利。其优点是市场占有份额大、对季节性和区域性需求变化适应能力较强、销售额和利润额一般较高等。其缺点是投资较多、经营管理难度大、营销目标比较模糊、进入衰退期后负担沉重等。

3) 多线分散策略

多线分散策略是指以多个目标市场的客源为服务对象，生产和经营多种产品系列，但各个产品系列之间关系松弛，之所以采取多线分散策略是为了使企业把经营风险分解到不同的市场，保持比较稳定的经济收入。其优点是，企业的生产和经营不会受到单一市场不利因素的致命影响或冲击，使企业具有较强的应变能力和生存能力，尤其是在某一产品系列进入衰退期时可以顺利实现转产。其缺点是投入多、成本高、经营目标分散、专业化程度低等。

(二) 旅游交通价格策略

旅游交通运输企业为了实现其市场营销战略目标和任务，必须根据市场需求、供给、竞争等因素的特点和变化情况，采取相应的价格策略。比如，在市场需求不足的情况下，可以通过各种优惠价格刺激需求量的增加；在供不应求的情况下，可以适当提高产品价格，以获取更多的利润；在市场竞争激烈的情况下，可以采取低价策略，增强产品的竞争力等。

1. 低价策略

低价策略是指企业为了实现战略目标和完成某种战略任务，而制定和实施较低的产品价格。低价策略的主要功能有如下几个。

(1) 使新产品迅速进入和占领市场；

(2) 刺激需求量的增加；

(3) 增强产品的竞争力；

(4) 延缓产品的生命周期等。

2. 高价策略

高价策略是指企业为了实现战略目标和完成某种战略任务，而制定和实施较高的产品价格。高价策略的主要功能有如下几个。

(1) 增加产品经营的利润；

(2) 提高产品质量，确立名牌地位；

(3) 为扩大再生产积累资金；

(4) 适当限制过度需求量等。

3. 差价策略

差价策略是指企业为了实现战略目标和调节供需关系，而制定和实施具有差异性的产品价格，如季节浮动价、地区差价、热线票价、冷线票价和团体票价等。差价策略的主要功能有如下几个。

(1) 调节季节性供求关系不平衡状况；

(2) 调节区域性供求关系不平衡状况；

(3) 刺激部分过剩产品的市场需求量；

(4) 限制部分短缺产品的市场需求量。

4. 消费心理价格策略

消费心理价格策略是指企业为了实现战略目标和激发潜在客源的消费欲望，而制定和实施的具有满足消费者心理需要功能的产品价格。

1) 尾数价格

一般旅游者认为，带有尾数的价格是经过精心核算而制定的公道价格，比如4.2元要比4元给人的印象显得更精确、更公道。相当多的旅游者还把整数看作重要的价格级别的标志，而往往忽略尾数与整数的差距究竟有多大，比如把5元、5.5元和5.99元看作一个价格级别，而把6元、6.5元和6.99元看作更高的价格级别，此时5.99元要比6元更具有诱惑力。

2) 整数价格

社会地位较高的旅游者和高消费旅游者，十分注重旅游交通产品的档次和规格，因而，往往具有"一分价钱一分货，十分价钱买不错"的消费心理，认为整数价格和较高价格是高档次、高规格产品的重要标志之一，只有较高价格才能与其自身的社会地位相符合，并满足其精神和物质享受的需要。

3) 分级价格

由于旅游者在支付能力、旅行动机、职业、年龄、性别等方面存在着较大差别，因而其消费心理呈现出多样化特征。根据这一特征，旅游交通运输企业中采取分级定价的策略，使旅游者在价格方面拥有更大的选择余地，在心理上得到充分满足，最终达到加速商品交换的目的。

4) 吉利数价格

不同国家、不同民族、不同宗教信仰的旅游者，对包括价格在内的数字有着吉利或不吉利的心理暗示，这也是许多旅游者决定购买行为的重要因素之一。在我国，带有6、8、9等与"禄""发""久"谐音的吉利数字的交通价格，易于为旅游者所接受；而带有4、7等与"死""气"谐音的不吉利数字的价格，一般会使旅游者望而生畏。对于部分西方旅游者和基督教徒旅游者，带有数字13的价格往往是不可取的，而带有数字3和7的价格往往是受欢迎的。

(三) 分销渠道策略

旅游交通分销渠道策略，就是通过一定的方法和手段，选择和建立合理的分销渠道，把旅游交通运输产品有效地转移到消费领域。旅游交通产品的生产与消费的同步性，决定了旅游交通分销渠道比较短，也就是说它的分销渠道的中间环节比较少。而旅游交通产品的不可贮存性，又决定了它的分销渠道比较宽，即它必须同时选择多个分销代理，以便使产品能够及时转移到消费者手中，以避免造成运力浪费。

1. 直接与间接分销策略

直接分销渠道策略是指企业直接把产品转移到消费领域。其优点是产品交换便利，销售成本低，市场信息反馈快。其不足之处是，企业人力、物力和财力分散，市场覆盖面窄，专业化程度较低。由于旅游交通运输生产与消费同时进行，所以几乎所有旅游交通运输企业都不同程度地采用直接分销渠道策略，拥有自己独立的售票机构。

间接分销渠道策略是指企业通过中间商把产品间接地转移到消费领域。其主要优点是，企业可以集中人力、物力和财力进行运输生产；由于中间商的出现，使企业拥有更大的市场占有份额；旅游交通票务代理机构，专门从事订票、售票业务，具有较高的专业化水平。现代旅游交通运输业的分工越来越细，专业化水平越来越高，所以越来越多的运输企业开始采用间接分销渠道策略。

2. 短渠道与长渠道分销策略

分销渠道的长度是指渠道的纵向关系。企业通过一道中间商把产品转移到消费领域，称为短渠道策略。企业通过两道或两道以上中间商把产品转移到消费领域，则是长渠道策略。由于旅游交通产品不能贮藏，而且运输企业本身一般具有较强的直接分销能力，所以，企业大多采取短渠道分销策略。但是，大型旅游交通运输企业或直接分销能力不强的企业，为了分解经营风险，提高客位利用率，往往也通过多渠道中间商销售客票。

3. 窄渠道与宽渠道分销策略

分销渠道的宽度是指渠道的横向关系。在一道中间环节使用少量中间商进行客票销售，称为窄渠道策略。而在同一中间环节使用大量中间商进行客票销售，则称为宽渠道策略。采用窄渠道策略，有利于进行座位控制，保证销售质量，提高产品的信誉。运用宽渠道策略，便于进行市场渗透，扩大销售量。渠道的宽度并无一定的标准，旅游交通运输企业一般在产品介绍期和成长期采用宽渠道策略，而在成熟期和衰退期则采用相对窄的渠道策略。

(四) 促销策略

旅游交通产品具有较强的替代性和无形性，所以，借助有效的促销手段，使旅游者了解并作出购买产品的决策，对旅游交通运输企业提高客座利用率有着十分重要的意义。

1. 广告宣传策略

广告宣传是指通过电视、广播、报刊、杂志等广告媒体，把有关旅游交通产品的信息传送给旅游者。其中电视和广播广告具有传播面广、信息传递快等优点，但也存在着传播周期短、信息容量少等缺陷；报刊、杂志广告信息容量大、专业性较强，但覆盖面相对较窄、信息传递较慢。此外，广告牌、招贴画、标语、霓虹灯等也是广告宣传的媒体。广告宣传主要用于新产品的介绍和树立企业的整体形象。

2. 人员推销策略

人员促销是指企业派出推销人员，直接向旅游者介绍和推荐本企业的旅游交通产品。在旅游交通行业中，人员促销主要是面对旅行社、饭店、机关团体等旅游活动的组织者进行针对性较强的促销。

3. 营业推广策略

营业推广是指企业通过优惠的经营活动，使旅游交通消费者亲自体验和使用企业的产品，以便加深对产品性能和质量的了解，或给予代理商一定的价格优惠，从而促使代理商进一步扩大代理销售量。比如，新线路试营运期间为旅游者提供折扣价格，旅游交通运输淡季实行较低的浮动价格，都能够吸引旅游者，并使消费者了解企业交通产品的性能和服务质量，从而起到促销产品的作用。

4. 公共关系促销策略

公共关系是一种间接的促销策略。其主要功能是设计和树立企业的整体形象，维持和协调企业与社会的良好关系，从而为企业的长远发展以及产品销售量的稳步提高创造必要的条件。公共关系的内容一般包括参与社会公益活动、向社会介绍企业的经营宗旨和发展计划、与有关的企业、社会团体、行政管理部门建立良好关系等。

旅游交通企业的4种基本促销策略是相互关联、互为补充的，在实际操作中往往综合运用几种策略，形成促销组合。一般来讲，公共关系策略应贯穿于企业整个经营活动过程之中，在不同的经营阶段又要针对市场供求关系的变化以及企业自身的特点，选用一种或几种促销策略，以取得最佳的促销效果。

项目小结

1. 现代主要的交通系统有航空运输、海洋运输、铁路运输、汽车及私人交通。旅游交通既是旅游的必要条件，有时又是旅游活动的组成部分；旅游交通是旅游目的地发展动力的重要构成因素之一；旅游交通的运载能力是构成旅游生产力的重要内容。

2. 市场细分，就是根据一定的标准将旅游交通运输整体市场分割成若干个具有不同需求特征的子市场，以便确定企业所要满足和占有的具体目标市场。市场细分的基本标准应该包括：旅游交通客源状况；旅游交通动机；旅游交通消费水平；旅游交通消费习惯；地理环境等。

旅游交通目标市场的选择实际上就是为旅游交通企业运输服务的生产和交换确定市场位置的过程。所有目标市场都必须部分或全部具备：充沛的需求量；可观的经济效益；理想的市场环境；良好的发展前景。

3. 市场营销战略，是指企业为保证企业经营的全局和长远发展而制定的有决定性的市场营销规划和安排。它包括企业营销的长远目标、分期目标、任务及其相应的营销策略。旅游交通市场营销战略的内容包括：建立良好的企业市场形象；创造并不断提高顾客的忠诚度；加强与其他部门的合作；促成同类企业之间的合作。

4. 现代旅游交通市场营销策略多种多样，归纳起来可以分为4类：旅游交通产品策略；旅游交通价格策略；分销渠道策略；促销策略。其中促销策略由广告宣传策略、人员推销策略、营业推广策略、公共关系促销策略组成。旅游交通企业的4种基本策略是相互关联、互为补充的，在实际操作中往往综合运用几种策略，形成营销组合。

复习思考题

1. 现代旅游交通体系是如何组成的？体系内各种交通系统功能有会什么特点？
2. 影响旅游交通市场营销的外部环境因素及内部制约因素有哪些？
3. 邮轮旅游交通的主要消费群体是谁？他们的需求有什么特点？
4. 为什么不同游客在出游时选择交通工具考虑的因素不一样？

项目实训

交通产品的设计

一、实训目的

1. 建立交通产品的基本概念。

2. 了解交通产品的设计过程。

二、实训组织

将学生分成5个小组，每一小组人数以6～8人为宜，小组中要合理分工。在听取教师交通产品营销的讲座后，以小组为单位按要求设计旅游交通产品，在充分讨论基础上，形成小组的报告。

三、实训内容

根据学过的内容，发挥创意，针对日本或韩国中老年市场制定在大连、秦皇岛、张家界、北京、舟山等5地进行7日游的交通方案。

四、实训要求

1. 认真查阅各地地图、交通条件及旅游资源分布。

2. 合理选择交通工具，使用5种以上不同交通方式。

3. 在各地的7日游览的景区要达6个以上，且不走重复路线。

4. 保证交通费用控制在4000～6000元人民币左右，要有公开的费用表。

5. 小组成员要有分工任务，集体完成汇报。

拓展案例分析 | 四对夫妻共用的豪华游艇在中国不好卖

一个个游艇码头、游艇俱乐部、游艇会所出现，国内的豪华游艇需求应该越来越高，可对于华鹰集团来说，要打开国内的市场依然很难。不仅仅是华鹰，国内不少游艇制造厂家在游艇的销售上都遇到重重阻碍。

2010年12月，华鹰参加了香港游艇展，获得亚洲宝艇奖，同时也使他们了解了同行们的情况。"本以为我们国内销售做晚了，没想到比我们起步早的同行们，在国内依然卖不动游艇。"熊樟法说，除了媒体报道的几个知名人士买游艇外，很少有人会真的掏钱来买。这并不是说大家没有钱，就拿浙江富阳来说，买得起游艇的人绝对超过50个，可一个都没考虑过买。

"现在买游艇的，大多是一些企业行为，他们花这点钱并不是为了玩游艇，而是想代表一个企业的形象，他们不是真正的玩家。"华鹰游艇销售总经理张群合认为，当大家能接受游艇这种休闲运动方式的时候，才是国内市场真正发展的时候，这个预热期还需要三到五年。

中国游艇主还不需要航海导航。目前进口到国内的豪华游艇，售价在七八百万元至上千万元之间，如张朝阳的游艇价格就在千万元以上。从这点来看，华鹰制造的游艇价格，相对而言并不贵。

据了解，目前国内富人们购买的豪华游艇，大多是国外进口的，殊不知，国内的游艇生产同样也是以国外的技术为核心。

"卖给老外的游艇，在设备上非常先进，如航海导航，全自动的，你出海去哪里都行。"熊樟法解释说，老外喜欢开着游艇到处跑，甚至是跨过海洋去另一个国家，因此他们对这些电子设备的要求比较高，而国内的游艇玩家，最多只是短途玩玩，高科技的设备几乎用不到。

还有，华鹰制造的双体游艇，游艇的最前端有一块类似跳床的地方，老外喜欢从游艇上跳入海中，然后再爬上来晒太阳。这些能合国内玩家的口味吗？

熊樟法觉得，老外用的游艇要拿到国内来卖，还是需要先变样才行。

关于游艇还有着很多细小的问题，例如一本小小的游艇驾驶证。杭州早几年就有考游艇驾照的地方，记者从港航管理部门了解到，花三四千元就可以考出游艇驾驶证。但问题是，游艇驾驶证有点不同于汽车驾驶证。"首先，内河和海洋是有区分的，就是说拿着游艇驾驶证，要不只能在内河里开，要不只能在海洋开。其次，杭州地区的游艇驾驶证，一旦到了江苏，对方就不认了。国内的游艇驾驶证大多只限于本省区。"

再比如，买了游艇，究竟可以停在哪里？

目前，杭州只有钱塘江水域可以停靠游艇，但依然没有专业的游艇码头。就算有钱买了一艘游艇，没地方可以放心停靠，这始终也是一个问题。

他们想把游艇卖给谁？

张群合对豪华游艇的潜在客户有一番研究："我觉得以后买游艇的主要客户，集中在30至50岁之间的成功人士，他们有三个特点：有钱、有闲、喜欢玩。"

张群合总结，以下四大人群，会是今后游艇的主要消费群体。

首先是IT行业、外企高管等。如张朝阳这类人，相对传统制造行业的老板来说，年轻有活力，喜欢玩一些新鲜的运动。外企高管虽然不会太多，但大多接受过国外的熏陶，对游艇会比较感兴趣，如果让他们加入游艇俱乐部，成功的几率会比较高。第二是名人、艺人肯定会成为游艇的忠实客户。前不久赵本山大叔买飞机，就是最好的例子，艺人对私人飞机、私人游艇向来比较热衷。第三是一些具备水上项目的楼盘、公司。他们购买游艇的可能性也比较高，因为游艇可以抬升他们品牌，促进产品的销售。千岛湖的开元度假村成立时，就买了一艘游艇来提升酒店品质。第四是富二代。这绝对是一个庞大的潜在客户群，富二代比上一辈的企业家更懂得享受生活；还有一群专门从事资本运作、从事公募、私募的人士等，他们的公司貌似很小，但实实在在地赚了不少钱，因此，当行情不行的时候，他们会去享受生活。

(资料来源：新华网，http://www.xinhuanet.com/chinanews/2010-06/16/content_20081291.htm，2010-06-16)

思考：
目前中国的游艇旅游火热，但游艇购买消费为何还不成气候？

旅游商品开发与营销策划

知识目标

1.了解旅游商品的概念、分类原理及其市场特点。

2.认识旅游商品的顾客市场购买需求规律。

3.掌握旅游商品的设计原则、开发过程和策划原理。

4.理解旅游商品营销的基本内涵及其原理。

技能目标

1.能对指定旅游商品目标市场进行调研分析。

2.能分析客户对旅游商品的需求发展趋势。

3.能策划旅游商品的市场开发与促销活动。

4.掌握旅游商品现场销售的基本技巧。

案例成果展示 | 在纪念品上赚钱

台湾除了具有美丽的风土人情外，其特色鲜明的旅游纪念品也让旅游者印象深刻。据调查，大陆游客每到一处一般都会购买旅游纪念品，或自己消费或带回大陆送朋友。许多大陆游客有着一样的感叹：台湾人真是用心又细致，纪念品有文化也有纪念价值。

去过台湾的人都知道，与大陆动辄上百元一张的门票相比，台湾的很多景点都不要门票，只有很少的景点象征性地售卖十分便宜的门票。那么，台湾的景点怎么赚钱？这就是台湾商人的聪明之处，既要赚钱，又要顾客掏钱掏得开开心心。就是在纪念品上下功夫。

在台北的动物园，纪念品商场针对熊猫开发的纪念品有百余种，让人应接不暇。有小朋友喜欢的熊猫布偶，有年轻人喜欢的熊猫发卡、耳环，有适合商务人士的熊猫笔记本、书夹、笔筒，还有各个年龄段通吃的熊猫书包、熊猫T恤衫等。只在这个商店，就能像欣赏艺术品似的呆上半个钟头。

这不禁让人产生对比，目前在大陆上，从北到南，各地景点的纪念品基本上大同小异，甚至你在厦门的景点也能买到杭州的纸伞，在北京的景点也能买到海南的椰壳娃娃，而且质地粗糙，只要看一眼，就兴趣全无。

有内地记者到台湾的绿岛采访，对方告诉他来到绿岛，如果不去一家"大哥的故事"纪念品店，就算没来绿岛。众所周知，绿岛曾经是很有名的关押重刑犯的岛屿，通俗来说，那里曾经关着很多"大哥级"的人物。如今，已经成为度假休闲小岛的绿岛，还留着这样一个"绿岛文化"的纪念品店，诙谐幽默地讲述着"大哥的故事"，的确让人很期待。

来到这家店，门口的大招牌上一个大哥模样的人悠闲地半躺着晒太阳，赫然写着"感谢探监"。推门而入，就看到一幅集合"大哥"丰富表情的壁画，壁画中的"大哥"搞笑又可爱，一边喊着"今天不能打小孩"，一边喊着"抢钱抢粮抢娘们"。店内以"大哥"造型制作的各种纪念品，有钥匙扣、冰箱贴、日记本、帽子，还有满墙挂着的T恤等。收银柜台则挂着招牌"保护费缴纳处"；角落处还设计了监仓，内有厕座、仿铁链，让游客随意拍照，更写着"拍照时禁止面无表情""可与'大哥'合照，因'大哥'太帅"等七大注意事项……幽默诙谐的创意，独一无二的设计，让店里的生意好得不得了。

有人一口气买了十几件T恤，带回大陆送给朋友们，事后他们发现，绿岛的T恤穿在身上回头率超高，总有人打听在哪里买的，称赞非常特别。

在朱铭美术馆，许多艺术家的作品被做成了小朋友的"纸工模型"，既能让孩子锻炼手工制作能力，还能让孩子们欣赏大师的作品。这个美好的创意让家长们赞不绝口。朱铭大师的"太极"图也赫然印在雨伞上，不论是酷暑还是雨天，你都可以打着这把艺术之伞漫步街头。

在台北的101顶楼纪念品店，有一款标注高度的不锈钢水杯卖得很火。每当你喝水的时候，看到这个杯子，就会想到自己登上了台北最高的建筑物，饱览美景，心情自然舒畅。

在纪念品上，台湾人也表现了精明。比如，五颜六色的小石子也可以卖钱。在垦丁，夜晚逛夜市小店。漂亮的瓶子里装着五颜六色的小石子和贝壳、细沙，售价牌上写着"垦丁的夜晚，你遇见了我，知道吗，我好喜欢你！"看到这样煽情的字眼，你还能不立刻掏钱买下这瓶"调皮"的小石子吗?很多顾客看到这样的字句后都笑呵呵地掏钱购买。

幽默风趣、制作精良、注入文化元素，台湾纪念品有学问。当你再看从台湾带回的某个纪念品时，便会想到一段故事、一个插曲，还有一份好心情和由衷的赞赏。

(资料来源：根据台湾景点赚钱窍门：旅游纪念品. http://travel.changsha.cn/lyzx/201104/t20110412_1242001.htm改编)

思考：

1. 旅游商品在旅游产业体系中有什么作用?

2. 台湾旅游商品的营销为何成功？

任务一　认识旅游商品营销

📋 任务提出及实施

1. 旅游商品与旅游产品有什么区别与联系？

2. 调研当地的旅游商品种类、来源和销售分布，了解旅游商品的营销状况。

请同学们在教师的讲解和引导下，学习本任务中的应用知识储备下的内容，查阅相关资料，通过市场调研与共同讨论等方式完成上述学习任务。

📋 案例引入

驻华使节夫人团的购买力

2009年3月8日，参加北京市旅游局"'三八节'逛北京"活动的八十余名外国驻华使节夫人，在商品销售柜台前流连忘返。手镯、戒指、小花瓶……这些简单的景泰蓝工艺品，是这个特殊旅游团的主要采购目标，她们八十余人一小时消费近两万元。

据一位景泰蓝工艺品工厂的负责人介绍，这个使节夫人团的消费能力与工厂平日接待的普通入境旅游团差不多。"20人的团在我们这里消费个万儿八千的情况很常见。"他说，因为我们安排在工厂的游览时，还包括工艺制作参观，所以很多亲眼见过景泰蓝制作的游客，都想以购物的方式留个纪念，这在一定程度上刺激了旅游纪念品的消费。据在工厂商品销售部收款台前了解，大多数游客的购物金额都在200元以上。

但是，这样的购物情景在旅游景区很难见到。据2006年北京市旅游局针对故宫、颐和园、八达岭长城、天坛公园、野生动物园、中华世纪坛等景区所做的调研结果显示，北京11个承担着最主要游客接待任务的著名景区，游客在旅游纪念品方面的花费仅为每人1.17元。其中，天坛公园人均旅游纪念品花费为0.36元；故宫、颐和园和十三陵等优秀景区的人均花费在0.6至0.8元，"与其巨大的游客流量和巨额门票收入形成鲜明对照"。

（资料来源：根据旅游纪念品销售. http://www.chinairn.com，2009-03-09改编）

思考：

1. 驻华使节夫人团的购买力为什么会比较高？

2. 为什么北京其他景区旅游商品销售得不好？

应用知识储备

一、旅游商品的概念

(一) 旅游商品及其分类

1. 旅游商品的定义及分类

什么是旅游商品？旅游商品是指旅游者在旅游活动过程中，在旅游地所购买的有形物品，目的主要是用来自己消费、送礼或收藏。旅游商品不包括旅行前在居住地购买的物品以及在旅游地由于商业目的而购买的物品。

(1) 根据使用对象的不同，旅游商品可以分为自用和他用两大类，自用作为旅游过程中的美好回忆而享受，他用可作为馈赠礼品与别人分享。

(2) 1997年中国国家技术监督局将旅游商品按功能属性分为旅游纪念品、旅游工艺品、旅游用品、旅游食品和其他商品5类，如表14-1所示。

表14-1 旅游商品按功能分类明细

旅游商品分类	主要内容
旅游纪念品	旅游纪念品是指各种各样的标有产地地名或用产地的人地事物特征作商标的商品，包括以文化古迹、自然风光为题材，为特定旅游景点开发制作的旅游景点型商品；以特定事件或活动为题材而开发制作的事件依托型旅游商品。旅游纪念品在旅游商品中占有极其重要的地位，它具有纪念意义，可以证明旅游者到过该地方，并回忆在该地有过的经历
旅游工艺品	旅游工艺品主要指用本地特色材料制作的设计新颖、工艺独特、制作精美的艺术品。它主要包括日用工艺品和陈设工艺品两大类，日用工艺品是经过装饰加工的生活实用品，陈设工艺品是以欣赏为目的的各种摆设。我国的工艺品历史悠久、品种繁多、技艺精湛，既具有欣赏价值，又具有实用价值，还具有浓郁的地方特色
旅游日用品	旅游日用品是指旅游者在旅游活动中购买的具有实用价值的生活日用品，主要满足旅游者在旅游活动中的日常需要，它与旅游活动紧密相关，多具有实用性，如旅游鞋帽、洗漱用品、化妆品等。它不同于一般的日常用品，是实用性与纪念性相结合的商品
旅游食品	旅游食品包括各种饮料、快餐食品、方便食品、糖果等，以及地方传统风味和地方土特产，其中以土特产品为特色商品，它是以当地原材料生产加工的地方传统产品，具有浓厚的地方特征，大都被评为当地名优产品
其他商品	除了以上4类商品的其他商品

2. 旅游商品的特点

(1) 纪念性。纪念性是指旅游商品能显示旅游目的地的地方特征和旅游者参加旅游活动的标志与时间特征，使旅游者带回去后仍能留下或引起美好的回忆。纪念性是旅游商品的一个最基本的特征，也是区别于其他普通商品的显著特征。

(2) 区域性。旅游商品具有鲜明的区域性，地方特色和民族特色，它反映了一个地区、一个民族的文化特征。这个特色主要表现在特色的原料、特色的设计、特色的工艺、特色的包装和具有特色的历史文化。地方特色和民族特色是旅游商品最重要的特征，只有具备了地方特色和民族特色，旅游商品的纪念意义才得以体现。那些能反映目的地资源特色和文化底蕴的旅游商品往往与众不同，具有不可替代性和一定的垄断性，具有纪念意义和收藏价值。

(3) 便携性。由于旅游者的异地性和流动性，大多数旅游商品都是在旅游者旅游过程中消费和携带的，这就要求旅游商品在设计上要充分考虑其容积、重量，以便于携带，这就要求旅游商品应当小巧体轻，制作精致，包装可靠。

(4) 实用性与艺术性。很多游客希望自己买回的东西不仅具有纪念意义，还可以有一些其他用途，而不仅仅作为观赏品或摆设，因此，具备实用性的商品更能激发游客的购买欲望。

艺术性是指旅游商品整体设计新颖奇特，美观别致，具有艺术欣赏的特性。正是由于旅游商品具有特殊的造型、色调、功效、美感、历史、文化与实用价值，所以它除了具有一般商品的价值外，还具有艺术价值、欣赏价值、纪念价值、地位价值等附加的价值，这种价值称作情绪价值或称第二价值。艺术性是旅游商品所具有的独特的艺术价值的特性，旅游商品愈具有艺术性，感染力就愈强，游客就愈喜爱。

(5) 层次性。由于游客具有不同的消费水平，旅游商品应相应分成低档、中档和高档三种。低档旅游商品由于制作简便、工艺简单，仅具有较低的情绪价值，故售价较低。高档旅游商品较好地反映了传统文化，有时还能很好地利用现代的制造手段，制作精美，工艺复杂，具有很高的收藏价值。这种旅游商品具有非常高的情绪价值。

(二) 旅游商品在旅游业中的作用与地位

1. 旅游商品是旅游业的一个重要组成部分

旅游购物是旅游的六大要素之一，它与旅游吸引物、旅游服务设施、旅游交通共同构成旅游业的四大支柱。发展旅游商品不仅体现为对经济的推动作用，更重要的是能否最大限度地吸引旅游者购物，这也是一个旅游目的地旅游业发展程度的重要标志。

2. 旅游商品营销是提高旅游业综合经济效益的重要途径

旅游商品是旅游经济中最具市场前景的利润增长点，也是发展潜力最大的旅游基本要素。旅游商品购销两旺的市场，既可满足游客的购物需求，增加旅游目的地收入，又可拉动旅游商品的生产，促进劳动力就业，可谓一举多得。

在旅游业较发达的国家或地区，购物收入一般占到旅游业总收入的40%以上。据国家旅游局统计，我国许多成熟的旅游城市旅游购物消费达到总消费额的30%以上，如上海、杭州、昆明、北京等地，香港地区甚至达到了70%。

3. 旅游商品是旅游市场营销的重要内容

旅游市场营销主要包括旅游商品营销、旅游产品营销和旅游目的地营销三方面，之间既有联系也有区别，共同构成旅游市场营销体系。产品代表着目的地形象，目的地营销又能够促进产品和商品的销售，这是一个相辅相成的过程。

4. 旅游商品是旅游目的地的吸引物之一

从旅游者方面看，旅游商品承载了满足旅游者购物需求和传播旅游地形象的双重价值。好的旅游商品能激发旅游者的美好回忆，显示旅游者的生活经历，可使旅游者长期保存或乐于赠送亲友，乐于向周围社会介绍，旅游商品将成为吸引老游客重游和新游客出游旅游商品供应地的动力。

从旅游目的地看，旅游商品是旅游目的地形象识别系统的重要组成部分，同时，也是拉动旅游目的地经济发展的重要载体。对旅游地形象的传播来说是一个很好的渠道，有助于扩大旅游地的知名度。

二、旅游商品营销

(一) 旅游商品营销的定义及其特点

1. 旅游商品营销的定义

旅游商品营销是市场营销原理和管理技巧在旅游商品营销中的具体应用，它包括旅游商品的生产制造或供应商向景区、酒店、零售商等中间商的营销以及中间商或生产制造企业向游客营销两个环节。

2. 旅游商品营销的特点

尽管旅游商品也是有形商品，但由于本身的生产目的与营销对象是针对各类游客的，因而这是一种相对比较特殊的产品，既不同于一般的商品，也不同于旅游景观、旅游服务、旅游线路、旅游故居、旅游设施、旅游交通等旅游产品，旅游商品营销在需求分析、设计开发及营销管理过程中有着自身的规律和与其他有形商品不同的特点。

(1) 旅游商品的经营方式和一般商品有所不同。旅游商品的经营受客流量、旅游市场波动影响大，这使旅游商品的生产和销售具有很大的波动性。而由于当地居民具有长期性和稳定性的特点，所以一般商品的生产和销售则具有相对稳定性。

(2) 旅游商品在消费层次、品种特色等方面的要求与普通商品不同。一般的百货商品主要是为了满足当地居民的日常消费的需要，注重商品的使用性和经济性；而旅游者在旅游过程中购买的旅游商品，则更注重对旅游活动的纪念意义，因此，旅游商品会更注重商品的民族性、地方性、艺术性、纪念性。可见，旅游商品在其产品的品种、档次、包装、造型上比一般商品有着更高的要求。

(3) 服务对象不同。一般的百货商品的服务对象主要是当地的居民，是为了满足当地居民日常生活的需要。旅游商品的服务对象是游客，游客是旅游商品存在的前提，没有游客，旅游商品就无从谈起。

(4) 销售网点的布局不同。一般的商品的服务对象是当地居民，为了方便居民的购买，销售网点多分布在居民的居住地附近。旅游商品的销售网点是根据旅游者的活动特点布局的，主要设置在旅游城市的旅游景点区、风景名胜附近、宾馆饭店及商业繁华的地段或大的商业中心。

(二) 旅游商品的购买行为分析

由于旅游商品与旅游产品的购买主体都是旅游者，因此其购买行为类型与旅游产品的购买行为类型大同小异，只是侧重点不一样。

1. 旅游商品的需求特点

旅游商品需求是指旅游者在旅游过程中对旅游商品的数量、质量和品种的购买和消费倾向。据中国社会调查事务所(SSIC)2007年在北京等5地针对旅游市场旅游商品需求的专项问卷调查，77%的人表示在旅游时肯定会购买商品，14%的人表示偶尔会买，只有9%的人表示不买。可见，游客对旅游商品有着强大的潜在需求。

从需求层次理论看，旅游是一种较高层次的消费活动，是人们在基本生活需要得到满足之后而产生的需求，包括对旅游商品的需求也是较高层次的。但在实际的旅游消费活动中，旅游者对旅游商品的消费需求是有层次的，从低到高可分为4层。

(1) 基本需求。在旅游过程中对旅游商品的需求比普通商品的要求更高。它包括生理需求、生活需求、安全需求和旅游用品需求，这是进行旅游的前提。

(2) 探新求异的需求。人们暂时离开原来熟悉的生活环境和生活内容转而追求新的生活环境和生活内容。在购买旅游商品上，一是品味尝鲜的需要，品尝异地的特色食品，购买当地的土特产带回家让亲朋好友品尝；二是体验异国他乡的商品消费方式和氛围，各地商品消费的习俗和环境是有差异的，消费者体验新的消费方式和氛围以满足旅游者的好奇心理和对新事物的渴望；三是追求奇特商品的需求，求新、求奇、求特是人们外出旅游的共同心理。

(3) 纪念的需求。旅游者购买具有特定文化内涵和纪念意义的商品进行收藏，其中一个重要动机就是为了让自己的旅游经历通过旅游商品进行物化，以便事后能够引起美好的回忆。

(4) 社交需求。旅游者离开自己的社交圈进行旅游，有将旅游过程中的感受与社交圈进行沟通，购买旅游商品作为礼品赠送给亲朋好友以满足共同体验异地文化的欲望。

2. 游客购买动机

游客的购买行为是由其购买动机驱使的。由于游客需求的千差万别导致了购买动机的多样性，因此在旅游商品的开发过程中，需要对旅游者的购买动机进行分析。这些动机主要有如下几个。

(1) 纪念收藏动机。追求旅游商品的纪念意义和纪念价值，这是旅游者的共同动机，也是最典型的动机。旅游商品都是以旅游纪念品为核心的，而旅游纪念品最重要的用途就是用于收藏纪念，旅游者可以将所购买的旅游商品带回家中收藏，用以怀念、回忆这段旅游经历。

有些旅游者为满足个人特殊兴趣、嗜好，喜欢在旅游目的地购买有收藏价值的旅游商品，如有人收集纪念门票、各地火柴盒、各国邮票、名画、地图等。这类动机促使他们希望收集的物品越多越好、越全越好，这一动机具有强烈性、习惯性特征。

(2) 馈赠动机。其用意在于让家人亲友分享其旅游乐趣，表达情谊。有不少旅游者购买旅游商品，是受在家的家人朋友意愿影响的。即为了弥补没有时间或机会与自己同游的亲友们的遗憾，或者为了回报支持自己出游的亲朋好友，或者是为了让亲友们共享旅游的成果。如购买当地特产等是为了带回去给自己的亲朋好友品尝，目的是加深彼此之间的感情。

(3) 求新求异动机。游客满足追新求异猎奇的心理，追求旅游商品的异地情调带来的新鲜感和差异性而形成的购买动机。越是地域特色深厚，具有地方特点、民族风情的旅游商品就越能被游客接受，产生购买动机。

(4) 文化美育动机。此购买动机反映求知欲望，以追求旅游商品的欣赏价值和艺术价值为目的。这是与旅游者寻觅美、欣赏美、享受美的心理活动相适应的。游客会挑选款式、花色、造型等外观形态，以从中获得美的熏陶，因此开发的这些旅游商品必须文化底蕴比较深厚，文化品位较高。

(5) 享用动机。旅游者购买此类商品的目的是方便自己在旅游目的地享用，并同时追求舒适、方便、享受，增加旅途乐趣。这类旅游商品主要是旅游休闲食品和旅游日用品等，如在旅游过程中购买一些护肤品、生活用品等都属于此种类型。

(6) 求利动机。求利动机注重旅游商品的质量和价值，旨在买到正宗的、货真价实的当地特色的旅游商品。同时，也有部分旅游者在购买旅游商品时因追求质优价廉而形成动机。经济条件不同，旅游者对旅游商品的价格的敏感程度也不同。质优价廉又有特色的旅游商品，对大多数的旅游者来说，都是有吸引力的。

旅游者的购物动机是多样的，有求实用性的，有求纪念性的，也有求新求奇的，促使游客作出购物决定的往往是多种动机的合力。随着科学技术的日新月异，旅游者的审美眼光也在不断变化，除了要及时了解现实旅游者的购物需求外，还必须密切关注旅游活动方式、旅游时尚观念的发展变化，并不断进行创新，丰富旅游商品的特色，这样才能跟上时代的步伐，满足旅游者的需求。

3.影响购买旅游商品的主要因素

影响旅游者购买旅游商品的因素较多，不同背景的游客购买旅游商品所考虑的因素差异比较大。大部分旅游者购买旅游商品的目的并不明确，是随机的，其动机往往由具体时间、地点、环境、气氛以及旅游者的情绪等多种因素综合作用。

研究表明，大多数国内外游客真正感兴趣、愿意购买的是那些特色鲜明、有一定档次、经济实惠的旅游商品。影响游客旅游购物的因素主要包括商品的特色、实用性、价格、收藏价值、购物环境，其中旅游商品的特色、价格、实用性最受游客关注。

一般来说，文化内涵、纪念意义及便携性是第一个影响因子；第二个影响因子为商品的外部特征，即工艺、样式、色彩等；而品牌、购物环境、商品价格等变量则成为第三个影响因子；第四个因子为旅游经历，包括对此次旅游经历的满意度影响以及过去旅游购物经历对其自身感受的影响；商品功能和商品质量是第五个因子；最后导游人员宣传、他人购买行为以及销售人员服务状况均会对旅游商品的购买行为产生影响，此时具体表现为第六个因子，即外部诱导因素。

从方差贡献率来看，因子一的影响程度最大，即商品内涵在游客购买旅游商品的过程中的影响最大，其次为商品外观、商品社会属性、旅游经历、商品本质属性、外部诱导因素的作用，但同时也应当看出，不同因子之间的差异并不十分突出，这给旅游商品的开发提供了很好的解决途径。

4.购买行为分析

旅游商品购买行为与一般商品购买行为的最主要区别在于，购买旅游商品时游客往往扮演不成熟的消费者、获得商品信息的渠道较少、购物时间、购物场所的选择相对缺乏自由性等，此外，旅游商品的购买主体是旅游者，这种购买行为是属于较高层次的需求，是一种特殊的购买行为；而一般商品购买行为的主体则是所有的消费者，是一种普通的购买行为，它包含较低层次的基本生活需求。

按照旅游者的性格，旅游商品购买行为分为以下几种。

(1) 习惯型购买行为。习惯型购买行为是指旅游者凭借以往的购买经验和消费习惯采取的一种重复性购买行为。它是一种确定型购买行为，是旅游者在经常使用该产品后开始熟悉、信任该产品，从而对其产生特殊感情而形成的重复购买。

(2) 随意型购买行为。随意型购买行为是指旅游者在购买旅游产品时无固定偏好，一般为顺便或尝试性的购买行为，又称不定型购买行为。这类旅游者可能是缺乏购买经验，也可能是缺乏主见，购买行为较为随意。

(3) 疑虑型购买行为。疑虑型购买行为是指旅游者在购买旅游产品时总是瞻前顾后，即便购买后仍心存顾虑的购买行为。这种类型的旅游者一般性格内向，言行谨慎、多疑，对营销人员抱有不信任感，购买商品时凭个人的内心体验和自我评价，往往犹豫不决或过分挑剔。

(4) 冲动型购买行为。冲动型购买行为是指旅游者购买旅游产品时以直观感觉为主，未经事先考虑，临时作出决定的购买行为。与疑虑型的相反，这种类型的旅游者往往较为外向，语言直率，成交速度快。他们易受宣传广告和旅游产品外观的影响，从个人兴趣出发，并喜欢追求新产品。

(5) 理智型购买行为。理智型购买行为是指旅游者在真正购买产品前已通过收集旅游产品的信息、了解市场行情，并经过慎重权衡利弊才作出最终的购买决定的购买行为。这类旅游者一般计划性强，稳重、有主见，熟悉市场行情，乐于收集信息，经验比较丰富，不易受外界因素的影响。

(6) 感情型购买行为。感情型购买行为是指旅游者根据情感的反应进行旅游产品的购买行为，又称想象型购买行为。这类旅游者在购买旅游产品时容易心血来潮，衡量旅游产品时易受感情左右。他们不善于思考与推理，购买目标不执著，注意力容易发生转移，兴趣容易发生变化。若处于情绪抑制状态，会产生消极情绪而中断购买。

(7) 经济型购买行为。经济型购买行为是指旅游者对旅游产品的价格十分敏感的购买行为，又称价格型购买行为。这类旅游者特别重视旅游产品的价格。他们倾向于选择价格较为低廉的旅游产品，他们善于发现别人不易觉察的旅游产品的价格差异，并愿意花较多的精力去了解旅游产品的价格及相关信息，希望能买到物美价廉的旅游产品。

知识链接

旅游者更喜欢在旅游景区购买旅游纪念品

作为旅游商品核心部分的旅游纪念品，游客购买的场所有很多，如免税店、大商场或商业街、饭店、旅游定点商店等，但研究表明，旅游景区的纪念品由于具有纪念意义等多种原因，使得景区成为游客购买旅游纪念品的首选地点。旅游者购买商品的地点选择的分类调查结果，如图14-1所示。旅游者在景区购买旅游商品意向的分类调查结果，如图14-2所示。

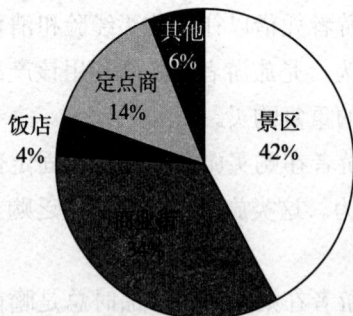

其他 6%
定点商 14%
饭店 4%
景区 42%

图14-1　旅游者购买商品的地点选择
的分类调查结果

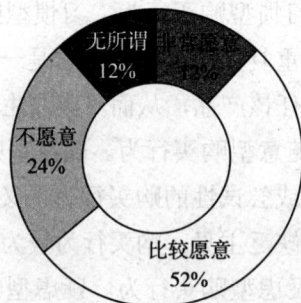

无所谓 12%
不愿意 24%
比较愿意 52%

图14-2　旅游者在景区购买旅游商品意向
的分类调查结果

任务二　旅游商品开发设计

任务提出及实施

1. 本地旅游商品的设计是否体现出了当地旅游资源的文化特色？什么样的旅游商品最不受游客欢迎？

2. 调查并分析本地旅游商品的设计与开发有什么不足，并提出建议。

请同学们在教师的讲解和引导下，学习本任务中的应用知识储备下的内容，查阅相关资料，通过互联网、市场调研与共同讨论等方式完成上述学习任务。

案例引入

泰安旅游商品的开发与升级

多年来，泰山旅游商品一直没有自己的"个性"而被列为旅游六大要素的"短腿"。

针对这种情况，泰安市旅游部门对旅游商品生产经营现状及发展情况进行摸底，并将近几年来开发的七百多种旅游商品按种类、规格、价格、尺寸等进行统计，建立起泰山旅游商品资料信息库；同时突出泰山特色，围绕"新、美、实、便、藏、流"的方针开展旅游商品的研发。

为进一步提高泰安市旅游商品的设计水平，实现旅游商品开发的新突破，加强旅游商品设计、生产、销售的交流与合作，繁荣旅游购物市场，泰安市旅游局于2007年举办了"泰安市第四届旅游衍品创新设计大赛"。大赛以"深厚的泰山文化，浓郁的泰安特色"为主题，广泛征集作品，共有近两百件作品参加了评选，不仅数量多，而且在创新、档次及工艺方面也有新的突破，参赛商品(作品)涵盖工艺美术品、民俗用品、民间艺术品、文化艺术品、土特产品、旅游一般用品六大类。

同时，泰安市旅游商品品牌建设也开始起步。市里先后出台了《泰安市旅游商品定点生产单位标准》《泰安市旅游商品定点购物场所标准》，并以此为依托加强管理，规范经营行为。对设计出的"泰安市旅游商品品牌标志"进行了商标注册，并配套出台了《泰安市旅游商品品牌店管理办法》。

为了更好地满足游客的购物需求，繁荣泰安市的旅游商品购物市场，增加旅游综合收入，2007年4—12月，聘请国内著名旅游商品开发专家，这些专家对泰安市的旅游商品资源进行广泛调研，编制了《泰安市旅游商品开发规划》，结合泰安市地域特点，客观地分析了旅游商品发展方向和前景，确定了旅游商品的经营范围，为如何优化商品结构、新产品导入以及自有品牌的开发等，提供了良好的发展思路。

按照规划，泰安市将强化旅游商品研制、生产的开发力度，在与现有工艺美术研究、设计、生产单位合作的基础上，加大挖掘民间工匠和艺人在传统地方特色的商品、土特产品、纪念品的制作和开发能力，在资金、技术、工艺、生产、销售等各方面开展横向联合。同时，根据本市的旅游产品特色和商品资源优势，导入本地旅游商品开发的CIS体系，以泰山文化为主导，大力开发泰山系列产品；以地方特色为基调，以山地产品、农副土特产品、文化特色产品为开发的主体产品。泰安还对旅游商品项目进行分析、整理，完善产品系列和设计与生产体系，创立名牌旅游商品。规划还从文化、区域和旅游目的地特征等方面对泰安市6个县市区进行分区开发；确立各地不同的细分发展道路，特别强调要使土特产品走向品牌化之路。

在发展过程中，旅游商品行业以《规划》为蓝本，重视对泰山文化资源的开发与利用，因此相继出现以泰山玉、肥城桃木、泰山皮影、泰山女儿茶、泰山石敢当等为代表的一批具有泰安、泰山文化特色的旅游商品，也使泰山旅游商品成了旅游商品市场上响亮的品牌。

资料显示，自2007年以来，在国内和省内举办的历届旅游商品大赛上，泰山旅游推荐的旅游商品连创佳绩，无论是获奖的质量和数量均名列山东省前茅，旅游商品开发拉动了旅游总收入的持续上升，到2011年，泰安旅游商品生产经营企业已发展到六百余家，开发的旅游商品涉及八大类(旅游纪念品类、工艺品类、民俗文化与民间艺术品类、旅游食品与保健品类、旅游装备与纺织品类)两百多个系列三千个品种。2011年全市旅游购物收入达到68.8亿元，占旅游总收入21.6%，连续两年位列"食、住、行、游、购、娱"旅游6要素之首，旅游商品行业成为引领全泰安旅游业的龙头产业。

(资料来源：根据张学通泰山平安文化旅游商品研究与开发.2012-05改编)

应用知识储备

一、旅游商品的开发原则

旅游商品作为一种商品，它的开发不能脱离一般商品开发的原则，比如效益性原则、市场导向原则、生态性原则等，但是作为一类特殊的商品，旅游商品的开发也需要一些特殊的开发原则，以便能够更好地满足旅游者的需要。旅游商品的开发原则主要包括以下几个。

1. 旅游者导向原则

旅游者导向原则将市场调查作为旅游商品开发的先导，这是最重要的原则。旅游商品的生产和销售企业应通过对旅游市场的调查，加强对旅游商品供求市场和旅游者心理的研究，对不同旅游者对旅游商品的需求情况进行分析、研究，根据企业的优势和竞争能力，准确选择目标市场，及时调整商品结构，进行科学的市场定位，开发出旅游者需要的旅游商品。如果是外销的旅游商品，还要了解和熟悉不同区域、不同民族的爱好和禁忌。

2. 地域性原则

地域性原则是指以当地自然资源、人文资源为依托，利用当地特有的材料进行开发、生产、销售的原则。带有浓厚地域色彩的旅游商品往往能够以其特有的地域暗示，勾起旅游者对旅游经历的美好回忆而为广大旅游者所喜爱。地域性的旅游商品往往具有地域垄断的特点，如果错过该地域再购买就会比较困难，在旅游者特殊消费心理的作用下，旅游者一般对此类旅游商品产生浓厚的兴趣。

以当地资源为依托设计的具有浓郁地域特色的旅游商品不但能激发旅游者的购买兴趣，而且是当地旅游资源的活广告，能起到对当地旅游特色进行宣传的作用。

3. 文化性与艺术性原则

旅游者消费群体相对于普通居民而言，一般具有较好的经济能力和较高的文化艺术品位，因此，具有较高文化和艺术含量的旅游商品往往能够引起他们的极大兴趣。

4. 便携性原则

由于旅游者身处异地，在一般情况下，不可能、也不太方便携带体积过大的旅游商品，因此，便携的旅游商品会受到旅游者的欢迎。

5. 精品原则

旅游者对旅游商品消费本身具有"引致需求"的某些特征，粗制滥造的商品很难引起旅游者的兴趣。旅游者一般是收入比较高的群体，对价格的敏感程度比较低，这也为开发精品旅游商品提供了消费保障。

6. 特色原则

特色旅游商品能够满足旅游者特有的好奇心，特别是对那些非理性的旅游者和处于非理性心境下的旅游者来说，有着很好的市场发展空间。

■ 二、旅游商品开发的模式

1. 需求导向模式

需求导向模式，即依据旅游者购物的需求和旅游商品市场竞争的特点而进行的旅游商品的开发。特点是将市场作为旅游商品开发创新的直接动力，也作为旅游商品开发创新的起点与归宿。

这种模式分三步。首先，要预测市场需求，一般说来不同的旅游者的消费需求不同。外国游客追求中国特色，国内游客要求旅游商品具有纪念性和实用性，体现地方特色和企业特色，能否满足旅游者的这种需求是决定市场开发方向的关键因素。其次，找到现有的旅游商品使用价值与旅游购物期望值之间存在的客观差异，针对旅游商品市场消费需求结构变化以及消费倾向所产生的要求对旅游商品进行有目的的开发创新。最后，利用企业现有资源和社会资源对旅游商品进行开发。

2. 科技推动型模式

科学技术是工业旅游商品开发创新的推动力，对旅游商品的开发起关键作用，新材料、新工艺的运用，可以替代已不可再生资源为原料的旅游商品，改变生产效率低的传统工艺。科技还使旅游商品的质量及功能大幅提升，缩短了设计与开发周期。

3. 市场开拓模式

市场开拓模式分创新产品满足新需求和市场渗透两种。

(1) 创新产品满足新需求。强调旅游商品的创新，通过改变旅游商品的核心要素，包括功能、结构、技术、价格在内的各种商品要素和商品属性，或者改变其实体要素，如质量水平、产品特性、式样设计等不同方面的特征，为旅游者提供新的使用价值，满足旅游者新的购物需要。

(2) 市场渗透。强调市场创新，即旅游商品的性能和质量并无显著变化，只因采用了新的营销方式或者旅游商品进入新的市场。

任何一个企业都无法满足所有旅游者的全部购物需要，因此，在制定市场创新开发模式时，应该进行必要的市场细分，确定本企业的服务对象，选择适当的目标游客作为本企业的目标市场创新点。

选择目标游客时，要考虑本企业的资源条件、市场状况和创新能力等实际情况，选择那些尚有某种需要未得到满足的旅游地和游客群作为创新点，以充分发挥本企业的市场竞争优势，赢得目标游客。具体可以采取服务延伸、包装延伸等方法达到目的。

三、旅游商品开发的创新途径

工业上，旅游商品开发的创新途径很多，归纳起来主要有如下6种。

1. 仿制法

仿制法是对已有的具有特色的物品进行仿制(复制)而成为旅游商品。仿制旅游商品的开发与设计必须遵循一定原则，即充分尊重原物原貌，以尽量相近的材料来制作，这样才能收到较好的效果，对其他省份或地区已有旅游商品在外观和加工工艺上稍作修改或适当加入本地元素而生产的旅游商品，因为过于大众化，互相模仿而导致"百物一面"。所以尽管它的开发设计成本较小，但因吸引力不够，无法带来多少经济效益。仿制型的旅游商品一般制作都比较精致，因此价格比较贵，购买这类商品的多为有一定经济实力和文化品位的旅游者。

2. 功能扩散法

在旅游商品的开发设计中，不仅应保留其原有功能，还应考虑将其改进为多功能性旅游商品，具体又分为两种类型。

(1) 功能改进。功能改进后的旅游商品不仅仅是一件具有纪念价值的旅游商品，还可以作为礼品馈赠亲友。它不仅是一般意义上的摆设、挂饰，更具有在日常生活中的使用价值。

(2) 加工改革。加工改革，即充分利用现有资源及技术，对传统工业旅游商品在加工上进行改革，加入新的设计理念，使商品焕发新的面貌。

3. 题材创新法

依托于影响力较大的国内、国际大型活动，将活动内容及主题融入商品之中，使其变成具有纪念意义的旅游商品。这类旅游商品不仅可以收藏或使用，也可以作为礼品馈赠，如唱片、T恤、明信片、宣传画、景点门票、邮票等都可以作为内容融入主题活动而成为旅游商品。

4. 工艺改进法

通过工艺的改进，可以改变原来的生产方法、消费条件和商品的原有品质。许多旅游商品以传统方法生产对环境污染较为严重，我们可以通过工艺的改进，解决这一问题。还有些旅游商品由于个头太大或其他原因不便于携带，可以对其进行微型处理和特殊包装，使其改头换面，便于保存和携带。

5. 过程透明法

许多传统旅游商品，一直是一些能工巧匠的高超手工技艺的体现。其生产工艺具有保密性，正因为这样，其生产过程对旅游者来说具有强烈的吸引力。使生产过程透明化，既可以满足旅游者手工业旅游的需要，将旅游商品的生产和销售联系起来，又可以展示商品的品质，提高旅游者的购买欲望。

任务三　旅游商品的营销策略

任务提出及实施

1. 调研当地旅游商品产品组合特点及定价方法。
2. 分析当地旅游商品的营销渠道体系及改进措施。

请同学们利用课程教材、学校图书资源、互联网等，通过对市场进行调查完成以上任务。

案例引入

稻草变成金条

大旅游商品的观念一旦确立，就能拓宽旅游商品的种类，许多地区也就可以将稻草变成金条，变资源劣势为资源优势。如湖北英山县是湖北省老区县、国家重点扶贫开发县，由于环境恶劣，过去山区农民常年以野菜、树叶和杂粮充饥，近两年来，当地政府大办旅游业，重点开发旅游土特商品，以天堂野菜有限公司为龙头的土特商品加工企业开发出了香椿、竹笋、蕨菜、薇菜、桔梗、灯笼大椒等"山野菜王"系列旅游商品，不仅成为当地旅游市场的畅销货，而且还打入了武汉、上海、南京、黄石等大中城市市场。如今，荆楚大地还有许多依托旅游景区、景点的旅游商品基地，如长阳高家堰15里的根雕盆景长廊，罗田大别山生态旅游区60万亩的板栗园，通山的九宫竽笋、九宫云雾茶等土特产品基地，洪湖蓝田集团万亩野生莲藕园等，一批茶乡、竹乡、银杏之乡、鱼米乡、猕猴桃之乡、绿松石之乡、野菜之乡、花菇之乡已成为旅游者购物、观光的好地方。

(资源来源：根据旅游景区服务与管理，旅游景区商品开发研究改编)

应用知识储备

一、旅游商品的产品组合策略

1. 功能组合策略

要在加工工艺、选材、设计、品种等方面多下工夫，突出旅游商品的纪念性、艺术性、礼品性，注重旅游商品的地方性、实用性、方便性，使旅游商品成为集观赏性、创造性、地域代表性、便于携带性以及包装精美性等多种功能于一体的旅游商品。

2. 质量组合策略

改变注重开发高价位、高档材质旅游商品，轻视低价位、低档材料旅游商品的做法，积极开发具有地方特色的、质量有保证的、低价位、低档材料的旅游商品。在旅游商品的设计、工艺制作、销售环节上要注意高科技的运用，增加高科技的含量，提高旅游商品的实用性、纪念性，增加商品的趣味性。

3. 多元素组合策略

实现旅游商品的多种题材、多种色彩、多种式样、多种档次，尽可能使旅游商品系列化、配套化，以便游客随意选择、各购其好。同时，根据旅游消费情况的变化，不断更新产品花样，尽量做到不断出新产品、新品种、新花色以满足游客求新、猎异的需求。以弘扬传统工艺的商品为重点，形成具有丰富文化底蕴的传统工业品系列；围绕知识性、可读性、纪念性、思想性，开发地方特色的戏曲、书法、美术等图文、音像、影像及电子出版物系列；利用当地农副产品资源，形成地方名优土特产品系列；根据观光、体育、探险的不同特点，开发旅游装备商品系列；充分挖掘旅游景点的文化内涵，开发反映景区特色的旅游商品系列。

4. 包装组合策略

以地方独特原料为特色的工艺品、纪念品的包装要尽量保持传统特色，追求原汁原味，注重其审美价值和保存价值。根据旅游者的消费习惯和生活方式，改变土特商品包装设计，以适量、便携、美观、多样化的包装来刺激旅游者的购买欲望。对旅游用品、食品按照实用、实惠的原则进行包装，对不同种类、不同层次的商品采用系列化设计，如包装纸、包装袋、包装盒等。旅游商品包装材料的选择应以自然材料为主，包装时以原始状态、简单加工、精心装饰三种形态出现。在包装的材质上，旅游商品包装也可通过材质对比和自然肌理的应用，来体现自然厚重、纯朴的气息，还可大量运用再生纸来构筑包装的新形象。

■ 二、旅游商品的价格策略

在我国现有经济条件下，旅游商品的价格仍是影响旅游者购买行为的最重要因素之一。所以，要合理选择价格策略以满足不同旅游者的需要。

旅游纪念品的定价宜采用需求定价法，即根据市场上的需求强度确定产品的基本价格。旅游纪念品是富有旅游地文化内涵的特色商品，其附加价值较大，因而价格可以稍高于成本价。同时，纪念品不是生活必需品，旅游者购买的随意性较大，价格不宜定得过高。可以根据旅游者不同的消费层次，以及纪念品本身的制作成本，实行差别化定价，有高价位纪念品，也有物美价廉、经济适用的旅游纪念品，以满足不同旅游者的需求。

对食品等一般消费品采取习惯性定价策略。面包、饮料等作为旅游商品，但并没有改变其日用消费品的属性。旅游者在长期的购买消费活动中对于日用商品的性能、质量等已经详细了解并形成了经验的评定和固定的心理价格标准。日用消费品价格应逐步形成一定程度的稳定性，这样才能给旅游者价格合理的感觉。企业在为这些产品定价时，一般不要背离习惯价格，否则会失去旅游者的信任。

对古玩、字画等收藏品应采取高价位策略。古玩、字画除具有一般商品的属性外，还是身份、地位的象征，并有潜在的升值空间。再者，购买者大多是爱好者、专业人士，对于他们来说，价格需求弹性较小，高价格能够使购买者觉得"物以稀为贵"，满足其所购产品"物有所值"的心理需求。

善于运用灵活价格策略。运用灵活性价格策略的目的是打败竞争对手，更好地满足旅游者的需要。灵活性策略有三个方面的内容：一是产品差别定价策略，即同一种产品线的产品可根据功能、质量、外观、规格、型号的不同来制定不同的价格以满足不同层次旅游者的需要。二是产品价格组合策略，实行产品组合策略的制造商可以运用产品价格组合策略，在企业内部实行利润互补，确保产品在市场上的竞争力。如进行高、中、低档商品价格组合，以高价补低价；以主导商品与辅助商品进行价格组合，以辅助商品赚取利润。三是折扣价格策略，即在特定时期内进行数量折扣、打折让价销售以吸引更多的旅游者购买。

三、旅游商品营销的渠道策略

1. 建立多渠道的旅游商品营销体系

不要将旅游商品零售渠道只集中在景区内、周边及一些远离景区的个别旅游专卖店内，要依托旅游目的地城镇和旅游商品的中间商，形成旅游商品交易中心、旅游商品一条街等大型旅游购物综合体。特别是在《旅游法》实施后，多渠道销售成为旅游商品经营者的必由之路。

2. 缩短营销渠道长度

在旅游商品销售中，商家应该首选短渠道的营销方式，建立旅游商品配送中心，采用先进的技术手段、科学的管理方法、减少旅游商品的流转环节，降低流通费用。即由旅游商品生产商将商品出售给零售企业，由零售企业承担向游客出售的任务。

在渠道的建设上可以先着手建设旅游商品旗舰店，在积累了成功的经验之后，逐步推进旅游商品在交易中心、旅游商品一条街、旅游商店、机场专卖、大型百货店专柜、旅游饭店旅游专柜、景区附近售货亭等的销售。最终以品牌、规模、成熟的管理模式使商品营销走向连锁经营。交易中心以批发业务为主，兼营零售业务。成规模后可定期举办旅游商品交易会，或配合旅游节庆开办各种形式的旅游商品展销会。

3. 发展旅游商品销售终端

旅游商品街将出售民族工艺品、土特产品、风味小吃、特色菜肴的商家集中于一条街上，既方便管理，又有利于形成竞争市场和集聚市场人气，方便游客开展游购活动。旅游商店、专卖店、专柜等主要满足游客购买奢侈品及不同地点的游客的购物需求。在景点附近或外围景区，设置少量的售货亭，出售景区特色商品及旅游消费品，方便游客的临时购物所需。

选择多种销售方式，开设专卖店、开辟特产专柜，采取开放式、参与式、互动式、组合式、捆绑式等销售方式。据调查，有49.4%的旅游者选择超市开架模式，尤其是年轻旅游者群体最喜欢超市开架式购物。

还可以分别在旅游城市设置旅游商品购物区、购物街，在重点旅游城镇建设购物一条街或专业性旅游商品市场，在主要景区景点规划建设旅游商品销售区，形成旅游商品销售网络。

四、旅游商品营销的创新途径

1. 文化营销

旅游商品作为一种文化的载体，具有记录、储存、认知、助识、传播、交流等功能，因此在旅游商品的营销中要突出其文化性。

一是在旅游商品的开发上深挖旅游商品的文化内涵，普通商品不等于旅游商品，只有经过文化的挖掘和陶冶，才能成为旅游商品，要突出文化的民族性和地域性，就要挖掘地方史料，找到相关物产的文献记载，以挖掘文化内涵、生产特色产品，将文化素材、文化现象，在不同层次上、不同范围内进行比较、概括、分类的研究，开发出独特的富有文化气息的地域性旅游商品。二是在店堂布置、广告宣传上体现文化性。旅游商品与购物设施的不同组合会带给顾客完全不同的心理感受，可增加商品魅力，强化旅游经历，促进产品销售。很多的旅游商品都富有纪念意义，若采取地摊式、追尾销售，势必破坏旅游商品的质感，尤其是高档的旅游商品必须有高档的经营场所与之匹配，可以运用先进科技在建筑、灯光设计、商品陈列等方面寻找突破口，声、光、电相配合，让旅游者在选购旅游商品的同时，获得难忘的旅游经历，增加旅游商品的附加值。三是文化营销还体现在销售人员的导购中。旅游商品独特的文化性，需要导购人员熟悉产品设计的创意，了解生产工艺流程，具有一定的历史文化底蕴，有丰富的相关产品知识，方能表现旅游商品的特性，打动游客，实现愉快营销。

2. 网络营销

旅游消费者往往都是上网族，游客到外地旅游常借助于网络了解旅游目的地，因此，游客的很多旅游信息来自于网络。

由于旅游商品的购买一般都有随机性，很少有人在网上购买没去过的旅游景区的旅游商品。但网络宣传面向的受众广，通过网络可以增加旅游商品买卖的"透明度"，对增加旅游商品知识、构建诚信旅游购物环境等都有积极意义。因此旅游商品的网络营销可以先从网络宣传入手，通过网络宣传起到促销的作用。

旅游商品的网络营销可以借助政府、景区景点的网络平台，丰富旅游商品的信息。经营单位也可以主动出击，借助淘宝、易趣、拍拍作为阵地，宣传自己，重视利用QQ群等信息传播渠道。

3. 协同营销

协同营销也可以说是共生营销，是两个或更多独立的组织，通过共同分担营销费用，协同进行营销传播、产品开发、品牌开发、品牌建设、产品促销和分销等方面的营销活动，以达到共享营销资源，巩固营销网络的一种营销理念和方式。旅游商品经营单位纵向上要与旅游商品生产企业协同营销，横向上要与相关行业协同营销，选择与具有优势互补背景的企业合作，如景区景点、旅游饭店、机场、当地有影响力的零售企业、传播媒介等。

旅游商品经营者可以采取与饭店结成战略联盟的方式展开全面合作，共享销售渠道，根据饭店需要设计特供旅游精品，实行互惠互利，利益共享。旅游商品经营者可将饭店作为自己的一个分销点，设立旅游商品专柜，通过饭店向协作单位推荐本地旅游商品作为会议、商务考察的纪念品，饭店宣传品中均列入旅游商品的信息。饭店餐饮、日用品、装饰品能用当地的旅游商品的应尽量使用，饭店服务人员应熟悉旅游商品并有意识地向客人推销旅游商品。

4. 体验营销

体验营销要求销售过程中不再孤立地去思考一个产品(质量、包装、功能等),而要通过各种手段和途径来创造一种综合的效应,以增加消费体验,激起游客的感官感受。如打造一些集设计、制造、生产和销售于一体的旅游商品中心,将旅游商品制成半成品,留下容易完成的工序由旅游者参与制作,有意识地让游客留下自己的制作印迹后再向其出售。

5. 媒体营销

媒体营销,首先是媒体广告营销,旅游商品广告设计要区别一般的商品广告,要突出旅游商品的特性,需由负责策划、文字、设计、影像等专业人员共同完成。其次是重视媒体及投放地点的选择,营销媒体的选择力求投放成本低、广告受众多、最能接近游客。最后是媒体营销主体的确定,在旅游商品市场培育期,为引导、扶持旅游商品的经营,除店堂广告外,旅游商品媒体营销最好是以政府为主体。这样做可以避免由经营商各自进行媒体营销而造成资源浪费,容易形成规模效应。政府牵头还能协调好城管、城建等各部门之间的关系,能集中有限的经费,达到高起点、高效应的效果,还能打造出品牌旅游商品,使之成为城市的名片。政府还可以在旅游目的地的媒体营销中让旅游商品搭上顺风车。但从长远观点看,旅游商品的媒体营销还是要侧重于旅游商品经营者的投入。

📙项目小结

旅游商品是指旅游者在旅游活动过程中,在旅游地所购买的非商用的有形物品。具有纪念性、区域性、便携性、实用性与艺术性和层次性的特点。

旅游商品的消费从低到高可分为基本需求、探新求异的需求、纪念的需求、社交需求4层,购买旅游商品主要受纪念收藏、馈赠、求新求异、文化美育、享用和求利等动机驱使。旅游商品的文化内涵、纪念意义及便携性、商品的外部特征、品牌、购物环境、商品价格、旅游经历、导游人员宣传、他人购买行为以及销售人员服务状况均会对购买行为产生重要影响。

旅游商品的开发需要一些特殊的开发原则,如旅游者导向原则、地域性原则、文化性与艺术性原则、便携性原则、精品原则和特色原则。商品可通过仿制法、功能扩散法、题材创新法、工艺改进法和过程透明法等途径加以开发。

旅游商品的产品组合策略选择主要有功能组合策略、质量组合策略、多元素组合策略和包装组合策略。在我国现有经济条件下,旅游商品的价格仍是影响旅游者购买行为的最主要因素之一,所以要合理选择价格策略以满足不同旅游者的需要。旅游纪念品的定价宜采用需求定价法,对食品等一般消费品宜采取习惯性定价策略,而对古玩、字画等收藏品则应采取高价位策略。旅游商品应建立多渠道的营销体系、缩短营销渠道长度、发展旅游商品销售终端。选择多种销售场所和方式进行营销。

复习思考题·

1. 说一说旅游商品与旅游产品的联系与区别。为什么要提高旅游商品在旅游业中的地位？

2. 旅游商品的开发与设计要注意什么原则？可采用什么模式？有什么开发的方法？

3. 旅游商品应怎样进行产品组合、价格策略制定？

4. 旅游商品的营销渠道应如何建设与维护？

5. 旅游商品的促销手段哪些？如何综合运用这些手段？

6. 当地旅游商品目前的开发与营销存在什么问题？如何改进？

项目实训·

策划征集旅游纪念品创意大赛

一、实训目的

1. 能够调研与分析旅游商品开发与经营的现状。

2. 形成获得旅游纪念品开发的思路。

3. 学习用营销的思想完成旅游纪念品创意大赛的策划方案。

二、实训组织

将班级学生分成若干个小组，每组成员以5～8人为宜，组员要合理分工。在教师指导下统一认识、发散思维、基本统一判断标准，而后进行选择，对当地某旅游区的旅游商品开发与营销现状进行市场调研，分别收集旅游区内旅游纪念品的样本、图件、研发资料、市场数据等相关信息，以小组为单位组织研讨，在充分讨论基础上，集体策划并形成《征集旅游纪念品创意大赛策划方案》。

三、实训要求

(一) 基础分析

1. 结合地区旅游经济发展的状况，对旅游区内的旅游商品供销现状进行全面细致地调查，形成基础资料，应用营销基本原理对其进行分析，找出旅游纪念品的设计与开发存在的主要问题及解决方法与途径。

2. 旅游纪念品创意大赛构思的征集。

(二) 形成完整征集旅游纪念品创意大赛方案的要件

1. 大赛活动的组织方案。包括方案名称、目的与要求、活动地点和时间、活动内容和布局、活动过程与注意事项、费用预算等。

2. 公开发布创意设计大赛启事，启事内容要包括参赛内容、参赛对象、参赛起止时间、参赛作品条件、评选办法及结果公布、奖项及奖金设置、参赛须知等。

3. 大赛参赛报名表的内容和表样，表内内容包括编号、创作者、作品类别、作品名称、作品说明(包括设计理念、使用方法及功能、详细尺寸、采用的技术、材料及制作工艺等内容，有图片的请附上相应图片)、是否集体创作、身份证号码(或组织机构代码)、联系地址、邮编、E-mail、电话、作者或代表(签名)处、填表日期等信息。

拓展案例分析 | "妖怪村"的聚落营销

位于台湾省中部的溪头森林游乐区，除了有2800年树龄的红桧"神木"之外，还有著名的大学池、翠绿苍劲的竹林，一直以来，就是台湾中部知名的风景区。不过，也因大自然的景色不易在短时间内有太多变化，许多游客并不会在短期之内造访第二次。我个人第一次游览溪头森林游乐区是在上高中一年级时，如今已近30年。虽然30年前对溪头景色颇为赞叹，但30年来似乎没有强烈的动机，让我再度造访。日前因大学同学推荐溪头景区门口有一"妖怪村"，堪称是"鬼点子造村"的成功营销案例，让我在离开30年后旧地重游，顺道"考察"一下这个成功的"鬼点子"。

"妖怪村"坐落在溪头景区侧门口，原址本来只是一条已经没落的商店街，由于位于溪头景区侧门口，并非进入景区的必经之路，也因商店街以往销售的商品只是简单的当地水果与缺乏特色的纪念品，使得此商店街逐渐没落，未受游客青睐。妖怪村的"鬼点子"在于，模仿日本鸟取县妖怪村，将整条没落的老街重新改装为日式茅顶木屋建筑风格，高挂日式灯笼，同时把每家商店都包装成具有"妖怪色彩"的特色商店。比方说，妖怪面包店里卖的是"妖怪面包"(其实是加入了当地特有草本植物的培根面包)，妖怪面店里卖的是"妖怪拉面"(其实是台湾中部原本就流行的一种汤面)。此外，街头设立了几个妖怪造型的邮筒，供游客将"妖怪村"的明信片直接寄给亲友，再加上许多摊贩贩卖与妖怪有关的纪念品、玩具，使得整条原本没有特色的没落老街，摇身一变成为台湾独一无二的"妖怪村"。

没落老街成为"妖怪村"之后，吸引了许多好奇的游客前来游玩，店家的生意从门可罗雀摇身一变成为门庭若市。过去，没落老街只是溪头景区边缘不受重视的区域，只能引起一小部分游客"路过"。现在，"妖怪村"不仅已成为到溪头景区的必到景点，甚至还帮溪头景区吸引了许多年轻族群到访，有不少游客(包括我)因为有了"妖怪村"，而再次造访溪头。商家们都很开心有了这个转变，而这个转变也吸引了更多的当地商家的入驻。目前，"妖怪村"仍在扩建中。个人实地造访后，发现这个"鬼点子造村"的确是成功的营销案例，值得我们分享学习。

首先，值得学习的是"创造差异化"，一般森林景区周围的商店，卖的不外乎是当地水果、土特产，大同小异并且缺乏特色。"妖怪村"一开始就以独特的"妖怪"主题，创造差异化，吸引游客的眼球及好奇心，使游客愿意绕道侧门来逛街与消费。与大同小异的水果、土特产相比，"妖怪村"的诉求，很容易引起游客的好奇心与登门造访。其次，值得学习的是，透过整条街的"聚落效应"，借由贩卖各种琳琅满目的"妖怪玩具""妖怪食物""妖怪用品"，让游客的体验更完整、更真实，让游客仿佛身临其境，置身于森林深处的"妖怪村"中。

　　"聚落效应"是指，同样的产业或商业活动(或有着上下游关联)聚在同一地域形成了聚落，彼此之间的关系，既是竞争又是合作。当聚落形成之后，为产业利益、商业活动、消费人潮等带来正面影响，而聚落经营带来的商业效益比单独一家经营要高。台北著名的北投温泉乡，因为有着丰富的自然温泉资源，而汇聚了各式各样的特色温泉旅馆，从顶级的国际温泉饭店到大众化的免费泡汤池，再加上温泉美食、温泉文化历史遗迹，打造了独一无二的北投温泉乡。将场景转移到上海的田子坊，也可以看到文创产业聚落带来的正面效应。田子坊因其老上海特色的古库门建筑而颇富声名，自从有了艺术家进驻，汇集了更多极具特色的文化创意商品、新生代创作者、带有中西融合风情的咖啡馆与特色美食，将田子坊打造成了混搭旧上海风情与新时代文化创作气息的创意集市，吸引了许多时尚人士、外国游客前去游览，田子坊也成为上海的新地标。

　　曾经，我们以为"同行是冤家"，一个独特的商业点子，我们不希望与别人(尤其是隔壁的同行)分享。但是，透过"聚落效应"，分享创意与商业点子，有时反而能成行成市，产生更大的效果。以"妖怪村"的例子看，如果只有单一一家贩卖妖怪商品的店家，恐怕不足以吸引众多游客到访，也无法吸引相关的媒体报导。但是，透过"聚落效应"所创造出来的消费体验与情境，就可以将同行之间可能的竞争转变成为当地的特色，吸引更多的人潮，创造更大的商机。

(资料来源：根据郭特利"妖怪村"的营销启示. http://www.cnbm.net.cn/article/ar486068822.html，2012-07-12改编)

思考：

1. "妖怪村"的旅游商品开发体现了什么原则？
2. 分析"妖怪村"旅游商品营销成功的原因。

参考文献

[1] 郑凤萍，吕汝健. 旅游市场营销. 大连：大连理工大学出版社，2012

[2] 李学芝，宋素红. 旅游市场营销与策划——理论、实务、案例、实训学生手册. 大连：东北财经大学出版社，2012

[3] 李学芝，宋素红. 旅游市场营销与策划——理论、实务、案例、实训. 大连：东北财经大学出版社，2012

[4] 吕汝健. 景区市场营销实务. 北京：清华大学出版社，2013

[5] 吴金林. 旅游市场营销. 北京：高等教育出版社，2004

[6] 马勇. 旅游市场营销管理. 大连：东北财经大学出版社，2002

[7] 李红，郝振文. 旅游景区市场营销. 北京：旅游教育出版社，2006

[8] 李先国，曹献存. 营销管理实务. 北京：清华大学出版社，2010

[9] 禹贡，欧阳洪昭. 旅游景区景点经营案例解析. 北京：旅游教育出版社，2007

[10] 赵西萍. 旅游市场营销学. 北京：高等教育出版社，2002

[11] 张凌云. 旅游景区景点管理. 北京：旅游教育出版社，2003

[12] 孙庆群. 旅游市场营销学. 北京：化学工业出版社，2005

[13] 崔莉，杜学. 旅游交通管理. 北京：清华大学出版社，2007

[14] 刘晓杰. 旅行社经营与管理. 北京：化学工业出版社，2007

[15] 陈永发. 旅行社经营管理. 北京：高等教育出版社，2008

[16] 任鸣. 旅游交通实务. 北京：北京大学出版社，2010

[17] 李俊清. 自然保护区生态旅游管理与可持续发展. 北京林业大学学报，2004(4)

[18] 张广瑞，魏小安，刘德谦. 2002—2004年中国旅游发展：分析与预测. 北京：社会科学文献出版社，2003

[19] 陈安泽，卢云亭. 旅游地学概论. 北京：北京大学出版社，1991

[20] 陈安泽，卢云亭，陈兆棉. 旅游地学的理论与实践(第五集、第八集). 北京：北京地质出版社，1998

[21] 范春. 国家地质公园的开发与保护. 产业观察，2004(36)

[22] 邹统钎. 旅游景区开发与管理. 北京：清华大学出版社，2008

[23] 白清. 刍论西部文化产业的开发. 理论导刊，2004(9)

[24] 保继刚. 主题公园发展的影响因素系统分析. 地理学报，1997(3)：237-245

[25] 李沐纯. 体验经济与主题公园的产品创新. 商场现代化，2005(11)：77

[26] 周向频. 主题公园建设与文化精制原则. 城市规划汇刊，1995(4)

[27] 方志坚. 营销策划技术. 北京：北京大学出版社，2008

[28] 董观志，傅轶. 旅游景区经营管理. 广州：中山大学出版社，2007

[29] 钟永德. 旅游景区管理. 长沙：湖南大学出版社，2005

[30] 李洪波. 旅游景区管理. 北京：机械工业出版社，2004

[31] 王昆欣. 旅游景区管理. 大连：东北财经大学出版社，2003

[32] 王晨光. 旅游营销管理. 北京：经济科学出版社，2004

[33] 李国振. 旅游营销管理. 济南：山东人民出版社，2003

[34] 刘志远，林云. 旅游营销策略. 上海：立信会计出版社，2001

[35] 王瑜. 旅游景区服务与管理. 大连：东北财经大学出版社，2009

[36] 冯若梅，黄文波. 旅游业营销. 北京：企业管理出版社，1999

[37] [美]阿拉斯泰尔·M. 莫里斯. 旅游服务业市场营销. 李天元，译. 4版. 北京：中国人民大学出版社，2012

[38] [美]尼尔·沃恩. 饭店营销学. 程尽能，等，译. 北京，中国旅游出版社，2001

[39] [澳]唐·约翰逊. 旅游业市场营销. 张凌云，等，译. 北京：电子工业出版社，2004

[40] [英]维克多·密德尔敦. 旅游营销学. 向萍，译. 北京：中国旅游出版社，2005

[41] [英]A. V. 西顿，M. M. 班尼特. 旅游产品营销——概念、问题与案例. 张莉莉，马晓秋，译. 北京：高等教育出版社，2004

[42] 中国旅游营销网，http://www.aatrip.com

[43] 深度旅游营销网，http://www.deeptour.cc

[44] 中国酒店网，http://www.17u.net/hotel/

[45] 中国旅游报数字报，http://www.ctnews.com.cn

[46] 中国旅游营销社区，http://www.chinatmc.net

[47] 旅游研究网，http://www.cotsa.com

[48] 智旅动力，http://www.uuidea.com

[49] 环球旅讯，http://www.traveldaily.cn

[50] 中国旅游饭店网，http://www.ctha.org.cn

[51] 旅游电子商务网，http://www.kiwiyoo.net

[52] 中国旅游景点网，http://www.soochina.cn

[53] 中国营销传播网，http://www.emkt.com.cn/trade

[54] 中国旅游网，http://www.china.travel